现代经济贸易系列教材

新编
西方经济学原理
（第二版）

李善民 编著

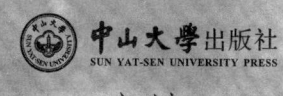
中山大学出版社
SUN YAT-SEN UNIVERSITY PRESS

·广州·

版权所有　翻印必究

图书在版编目(CIP)数据

新编西方经济学原理/李善民编著．—2版．—广州：中山大学出版社，2003.9
（现代经济贸易系列教材）
ISBN 978-7-306-02171-7

Ⅰ.新… Ⅱ.李… Ⅲ.现代资产阶级经济学-高等学校-教材 Ⅳ.F091.3

中国版本图书馆CIP数据核字（2003）第080541号

责任编辑：浩　然　封面设计：方　竹　责任校对：刘　孜　责任技编：黄少伟
中山大学出版社出版发行
（地址：广州市新港西路135号　，邮编：510275
电话：020-84111998、84037215）
广东新华发行集团股份有限公司经销
佛山市浩文彩色印刷有限公司
850毫米×1168毫米　32开本　17印张　420千字
1996年3月第1版　2003年9月第2版
2017年3月第13次印刷
印数：43501-44500册　定价：26.80元

如发现因印装质量问题影响阅读，请与承印厂联系调换

内 容 提 要

本书第一版于1996年3月出版后,因内容新颖而受到广大读者的欢迎。

根据本学科近年变化了的新情况,作者对本书作了修订,现出第二版。

本书全面而系统地介绍了西方经济学的微观经济理论和宏观经济理论。内容具有以下特点:①在介绍西方经济学的经济理论时,力求以深入浅出的推导,求得西方经济理论的一些重要结论,以加深读者对西方经济学基本原理的理解。②针对工商企业管理专业的特点,在论述微观经济理论时加强了对消费者行为理论、生产者行为理论和市场理论的分析;在宏观经济学部分则加强了对宏观经济政策的分析,以便为读者学习工商企业管理专业知识打下良好的基础。③论述简明扼要,各章附有复习思考题并附有计算部分的答案。

本书适合大专院校经济和工商管理类专业的师生作教材,也可作为广大经济工作者和企业管理人员的学习用书。

第二版前言

《新编西方经济学原理》初版于1996年3月。该书是我担任高校教师后作为主编完成的第一部著作，承蒙读者厚爱，出版后重印多次，并有可观的发行量，读者不仅集中在广东，而且分布在西南、华东、中南等地，也有不少香港和澳门的读者。由于我尽量使用图表和通俗的语言来解释高深的经济理论，相信读者理解起来较为容易，或许这是读者厚爱的原因之一。在出版社准备对本书再次重印之际，我借此机会对本书作一些修订，一方面是因为一些新的经济理论必须增加进入教材，以保持本书的"新编"特色，另一原因是第一版中存在一些错漏之处，必须尽快加以纠正，以避免给更多的读者增加不便。

本书第二版在保持第一版的结构、风格不变的基础上，进行了四方面的修订：其一，增补了西方经济学界近几年的新的研究成果，如第七章的信息不对称的市场、第五章第四节的博弈论、第八章的产权与科斯定理以及宏观经济学部分的货币主义学派、新古典学派的介绍等；其二，对第一版中写得较难理解的章节的内容进行了重写，如第三章中对收入效应和替代效应的分析、第八章中对公共物品的分析、第九章中以收入法计算国民生产总值的方法、第十章的投资理论、第十二章的货币乘数等等；其三，对不妥之处进行改正，如第四章的利润最大化原则的图形进行了重描；其四，对每章后面的习题中的计算题作了解答，作为复习思考题参考答案附于本书最后，便于读者自学。

本书出版后，王则柯教授、符正平副教授、张书军讲师和李孔岳博士对本书的不足提出了宝贵的意见和建议。在本书修订过程中，参考了国内外一些最新的教材和著作。中山大学出版社蔡浩然先生为本书的初版和再版付出了许多精力。在此，一并致以诚挚的谢意！

我自1990年3月博士毕业后一直从事教学和科研工作，个中甘苦难为人知。编写和修订本书也耗时甚多，不得不放弃很多休息时间，经常工作到深夜，陪家人的时间少了，甚至给父母的书信也都用电话代替了，想到这些，总会感到一丝歉意。谨以此书献给我的父母，感谢他们的养育之恩！献给我的家人，感谢他们对我工作的支持！

本书若有不妥之处，恳请读者批评指正。电子邮件地址：mnslsm@zsu.edu.cn。

李善民

2003年6月于康乐园

目　录

第一章　导　论 ……………………………………………（1）
　第一节　西方经济学的研究对象 ………………………（1）
　　一、经济问题的产生 …………………………………（1）
　　二、经济社会的基本问题 ……………………………（2）
　　三、经济学的定义 ……………………………………（4）
　　四、微观经济学与宏观经济学 ………………………（6）
　第二节　西方经济学的研究方法 ………………………（8）
　　一、经济学的研究方法 ………………………………（8）
　　二、实证经济学和规范经济学 ………………………（9）
　　三、均衡分析与过程分析 ……………………………（10）
　　四、静态分析与动态分析 ……………………………（11）
　　五、边际分析 …………………………………………（13）
　第三节　西方经济学的产生和发展 ……………………（13）
　　一、西方经济学的产生 ………………………………（13）
　　二、西方经济学的发展 ………………………………（14）
　复习思考题 ………………………………………………（18）

上编　微观经济学

第二章　需求和供给理论 ……………………………（19）
　第一节　需求和需求的变化 ……………………………（19）
　　一、需求、需求表和需求曲线 ………………………（19）
　　二、影响需求量的因素与需求函数 …………………（22）

三、需求曲线的变化与需求曲线的移动 …………… (24)
第二节　供给和供给的变化 ………………………………… (25)
　　一、供给、供给表和供给曲线 ……………………… (25)
　　二、影响供给量的因素和供给函数 ………………… (27)
　　三、供给的变化和供给曲线的移动 ………………… (29)
第三节　需求弹性与供给弹性 ……………………………… (31)
　　一、需求的价格弹性 ………………………………… (31)
　　二、需求的收入弹性 ………………………………… (38)
　　三、需求交叉弹性 …………………………………… (39)
　　四、供给弹性 ………………………………………… (40)
第四节　需求和供给的均衡：价格决定 …………………… (42)
　　一、均衡价格和均衡产量的决定 …………………… (42)
　　二、需求和供给的变化对均衡价格和数量的影响 … (44)
　　三、支持价格与限制价格 …………………………… (48)
　　四、征收货物税对价格的影响 ……………………… (50)
第五节　动态蛛网原理 ……………………………………… (54)
复习思考题 …………………………………………………… (57)

第三章　消费者行为理论 ……………………………………… (59)
第一节　基数效用与消费者需求 …………………………… (59)
　　一、效用与基数效用 ………………………………… (59)
　　二、边际效用递减规律 ……………………………… (60)
　　三、边际效用递减规律与需求曲线 ………………… (61)
　　四、消费者剩余 ……………………………………… (64)
　　五、基数效用下的消费者均衡 ……………………… (65)
第二节　序数效用与消费者需求 …………………………… (66)
　　一、序数效用 ………………………………………… (66)
　　二、无差异曲线 ……………………………………… (67)
　　三、边际替代率递减规律 …………………………… (69)

2

四、收入预算线 …………………………………… (71)
　　五、序数效用下的消费者均衡 …………………… (74)
　第三节　消费者行为与需求曲线 …………………… (76)
　　一、收入消费曲线与恩格尔曲线 ………………… (76)
　　二、价格消费曲线与需求曲线 …………………… (80)
　　三、替代效应和收入效应 ………………………… (82)
　复习思考题 …………………………………………… (88)

第四章　生产者行为理论 ………………………………… (90)
　第一节　生产理论 …………………………………… (90)
　　一、生产函数 ……………………………………… (91)
　　二、边际报酬递减规律 …………………………… (91)
　　三、规模报酬原理 ………………………………… (96)
　第二节　生产要素最佳配置理论 …………………… (99)
　　一、等产量曲线 …………………………………… (99)
　　二、等成本线 ……………………………………… (102)
　　三、生产者均衡 …………………………………… (104)
　第三节　产品最佳组合理论 ………………………… (107)
　　一、生产可能性曲线 ……………………………… (108)
　　二、边际转换率 …………………………………… (109)
　　三、等收益线 ……………………………………… (110)
　第四节　成本理论 …………………………………… (113)
　　一、成本的概念 …………………………………… (113)
　　二、短期成本曲线 ………………………………… (117)
　　三、长期成本曲线 ………………………………… (120)
　　四、规模经济与范围经济 ………………………… (122)
　　五、学习曲线 ……………………………………… (127)
　　六、利润最大化原则 ……………………………… (129)
　复习思考题 …………………………………………… (132)

第五章　市场理论……（133）
第一节　完全竞争的市场……（133）
一、完全竞争的含义……（133）
二、完全竞争市场的行业需求和厂商需求……（135）
三、完全竞争市场下的厂商均衡……（136）

第二节　完全垄断的市场……（142）
一、完全垄断的含义……（142）
二、完全垄断市场下厂商的收益曲线……（143）
三、完全垄断条件下的厂商均衡……（145）
四、价格歧视……（147）

第三节　垄断竞争的市场……（151）
一、垄断竞争的含义……（151）
二、垄断竞争条件下厂商的需求曲线与边际收益曲线
……（152）
三、垄断竞争条件下的厂商均衡……（153）
四、垄断竞争的利弊……（155）

第四节　寡头垄断的市场……（156）
一、寡头垄断的含义……（156）
二、寡头垄断市场上价格与产量的确定……（157）
三、博弈论……（162）
四、寡头垄断市场与其它市场比较……（167）

复习思考题……（167）

第六章　分配理论……（170）
第一节　边际生产力分配理论……（170）
一、边际生产力……（170）
二、边际生产力决定工资……（173）
三、边际生产力决定利息……（174）

第二节　均衡价格分配理论……（176）

一、生产要素的需求与供给……………………（176）
　二、生产要素均衡价格的决定………………（181）
　三、均衡价格决定工资………………………（184）
　四、均衡价格决定利息………………………（187）
　五、均衡价格决定地租………………………（191）
　六、利润的决定………………………………（196）
第三节　分配差异的度量………………………（198）
　一、洛伦斯曲线………………………………（198）
　二、基尼系数…………………………………（199）
　三、洛伦斯曲线与基尼系数的应用…………（200）
复习思考题………………………………………（201）

第七章　信息不对称的市场……………………（203）
第一节　不对称信息与道德风险………………（203）
　一、不对称信息的含义………………………（203）
　二、道德风险与风险分担……………………（208）
第二节　市场信号………………………………（210）
　一、市场信号的作用…………………………（210）
　二、劳动市场上信号的作用…………………（212）
　三、其他市场的信号…………………………（215）
第三节　委托－代理理论………………………（215）
　一、私人企业的委托－代理问题……………（216）
　二、公共企业的委托－代理问题……………（217）
　三、委托－代理中的激励机制………………（217）
第四节　不对称信息与劳动市场………………（222）
　一、工资差别…………………………………（222）
　二、效率工资…………………………………（224）
复习思考题………………………………………（226）

第八章 一般均衡和经济福利理论……(228)
第一节 一般均衡理论……(228)
一、一般均衡的含义……(228)
二、整个社会经济的运行……(231)
三、瓦尔拉斯一般均衡模型……(233)
第二节 经济效率的发挥与经济福利……(235)
一、帕累托最优状态的含义……(235)
二、帕累托最优状态的实现及其条件……(236)
三、社会福利最大化……(249)
第三节 市场经济的缺陷和政府的作用……(252)
一、外部效应问题……(252)
二、公共物品问题……(256)
复习思考题……(261)

下编 宏观经济学

第九章 国民收入核算理论……(262)
第一节 国民收入及其计算方法……(262)
一、国民收入的概念……(262)
二、国内生产总值的概念……(263)
三、国内生产总值的计算方法……(266)
第二节 国民收入核算中五个总量指标及其关系……(273)
一、国民收入核算中的几个相关总量指标……(273)
二、国民收入五个指标之间的关系……(275)
第三节 国民经济总流程……(276)
一、两部门经济的流程……(277)
二、四部门经济的流程……(279)
复习思考题……(282)

第十章　消费与投资理论……………………………(283)
第一节　宏观经济理论的演进……………………(283)
一、古典宏观经济理论………………………………(283)
二、凯恩斯宏观经济理论……………………………(286)
三、货币主义宏观经济理论…………………………(291)
四、新古典宏观经济理论……………………………(294)
五、新古典综合学派宏观经济理论…………………(297)
六、供给学派的宏观经济理论………………………(298)
第二节　消费与储蓄………………………………(300)
一、消费函数与消费倾向……………………………(300)
二、储蓄函数与储蓄倾向……………………………(302)
三、长期与短期消费函数……………………………(304)
四、影响消费的非收入因素…………………………(312)
第三节　投资理论…………………………………(314)
一、决定投资的因素…………………………………(314)
二、资本的边际效率曲线与投资的边际效率曲线…(316)
三、投资的类型及决定………………………………(321)
复习思考题……………………………………………(323)

第十一章　国民收入决定理论……………………(324)
第一节　国民收入均衡……………………………(324)
一、两部门经济下的国民收入均衡…………………(324)
二、三部门经济下的国民收入均衡…………………(325)
三、四部门经济下的国民收入均衡…………………(326)
第二节　国民收入的决定及变动…………………(328)
一、国民收入的决定…………………………………(328)
二、国民收入的变动及调节…………………………(332)
三、充分就业的国民收入与均衡的国民收入………(334)
第三节　乘数原理…………………………………(336)

- 一、投资乘数····················(336)
- 二、预算乘数····················(340)
- 三、外贸乘数····················(345)
- 复习思考题······················(348)

第十二章　货币供求原理··············(350)
- 第一节　货币的供给················(350)
  - 一、货币的定义与计量··············(350)
  - 二、银行、信用与存款准备金制度········(354)
  - 三、银行创造货币的机制············(356)
- 第二节　货币的需求················(364)
  - 一、传统的货币数量论··············(365)
  - 二、凯恩斯灵活偏好说与货币需求函数·····(367)
  - 三、弗里德曼的货币需求函数··········(369)
- 第三节　货币均衡与利息率的决定········(372)
  - 一、货币均衡··················(372)
  - 二、均衡利息率的决定··············(373)
- 复习思考题······················(375)

第十三章　宏观经济政策··············(378)
- 第一节　宏观经济政策的目标··········(378)
  - 一、充分就业··················(378)
  - 二、经济增长··················(379)
  - 三、物价稳定··················(379)
  - 四、国际收支平衡················(379)
- 第二节　宏观财政政策··············(380)
  - 一、财政收入和支出··············(380)
  - 二、积极的宏观财政政策············(382)
  - 三、自动稳定器················(383)
  - 四、供给学派的财政政策············(384)

五、财政政策运用中的问题·················(387)
　第三节　宏观货币政策·····················(388)
　　一、宏观货币政策的含义·················(388)
　　二、宏观货币政策的工具·················(389)
　　三、宏观货币政策的辅助性措施·············(391)
　　四、宏观货币政策的局限性···············(392)
　第四节　宏观财政政策与货币政策的协调···········(393)
　　一、财政政策与货币政策的相互信用：挤出效应·····(393)
　　二、"相机抉择"的政策搭配···············(395)
　复习思考题··························(396)

第十四章　国民经济总体均衡·················(397)
　第一节　商品市场与货币市场的均衡·············(397)
　　一、IS 曲线：商品市场的均衡·············(398)
　　二、LM 曲线：货币市场的均衡·············(403)
　　三、商品市场和货币市场的同时均衡：IS–LM 模型
　　　·····························(408)
　第二节　商品市场、货币市场与对外均衡···········(413)
　　一、对外均衡曲线····················(413)
　　二、对内均衡和对外均衡·················(416)
　　三、商品市场、货币市场和对外均衡···········(418)
　第三节　完整的凯恩斯模型··················(420)
　　一、劳动力市场的均衡·················(421)
　　二、商品市场、货币市场、劳动力市场均衡·······(423)
　第四节　总需求与总供给模型················(426)
　　一、凯恩斯学派的国民收入和价格水平的均衡······(426)
　　二、货币学派的国民收入与价格水平的均衡·······(432)
　　三、理性预期学派的国民收入和价格水平的均衡·····(433)
　复习思考题·························(438)

第十五章　通货膨胀理论……………………………(439)
第一节　通货膨胀的含义……………………………(439)
一、通货膨胀的定义………………………………(439)
二、通货膨胀的测度指标…………………………(440)
三、通货膨胀的类型………………………………(441)
第二节　通货膨胀的影响……………………………(443)
一、通货膨胀对收入分配的影响…………………(443)
二、通货膨胀对财富分配的影响…………………(444)
三、通货膨胀对产量、就业和经济增长的影响………(447)
四、通货膨胀的危害………………………………(448)
第三节　通货膨胀的成因……………………………(449)
一、需求拉动的通货膨胀…………………………(449)
二、成本推动的通货膨胀…………………………(451)
三、结构性通货膨胀………………………………(455)
第四节　失业与通货膨胀的关系……………………(458)
一、失业……………………………………………(458)
二、通货膨胀与失业的关系：菲利浦斯曲线……(461)
第五节　反通货膨胀的对策…………………………(467)
一、紧缩性财政政策和货币政策…………………(467)
二、收入政策………………………………………(468)
三、指数化…………………………………………(469)
四、其他政策………………………………………(470)
复习思考题……………………………………………(470)

第十六章　经济周期理论……………………………(472)
第一节　经济周期的定义及其特征…………………(472)
一、经济周期的定义………………………………(472)
二、经济周期阶段的特征…………………………(473)
三、经济周期波动的形式及衡量…………………(474)

第二节 经济周期的分类及其原因 ……………………（476）
 一、经济周期的分类 ……………………………………（476）
 二、经济周期波动的原因 ………………………………（478）
第三节 加速原理 ……………………………………………（480）
 一、加速原理的基本内容 ………………………………（480）
 二、乘数与加速系数的结合 ……………………………（483）
复习思考题 …………………………………………………（487）

第十七章 经济增长理论 …………………………………（488）
第一节 经济增长的特点 ……………………………………（488）
 一、经济增长的含义 ……………………………………（488）
 二、经济增长的衡量 ……………………………………（489）
 三、经济增长的源泉 ……………………………………（490）
 四、经济增长的特点 ……………………………………（491）
第二节 经济增长模型 ………………………………………（492）
 一、哈罗德－多马经济增长模型 ………………………（492）
 二、新古典经济增长模型 ………………………………（499）
第三节 技术进步与经济增长 ………………………………（502）
 一、技术进步的含义 ……………………………………（502）
 二、技术进步与经济增长 ………………………………（503）
 三、经济增长因素的计量 ………………………………（505）
复习思考题 …………………………………………………（506）

附录 复习思考题答案（计算部分）………………………（508）
主要参考书目 ………………………………………………（517）

第一章 导　　论

第一节　西方经济学的研究对象

一、经济问题的产生

稀缺性是引起一切经济问题的根源。所谓稀缺性，是指一个社会在一定时期所生产出来的物品和劳务同人们对其的需要量相比总是不足的。自古以来，人类社会就面临着一对矛盾，即一方面感到人类社会所能利用的资源稀缺，不能使自己的欲望得到最大的满足；而另一方面，又不能将这些稀缺的资源充分利用，不免时有浪费资源的事情发生。在工业革命以前，由于科学技术不发达，人们无法解决这一对矛盾。就是在工业革命以后，科学与技术进步了，人们仍不能完全解决这一对矛盾。现在的问题是：以目前的科学技术发展水平来衡量人类是否已将科学与技术上的进步尽量加以运用，使世界上的自然资源都能得到充分的开发呢？同时，更进一步地说，我们是否已将这些科学与技术进步所开发出来的自然资源以及由此所制成的各种工具都加以充分利用了呢？是否已将培养出来的人才都合理利用使他们充分发挥了才能呢？显然，我们还没有做到这一点。

假如我们认为，人类社会已经解决了上述矛盾。那么是否可以说人类社会就不感到稀缺了呢？事实并非如此。因为人的欲望与稀缺有紧密的联系。如果一个人所支配的物品和劳务增加了，但其欲望也增加了，则此时是否存在稀缺，也还是有问题的。假如欲望的增加不超过物品和劳务的增加，他当然不会感到稀缺；

但如果欲望的增加，超过了物品和劳务的增加，则仍会产生稀缺的感觉。事实上，人的欲望是无穷尽的。一种欲望满足了，另一种欲望又随之产生，这也正是人类社会之所以会不断进步的原因。既然事实上人的欲望无穷尽，那么人们为使自己的物质生活美满，自然希望将有限的稀缺的物品和劳务充分利用。这样就会发生经济问题。由此可见，经济问题的发生是与物品和劳务的稀缺性密不可分的。如果世界上物品丰富，取之不尽，用之不竭，个人的欲望都能完全满足，当然不会发生经济问题。但事实上，社会中可以自由获取的"免费物品"（Free Goods）是很少的，一般人生活上所需的各种物品都要付出代价才能换取，这些物品就是所谓的"经济物品"（Economic Goods）。因此经济问题就一直存在着。而且，就目前经济发展的情况来看，社会中的"免费物品"一天比一天减少。例如，城市中水的供应，需要经过人工净化，就不能免费供给或自由取水，水的使用必须付出代价，于是水就不再是"免费物品"了。现代生活中的阳光、空气在许多场合都由于其稀缺的原因已成为"经济物品"了。由此可见，只要资源稀缺，人的欲望不能完全满足这一事实客观存在，经济问题就会存在。资源稀缺是经济问题产生的根源。

二、经济社会的基本问题

由于资源的稀缺性，产生了西方经济学家所说的一切经济社会所面临的三个基本问题，即生产什么、怎样生产和为谁生产的问题。

（1）生产什么。由于资源有限而人的欲望无限，因此人们就不能生产所有的各种需要的物品和劳务，而只能生产那些最迫切需要的物品。但什么是人们最迫切需要的物品？这些物品又该生产多少？这就是在生产什么这一问题中所必须解答的。西方经济学家认为，在自由企业制度（即资本主义制度）的经济中，生产者生产什么、生产多少，取决于消费者的意愿或偏好。消费者在哪种物品上花费越多，就表明哪种物品越应该生产，生产者就按消费者的意愿安排生产；反之，消费者在哪种物品上花费越少，就表明哪种物品已经超过了需要，应该缩减生产。消费者在社会生产中之所以具有如此大的影响力，完全是因为消费者的意愿或偏好是生产者能否取得最大利润的关键因素。因为生产者所生产出来的物品，只有消费者需要，才能销售出去，从而也才能实现其最大的利润。在资本主义经济中，生产者追求最大的利润，工人追求最高的工资，消费者追求最大的满足。其中消费者的需求状况，决定着生产的方向，决定着生产的规模，决定着整个社会的资源配置方式。

（2）如何生产。我们知道许多物品的生产都有多种方法。它们可以使用不同数量的资源去进行，但究竟采取何种方法才最经济，如何将各种资源组合起来才能发挥最大的效率，这些都是需加考虑的。西方经济学家认为，要使资源发挥最大的经济效益，必须对使用的各种资源所花费的成本和所带来的效益进行比较，以便作出有利的抉择。而西方经济学也正是由此出发，引出了关于生产、成本、收益、利润等一系列的分析。

（3）为谁生产。由于资源有限，不能使每个人的欲望都得到满足，那么我们就要决定究竟谁的欲望先满足，谁的欲望后满足，同时，先满足的又需满足到何种程度。所以这也是生产成果如何分配的问题。西方经济学家认为，生产者按照适当的比例把各种生产要素（资源）投入生产，各种生产要素各自在生产中的份额已经确定，从而它们各自创造收入的份额，即它们各自对生产的贡献也就可以确定。于是，根据其对生产的贡献就可以确定各生产要素所有者在社会产品中分得相应的份额：资本的所有者领得相应的收入份额——利润；土地的所有者领得相应的收入份额——地租；工人领得相应的收入份额——工资。为谁生产呢？

要看哪种生产要素在社会生产中的贡献最大，贡献最大的生产要素的所有者取得的收入份额也最大，从而社会生产就是为贡献最大的生产要素的所有者进行的。

以上这三个问题，是每个社会都会遇到的，都必须加以解释的。只是由于社会制度的不同，因而对如何解决以及由谁来作这种决定等问题也有所不同而已。

三、经济学的定义

当代西方经济学家一般认为，经济学是研究如何合理配置有限的资源来满足人们需求的一门科学。

20世纪初，罗宾逊（Robinson）在《论经济科学的性质和意义》一书中给经济学下的定义为："经济学是一门科学，它把人类行为作为目的与可以有其他用途的稀缺资源之间的关系来研究。"这一定义强调人们面临的资源稀缺和选择，至今影响西方经济学界，罗宾逊也被认为是较早给现代西方经济学下定义的经济学家。

美国出版的《国际社会科学百科全书》中给经济学下的定义是："按广泛接受的定义，经济学是研究稀缺资源在无限而又有竞争的用途中间的配置的问题，他是一门研究人与社会寻找满足他们的物质需求与欲望的方法的社会科学，这是因为他们所支配的东西不允许他们去满足一切愿望。"

美国经济学家萨缪尔森（P.A.Samuelson）在其所著《经济学》一书中给经济学所下的定义为："经济学是研究人和社会如何进行选择，来使用可以有其它用途的资源以便生产各种商品，并在现在或将来把商品分配给社会的各个成员或集团以供消费之用。"

美国年轻的经济学家斯蒂格利茨（J.E.Stiglitz）在其《经济学》教科书中给经济学下的定义是："经济学研究的是：我们社

会中的个人、厂商、政府和其它组织是如何进行选择的，这些选择又怎样决定社会资源的利用。"

从这些经济学的定义中我们可以看到：资源的稀缺以及用稀缺的资源来满足人们的需要是经济学研究的中心问题。英国经济学家丁哈维在其所著的《现代经济学》中给经济学下的简短定义为："经济学是研究人们如何分配他们有限的资源来满足人们的需要的科学。"

西方经济学家认为，经济学作为一门社会科学，它与社会学、政治学、人类学、社会心理学及社会生物学密切相关，并与这些学科在多方面互相渗透，但经济学又区别于上述学科，因为经济学的核心是研究有限资源的合理配置以产生最大的经济效益。

目前较正统的经济学定义是：经济学是一门有关稀缺资源配置到各种不同的和相互竞争的需要上，并使它们得到最大满足的系统科学。

这个定义暗含着一个重要的概念，即效率。它具有两层含义，第一层是在相互竞争的需要之间配置资源就产生配置是否有效率的问题。在这里效率意味着一国合理组织生产和消费使社会能够得到最大满足所需要的物品。微观经济学集中研究这类效率问题。第二层次是，在整个经济中使用资源的效率问题。在现行的法律、制度和习惯范围内，资源应该得到最充分的利用，在需要尚未得到满足的时候，闲置资源本身就证明是无效率的。因此经济资源的就业水平是经济学关注的另外一个问题，宏观经济学集中研究这类效率问题。

上述的经济学定义有其积极意义，缺点在于只关注效率导致财富总量的增加，而不涉及收入分配的公平问题。

四、微观经济学与宏观经济学

现代西方经济学原理按其研究的对象及范围可分为微观经济学和宏观经济学。

微观经济学（Micro-Economics）中的"微观"（Micro）的原意是"微小"，所以微观经济学有时又称为个体经济学。微观经济学研究个体的经济行为，就是研究单个家庭、个人、单个厂商和单个市场的市场经济行为。它说明单个家庭及其个人作为消费者和生产要素（劳动、土地或资本）的所有者（工人、资本家或地主）分别出现在商品市场和生产要素市场上的行为；厂商作为商品的供给者和生产要素的需求者也分别出现在商品市场和生产要素市场上的行为。

在商品市场上，作为消费者的家庭和个人根据各种商品的不同价格进行相应的选择。消费者的行为准则就是设法用有限的收入从所购买的各种商品量中获得最大的满足，所有的购买商品的行为必然影响商品市场中的各种价格，市场价格的变动又是厂商确定生产何种商品的信号。

在生产要素的市场上，各种生产要素的价格不一样，它们之间有一定的替代性。微观经济学说明厂商如何用最小的要素成本生产出最大的产品价值量，实现生产效率，以达到获取最大利润的目的。全体厂商的抉择必然影响生产要素市场上的各种价格，从而影响家庭提供生产要素的数量。在这个市场上，厂商购买生产要素，而提供生产要素的家庭则得到收入，家庭用得到的收入在商品市场上购买厂商提供的商品和劳务，家庭和厂商的抉择通过市场上的供求表现出来，通过价格的变动而得到协调。因此，微观经济学是研究市场的作用、价格的决定、资源（稀缺的生产要素）的配置和收入分配的一门学科。它就是关于市场调节的经济学。它以价格为分析的中心，因此也称作价格理论。

宏观经济学（Macro–Economics）中的"宏观"（Macro）原意为"宏大"，所以宏观经济学又称为总体经济学。宏观经济学主要研究资源的利用问题，它以整个国民经济活动作为考察对象，分析社会经济活动的各个总量的变化以及它们的相互关系，如国民收入、国内生产总值、总就业量、总需求、物价水平和经济增长率以及这些变量的变动和决定。

以宏观经济学为指导的宏观经济政策是西方发达资本主义国家的政府用来调节总体经济的政策，其中，财政政策和货币政策是调节总需求的最重要的工具。这些国家的政府通过扩张性的财政政策和货币政策，增加总需求，以便缓和衰退和减少失业；通过紧缩性的财政政策和货币政策来压缩总需求，以便降低物价水平，消除通货膨胀。通过以上的宏观决策，目的在于实现充分就业、稳定物价、平衡国际收支和加速经济增长。但由于这些目标之间时有矛盾，如要增加就业和加速经济增长就稳定不了物价水平，要稳定物价就无法维持较高的就业水平和较高的增长速度，有时甚至会出现失业与通货膨胀并存。

总之，宏观经济学本身是有关调节总体经济的学说，它以收入和就业为分析的中心，因此宏观经济学又称为国民收入理论。

微观经济学和宏观经济学不是互相对立的，而是相互补充和相互依存的。一方面，微观经济学是宏观经济学的基础，如就业或失业理论以及通货膨胀等宏观经济理论，必然涉及到劳动力的供求与工资的决定的工资理论，以及商品价格如何决定的价格理论；另一方面，宏观决策必然直接影响微观决策，如宏观的财政政策与货币政策必然影响家庭和单个厂商的经济行为。

第二节 西方经济学的研究方法

一、经济学的研究方法

萨缪尔森认为,经济学进展的方式是:"丰富资料,形成假说,检验假说,就经济运行情况取得有时是勉强一致的意见。"可见经济学的基本方法是分析经济变量之间的函数关系,建立经济模型,从中引出经济原则和理论,进行决策和预测。在这里采用约翰.A.奥和雷德里克·肖克利的提法,将经济学的研究方法概括为五个"P":

(1) 问题(Problem):正确地选择要研究的经济问题,然后准确地下定义,估量它的数值,分析问题产生的原因和后果,选择解决问题的方法。

(2) 重点(Priorities):需要重点解决的现实经济问题构成了经济学研究的主要经济目标。西方经济学家认为,混合经济制度要达到五大经济目标:①经济稳定,即既避免经济衰退又避免通货膨胀;②经济增长,即提高生活水平和生活质量;③经济效率,即以最小的资源耗费和最低的成本来满足消费者的需要;④经济保障,即保障每个社会成员都可能获得最低生活标准的物品;⑤经济自由,即人们能按照他们的偏好去自由选择他们所需要的物品。

(3) 原则(Principles):经济原则是对各相关变量关系的概括,经济学的原则就是通过建立经济模型,即经济分析的方法得到的。经济模型是一种简化、抽象地描述现实经济运转过程的分析方法。建立经济模型的目的是为了确立经济原则和经济理论,对经济模型限定的经济情况进行预测。

(4) 证明(Proof):由经济模型引出的结论只是一种假说,

假说需要由对现实的经济情况的观测来证明或检验。把经济模型运用于经济变化的预测，把预测的结果与实际结果相对照，作统计的和历史的分析，当预期的变化符合经验或历史的实际时，原则和理论才被证明是正确的。因此经验观测和经济理论之间具有一种循环关系，从经验观测中精炼出理论，但理论又必须由经验观测来验证。

（5）政策（Policy）：经济分析为政府理性的经济决策提供了基础，但政府的经济决策首先要考虑的是政治可行性和其它各种非经济的限制条件。因此由经济分析引申出来的理性经济决策，运用在政府行为中会受到很大限制。与此相比，在私人经济领域，经济理性决策的运用却要广泛得多。

二、实证经济学和规范经济学

经济学家力求通过分析的方法，形成一种为经验和历史所证明的经济原则和理论，运用于经济预测和决策，帮助解决社会面临的重点经济问题，但是在涉及经济政策的问题上，出现了争论，争论的焦点是经济学应不应当涉及价值判断，于是经济学被分为实证经济学和规范经济学。

实证经济学（Positive Economics）是指只对经济现象、经济行为或经济活动及其发展趋势作客观分析的经济学，它只考虑经济事物之间相互联系的规律，并根据这些规律来分析和预测人们经济行为的效果，它排除了"价值判断"，只回答"是什么"的问题，其结论可以用经济事实和经验来检验，因此实证经济学通常采用模型法。

规范经济学（Normative Economics）与实证经济学相反，它以一定的"价值判断"为基础。它提出一些分析和处理问题的标准，作为理论的前提和制订政策的依据。它回答"应该是什么"的问题，其结论无法通过经济事实和经验来检验。社会中所发生的经济问题非常多,不能全部都加以解决,那么哪些问题应该先解决呢,解决到什么程度才算适当呢?这就会引出许多不同的意见了。因为这些会涉及到每个人对好坏善恶的判断,这种判断就称为"价值判断"。当经济学家根据这些主观意见来说明政府应该做什么,对政策方针的福利后果作分析时,就称为"规范的说明",所以西方经济学把对政策行为的福利后果的分析通常叫做规范经济学,把包含着规范说明或价值判断准则的理论称之为规范的理论。

事实上,实证分析和规范分析从未划分过清楚的界限,经济学主要是一门实证的学科,但也是一门规范的学科,因为研究什么,采用什么方法,突出强调哪些经济变量,实际上都有经济学家的评价和判断在内,而且经济学家提出的理论在绝大多数场合是为他主张的政策辩护的。以不同经济理论为基础的各种政策主张,正反映了经济学家个人的主观意见和是非判断标准。

三、均衡分析与过程分析

在西方宏观经济学和微观经济学中经常使用均衡分析与过程分析两种分析方法。

均衡是指一种不再有变化趋势的状态,换句话说,它是一种能持久稳定的状态。把均衡概念应用于经济分析的所谓经济均衡是指这样一种情况:经济决策者(作为消费者的个人、厂商)在权衡抉择其使用资源的方式或方法的时候,认为重新调整其配置资源的方式已不可能获得更多的好处,从而不再改变其经济行为。

均衡分析是将研究的问题所涉及的诸多经济变量(因素)分为自变量和因变量,自变量假定为已知的和固定不变的,然后考察因变量达到均衡状况时的情况和为此所需具备的条件,即所谓均衡条件。如在均衡价格理论中,分析一个市场某种商品均衡价格决定问题时，假定作为自变量的需求状况和供给状况是已知的和固定不变的，即不同的价格下消费者愿意买进的数量和生产者愿意销售的数量是已知的和固定不变的，并且有价格和需求量反方向变化和价格与供给量同方向变化的规律，当在某一价格下供给量恰好与需求量相等的时候，价格和产销量都将稳定下来，不再有继续变动的趋势，这时市场达到均衡状态。市场处于均衡状态时的价格称为均衡价格，与均衡价格相对应的产销量称为均衡产量。在宏观经济学中，凯恩斯的国民收入决定理论等的分析也使用了均衡分析方法。

由于均衡分析只是考察了达到均衡状态时会有的情况和实现均衡应具备的条件，并不论及达到均衡的过程，而经济变量相互作用从不均衡到均衡的过程中，事实上都经历了一定的时间，所以均衡分析法实际上抽掉了时间因素，因而均衡分析的变量都不涉及时间，因此均衡分析又称瞬间分析。与均衡分析不同，过程分析则正是论述变化的实际过程。这种分析方法通常把经济运动过程划分为连续的分析"时期"，以便连续考察有关经济变量在各个时期的变化情况。例如，在蛛网理论中所使用的分析方法，就是考察一种产品（农产品）在各个生产时期，由于某一时期的供求不平衡造成的价格涨跌，怎样引起各生产时期的供求量增减和价格涨跌的实际变化过程，它属于微观经济学的动态过程分析。在经济周期波动分析中，其过程经历繁荣、危机、萧条和复苏四个阶段的周期性波动，则属于宏观经济的过程分析。

四、静态分析与动态分析

微观经济学与宏观经济学中经常使用的另一种分析方法是静态分析与动态分析。由此建立的理论为静态经济学与动态经济学。

静态经济分析是指对经济运行的一种短期分析。它说明短期的经济运行情况，而不能说明其它任何时期经济运行将发生的情况，因此它不能解释经济运行变化的过程。在某些特殊的情况下，各个时期，经济运行总量总是重复同样的均衡情况，静态经济学也可以说明这种情况，但是这种情况实际上也包含在特定时期的分析中。既然在各个时期，经济运行重复着同样均衡的情形，那么只要对某一时期的均衡情况加以说明，其它时期的情形也就得到说明。所以静态经济学又是同"静态均衡"相联系的。

在静态经济学中还有一种特殊的分析方法称作比较静态分析。两种相反的经济力量，因其增长情况的不同，可以在不同情况下形成不同的均衡，对这种不同的均衡情况进行比较分析，就是比较静态分析。属于比较静态分析的是宏观经济学中关于国民收入决定的分析。在此均衡的国民收入水平的决定条件是总需求等于总供给，而总需求更具主动性，其状况不同，会有不同的国民收入水平。宏观经济学就是对这些不同的国民收入水平决定的情况及因素进行比较分析。这种分析是静态的，因为它是对特定时期的均衡情况的说明，尽管均衡情况是变化的，但它只说明变化的原因，而不说明变化的过程。

动态经济学，是根据事前事后相继的关系，对经济现象所进行的分析。动态经济学强调时间概念，各种经济变量都打上时间的烙印。前一个时期有关经济变量的数值是预测下一个时期经济变量的依据，而当前的有关经济变量的数值又是预测下一时期经济变量的根据。在宏观经济学分析乘数原理与加速原理的结合时，就要采用动态的经济分析方法，说明经济运行变化的过程。

静态经济学与动态经济学相互之间也有一定的关系。静态分析为经济行为和经济变量提供一定的标准，而动态分析则是静态分析的发展和延伸。在西方经济学中，一般先进行静态分析，然后进行动态分析。

五、边际分析

边际分析方法也是西方经济学家经常用在宏观经济学和微观经济学中的分析方法。所谓边际,就是额外或增加的意思。即所增加的最后一个单位,或可能增加的下一个单位。这种边际的概念常用来分析两种可变的因素或两种以上可变因素的关系。例如,消费是收入的函数,在较高的收入水平上,个人或家庭可以多消费一些;在较低的收入水平上,个人或家庭可以少消费一些。例如,某个家庭月收入从4000元增加到5000元,所增加的1000元就是月边际收入,这1000元之中若有800元用于消费,其余的200元用于储蓄,则该家庭的边际消费倾向为80%,这就是边际分析。由此可见,边际分析就是分析经济中一种可变因素的增量对另外一种可变因素会造成什么样的增量结果的分析方法。西方经济学家十分注重边际分析方法,认为"对边际分析的理解是理解经济理论的中心"。在西方经济学的著作中,有大量的边际概念。例如,在微观经济学中有边际效用、边际成本、边际收益、边际产品和边际生产力等概念;在宏观经济学中有边际消费倾向、边际储蓄倾向、资本边际效率等概念。

第三节 西方经济学的产生和发展

一、西方经济学的产生

重商主义是初始的西方经济学,它产生于15世纪,全盛于16世纪和17世纪。重商主义认为:财富的性质是金银,为了增加一国的财富,除了开采金银矿藏外,有效的办法就是要通过对外贸易获得,即实现贸易顺差,从逆差国取得金银。在重商主义者看来,为了国家致富,保证金银流回国内,必须实行有利的贸易差额原则,即多卖少买,保持顺差,因此主张积极的国家干预,如奖励国内工业,实施促进对外贸易的贸易保护主义政策。

亚当·斯密(A.Smith)在18世纪下半叶建立的古典经济学,是西方经济学的真正开始,他批判重商主义理论,针锋相对地主张资本主义是自由竞争和自动调节的资本主义,反对国家积极干预经济生活,主张政府实行自由放任政策,让资本主义自行发展。古典的经济理论自建立以来,西方经济学作为一门学科已有300多年历史。300多年来,西方经济学不断发展,形成了今天的新古典经济学和后凯恩斯经济学及各种流派。

二、西方经济学的发展

西方经济学自产生以来,经历了古典经济学、庸俗经济学和现代西方经济学三个发展阶段。

1. 古典经济学的发展阶段

古典经济学最早产生于17世纪中叶,在英国由威廉·配第(W.Petty)开始,经亚当·斯密(A.Smith)发展为完整的体系,最后由李嘉图(D.Ricardo)推向最高峰;在法国则由布阿吉尔贝尔(P.Boisguillebert)开始,经过魁奈(F.Quesnary)和杜尔哥(A.R.J.Turgor)的进一步发展,到西斯蒙第(S.Sismondi)而结束。古典经济学是西方资产阶级成长时期的经济学,它批判了封建主义的生产方式,反对国家积极干预经济生活,主张政府实行自由放任政策,让资本主义自由发展。古典经济学的自由理论取代了重商主义国家干预经济的论点,成为西方经济学的正统。但随着古典经济学的发展,1830年以后,资产阶级经济学从古典学派的阶段完全走上了庸俗的道路。马克思指出:在当时,"法国和英国的资产阶级夺取了政权。从那时起,阶级斗争在实践方面和理论方面采取了日益鲜明的和带有威胁性的形式。它敲响了科学的资产阶级经济学的丧钟。现在的问题不再是这个或那个原理是否正确，而是它对资本有利还是有害，方便还是不方便，违背警章还是不违背警章"。（《马克思恩格斯全集》第23卷，第17页）马克思所指的古典经济学大致结束了。18世纪60年代末，其主要任务是反对当时的空想社会主义。

2．传统的庸俗经济学的发展阶段

到了19世纪70年代，西方经济学经历了一次以边际效用学派为代表的重大变动。当时英国的杰文斯（W.S.Jevons）、奥地利的门格尔（C.Menger）和法国的瓦尔拉斯（L.Walras）几乎同时提出了边际效用价值论，引起了西方的"边际革命"，并被广泛应用于西方微观经济学分析之中。

随着古典经济学的解体，法国经济学家萨伊（J.B.Say）和英国经济学家马尔萨斯（T.R.Malthus）等人的学说得到了广泛传播，形成了传统庸俗经济学。在西方相继出现了各种经济学流派，例如：以李斯特（F.List）为代表的历史学派，以庞巴维克（Böhm Bawark）为代表的奥地利学派，以克拉克（J.B.Clark）为代表的美国学派，以凡勃伦（T.Veblen）为代表的制度学派，以马歇尔（A.Marshall）为代表的新古典学派。传统的庸俗经济学主张自由竞争、自行调节和自由放任的经济原则。它认为在自由竞争条件下，资本主义市场价格体系的调节能够自行实现社会资源的有效配置，保证资本主义经济在充分就业的条件下均衡发展，因此政府不应该干预经济。马歇尔是最典型的传统的庸俗经济学的代表人物。在他的《经济学原理》一书中，他通过供求论，把相互对立的以萨伊为代表的边际效用论结合在一起，形成了他的均衡价值论。马歇尔的经济学理论对以后的经济学产生了深刻的影响，尤其是他对微观经济的分析至今仍成为现代西方微观经济学的基础。

传统庸俗经济学主张的自由放任政策，在20世纪30年代发生的世界性经济危机中被彻底粉碎，由于其无法在理论上解释这场危机和在实践中提出应付这场危机的方法而破产，这是资产阶级经济学说史上的第二次危机。

3. 现代西方经济学发展阶段

由于资本主义世界 1929 年以后的大萧条和国家垄断资本主义的发展，资产阶级的国家机器开始以解决失业为目的积极干预经济生活。在这时，传统的庸俗经济学已不能适应资产阶级的要求。凯恩斯（J.M.Keynes）于 1936 年出版了《就业、利息和货币通论》，否定了传统的庸俗经济学的两个基本原理：即供给自行创造需求的萨伊定律和储蓄必然转化为投资的传统论断，导致了所谓的"凯恩斯革命"。

在《就业、利息和货币通论》中，凯恩斯认为，在"边际消费倾向递减规律"、"资本边际效率递减规律"和"灵活偏好规律"的作用下，社会对消费和投资的需求不足，所以总需求往往不等于总供给，而且小于总供给。总需求的不足是资本主义经济危机的主要原因。他还认为，储蓄主要不是取决于利息率而是取决于总收入，投资虽然受利息率影响，但同时也受其它因素制约。当储蓄和投资不等时，总收入将发生扩张或收缩，从而引起储蓄的相应变化，最后导致储蓄和投资相等，因此，储蓄和投资的均衡，不是通过利息率而是通过收入的调节来实现的。而且即使在储蓄和投资相等的情况下，资本主义经济也往往没有达到充分就业。因此，要达到充分就业水平，资本主义国家的政府必须干预经济生活以刺激总需求。凯恩斯经济学为垄断资产阶级的国家机器以解决失业问题为借口来干预经济生活提供了理论依据。

第二次世界大战以后，凯恩斯主义的流行使得西方经济学体系出现了明显的漏洞。一方面，传统的庸俗经济学是以个量分析为基础，根据对单个消费者、厂商和生产要素所有者的分析，得到资本主义的市场因素能够自行调节资本主义社会矛盾，并据此主张实行自由放任、国家不干预经济生活的政策。而另一方面，凯恩斯则偏重于总量分析，根据他的国民收入论分析得出资本主义市场的各种因素不能自行解决失业问题的结论，并据此主张实行国家干预经济生活的政策。这样在西方经济学理论体系中就产生了干预和反干预以及由此形成的各种矛盾和不调和之处。

有鉴于此，以美国经济学家萨缪尔森、托宾（J. Tobin）、索洛（R. Solow）和英国经济学家罗宾逊（J. Robinson）、斯拉法（P. Sraffa）、卡尔多（N. Kaldor）等人为代表，逐渐建立了新古典综合派的理论体系。新古典综合派认为：传统的庸俗经济学是研究个量问题的微观经济学，而凯恩斯主义是考察总量问题的宏观经济学。前者以充分就业为分析前提，后者则着重研究各种不同水平的就业量的情况，因此两种理论相辅相成，可以收入同一体系，而传统的自由放任和凯恩斯的国家干预的主张不过代表同一理论体系所涉及的两种不同情况。经过政府的干预，战后西方国家实际的国民收入水平和充分就业的国民收入已经相差不远，传统庸俗经济学关于充分就业的理论前提也基本得到满足。

萨缪尔森等人将传统庸俗经济学和凯恩斯经济学综合起来，形成了"后凯恩斯主流经济学"，在西方经济学界占据主导地位。除了凯恩斯学派外，西方国家还有各种各样的学派，如以弗里德曼（M. Friedman）为代表的货币学派，以加尔布雷斯（J. K. Galbraith）为代表的新制度学派和以费尔德斯坦（M. Feldstein）等人为代表的供给学派等。

新古典综合派的理论在第二次世界大战后在西方经济学界享有盛誉。但20世纪70年代以来，西方国家普遍出现通货膨胀与失业并存的"滞胀"现象。面对这种情况，新古典学派既找不到正确的解释，而且也提不出解决这一问题的办法，从而陷入了困境，理论上的困难和政策上的无能，严重地动摇了新古典综合派的统治地位，许多西方经济学中的其他派别如货币学派、供给学派等自由主义流派迅速崛起，并向凯恩斯学派发出了强有力的挑战。20世纪70年代末和80年代初,他们的理论在英美等国也逐渐成为国家制订经济政策的理论依据。

综合上述分析,从整个理论体系看,现代西方经济学是传统的庸俗经济学在新的历史条件下的继续和发展。

复习思考题

1. 为什么说稀缺性是经济问题产生的根源?
2. 经济社会面临哪几个基本问题?
3. 试述经济学的概念,并说明其含义。
4. 什么是宏观经济学和微观经济学,两者的关系如何?
5. 简述西方经济学的产生和发展过程。

上编 微观经济学

第二章 需求和供给理论

19世纪著名的历史学家和散文作家托马斯·卡莱尔认为:"培养一个经济学家是容易的,只要像教一只鹦鹉那样说需求和供给就可以了。"或许卡莱尔对鹦鹉接受经济学训练的灵敏度有些夸张,但是他对需求和供给在经济学中的中心作用的评价是相当贴切的。在市场经济中,消费者总希望以尽可能低的价格购买商品,而生产者总希望以尽可能高的价格出售商品,两者如何协调? 亚当·斯密提出用"看不见的手"来协调,即今天我们称之为供求决定的价格机制。本章研究供给和需求的概念及供给和需求如何决定市场价格等内容。

第一节 需求和需求的变化

一、需求、需求表和需求曲线

1. 需求

需求(Demand)是指消费者在某一时期内的某一市场上按照各种不同的价格愿意并且能够购买的某种商品或劳务的数量。按照这一定义,需求的形成有两个条件:一是消费者对该商品有购买欲望,二是消费者有支付能力。如果消费者对某种商品虽有购买欲望,但他没有货币来支付,就不能算作需求。因此,需求是既有购买欲望又有货币支付能力的有效需求。

2. 需求表

一种商品的需求量是和该商品的价格相对应的,需求表是用数字表示某一商品价格与需求数量之间的对应关系。一个消费者(或家庭)对任一种商品的需求(即他愿意并能够购买的商品量),一般随该商品价格的高低而有所不同。价格越高,则消费者愿意买进的数量越少;价格越低,则消费者愿意买进的数量越多。需求与价格的这种反向变动关系,被称为需求规律。

所以,当谈到消费者对某种商品的需求时,总是涉及两个度量:一是该商品的价格,二是与该价格相对应的消费者愿意买进的数量。与每一价格相对应的消费者在一定时期内愿意并且能够购买的商品数量也可用需求表表示出来。表 2-1 是某种商品的个人需求与市场需求表。

表 2-1 个人需求与市场需求表

需求量 价格(元)	个人需求量(单位)				市场需求量 (单位)
	甲	乙	丙	丁	
6	20	10	30		2000
5	30	17	38		3000
4	40	23	45		4000
3	50	28	55		6000
2	58	32	65		8000
1	60	35	76		10000

表 2-1 说明了不同的价格对应着不同的需求量。例如当价格为 6 元时,甲的需求量为 20 单位,市场需求量为 2000 单位,当价格为 5 元时,甲的需求量为 30 单位,整个市场的需求量为 3000 单位,其它依此类推。

3. 需求曲线

把需求表的数据描绘在平面坐标图上,就形成了需求曲线。

现将表2-1中的数据描绘在坐标图上,用纵坐标表示商品的价格,横坐标表示市场上全部消费者愿意购买的数量,得到需求曲线如图2-1。

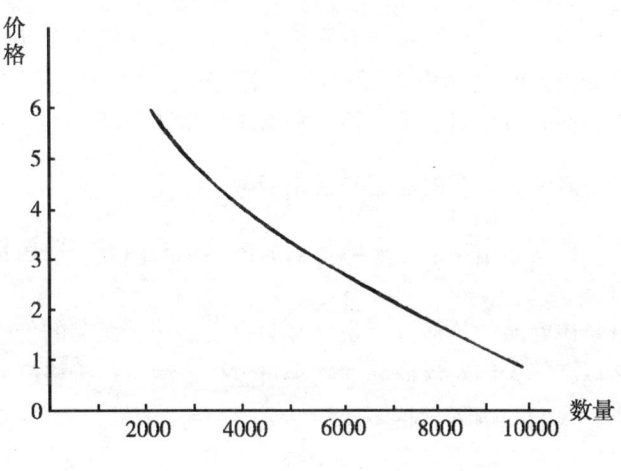

图2-1 市场需求曲线

在图2-1中,将表2-1的价格和数量的不同组合点连结起来的曲线,就是需求曲线,需求曲线是向右下方倾斜的,曲线斜率是负的。价格和需求量之间的关系可以是线性关系,也可以是非线性关系。当二者之间是线性关系时,需求曲线是一条直线,在直线上任何一点的斜率是相等的。当价格与需求量之间不存在线性关系时,需求曲线是一条向右方倾斜的曲线,曲线上不同的点的斜率是不同的。为了分析简便,通常使用线性关系来表示。

4.需求曲线的例外

一般而言,商品的价格与需求量呈反向变动关系,即随着价格的提高需求量减少,因此需求曲线是一条向右下方倾斜的曲线,但有些商品并不是这样,可能有例外的情况:

(1)有些商品价格越下降,需求越小,价格越高,需求越大。例如，珠宝、项链这类装饰品，它代表一定的社会地位与身份，如果价格下降，它们不能再代表这种社会地位与身份，对它们的需求就会减少；再如古董、古画、名贵邮票这类珍品往往是价格越高，越显示出它们的珍贵性，从而对它们的需求就越大。

（2）有些商品，小幅度升降价，需求按正常情况变动；大幅度升降价，人们就会采取观望的态度，需求将出现不规则的变化。例如证券市场对股票、债券的需求常有这种情况。

二、影响需求量的因素与需求函数

在一种商品市场上，影响该商品需求量的因素一般包括有以下方面。

（1）该商品的价格。大量的经验事实表明：商品的价格越高或价格提高，人们对该商品的购买量愈少或减少；价格越低或价格下降，人们的购买量越多或增加。

（2）消费者的收入。一般来说，在其他条件不变的情况下，消费者的收入越高，对商品的需求越多。因此，从市场需求来看，消费者的收入，包括国民收入在消费者之间的分配情况，显然是影响需求的重要因素。

（3）相关商品的价格。相关商品分为两类：一类是互相替代的商品，如猪肉和牛肉等；另一类是互相补充的商品，如汽车和汽油等。人们对于一种商品的需求量，除了取决于该商品本身的价格以外，还受到与该商品有某种联系的其他商品价格的影响。如汽油的价格提高，会引起人们对小汽车的需求量减少，猪肉的价格提高，会引起人们对牛肉的需求量增加。

（4）消费者的偏好。消费者对某种商品的偏好或嗜好增强，对它的需求量就大，偏好程度减弱，需求量就小。

（5）消费者的预期。消费者对该商品的价格和其他商品的价格未来可能出现的情况的预期也是影响商品需求量的重要因素。

如果预期某种商品价格不久将上涨,对这种商品的需求量就会增加,或多购买一些储存起来;预期价格将会下跌,需求量就会减少。预期效应有时会带来价格越高,需求量越大的反常现象,这就是人们普遍具有的"买涨不买跌"的心理。

为了说明商品需求量和决定需求量的各种因素之间的依存关系,微观经济学常用需求函数来表示。所谓需求函数是指用数学语言表示某一特定时期内的一个既定的市场中某种商品的各种可能的需求量和决定这些需求量的因素之间的关系。需求函数可表示为:

$$Q_d = f(P, T, P_r, W, P_e)$$

上列方程式中的 Q_d 表示对某种商品的需求量,P,Y,P_r,W,P_e 分别表示影响需求量变化的该商品的价格、消费者的收入、其它商品的价格、消费者的偏好和消费者的价格预期。其中 Q_d 是因变量,P,Y,P_r,W,P_e 是决定因变量的自变量,需求量是价格等的函数。

鉴于影响一种商品需求量的因素十分复杂,所以微观经济学在需求分析中,通常假定影响需求量变化的因素,除了该商品的价格外,其它因素固定不变,从而考察价格和需求量之间的关系。在这一假设下,需求函数表示商品需求量和价格这两个经济变量之间的关系。

需求函数可表示为:

$$Q_d = f(P)$$

这一方程式表示,需求量 Q_d 是价格 P 的函数,为了更具体地表示需求函数,可以列举一个简单的线性需求函数 $Q_d = 30 - 2P$。30 表示价格为零时的需求量,-2 表示曲线的斜率,是一个不变的常数,即价格的变化引起需求量的变化。

三、需求曲线的变化与需求曲线的移动

1. 需求与需求量的区别

在西方经济学中,需求与需求量是两个不同的概念。前面已对需求的概念作了解释,需求量是指消费者在某一时期内某一市场上按某一特定的价格所愿意购买的某种商品的数量。在图像上,需求量表现为需求曲线上的一个点,而需求表现为一条需求曲线;需求量的变化表现为需求曲线上点的移动,而需求的变化则表现为需求曲线的移动。

2. 需求曲线的移动

前面的需求表和需求曲线是假定影响商品需求量的收入以及其它商品的价格等因素为既定不变条件下,与该商品的每一价格相应的消费者愿意买进的商品量。一种商品在不同的价格下会有不同的需求量,这个事实必须同由于影响需求量的其它因素发生变化引起的需求状况的变化区别开来。假定由于消费者偏好改变或收入提高,在这种情况下,同原来的需求状况比较,与任何一个价格相对应的需求量都将比以前增加,这种情况称为需求的变化,即描述需求状况的需求表发生了变化,从而需求曲线会向右上方移动。反之,假定由于任何原因,使消费者在任一价格下的需求量较以前减少,这时的需求曲线将向左下方移动(图 2 - 2)。

在图 2 - 2 中,D_0 表示原来的需求状况,价格为 OP_0 时,需求量为 OQ_0;D_1 代表需求下降的情况,这时与价格 OP_0 相应的需求量减为 OQ_1;D_2 为需求增加的情况,这时与价格 OP_0 相应的需求量从原来的 OQ_0 增加为 OQ_2。

在影响需求量的五个因素中,除商品价格本身外,其它四个因素中的任何一个因素发生变化,都会引起需求曲线的移动。

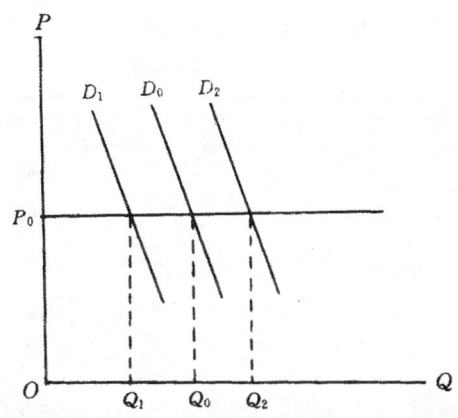

图2-2 需求变化引起需求曲线移动

第二节 供给和供给的变化

一、供给、供给表和供给曲线

1. 供给

供给和需求是对称概念。供给（Supply）是指生产者在某一时期内的某一市场上按照各种不同的价格愿意并且能够提供的某种商品或劳务的数量。

2. 供给表

一个生产者对于某种商品价格变化下的供给情况，可以由供给表来表示。供给表是用数字表示某一商品的价格和供给量之间的对应关系。例如，价格为2元时，甲生产者愿意提供的数量为200单位；价格为3元时，他愿意提供的数量为250单位。把一个市场上同种商品生产者的供给量加在一起，表示每一价格下，所有生产者愿意提供到市场的商品总量，即为该商品的市场供给表。

表2-2 市场供给表

价格（元）	供给量（单位）
6	9000
5	7500
4	6100
3	5000
2	4000
1	3000

表2-2表示，当价格为1元时，各生产者提供的市场产品合计为3000单位。而当价格上升到4元时，市场供应量增加到6100单位。价格越高，供给量越大；价格越低，供给量越小。供给与价格的这种正向变动关系，被称为供给规律。

3．供给曲线

价格与供给数量的关系可以由供给表来表示，也可以用几何图来表示，把供给表的数据描绘在平面图上，供给表就转变成供给曲线。如图2-3。

在图2-3中，把价格和数量的不同组合点连结起来的曲线就是供给曲线 S，供给曲线是向右上方倾斜的，曲线斜率为正。价格和供给量的关系可以是线性关系，也可以是非线性关系，后面为了分析简便，假设二者为线性关系。

4．供给曲线的例外

一般商品的供给与价格呈正向变动关系，即随着价格的上升，供给增加，因此供给曲线是一条向右上方倾斜的曲线。但是有些商品的情况并不是这样，可能有例外的情况：

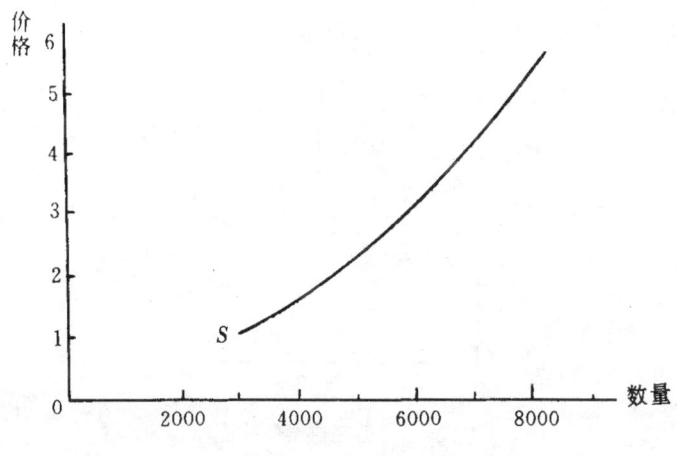

图 2-3 市场供给曲线

（1）劳工的供给被认为是例外的。在开始阶段，工资水平提高后，劳工的供给增加。但工资水平上升到一定限度后，劳工对货币的需求被认为不那么迫切了，工资再上升，劳工的供给也不会增加，甚至有可能减少。因此，劳工的供给曲线先是递增，然后是一条垂直线，或者是一条向左弯曲的线，如图 2-4 所示。

（2）某些商品价格提高后，人们开始将存货出售，但价格上升到一定限度后，人们意识到是值钱的商品，于是人们不再拿出存货，供给反而减少。古董、字画、名贵邮票这些珍品的供给，往往如此。供给曲线见图 2-5。

（3）某些商品，价格小幅度升降，供给按正常情况变动；而价格大幅度升降，人们就会采取观望的态度，待价而沽，供给将出现不规则的变化。例如证券、黄金市场上就常有这种情况。

二、影响供给量的因素和供给函数

影响一种商品供给量的因素很多，主要包括以下方面。

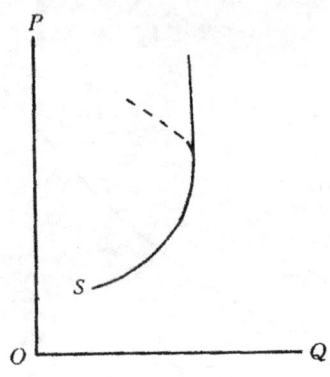

图 2-4 劳工供给曲线图

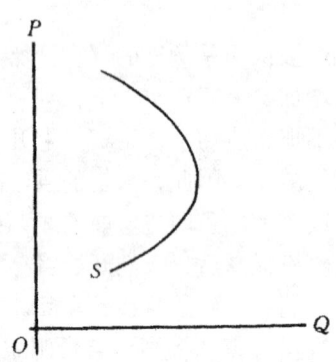

图 2-5 不规则的供给曲线

（1）商品本身的价格。一般而言，商品的价格越高，生产者愿意供给的数量越多。

（2）生产技术状况。一般来说，生产的技术水平越高，供给量越大；反之，生产的技术水平越低，供给量越小。

（3）生产要素的价格。成本下降在商品价格不变的条件下会引起利润增加，从而增加供给量，反之，成本提高，利润减少，会减少供给量。

（4）其他有关商品的价格。如果生产者生产的商品价格没有变动，但其他商品价格下降，那么生产者就会转为生产该种商品，这样商品价格没有变化的该种商品的供给量就会增加，其它商品的供给量就会减少。

（5）生产者对未来的价格预期。当生产者预期他们所生产的商品价格将会上涨，他们就会减少现在的供给量。

（6）政府税收。政府的税收直接影响生产成本，如果税收增加，则事实上使产品成本提高，在相同的价格下供给量会比没有征税时减少，这时供给曲线向左下方移动。政府补贴可以看成是负税收，作用正好与征税相反。

为了说明供给量和决定供给量的各种因素之间的依存关系，微观经济学常用供给函数来表示。所谓供给函数，是指在某一特定时期内某种商品的各种可能的供给量和决定这些供给量的因素之间的关系。可将供给函数表示为：

$$Q_s = f(P, T, P_x, P_y, P_e)$$

式中的 Q_s 表示商品的供给量，P，T，P_x，P_y，P_e 分别表示影响供给量变化的各种因素。分析供给函数时，通常假定除了商品本身的价格外，其它因素固定不变，只研究价格和供给量之间的关系。在这一假定下，供给函数表示供给量和价格这两个经济变量之间的关系，供给函数可写成：

$$Q_s = f(P)$$

上述方程式表示供给量 Q_s 是价格 P 的函数。

三、供给的变化和供给曲线的移动

1. 供给与供给量的区别

供给和供给量是两个不同的概念。供给是指生产者在某一时期内的某一市场上按照各种不同的价格愿意并且能够提供的某种商品或劳务的数量,而供给量是指生产者在某一时期内的某一市场上按照某一特定的价格愿意并且能够提供的某种商品或劳务的数量。在图像上,供给量表现为供给曲线上的一个点,而供给表现为一条供给曲线;供给量的变化表现为供给曲线上点的移动,而供给的变化则表现为供给曲线的移动。

2. 供给曲线的移动

前面的供给表和供给曲线是以这样的假定为前提:即除了商品价格本身以外,其它影响供给量的因素是既定不变的。因此上述假定下的供给状况(供给表和供给曲线)表示不同的价格会有不同的供给数量这个事实,必须与供给的变化区分开来。所谓供给的变化,是指影响供给量的因素中,除了商品本身的价格以外的任何一个或一个以上的因素发生变化,而引起的任一给定价格的供给量较以前增加或减少,比如由于技术进步或工资降低,以致对应于任一给定的价格的供给量比以前增加。如图 2-6 所示。

在图 2-6 中,S_0 表示某商品原来的供给曲线,在所使用的

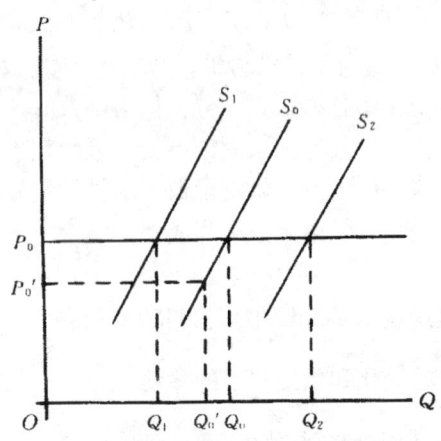

图 2-6 供给变化引起供给曲线的移动

生产技术、生产要素的价格以及生产者对未来价格的预期等因素既定不变条件下,当价格为 OP_0 时,市场上商品的供给量为 OQ_0,当价格降为 OP'_0 时,供给量则减为 OQ'_0。

现在假定,由于技术进步或工资下降,供给状况发生改变,供给曲线由原来的 S_0 右移至 S_2,这表示在与原来相同的价格 OP_0 下,市场供给量从 OQ_0 增加为 OQ_2;同理,假定由于气候不良引起的欠收,供给曲线左移至 S_1,这表示价格 OP_0 时市场的供给量从原来的 OQ_0 减为 OQ_1。

第三节 需求弹性与供给弹性

在经济学中,当两个经济变量之间存在函数关系时,就用弹性来表示自变量发生变化后,因变量作出反应程度的大小。概括地说,弹性是一个因变量的相对变动和一个自变量的相对变动之比,用公式表示为:

$$弹性 = \frac{因变量变动的百分比}{自变量变动的百分比}$$

一、需求的价格弹性

(一)需求价格弹性的计算方法及其性质

商品价格的提高或降低,会引起需求量的相应减少或增加,但是价格变化以后,需求所作出的反应(增减变化)的程度,不同的商品是不同的。例如,粮食价格的增减所引起的需求变化程度很小,而奢侈品的价格变化则会引起需求量的较大变化。需求价格弹性是用来表示需求量对价格变化所作出的反应程度大小的一个度量,通常用价格变动的百分比引起的需求变动的百分比来表示,这两个百分比的比值称为弹性系数。需求价格弹性,习惯上简称需求弹性,用公式表示为:

$$需求弹性系数 = \frac{需求量变动的百分比}{价格变动的百分比}$$

现用 E_d 表示需求弹性系数，P 表示原来的价格，Q 表示与 P 相应的需求量，P_1 表示变动后的价格，Q_1 表示与 P_1 相应的需求量。令 $\Delta P = P_1 - P$，$\Delta Q = Q_1 - Q$，则上述可表示为

$$E_d = \frac{\Delta Q / Q}{\Delta P / P} = \frac{\Delta Q}{\Delta P} \cdot \frac{P}{Q}$$

根据需求弹性的定义,可以发现弹性系数具有以下几个性质:

(1) E_d 的数值不因选用的计量单位的改变而不同。也就是说，价格的计量单位可以是元也可以是分，需求量的计量单位可以是吨也可以是千克。因为决定 E_d 的两个变量（价格与需求量）是各自的百分比。

(2) E_d 的数值可能是正数，也可能是负数，依存于有关两个变量是同方向变化（正数）还是反方向变化（负数）。就是说，E_d 是正数还是负数所表示的是有关变量变化的方向性关系，在通常情况下，E_d 的绝对值 $|E_d|$ 的大小，则是表示变化程度的大小。一般而言，需求量与价格是反方向变化的，所以需求价格弹性系数是负数。

(3) E_d 的绝对值 $|E_d|$ 不仅随商品的不同而不同，而且在一种商品的一条既定的需求曲线上，随价格不同而不同。

为了表示某种商品及其在某一价格下的弹性是高是低，习惯上按 E_d 的绝对值的大小分为几个范围，如表 2-3 所示。

表 2-3 需求弹性范围表

弹性值	弹性名称	典型例子
$\|E_d\| = 0$	完全缺乏弹性	少见，如火葬费用
$\|E_d\| = \infty$	完全富于弹性	罕见
$\|E_d\| > 1$	富于弹性	奢侈品
$\|E_d\| = 1$	单元弹性	罕见
$\|E_d\| < 1$	缺乏弹性	生活必需品

(二) 点弹性与弧弹性系数的计算

1. 点弹性系数的计算

把商品的产量作为因变量，产品的价格作为自变量，那么对于需求来说，需求量是自变量价格的函数：

$$Q = f(P)$$

在数学中，两个变量变化率的比值就是该曲线的斜率，即斜率 K 可表示为：

$$K = \frac{dQ}{dP}$$

而曲线在该点的弹性系数可以表示为

$$E = \frac{dQ}{dP} \cdot \frac{P}{Q}$$

P 和 Q 代表曲线在某点的价格和产量，即是说，如果我们知道曲线在某点的斜率，我们就可以通过该点的 P 和 Q 值计算出曲线在该点的弹性系数。

例如，已知某种商品的需求函数为 $Q = 120 - 15P$，问当需求数量为 60 时，其需求弹性系数是多少？$K = \frac{dQ}{dP} = -15$，代入上式，则

$$E = -15 \times \frac{P}{Q} = \frac{-15P}{120 - 15P}$$

上式表示弹性系数 E 是价格 P 的函数。当 $Q = 60$ 时，$P = 4$，则 $E = -1$；如 $P = 6$，则 $E = -3$；等等。

上例表明，当需求函数为直线时，在不同的价格之下会有不同的弹性系数，但并不说明任何需求函数的不同价格都有不同的弹性系数。例如需求函数的形式为

$$Q = AP^b \qquad (P \neq 0, b < 0)$$

则弹性系数为固定不变的常数 b。证明如下：

取对数 $\lg Q = \lg A + b\lg P$

直接以对数求导 $\dfrac{\mathrm{d}\lg Q}{\mathrm{d}\lg P} = \dfrac{\mathrm{d}Q/Q}{\mathrm{d}P/P} = b$

所以需求弹性为 b。

另一种方式求证：

$$\dfrac{\mathrm{d}Q}{\mathrm{d}P} = AbP^{b-1}$$

$$E = \dfrac{\mathrm{d}Q}{\mathrm{d}P} \cdot \dfrac{P}{Q} = AbP^{b-1} \cdot \dfrac{P}{Q} = \dfrac{AbP^b}{AP^b} = b$$

假如 b 为 -1，那么在整条需求曲线上，其需求弹性系数都为 -1。

2．用几何作图法测度弹性系数

如果需求曲线是一条直线（图2-7），由于在需求线上的每一点，其 P 值和 Q 值都不同，那么我们可以看出，其需求弹性系数在直线上的任何一点都是不同的。

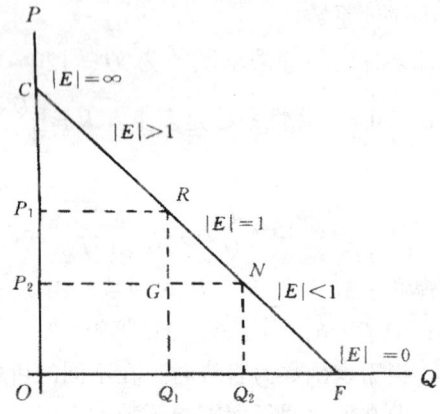

图2-7 需求直线弹性图

可以通过图2-7证明结果：直线在任何一点的需求弹性系

数 E 等于该点以下线段长度与该点以上线段长度之比。

证明：在直线 FC 上任取一点 R，在 R 点：

$$\Delta Q = Q_1 Q_2 \quad Q = OQ_1$$
$$\Delta P = P_1 P_2 \quad P = OP_1$$
$$E = \frac{\Delta Q}{\Delta P} \cdot \frac{P}{Q} = \frac{Q_1 Q_2}{P_1 P_2} \cdot \frac{OP_1}{OQ_1} = \frac{GN}{RG} \cdot \frac{OP_1}{OQ_1}$$

因 $\triangle RGN \backsim \triangle RQ_1 F$，

故
$$\frac{GN}{RG} = \frac{Q_1 F}{RQ_1} = \frac{Q_1 F}{OP_1}$$
$$E = \frac{Q_1 F}{OP_1} \cdot \frac{OP_1}{OQ_1} = \frac{Q_1 F}{OQ_1} = \frac{RF}{RC}$$

由此可见，若需求曲线为直线并与纵轴交于 C，与横轴交于 F 时，则需求曲线 CF 上任一点 R 的弹性系数可由 $\frac{RF}{RC}$ 来表示。

在图 2-8 中，D 为需求曲线，如要计算 R 点的弹性系数，可以通过 R 点作需求曲线 D 的切线 AB，与纵轴交于 C，与横轴

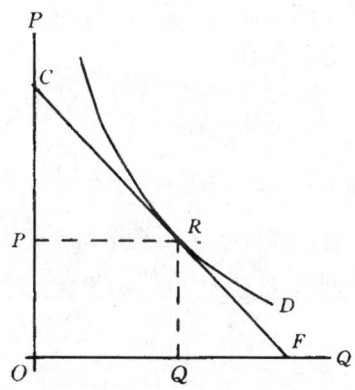

图 2-8 非线性需求曲线任一点 R 的点弹性系数

交于 F，则 R 点的弹性系数可以由 $\dfrac{RF}{RC}$ 来表示，即

$$E = \dfrac{QF}{OQ} = \dfrac{RF}{RC}$$

用这种几何作图的方法，可以很容易测度出弹性系数的大小。

3. 弧弹性系数

通常计算弹性系数的公式是以产品数量变动百分比与价格变动百分比之比来计算的，如果其百分比变动很微小的情况下，计算出来的弹性系数也较准确，但如果变动较大时，所计算出来的弹性系数的误差也就较大。因为在实际计算中，影响弹性系数的变量为：

$$\Delta Q = Q_1 - Q$$

$$\Delta P = P_1 - P$$

$$E = \dfrac{\Delta Q}{\Delta P} \cdot \dfrac{P}{Q} \qquad (P, Q \text{ 为基期量})$$

如果 P 和 Q 变动较大时，仍采用基期的 P 和 Q，就很不准确，此时应采用弧弹性系数的计算方法，即将两个时期 P 和 Q 的平均数作为式中的 P 和 Q。

$$E = \dfrac{(Q_1 - Q) \Big/ \dfrac{(Q + Q_1)}{2}}{(P_1 - P) \Big/ \dfrac{(P + P_1)}{2}}$$

例如，当我们要计算价格在 4 美元和 5 美元之间的需求价格弹性系数时，用不同的 P 和 Q 值的结果是不一样的（见表 2-4）。

表 2-4 不同价格的需求量

价格（美元）	需求量（商品单位）
4	20
5	3

用价格为 4 美元和数量 20 作为基期的 P 和 Q，

$$E = \frac{3-20}{20} \div \frac{5-4}{4} = -3.40$$

用价格为 5 美元和数量 3 作为基期的 P 和 Q，

$$E = \frac{20-3}{3} \div \frac{4-5}{5} = -28.33$$

这两种结果的差别非常大，在这种情况下，我们采用弧弹性系数公式计算：

$$E = \frac{(20-3)\Big/\frac{(20+3)}{2}}{(4-5)\Big/\frac{(4+5)}{2}} = -6.65$$

(三) 影响需求价格弹性的因素

影响需求价格弹性大小的因素主要有：

(1) 商品的必需程度。如果某种商品是日常生活所必需的，那么需求弹性比较小，如大米、面、盐，即使价格上涨幅度很大，需求量也不会有大的减少；而非生活必需品价格弹性比较大，这些商品对价格的变化比较敏感，若价格下跌，需求量会增加较多。

(2) 商品的可替代程度。如果一种商品有许多相近的替代品，它的需求是有弹性的。因为若价格上涨，消费者会少买这种商品而多买它的替代品，若价格下跌，消费者会多买这种商品而少买它的替代品。如果一种商品有完全相近的替代品，它的需求弹性是无穷大的。

（3）商品用途的多少。一种商品用途越多，其需求弹性越大。反之，用途较少的商品，其需求弹性较小。如果一种多用途的商品价格很高，消费者买的数量很少并用于主要用途上，如果价格下降，购买的数量增加，并会用于各种次要的用途上。因而该商品是富于弹性的。

（4）商品在预算支出中所占比重。如果一种商品在消费者预算支出中只占很小的份额，那么消费者对该商品的价格变化不会很敏感，因此需求弹性较小。如果该商品是一项大开支，那么价格变化后，消费者会对其需求量慎重考虑，因而弹性较大。

（5）时期的长短。一般来说，考察的时期越长，需求越富于弹性，因为时间越长，消费者和厂商越容易找到替代品。

二、需求的收入弹性

需求的收入弹性（Income Elasticity of Demand），是指在消费者偏好、该商品本身价格和其它价格不变时，测量消费者的收入水平变动导致一定的商品或劳务的需求量变动的程度。用商品需求量变化的百分比与收入变化的百分比的比率来表示，则是

$$需求收入弹性 = \frac{商品需求变化百分化}{收入变化百分比}$$

现用 E_I 表示需求收入弹性，I 表示收入，ΔI 表示收入的变动量，Q 表示需求量，ΔQ 表示需求量的变动，计算需求的收入弹性公式

$$E_I = \frac{\Delta Q}{Q} \Big/ \frac{\Delta I}{I} = \frac{\Delta Q}{\Delta I} \cdot \frac{I}{Q}$$

需求收入弹性可正可负，取决于商品的性质和人们的需求状况。在一般情况下，人们对商品的需求随收入的增加而增加，即呈正向变动关系，在这种情况下需求收入弹性为正值，这类商品称为常规商品（Normal Goods）。在这类商品中，一般又把 E_I

>1的商品称为奢侈品，如汽车、首饰等，$E_I<1$的商品称为必需品，如米、油、肉食等。

但有些商品是随着收入的增加，其需要量减少，如粗粮、收音机、黑白电视机等，在这种情况下，人们的需求收入弹性是随着经济收入的增长，由增加变为减少，当需求收入弹性为负值时，我们称这类商品为低档商品（Inferior Goods）。

常规商品与低档商品是根据消费者的经济收入，随时间、地点及环境条件而改变的，同样的收入，对于不同的消费者其常规商品和低档商品的概念也可能有所不同。

三、需求交叉弹性

需求的交叉弹性（Cross Elasticity of Demand）是研究一种商品的价格变动与另一种商品需求量变动之间的关系，较准确地说，它是一种商品价格发生变动的百分比导致另一种商品的需求量产生的变动程度。

$$需求交叉弹性 = \frac{另一种商品需求量变动百分比}{该种商品价格变动百分比}$$

现用 E_c 表示需求交叉弹性，P_Y 表示 Y 商品的价格，ΔP_Y 表示 Y 商品价格的变动量，Q_X 表示 X 商品原来的需求量，ΔQ_X 表示因 Y 商品价格变动引起的 X 商品需求量的变动，则需求交叉弹性的公式为：

$$E_c = \frac{\Delta Q_X}{Q_X} \bigg/ \frac{\Delta P_Y}{P_Y} = \frac{\Delta Q_X}{\Delta P_Y} \cdot \frac{P_Y}{Q_X}$$

由于商品之间存在着替代性和互补性，使商品间的效用有交叉关系，即一种商品价格的上升，引起另一种商品的需求量变化，这是引起交叉弹性的原因。

替代品的需求交叉弹性为正数。两种商品彼此为替代品时，一种商品价格上涨将使另一种商品的需求量增加，反之，则减少。例如，猪肉价格上升将使牛肉的需求量增加，因为消费者将会多购买牛肉，少买猪肉。交叉弹性此时为正数，两种商品的正交叉弹性系数高，表明两种商品非常接近。

互补品的需求交叉弹性为负数。两种商品为互补品时，一种商品的价格上涨，将使另一种商品的需求量下降；反之，则增加。例如，汽油的价格上升，将使小汽车的需求量减少，因为汽车必须有汽油才能开动，所以此时需求交叉弹性为负数。两种商品的负交叉弹性系数高，表明二者是很紧密的互补品。

交叉弹性如果接近于零，表明两种商品既不是互补品，也不是替代品。

四、供给弹性

供给弹性（Elasticity of Supply）又称供给价格弹性，是指某种商品供给量变化的百分比与该商品价格变化百分比的比率，用来测量一种商品的价格变化下供给量反应程度的大小。

同需求弹性一样，供给弹性系数可由下式表示

$$E_s = \frac{\Delta Q}{Q} / \frac{\Delta P}{P} = \frac{\Delta Q}{\Delta P} \cdot \frac{P}{Q}$$

上式中 E_s 表示供给弹性系数，P 代表价格，Q 代表供给量，ΔP 和 ΔQ 分别代表价格变动的数值与相应的供给量变动的数值。由于假定供给量与价格同方向变化，故 E_s 恒为正数。

与需求弹性一样，供给弹性在通常的供给曲线下有五种情况，如表 2–5 所示。

表 2–5 供给弹性范围表

某点供给弹性	曲线在该点弹性名称	典型例子
$E_s = 1$	单元弹性	罕见
$E_s > 1$	富于弹性	劳动密集型行业的产品

续上表

某点供给弹性	曲线在该点弹性名称	典型例子
$E_s < 1$	缺乏弹性	资本密集型行业的产品
$E_s = 0$	完全缺乏弹性	珍贵无法复制的物品
$E_s = \infty$	完全富于弹性	发展中国家农村向城市提供的剩余劳动力

供给价格弹性的大小，主要取决于以下因素：

(1) 进入和退出的难易程度。如果某一行业进入和退出的壁垒很高，厂商就很难灵活地根据价格和需求情况进入或退出该行业，该商品的供给弹性较小，反之则相反。

(2) 成本的大小。当产品价格提高后，如果增加产量所需追加使用的生产要素的费用无需有较大增加，产量的增加就多，因而供给弹性较大，反之则供给弹性较小。

(3) 时间的长短。在极短的时期内，供给量限于已有库存无法随价格变化而变化，弹性近乎为零；在短期内，厂商能够在固定资产不变的情况下增加流动资产投入来扩大产量，因而弹性增大；在长期内，现有厂商可彻底调整生产规模，新厂商也可以进入该行业，因此供给的时间越长，供给可能变得越有弹性，见图2-9。

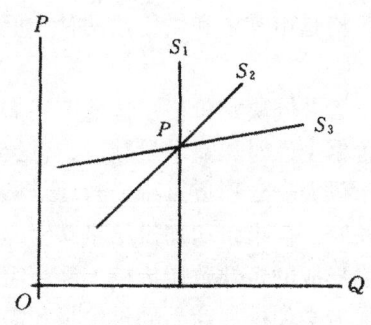

图 2-9 时间和供给弹性

图2-9中有三条供给曲线。曲线 S_1 是完全缺乏弹性,它代表非常短的时期的供给情况,即使价格提高了,厂商也来不及增加产量时的情况。曲线 S_2 是同一种商品在短期内的供给,随着价格的提高,厂商有时间调整可变的生产要素,如增加工人和原材料,从而提供较多的供给量,但厂商尚无时间调整固定生产要素,因而产量的增加最终要受到厂房和设备等生产能力的限制。曲线 S_3 是处于长期中的供给曲线,厂商有充分的时间扩建厂房设备,新厂商也能进入这个行业,整个行业的产量就会有大幅度的增加,此时的供给是有弹性的。所以,长期的供给弹性常会大于短期的供给弹性。

第四节 需求和供给的均衡:价格决定

一、均衡价格和均衡产量的决定

均衡是指一种能持久稳定的状态。经济学中所说的均衡,是指在经济体系中发生变动作用的各种力量处于相对平衡的状态。前面所讲的需求和供给只是说明在不同的价格水平上,有不同的需求量和供给量,但需求或供给任何一方都不能单独说明整个市场价格的决定,价格是由需求和供给这两种相反的力量共同作用的结果。

需求和供给二者共同决定价格。按照上述需求规律和供给规律,当某一商品价格上涨时,需求量减少,供给量增加,供给量超过需求量,由于供大于求形成过剩,致使价格下降;相反,当某一商品价格下跌时,需求量增加供给量减少,需求量超过供给量,由于求大于供形成的短缺致使价格上涨。需求和供给二者相互作用的结果,最后会使这一商品的供给量和需求量相等,这时既无过剩也无短缺。需求量与供给量相等时的商品数量就是均衡数量，而需求量和供给量相等时的价格就是均衡价格（见图2－10）。

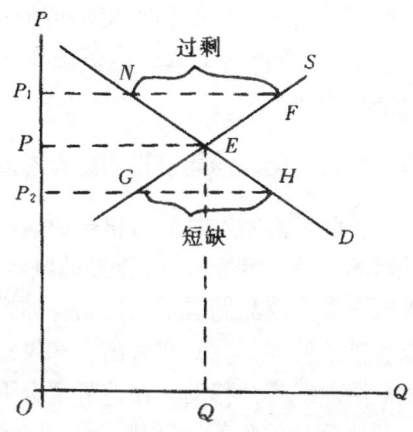

图2－10 均衡价格和均衡产量的决定

在图2－10中，D和S分别代表需求曲线和供给曲线，在采用均衡分析方法考察均衡价格和均衡产量的决定因素时，由它们所代表的需求状况和供给状况是假定除该商品价格外其它条件为已知和既定不变的，D与S的交点E表示，当价格为OP时，生产者愿意提供的数量（由S表示出来）和消费者愿意买进的数量（由D表示出来）恰好相等，这时价格将在这个高度固定下来，不再有变动的趋势，称为市场达到均衡状态。

由此可见，所谓市场均衡价格和均衡产量是指：在诸变量（此处是需求和供给）为已知和既定不变条件下，市场供求达到均衡状态时应有的价格和产量。在图2－10中，E点为均衡点，P为均衡价格，Q为均衡价格水平下的均衡产量。当价格上涨到P_1时，供给量增加到P_1F，需求量减少到P_1N，这时供大于求形成过剩（NF），迫使价格下降。反之，当价格下跌到P_2时，供给量减少到P_2G，需求量增加到P_2H，这时供小于求形成短缺（GH），迫使价格上涨。正是由于供求双方的作用，最后使需求量和供给量趋于均衡 Q，此时的价格就是均衡价格 P。

如果用方程组表示的话，供给和需求均衡是：$Q_d = f(P)$，$Q_s = f(P)$，$Q_s = Q_d$，将需求函数和供给函数代入方程式，就可以求得均衡价格和均衡产量。

二、需求和供给的变化对均衡价格和数量的影响

前面已经讲过，除了商品本身的价格会影响商品的需求和供给外，还有其它诸多因素，例如，消费者的收入、消费者的偏好、生产成本等也会影响商品的需求和供给。如果这些因素发生变化，那么需求和供给就要变化，或者需求和供给同时变化，商品的需求曲线或供给曲线将会移动。在这种情况下，市场的均衡会遭到破坏而重新达到新的均衡。需求曲线和供给曲线的移动，通常有以下几种情况：

1. 供给曲线不变，需求曲线移动

在图 2-11 中，当需求曲线与供给曲线分别为 D_0 和 S_0 时，其均衡价格为 P_0，均衡产量为 Q_0。假设消费者收入增加或价格以外的其它因素变化引起对商品的需求增加，需求曲线移到了 D_1，在供给和价格不变的情况下，商品将出现 E_0F 的短缺（过剩需求），那么在此情况下价格将上涨，生产者愿意生产更多的商品，直至达到新的均衡，其新的均衡点为 E_1，均衡价格为 P_1，产量为 Q_1。

当然，从动态上讲，新的均衡不可能马上实现，而是一个渐进的过程，最终会达到新的均衡。相反，如果价格以外的其它因素引起该商品的需求量减少，需求曲线移到了 D_2，在供给和价格水平不变的情况下，就会出现供给剩余 E_0G，从而引起价格下降，生产者将减少商品生产量，直至达到新的均衡点 E_2，其价格为 P_2，产量为 Q_2。

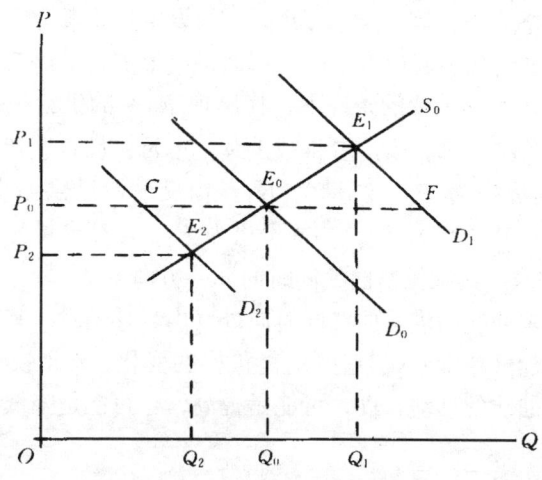

图 2-11 需求曲线变动引起的均衡变动

2. 需求曲线不变，供给曲线移动

在图 2-12 中，当需求曲线和供给曲线分别为 D_0 和 S_0 时，

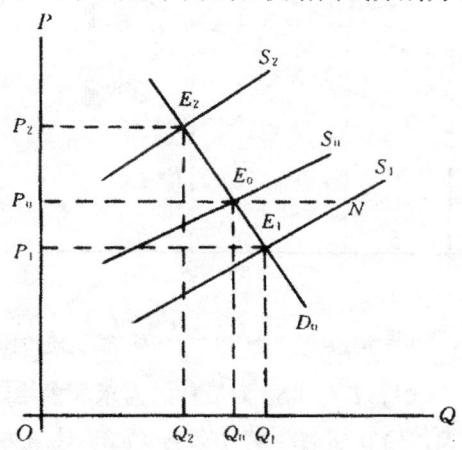

图 2-12 供给曲线变动引起的均衡变动

其均衡价格为 P_0，均衡产量为 Q_0。假设生产要素价格降低以及其它因素的变化引起成本下降，那么供给增加，供给曲线移到了 S_1，在需求水平不变的条件下，将出现 E_0N 的供给剩余，从而导致商品价格下降，生产者将减少其生产量，最后达到新的均衡点 E_1，其价格为 P_1，产量为 Q_1。相反，如果供给曲线移到 S_2，其新的均衡点为 E_2，均衡价格为 P_2，均衡产量为 Q_2。

3. 需求曲线和供给曲线同时向同一方向移动

当需求曲线和供给曲线同时向外（内）移动时，其新的均衡数量将增加（减少），但新的均衡价格的变化，却取决于供给曲线和需求曲线的移动程度，可能是提高，也可能是降低。

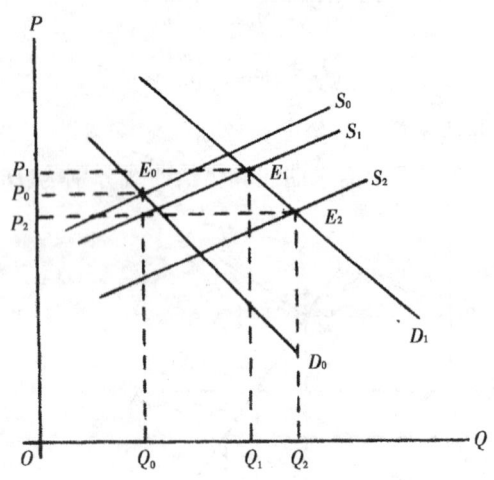

图 2–13 供给曲线和需求曲线同时向外移动引起的均衡变化

在图 2–13 中，D_0 和 S_0 为最初的需求和供给曲线，均衡点为 E_0，其均衡价格和均衡产量分别为 P_0 和 Q_0。现在假定需求和供给同时增加，需求曲线移到了 D_1，供给曲线移到了 S_1，新的均衡点为 E_1，这时市场的价格和产量水平分别比原来提高，

为 P_1 和 Q_1。但从图形中可以进一步看到,与原来的水平相比,如果需求曲线移动的幅度大于供给曲线移动的幅度,将引起市场价格的上升;相反,如果供给曲线移动的幅度大于需求曲线移动的幅度,将引起市场价格的下降。在图 2-13 中,如果供给曲线移到 S_2,市场新的均衡点的价格将比原来的价格 P_0 下降,新的均衡价格为 P_2,数量为 Q_2。

4. 供给曲线和需求曲线同时向相反方向移动

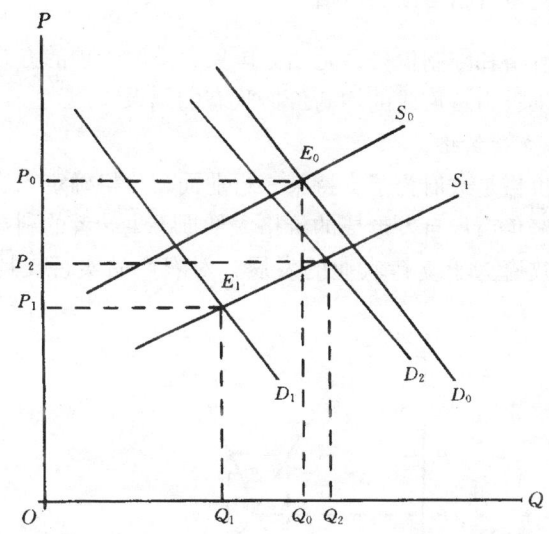

图 2-14 供给曲线向外移动,需求曲线向内移动引起的均衡变动

在供给曲线和需求曲线一个向外移动(增加),另一个向内移动(减少)的情况下,市场均衡价格按需求变动的方向变动,但均衡数量取决于市场需求曲线和供给曲线移动的幅度,可能是增加,也可能是减少。

在图 2-14 中,市场原来的需求为 D_0,供给为 S_0,其均衡价格和产量分别为 P_0 和 Q_0,如果需求曲线向内移动到 D_1(需求减少),供给曲线向外移动到 S_1（供给增加），其新的均衡使市场价格和产量下降为 P_1 和 Q_1，价格下降与需求下降一致。但是，如果供给曲线外移的幅度大于需求曲线内移的幅度，那么尽管市场价格水平下降，但其产量将上升。如图 2-14 中，如果需求曲线只移动到 D_2，小于供给曲线的移动幅度，其市场产量将比 Q_0 上升，为 Q_2，其价格水平为 P_2。

三、支持价格与限制价格

支持价格和限制价格，是西方国家以政府干预的方式使价格脱离市场供求力量形成的均衡价格状态的结果。

（一）支持价格

支持价格是政府为了支持某一行业而将价格确定在均衡价格以上，以避免市场自发形成的价格太低损害生产者的利益。典型的例子是政府为了支持农业的发展，对农产品实行支持价格制度。

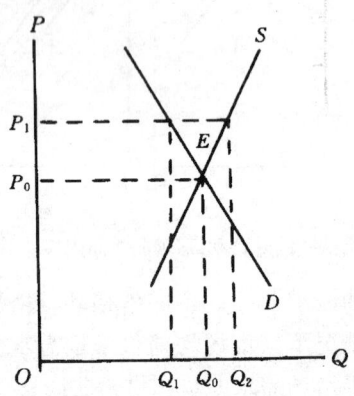

图 2-15 支持价格

在图 2-15 中，需求曲线和供给曲线相交于 E 点，均衡数

量为 Q_0,均衡价格为 P_0,政府实行支持价格,将价格规定在 P_1 水平上。由于价格上升,市场需求量减少为 Q_1,而供给量增加至 Q_2,此时会出现产品过剩,即 Q_1Q_2。为了使价格不致于下跌,过剩的产品由实行支持价格的政府收购,或者限制生产量。否则生产者会竞相降价出售,最后使支持价格失效。为此,政府必须为支持价格付出代价,即对生产者进行财政补贴,以维持支持价格水平。

(二)限制价格

限制价格是政府为了防止物价上涨而将价格确定在均衡价格以下,以避免市场自发形成的价格太高损害消费者的利益。典型的例子是政府为了防止粮食价格上涨,实行粮食限制价格。

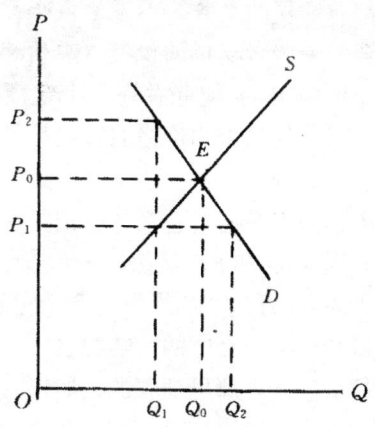

图 2-16 限制价格

在图 2-16 中,需求曲线和供给曲线相交于 E 点,均衡价格为 P_0,均衡数量为 Q_0,政府规定最高限价为 P_1,价格由 P_0 下降到 P_1,低于均衡价格。由于价格下降,市场需求量增加到 Q_2,供给量减少为 Q_1,这时出现短缺(Q_1Q_2)。在这种情况下,将产生三种后果:一是排队抢购,二是实行严格的配给制度,三是出现黑市交易。黑市交易的价格不仅高于限制价格,而且高于均衡价格,最低为 P_2。

四、征收货物税对价格的影响

政府对商品征税时,消费者支付的价格与生产者接收的价格不是同一个价格,征税会使需求曲线或供给曲线移动。下面用供需分析法分析政府征税对价格和产量的影响。

政府对商品征税可以采取多种形式,既可以对厂商销售的每一单位商品征收固定数量的税额(又称从量税),也可以对商品的价值增加部分,即产出价值减去投入成本的差额征收一定比例的税收(又称增值税)。为简化分析,以固定数量的税额为例。生产者和消费者都有纳税的义务,不论是生产者纳税,还是消费者纳税,征税都会使消费者支付的价格(总价格为 P^+)和生产者获得的价格(净价格 P^-)之间存在一个差额。结论是,不管谁承担纳税义务,对交易数量和价格的影响都是一样的。具体而言,假定由生产者交纳税收。

在图 2-17 中,假定政府对卷烟征收销售税,征税前的需求曲线和供给曲线分别为 D 和 S。显然,一包香烟的均衡价格为 3 美元,均衡数量为 4000 万包,如果每生产一包卷烟征税 1 美元,对均衡价格和数量会产生什么样的影响呢?

由于销售税是从生产者那里征收的,所以这一征税行为会使供给曲线向上移动。在图 2-17 中,税后供给曲线为 S_1,假定税前每包卷烟的价格为 2 美元,生产者在这一价格下供给市场 3000 万包,那么税后价格必须比原来高出 1 美元(即达到 3 美元一包)才能使生产者供给同样数量的卷烟。同时假定税前价格每包是 3 美元,这时生产者的供给为 4000 万包卷烟。那么它的税后价格就比原来高出 1 美元(即达到 4 美元一包)生产者才愿意向市场上提供同样数量的卷烟。原因在于生产者必须向政府支付每包1美元的税额。所以为了在税后达到与税前同样的供给量,他们要求每包卷烟加价1美元。

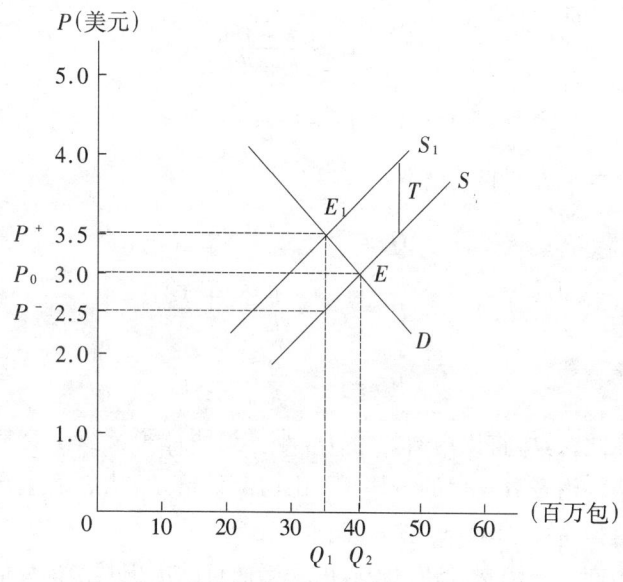

图2–17 征税对卷烟价格和产量的影响

图2–17表明,征税后卷烟的价格是3.5美元,比税前价格提高了0.5美元,所以在这种情况下,税收的一半转嫁给了消费者,他们为每包烟多付了0.5美元,税收的另一半是生产者承担的,他们在每包烟上比过去少收了0.5美元(付税后)。

下面用数学公式来表示政府征税对价格和数量的影响,假定需求函数和供给函数都是线性的,税收用 T 表示,由生产者支付税收,消费者支付的总价格 P^+,生产者获得的净价格 P^-,下面有三个方程式:

$$P^+ = a - bQ \quad (需求方程)$$

$$P^- = c + dQ \quad (供给方程)$$

$$P^+ = P^- + T \quad \text{(税收方程)}$$

没有税收条件下,

$$P^+ = P^-$$

$$Q_0 = \frac{a-c}{b+d}$$

$$P_0 = \frac{ad+bc}{b+d}$$

将三个方程联立求解,可得

$$Q_1 = \frac{a-(c+T)}{b+d}$$

$$P^+ = \frac{ad+b(c+T)}{b+d}$$

$$P^- = \frac{(a-T)d+bc}{b+d}$$

在此,Q_1 将比均衡数量 Q_0 小,说明征税减少了交易商品的数量,消费者支付的价格 P^+ 比均衡价格 P_0 大,而生产者得到的价格 P^- 比均衡价格 P_0 低。

生产者向消费者转嫁税收的一半而自己承担其余部分的情况并不是通常的情况,在有些情况下,消费者几乎要承担全部的税收,而在另一些情况下,消费者几乎可以不承担税收(实际上全部由生产者承担)。结果如何取决于需求量和供给量对商品价格的敏感程度。

在供给曲线保持不变的情况下,一种商品的需求量对其价格的敏感性越小,则税收转嫁到消费者身上的部分就越大。为了说明这一点,我们分析图 2-18(a)的情况。图中表明每包烟的税额为 T 美元时,税收对两个卷烟市场的影响,其中一个市场的需求量 D_1 对价格的敏感程度比另一个市场的需求量 D_2 对价格的敏感程度更大一些。在纳税前,不论是在 D_1 需求曲线的情况下,还是在 D_2 需求曲线的情况下,均衡价格都是 OP_0,但是纳税后，如果需求曲线是 D_1，均衡价格就是 OP_1；如果需求曲线是 D_2，则均衡价格就是 OP_2。很明显，在需求量对价格敏感程度较小（D_2）的情况下，消费者支付的价格要比在需求量对价格的敏感程度较大（D_1）时所提高的幅度大。总之，税收的承担与需求弹性有关，需求弹性越大，消费者承担的税收越小。如果需求完全缺乏弹性，则税收完全由消费者负担；如果需求完全富于弹性，则税收完全由生产者负担。

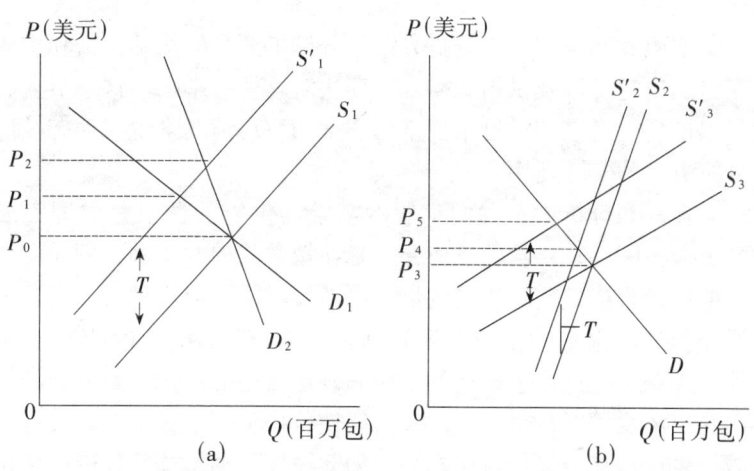

图 2-18 不同需求弹性和供给弹性下货物税对卷烟价格的影响

同样，在需求曲线保持不变的条件下，当供给量对商品价格的敏感程度较小时，生产者承担的税收部分就较大。为了说明这一点，我们来分析图 2-18（b）的情况，其中一个市场对价格的敏感程度（S_3）比另一个市场的情况（S_2）更大一些。纳税前不论 S_2 还是 S_3，两条供给曲线均衡价格都是 OP_3。纳税后，如果税前供给曲线为 S_2，均衡价格就是 OP_4；如果税前供给曲线是 S_3，均衡价格就是 OP_5。显然，在供给量对价格比较敏感

（S_3）的情况下，消费者支付的价格要比在供给量对价格的敏感程度较小（S_2）时所提高的幅度小。总之，税收承担与供给弹性有关，供给弹性越大，生产者承担的税收越小。如果供给完全富于弹性，则税收完全由消费者承担；如果供给完全缺乏弹性，则税收完全由生产者承担。

第五节 动态蛛网原理

前面我们采用静态分析方法，分析了商品的均衡价格和均衡产量的决定，以及供给和需求的变化对均衡的影响。这一节我们将以市场的需求和供给中价格与产量的波动情况来说明动态经济分析方法的实际运用。

在静态分析中，我们都假定需求与供给的调节是立即完成的，但实际上，供给的反应并不是在短时间内发生的。例如市场上的猪肉价格偏高，生猪的供给自然要增加，但这种增加需要一段时间（即生猪的生长时期），同时，生产者增加生猪供给时，他是按照未生产出来以前的价格来确定自己的产量。到增加的猪肉在市场供给时，供给太多又可能使价格下降了，生产者又可能减少生产，从而又使价格提高，如此循环。动态蛛网理论（Cobweb Theorem）是考察价格波动对下一周期产量的影响，以及由此而产生的均衡变动，因此它可以从相互作用的过程来分析市场的需求和供给的变化过程。

根据商品供给和需求弹性关系的不同，价格和产量的波动可能出现三种情况，分别称之为收敛型蛛网、发散型蛛网和环型蛛网。

1. 收敛型蛛网（Damped cobweb）

当价格和产量的波动幅度越来越小，逐步向着均衡点靠近时，就形成一个收敛型蛛网图形，如图 2-19。

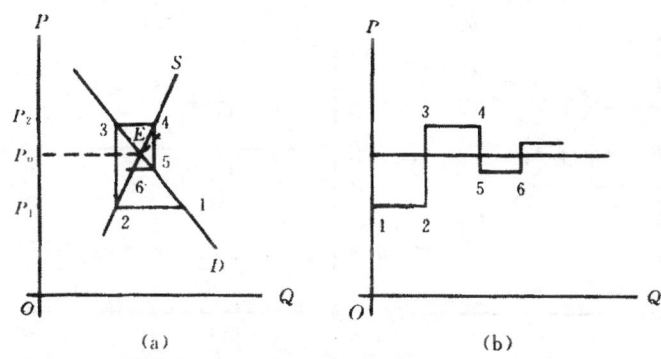

图 2-19 收敛型蛛网

在图 2-19（a）中，E 为市场均衡点，1 点价格在均衡水平之下，所以生产者削减产量至 2 点，于是供给量远远小于需求量，引起价格上升至 3 点，由于这一价格高于均衡价格，生产者愿意按 4 点的产量来生产……如此运动下去，直到达到均衡点 E，这时价格稳定在 P_0 上。

价格和产量波动幅度之所以越来越小，是因为在数值上供给曲线斜率大于需求曲线的斜率。因此，在数值上供给曲线的斜率大于需求曲线的斜率称为"蛛网稳定条件"。

2．发散型蛛网（Explosive cobweb）

当价格与产量波动越来越大，离开均衡点越来越远时，就形成一个发散型蛛网图形。如图 2-20。

在图 2-20（a）中，价格从 P_1 点不断向外波动，幅度不断增大，从（b）图中可以看出，价格离均衡点越来越远。价格和产量的波动之所以越来越大，是因为在数值上供给曲线的斜率小于需求曲线的斜率。因此，在数值上供给曲线的斜率小于需求曲线的斜率称为"蛛网不稳定的条件"。

3．环型蛛网（Eternal cobweb）

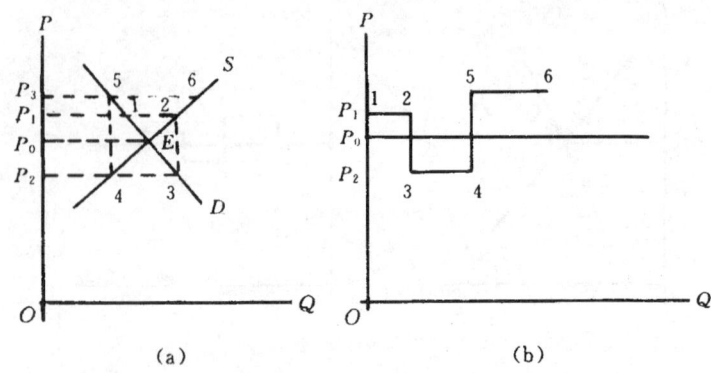

图 2-20 发散型蛛网

当价格和产量始终按同一幅度波动,既不回到均衡点,也不远离均衡点时,就形成了首尾相连的环型蛛网(见图 2-21)。

在图 2-21 (a) 中,价格在 P_1 和 P_2 上循环波动,既不远离均衡点,也不能回复到均衡点。价格和产量的波动之所以按同一幅度波动,是由于供给曲线的斜率与需求曲线的斜率相等。所以在数值上供给曲线的斜率与需求曲线的斜率相等,称为"蛛网中立条件"。

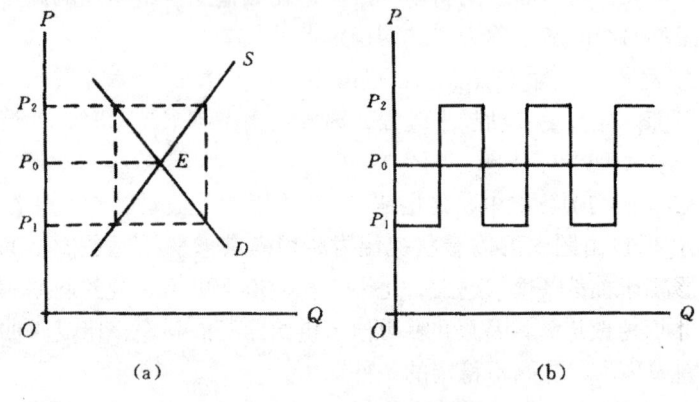

图 2-21 环型蛛网

复习思考题

1．需求和需求量、供给和供给量有什么区别？

2．影响商品需求量的因素有哪些？影响商品供给量的因素有哪些？

3．下列哪些组属于相互替代的商品？哪些组属于相互补充的商品？

（1）鸡肉和猪肉。

（2）眼镜架和眼镜片。

（3）大米和面粉。

（4）计算机硬件和软件。

（5）汽车和汽油。

4．在市场机制下均衡价格是怎样形成的？

5．在某商品市场上，有10000个相同的人，每个人的需求函数为 $Q_d = 12 - 2P$，有1000个相同的生产者，每个生产者的供给函数由 $Q_s = 20P$ 给定。

（1）推导该商品的市场需求函数和市场供给函数。

（2）绘出该商品的市场需求图表和市场供给图表，并由这两张图表确定均衡价格和均衡数量。

（3）在同一坐标系上，绘出商品的市场需求曲线和市场供给曲线，并表示出均衡点。

（4）用数学方法导出均衡价格和均衡数量。

（5）该均衡状况是稳定的吗？为什么？

6．假设由题5的均衡状况出发，消费者收入有所提高，以致市场需求曲线变为 $Q_{d1} = 140\,000 - 20\,000P$，同时生产该商品的技术有所改进，以致新的市场供给曲线变为 $Q_{s1} = 40\,000 + 20\,000P$，其余因素均保持不变。

（1）在题5（3）的图上绘出新的市场需求曲线和新的市场

供给曲线。

(2) 该商品新的均衡价格和均衡数量是多少?

7. 假定由题 5 的均衡状态出发,政府决定对售出的每单位商品征收 2 美元的销售税,而且 1000 名销售者一视同仁。

(1) 这个决定对该商品的均衡价格和均衡数量有什么影响?

(2) 实际上谁支付了税款?

(3) 政府征收的总税额是多少?

8. 假定某商品的需求函数和供给函数分别为:$Q_d = 100 - 2P$,$Q_s = 10 + 4P$。

(1) 求出均衡价格和均衡数量。

(2) 求出均衡点的需求弹性和供给弹性。

(3) 当供给函数改变为 $Q_s = 28 + 4P$ 时,求出供给函数改变后新的均衡点的需求弹性和供给弹性,并与原来的弹性加以比较。

(4) 在原来的条件下,如果政府对每一单位商品补贴 2 美元,均衡价格是多少? 消费者能从中获益吗?

9. 最近的研究表明,在一个长时期内,美国的城市内对房屋租赁需求的价格弹性是 1.0,供给的价格弹性为 0.5。

(1) 假定某城市的政府决定提高房租水平以鼓励更多的房屋出租,如果政府想使供出租房屋的供给量增加 2%,则房租应增加多少?

(2) 房租的这种增加对房屋的租赁需求总量产生什么影响?

(3) 假定政府增加房租的决定遭到政治上的普遍反对,因而只好采取降低房租的措施。如果将房租降低到均衡水平以下的 1%,对房屋的租赁需求量将超过其供给量。按供出租房屋均衡量的百分比计算,则需求量和供给量之间将会发生多大的差距?

第三章 消费者行为理论

微观经济学对单个决策单位的行为进行研究,而消费者是这种决策单位中最重要的一个部分。据粗略估计,各国最终产品和劳务中大约有三分之二是直接供给消费者的,因此研究消费者在经济中的行为是非常重要的。本章从效用概念出发,分析需求曲线的根据,并说明如何根据边际效用论中的基数论和序数论得出单个消费者的需求曲线,以及说明收入和价格的变化对消费者的影响。

第一节 基数效用与消费者需求

一、效用与基数效用

1. 效用

效用(Utility)是一个抽象概念,在经济学中用它来表示商品和劳务满足人们欲望或需要的能力。一种商品或劳务是否具有效用或具有多大的效用,以它能否满足和在多大程度上满足人的欲望或需要为条件。

理解效用的概念时,必须注意三点:①一种物品有效用不一定具有价值或价格。这主要是由于物品的价值或价格是由稀缺程度决定的,如空气,其效用很高,但不一定有价格,因为商品的价格是用机会成本来衡量的,所以西方经济学中所讲的效用,实际上是物品的使用价值。②效用本身并不含有伦理学的意义。这就是说,一种商品或劳务是否具有效用,要看能否满足人的欲望或需要,而不论这一欲望或需要是好是坏,是善是恶。例如,吸毒是坏欲望，但毒品能满足吸毒者的欲望，它就具有效用。③效用有正有负。负效用（Disutility）是指某种商品或劳务所具有的引起人们不舒适或痛苦的能力。例如，某人吃两碗饭已饱，再吃第三碗饭身体就不舒服，所以第三碗饭对他而言，具有负效用。

效用因人、因地、因时而不同。同一物品对不同的人，效用的大小是不可比的。例如，一个人吸烟，另一个人不吸烟，烟对这两个人的效用大小就无法比较；又如，冷气对在夏天降温是有效用的，而在冬天则没有什么效用。

2. 基数效用

基数效用（Cardinal Utility）就是指用效用单位来表示的效用，效用单位是人们用来衡量效用大小的单位，它假定消费者对消费某一商品或劳务的效用可以用数量单位的大小来衡量，即用数字1，2，3等表示。例如，一杯牛奶对某人的效用是10效用单位，一杯可乐对他的效用是5效用单位，那么对他来说，一杯牛奶具有两倍于一杯可乐的效用，或者说他从一杯牛奶中比从一杯可乐中得到两倍的满足。当然，效用或使用价值在实际上是不能用数量计算的，这只是理论上的假设。

二、边际效用递减规律

如果效用可以用数量单位的大小来衡量，那么随着人们消费某一商品或劳务在数量上的增加，其总效用是在不断变化的，而这是由于某种物品的边际效用不断变化造成的。所谓边际效用（Marginal Utility）是指最后增加一单位商品或劳务所具有的效用。

当某人在对其它商品的消费保持不变的条件下，对某种商品的消费越来越多时，这种商品的边际效用最终将趋于递减，每一种商品都存在边际效用递减现象。因此，把这种情况概括为边际效用递减规律（Law of Diminishing Marginal Utility）。

总效用（Total Utility）是消费者消费一定量商品或劳务所得到的边际效用的总和，也就是从消费一定量商品或劳务中得到的总的满足程度。随着消费量的增加，总效用也增加，但总效用按递减比率增加，达到最大值后，继续增加消费量，将使总效用减少，边际效用出现负数，总效用与边际效用的关系见表3-1。

表 3-1 某物品消费的总效用与边际效用

物品消费单位	总效用（TU）	边际效用（MU）
0	0	
1	6	6（= 6 - 0）
2	11	5（= 11 - 6）
3	15	4（= 15 - 11）
4	18	3（= 18 - 15）
5	20	2（= 20 - 18）
6	21	1（= 21 - 20）
7	21	0（= 21 - 21）
8	20	-1（= 20 - 21）

表3-1说明，随着物品消费单位的增加，边际效用递减，当边际效用为负数时，总效用也开始减少。总效用和边际效用曲线的形状见图3-1和图3-2（图中纵轴 U 表示效用，横轴 Q 表示物品消费单位）。

三、边际效用递减规律与需求曲线

在第二章谈到的需求规律表明，消费者愿意买进的任何商品的数量与该商品的价格呈反方向变化，即价格高（提高）则需求量少（减少），反之，价格低（降低）则需求量多（增多）。为什

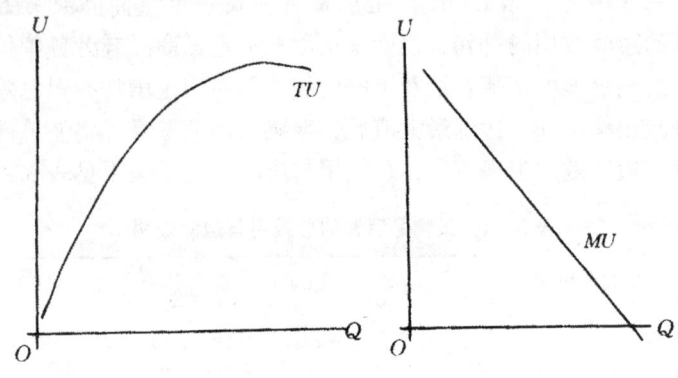

图 3-1 总效用曲线图　　图 3-2 边际效用曲线图

么消费者对商品的需求量与其价格之间呈这样一种反向变动关系呢?

在西方经济学中,可以用边际效用递减规律来解释。既然存在边际效用递减趋势,那么当一个人要购买商品时,他就要衡量自己的货币收入以及该商品所能产生的边际效用。如果他的货币的边际效用固定不变,那么他对该商品所愿意付出的价格就以其边际效用为标准。如果其边际效用大,则愿意多付;反之则少付。但根据边际效用递减规律,一种商品的边际效用是随其数量增多而递减,因此当他所拥有的该商品数量越多时,其边际效用就越小,这时他所愿付出的价格就越低了。反之,当他所拥有的该商品数量越少时,其边际效用就越大,这时他所愿付的价格就越高了。由此可见,决定商品价格的是它的边际效用。当一个消费者已经拥有较多的某种商品时,如果希望他再买,只有降低该商品价格,反之,当他拥有的数量少时,提高价格也无妨。由此可见,需求曲线应该向右下方倾斜。

假定某消费者对茶叶的需求状况是,1000 克售价 8 美元时,他愿买进 1000 克,价格 6 美元时他愿买进 2000 克,价格 4 美元时他愿买进3000克。我们可以据此作出其需求曲线,见图3-3(b)。为什么价格越低,他愿意购买的数量越多?用边际效用理论来解释如下:某消费者愿意用8美元买进1000克茶叶,表示1000克茶叶的效用至少等于他为此付出的8美元的效用,即160效用单位(假定他每美元的效用是20单位);价格降到6美元时他愿意买进2000克,这表明他追加购买的第二个1000克茶叶的边际效用应等于6美元的效用,即120效用单位。同理,他愿以4美元价格买进3000克,这表明第三个1000克的边际效用是80个效用单位。在西方经济学中把买进一定数量(如3000克茶叶)的最后1000克即第三个1000克称为边际购买,把买进最后1000克愿意支付的价格称为边际需求价格,反映该商品的边际效用。图3-3表示从消费品的边际效用曲线推导出需求曲线,它说明由于存在边际效用递减规律,使得消费者购买的数量越多,对每单位商品愿意支付的价格越低。

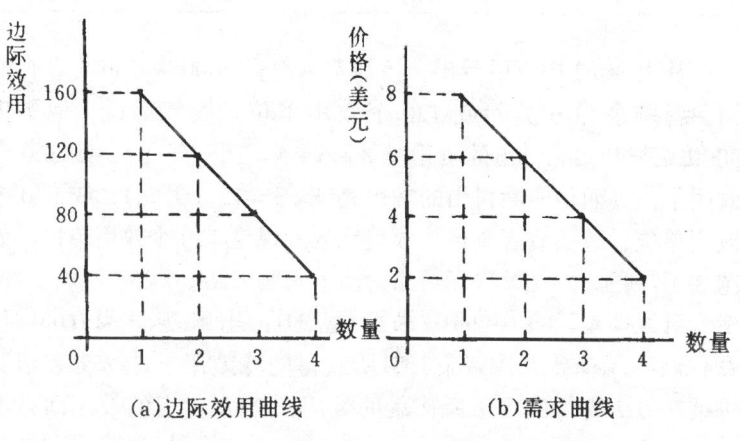

图3-3 从边际效用曲线推导出需求曲线

四、消费者剩余

消费者消费某种商品所获得的总效用,一般来说超过他为此所花费的货币的总效用,两者的差额,称为消费者剩余(Consumer Surplus)。这一概念是在马歇尔的价格理论中最早使用的。消费者剩余既可用货币来衡量(假如知道每单位货币的效用),也可用效用单位来衡量。假如某消费者对茶叶的需求状况如上所述,又设 1000 克茶叶的市场价格为 4 美元。可用表 3-2 来表示他的消费者剩余。

表 3-2 消费者剩余

	消费者愿意付的价格(边际效用)	消费者实际付的价格(货币效用)	消费者剩余
第一个 1000 克茶叶	8(160)	4(80)	4(80)
第二个 1000 克茶叶	6(120)	4(80)	2(40)
第三个 1000 克茶叶	4(80)	4(80)	0(0)
总 计	18(360)	12(240)	6(120)

从表 3-2 中可以看出,该消费者消费 3000 克茶叶可获得的消费者剩余为 6 美元或 120 个效用单位。换句话说,他买进 3000 克茶叶愿意付出的货币是 8+6+4=18(美元),或 360 个效用单位,而他实际付出的货币是 4×3=12(美元),或 240 个效用单位,故消费者剩余是 6 美元或者说是 120 个效用单位,如图 3-4 所示。

图 3-4(b)中的需求曲线 AD,当购买量为 OQ 时,$OABQ$ 表示消费者消费茶叶时所获得的总效用,$OPBQ$ 表示买进茶叶 OQ 支付的货币所代表的效用,PAB 代表的效用即是消费者剩余。

一般而言,售价很低的生活必需品,如水、食盐等,提供给

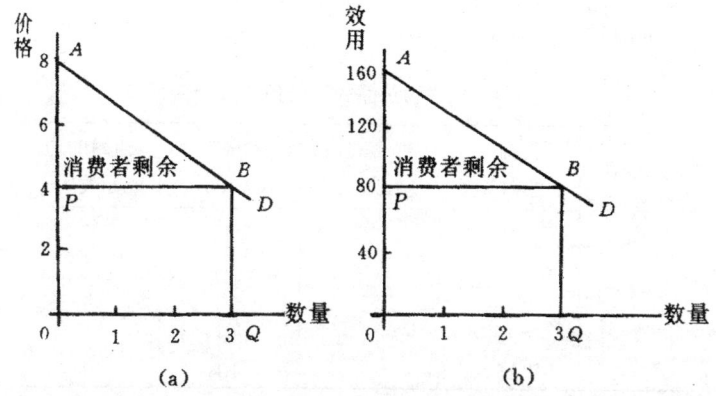

图 3-4 消费者剩余

消费者的效用很大,但价格很低,因而消费者剩余很多。

五、基数效用下的消费者均衡

消费者的货币收入总是有限的。因此,一个理性的消费者总是把他有限的货币收入用于购买各种最需要的商品,以满足自己的需要,并且要在各种商品的购买中获得最大效用。消费者均衡就是在消费者收入的约束下,消费者获得最大效用的一种状态。

在基数效用下实现消费者均衡的条件是:在既定的货币收入和各种商品的价格已知的条件下,消费者使其所购买的各种物品的边际效用与其价格的比值相等。或者说消费者用最后一单位货币购买的各种商品带来相同的边际效用。用公式表示为:

$$\frac{MU_X}{P_X} = \frac{MU_Y}{P_Y} = \cdots = \lambda$$

式中 MU_X 代表 X 商品的边际效用,MU_Y 代表 Y 商品的边际效用,P_X 代表 X 商品的价格,P_Y 代表 Y 商品的价格,λ 代表货币单位的边际效用。

如果以 X 代表食物，Y 代表药品，两种商品的总效用和边际效用如表 3-3 所示。

表 3-3　食物和药品的总效用与边际效用

美元值	食物的总效用	食物的边际效用	药品的总效用	药品的边际效用
1	9	9	4	4
2	16	7	7	3
3	20	4	9	2
4	23	3	10	1
5	25	2	10	0

假定某个消费者每天的收入只有 4 美元，同时假定食物和药品的价格为 1 美元，该消费者只购买食物和药品两种商品，试问他对这两种商品各购买多少才能使他获得最大效用？根据消费者均衡条件，只有在他买 3 美元的食物和 1 美元的药品时，总效用才达到最大值，即 20 + 4 = 24，因此，3∶1 的组合是消费者均衡的组合，这时最后 1 美元的边际效用相同，均等于 4。

第二节　序数效用与消费者需求

一、序数效用

基数效用假定物品的效用可以用数量的大小来测量；事实上，效用是不可能用基数来测量的。用序数效用说明效用的大小更为确切，即物品的效用大小，只需要采用序数，如第一、第二、第三……来表示各种物品效用的高低，而这种效用的高低是由消费者对效用衡量的偏好来决定的，具体表现在消费者购买物品的选择上。一个消费者对物品的选择，他宁愿选择 X 而不选

择 Y，只是说明对该消费者来说，X 的效用大于 Y 的效用，这种大小对他来说是相对的。

序数效用理论还认为，物品与物品之间的边际效用变化，是在一定程度上相互影响的，即一种物品的边际效用的大小，除了物品本身的属性和消费者的偏好等因素外，还取决于其它物品的边际效用，即消费者对消费物品的总效用，是众多物品的边际效用变化影响的结果。无差异曲线的分析，正是基于序数效用论上的。

二、无差异曲线

无差异曲线（Indifference Curve）是现代西方经济学家进行微观经济分析时常用的一种分析工具，它是序数效用分析的基础。

无差异曲线表示消费者在一定的偏好、一定的技术条件和一定的资源条件下，选择商品时对不同组合的商品的满足程度是无区别的曲线。即无差异曲线研究在商品间的不同组合下，消费者的总效用水平相等的情况。假定一个消费者只消费两种商品，那么这两种商品的各种不同组合，其总效用都相等，即无差异是由无限个无差异的等效用点所组成的平滑曲线，代表两种商品消费的组合，在一条曲线上的任何一点，其效用相同。

无差异曲线的点并不表示消费者所获得的效用绝对量，而只是表示能够产生同等效用的商品组合，如肉和马铃薯的组合，食品和衣服的组合等。

假定有肉和马铃薯两种商品，按 A，B，C，D，E 五种方式组合，这五种组合对某个消费者的满足程度是相同的，如表3–4所示。

表3-4 消费者的同等效用的商品组合

市场组合	肉（磅）	马铃薯（磅）
A	1	6
B	2	4
C	3	2.5
D	4	1.5
E	5	1

根据表3-4，在平面坐标轴上，以一种商品（肉）作横轴，另一种商品（如马铃薯）作纵轴，把各点描绘出来并连接起来，可以画出一条无差异曲线，见图3-5，这条曲线表明，线上任何一点给消费者带来的满足程度是相同的。

从图3-5中可以看出，这条无差异曲线是向右下方倾斜的，

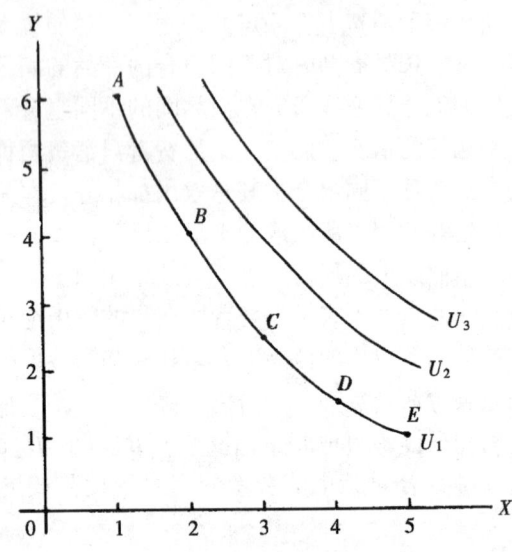

图3-5 无差异曲线与无差异曲线图

其斜率为负，表明一种商品增加时，另一种商品将相应减少，两种商品在满足消费者的需要方面是相互替代的。

曲线 U_1 代表一个消费者的肉和马铃薯的一定效用水平。实际上，对一组物品来说，消费者的无差异曲线是一整族，如图3-5中的 U_2、U_3。因为，一定的无差异曲线是在一定的收入和价格水平下得出的，如果消费者的收入与商品的价格不同，就可以有其它的组合方式，从而可以产生若干条不同的无差异曲线。整族无差异曲线构成无差异曲线图。

在通常情况下，消费者的无差异曲线具有以下特点：

（1）在一族无差异曲线图中的各条无差异曲线，离原点越远的无差异曲线所代表的总效用越大。即 $U_1 < U_2 < U_3$。

（2）无差异曲线图中的任何两条无差异曲线不能相交。

（3）一条无差异曲线上任何一点的商品 X 与 Y 的边际替代率为负。

（4）无差异曲线图中任何一点都有无差异曲线的存在。

（5）无差异曲线是凸向原点的。

（6）无差异曲线的位置和形状取决于消费者的偏好。消费者的偏好不同，无差异曲线的平坦程度也就有很大差异。

三、边际替代率递减规律

无差异曲线提出以后，就以边际替代率（Marginal Rate of Substitution）这一概念代替了前面的边际效用。

为了使消费者所得到的效用或满足程度不变，增加某一种商品的数量时，需要减少另外一种商品的数量。所谓边际替代率，就是指在维持满足程度不变的前提下，为了增加一单位某种商品的消费而需要减少的另一种商品的单位。用公式表示为：

$$MRS_{XY} = -\frac{\Delta Y}{\Delta X}$$

式中 MRS_{XY} 指以 X 代替 Y 的边际替代率，ΔX 代表 X 的变动量，ΔY 表示 Y 的变动量。

现在根据表 3-4 的数据计算出 MRS_{XY} 的值，见表 3-5。

表 3-5　X 商品与 Y 商品的边际替代率

变动情况	X 的增加量	Y 的减少量	MRS_{XY}
从 A 到 B	1	2	-2
从 B 到 C	1	1.5	-1.5
从 C 到 D	1	1	-1
从 D 到 E	1	0.5	-0.5

根据表 3-5 中的数字可以作出图 3-6。

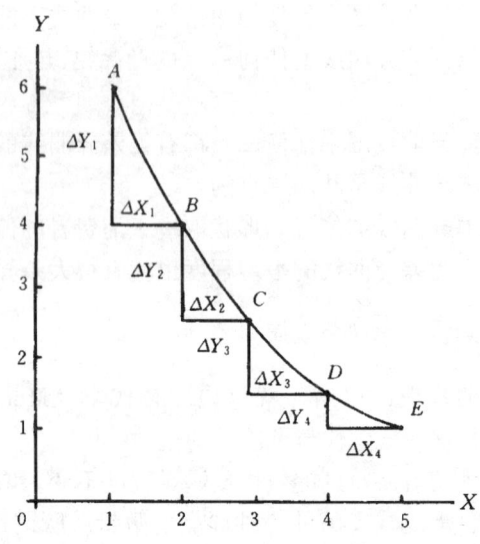

图 3-6　边际替代率

在图 3-6 中，由于 X 商品的增量不变，所以 ΔX 的长度不变。由于消费者拥有的 X 商品的数量不断增加，Y 商品的数量不断减少，只愿意用较少的 Y 商品去交换同一数量的 X 商品，因此 ΔY 的长度随着曲线的下移而不断缩小。

由此可见，边际替代率是递减的。如果以 Y 商品代替 X 商品，其边际替代率也是递减的。即连续增加某一种商品时，消费者所愿意放弃的另一种商品的数量是递减的。

如果两种商品的交换比例变化微小时，那么边际替代率事实上就是无差异曲线的斜率。例如，从 A 到 B 的边际替代率就是无差异曲线从 A 到 B 之间的斜率，由于无差异曲线的斜率是逐渐减少的，所以它是一条凸向原点的曲线。

四、收入预算线

无差异曲线讨论消费者消费商品时，不考虑消费者的收入和商品的价格，只是对效用的变化作分析。但对任何一个消费者来说，他的消费总是来源于既定的收入，而任何一种商品都有一定的价格，所以消费者总是在一定的数量范围内进行消费的。

1. 收入预算线

收入预算线（Income Budget Line）又称消费可能性曲线（Consumption Possibility Curve）和价格线（Price Line）。它被用来表示在一定的个人收入和商品价格的条件下，个人可能买到的商品数量。

假定消费者只把收入用来消费两种商品 X 和 Y，X 商品每单位价格为 5 美元，Y 商品每单位价格为 10 美元。如果消费者的收入为 50 美元，则将全部收入（预算）用来购买 X 商品可以购买 10 单位；将全部收入用来购买 Y 商品，可以购买 5 单位，可用图 3-7 表示收入预算线。

图 3-7 中，纵轴表示对 Y 商品的可能购买量，横轴表示对 X 商品的可能购买量，AB 线表示收入预算线。收入预算线内任一点（如 C）表示消费者还有潜力，即还能用他的收入买更多的

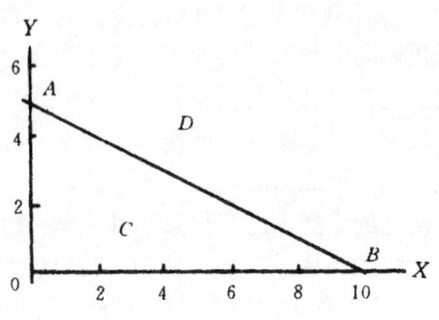

图 3-7 收入预算线

商品，而收入预算线以外的任一点（如 D）表示消费者在既定的收入和价格下无法达到这样的消费水平，AB 线上任一点，则是消费者所能实现的最大限度的购买量。

假定消费者的收入预算为 I，用来购买商品 X 和 Y，那么消费者的预算方程式为：

$$P_X \cdot Q_X + P_Y \cdot Q_Y \leqslant I$$

式中 P_X 表示 X 商品价格，P_Y 表示 Y 商品价格。上述方程式表明，在消费者收入既定的预算下，消费者如果把预算的钱用来购买 X 和 Y 两种商品，预算线上的任何一点的两种商品组合的总支出等于消费者的收入消费预算，而且消费者只能购买预算线上和预算线内的任何两种商品的组合，而不可能超出预算线以外。在预算线的 A 点，表示消费者的全部预算用来购买商品 Y，因此 A 点的 Y 的数量为 $\frac{I}{P_Y}$，而在 B 点表示消费者的全部预算用来购买商品 X，其 X 的数量为 $\frac{I}{P_X}$。

从方程式 $I = P_X \cdot Q_X + P_Y \cdot Q_Y$ 我们可以得到：

$$Q_Y = \frac{I}{P_Y} - \frac{P_X}{P_Y} \cdot Q_X$$

由此可见，预算线的斜率为 $-\dfrac{P_X}{P_Y}$，即两种商品的价格比率的负值。由于该斜率为负数，所以可以看出，X 的增加，必须相应减少 Y，相反，增加 Y 必须减少 X，两种商品的替代率为预算线的斜率。

2. 收入预算线的移动

一般而言，消费者的收入和商品的价格会经常发生变动，预算线也因此产生移动。

首先，当消费者的收入保持不变时，商品的价格变动从而使收入预算线移动。如图 3-8 所示。

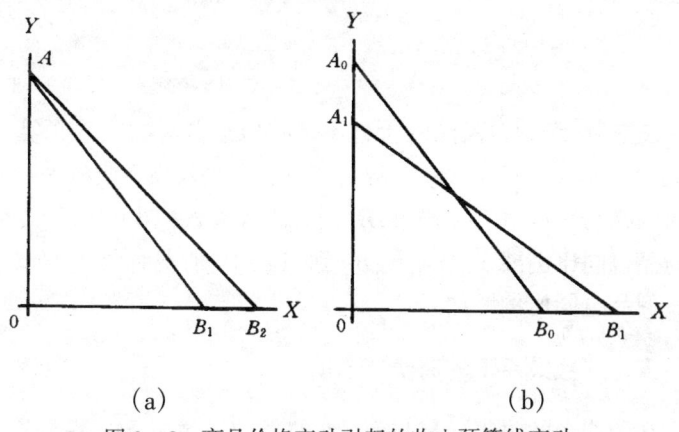

图 3-8　商品价格变动引起的收入预算线变动

图 3-8（a）表示，商品 X 价格下降，商品 Y 价格不变，收入预算线围绕 A 点向外旋转，预算线的斜率发生变化。图 3-8（b）表示，商品 X 的价格下降，而商品 Y 的价格提高，意味着预算线的斜率发生变化，那么消费者购买商品的数量也要发生变化。

其次，当商品价格及消费者的偏好保持不变时，消费者的收入变动，从而使预算线移动（见图 3-9）。

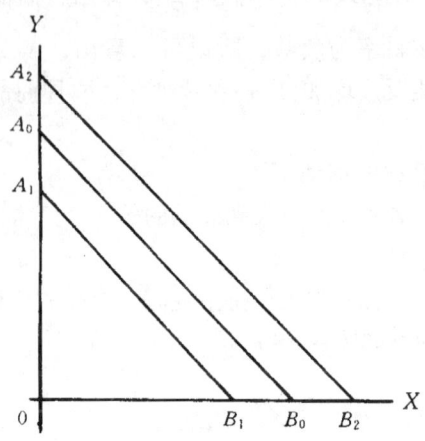

图 3-9 收入变动引起的收入预算线变动

图 3-9 表示，商品的价格不变，但消费者的收入预算增加或减少，那么，收入预算线的斜率不变，收入预算线将平行向外或向内移动。从 A_0B_0 到 A_1B_1，消费者收入减少，消费者可购买商品也同比例减少，从 A_0B_0 到 A_2B_2，消费者收入增加，可购买商品也同比例增加。

五、序数效用下的消费者均衡

在消费者的收入预算与商品价格既定的情况下，消费者的最优选择是他的许多无差异曲线中与预算线相切的那一点。在这种情况下，消费者实现均衡，无差异曲线与预算线相切的那一点，称为消费者均衡点（见图 3-10）。

在图 3-10 中，U_1、U_2、U_3 为三条无差异曲线，它们的效用大小的顺序为 $U_1 < U_2 < U_3$。AB 为收入预算线，AB 线与 U_2 相切于 P 点，这时实现了消费者均衡。这就是说，在收入与

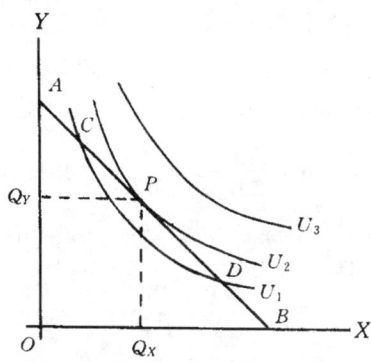

图 3-10 序数效用下的消费者均衡

价格既定的情况下，消费者购买 OQ_X 的 X 商品和 OQ_Y 的 Y 商品就能获得最大效用，从而不再改变消费品构成，所以称为消费者均衡。

为什么只有在 P 点时才能实现消费者均衡呢？从图 3-10 看，U_3 所代表的效用大于 U_2，但 U_3 与 AB 线既不相交也不相切，说明达到 U_3 的效用水平的 X 商品与 Y 商品的数量组合在收入与价格既定的条件下是无法实现的。AB 线与 U_1 相交于 C 和 D，在 C 和 D 点上所购买的 X 商品和 Y 商品的数量也是收入与价格既定条件下的组合，但 $U_1 < U_2$，C 和 D 点时的 X 商品与 Y 商品的组合并不能达到最大效用。此外，U_2 除 P 点以外的其它各点也在 AB 线之外，即所要求的 X 商品与 Y 商品的数量组合也是收入与价格既定条件下所无法实现的。由此看来，只有在 P 点才能实现消费者均衡。

在 P 点，预算线的斜率与无差异曲线在 P 点的斜率相同，即：

$$-\frac{MU_X}{MU_Y} = -\frac{P_X}{P_Y}$$

由此可见，消费者此时的均衡分析与基数效用的分析一致。

首先，P 点在无差异曲线上，它的边际替代率为 $\Delta Y/\Delta X$。而商品 X 和 Y 之间的替代建立在其边际效用之比与其边际替代率相等的基础之上，即 $-\dfrac{\Delta X}{\Delta Y} = -\dfrac{MU_X}{MU_Y}$。其次 P 点又在预算线上，其斜率也等于 $\dfrac{\Delta X}{\Delta Y}$，同时又等于两种商品的价格之比。

即 $$\dfrac{\Delta X}{\Delta Y} = \dfrac{P_X}{P_Y}$$

所以 $$\dfrac{MU_X}{MU_Y} = \dfrac{P_X}{P_Y}$$

或 $$\dfrac{MU_X}{P_X} = \dfrac{MU_Y}{P_Y}$$

这就是基数效用分析中各种商品支出的每单位货币取得的边际效用相等的原则。

第三节 消费者行为与需求曲线

前面分析的消费者均衡，是以消费者的货币收入和商品价格保持不变为前提的，但事实上收入和价格两个因素都会经常变化，它们的变化对消费者均衡，或者说对消费者获得最大满足的消费者行为产生什么影响？本节将分别加以分析。

一、收入消费曲线与恩格尔曲线

（一）收入消费曲线

收入消费曲线（Income Consumption Curve）是西方经济学家用来分析收入变化对消费者影响的一种手段。收入的增减会使预算线平行地向外或向内移动，这样消费者均衡会发生变化，消费者均衡点自然也会发生变化，这些变动了的消费者均衡点的连

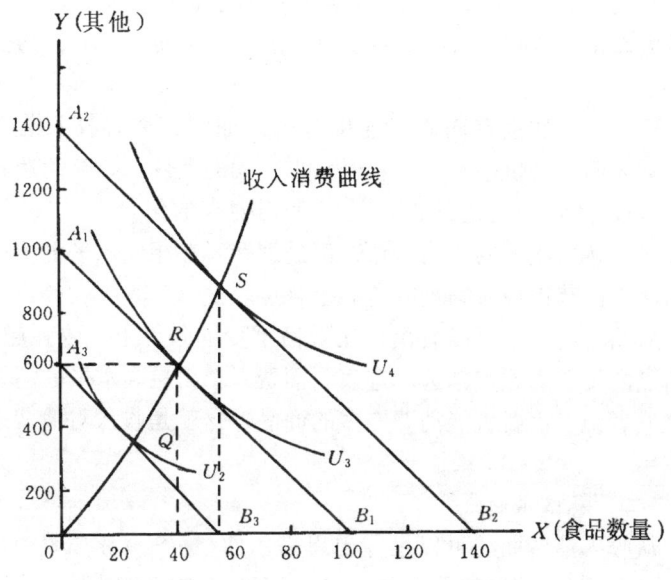

图 3-11 收入消费曲线

线就是收入消费曲线（见图 3-11）。横轴表示食品的数量，纵轴表示消费者对其它商品的货币开支。假定消费者的月收入为 1000 美元，食品的价格为 10 美元，则消费者的收入预算线为 A_1B_1，就是说，此时消费者可以将 1000 美元全部用于购买 100 个单位的食品，或者完全不购买食品，而把 1000 美元全部用于购买其它商品，另外也可以选择 A_1B_1 线上任何一点所表示的食品和其它商品的组合。这条预算线与无差异曲线 U_3 的切点为 R，R 就是在 1000 美元收入下的消费者均衡点，消费者按 R 点所示的商品组合进行购买，即 40 个单位的 X 和 600 美元的其它商品，可以获得最大满足。

如果消费者收入增加到 1400 美元，预算线将由 A_1B_1 移到 A_2B_2，这条预算线和无差异曲线 U_4 相切于 S 点，表示消费者

77

在 1400 美元的收入条件下按 S 点所示的组合进行购买,可以获得最大满足。若收入减为 600 美元,预算线将是 A_3B_3,均衡点为 Q。

这一连串的消费均衡点连接起来的曲线,称为收入消费曲线。它表明,在价格不变、收入水平变动的条件下,某消费者在商品 X 和其它商品之间选定的各个均衡点的组合点。或者说,在收入消费曲线上的任何一点,都是消费者在相应水平上所能选择的使自己获得最大满足的商品组合点。

从图 3-11 中可以看出,在价格不变的条件下,收入越多,均衡点的位置离原点越远。这表明消费者获得更高水平的消费满足,或者说,消费者能消费更多的商品,这就是收入对消费的影响作用。

(二) 恩格尔曲线

从收入消费曲线可以推导出恩格尔曲线 (Engel Curve),由于这条曲线是 19 世纪德国的统计学家恩格尔提出因而得名,它用来研究家庭消费支出模式,分析收入变化对某一种商品消费的影响,如图 3-12 所示。

在图 3-12 中,纵轴表示食品的开支,横轴表示消费者的收入。它由图 3-11 推导过来,图 3-11 中的收入消费曲线转化为图 3-12 中的恩格尔曲线。它表明在不同的收入水平下,消费者对某一商品的最佳数量选择。

恩格尔在分析收入变动对某一商品消费的影响时,通常把各种商品分为正常商品和劣等商品。正常商品是指需求收入弹性大于零的商品,即收入增加,对该商品的需求增加,因此,收入消费曲线由左下方向右上方延伸,这些商品多指高档消费品。劣等商品是指需求收入弹性在一定范围内大于零,但超过一定限度后,收入增加,对该商品的需求量反而减少,这时需求收入弹性为负数。因此,消费曲线在一定范围内由左下方向右上方延伸,

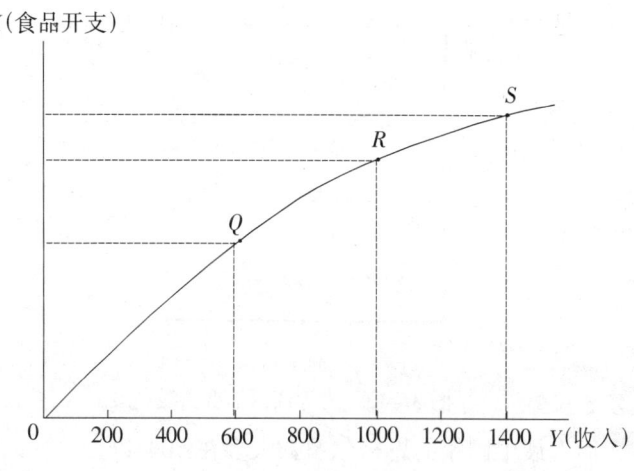

图 3-12 恩格尔曲线

而过了这一限度,曲线向后弯曲,即由右下方向左上方延伸。劣等商品多指低质量的生活消费品,如粗粮就属于这种情况。如图 3-13 所示,在图 3-13 中,当收入低于 400 美元时,对这种商品的需求量会随着收入的增加而增加,但当收入超过 400 美元时消费者反而减少对这种商品的需求量,从而使曲线向后弯曲。

恩格尔从统计中发现,随着家庭收入的增加,收入中用于食物方面的开支所占比例愈来愈小,这被称作为恩格尔定律。因此,恩格尔将家庭用于食物支出所占收入的比例,作为衡量一个国家富裕程度的标志。食物支出占家庭可支配收入的比例,称为恩格尔系数,即:

$$恩格尔系数 = \frac{食物支出金额}{家庭可支配收入}$$

恩格尔系数越大,说明这个国家越贫穷,恩格尔系数越小,说明他们的生活比较富裕。目前西方发达国家的恩格尔系数约为

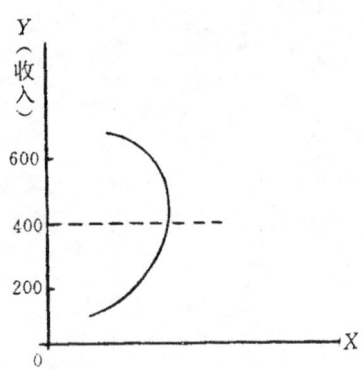

图 3-13 劣等商品消费曲线

20%，而发展中国家的恩格尔系数大多在 50% 以上。

二、价格消费曲线与需求曲线

(一) 价格消费曲线

价格消费曲线（Price Consumption Curve）是西方经济学家用来分析在收入不变条件下，价格变化对消费者影响的手段。

现在假定消费者偏好和收入不变，而只有价格发生变化，价格的变动将引起收入预算线位置的移动，而收入预算线的移动又会引起收入预算线和无差异曲线相切点的移动，即引起消费者均衡点的移动。在价格变动过程中，会出现许多预算约束线，同时也会出现许多新的消费均衡点，而把这些消费均衡点连接起来，便得到价格消费曲线，如图 3-14 所示。

在图 3-14 中，假定消费者的偏好和收入不变，在 Y 商品价格不变时，X 商品价格不断下降，收入预算线从 AB_1 移到 AB_2 再移到 AB_3，由于收入预算线的移动，它和无差异曲线的切点也由 P 移到 Q 和 R，连接 P，Q，R 均衡点的曲线就是价格消费曲线。

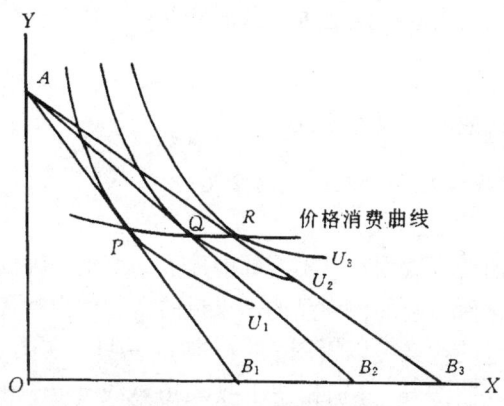

图 3-14 价格消费曲线

(二)需求曲线

正如收入消费曲线推导出恩格尔曲线一样,我们可以从价格消费曲线推导出需求曲线。如图 3-15 所示。

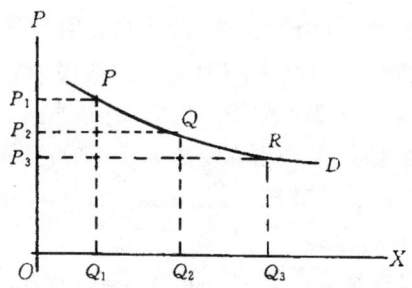

图 3-15 需求曲线的推导

图 3-15 是由图 3-14 演变过来,图中横轴表示 X 商品的数量,纵轴表示 X 商品的价格,则可确定 P,Q,R 三点在图 3-15 中的位置,通过这三点连接成一条曲线,就是 X 商品的需求曲线。它与基数效用推导出的结果完全一样,是一条向右下

方倾斜的曲线，需求曲线上每一点都可以是消费者获得最大效用满足的均衡点。

三、替代效应和收入效应

(一) 替代效应和收入效应的含义

1. 替代效应的含义

在维持消费者效用水平不变的前提下，由于一种商品的相对价格发生变化而引起的该商品的需求量的变化称为替代效应。

替代效应的含义可以用图 3-16 加以说明。在图 3-16 中，既定的无差异曲线 U 分别相切于收入预算线 A_1B_1 和 A_2B_2 的 E_1 点和 E_2 点。由于预算线斜率的绝对值就是两种商品的价格之比即 P_X/P_Y，又由于预算线 A_2B_2 的斜率的绝对值大于预算线 A_1B_1 的斜率的绝对值，所以可以推断，预算线 A_2B_2 表示的商品的相对价格 P_X/P_Y 的值大于预算线 A_1B_1 所表示的商品的相对价格 P_X/P_Y 的值。在这种情况下，当预算线由 A_1B_1 移到 A_2B_2 时，随着相对价格 P_X/P_Y 的变化，消费者为了维持原有的效用水平，必然会沿既定的无差异曲线由 E_1 点滑向 E_2 点，即减少对 X 商品的购买，而增加对 Y 商品的购买，或者说，用 Y 商品的增加来替代 X 商品的减少。图中的 ΔX 和 ΔY 就是相对价格变化引起的替代效应，其中 ΔX 和 ΔY 的正负号相反。

2. 收入效应的含义

收入效应是指在商品的相对价格不变的条件下由于消费者的收入变化所引起的商品需求量的变化。

在图 3-17 中，由于收入增加，收入预算线 A_1B_1 平行向右移到 A_2B_2，比较新旧两个均衡点 E_1 和 E_2 可知，两种商品的需求量都增加了。图中 ΔX 和 ΔY 就是收入变化所引起的收入效应，在此的 X、Y 两种商品都是正常商品，所以 ΔX 和 ΔY 都是正值。

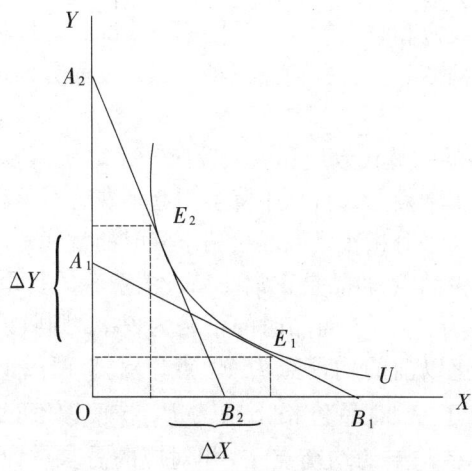

图 3-16 替代效应

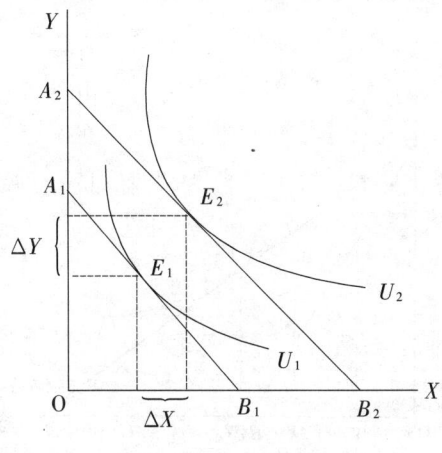

图 3-17 收入效应

(二) 替代效应和收入效应的应用

根据替代效应和收入效应的不同配合情况,可以将商品分为正常商品、低档商品和吉芬商品三种情况,下面分别进行具体分析。

1. 正常商品的替代效应和收入效应

作为一种正常商品,价格下降会引起消费者对该种商品的购买。以图3-18来分析正常商品价格下降时的替代效应和收入效应。图3-18中的X商品是正常商品,消费者的货币收入为I,Y商品的价格为P_Y,X商品时的价格为P_{X1},则收入预算线为AB_1,价格变化以前的均衡点为E_1点,对X商品的需求量为X_1。现假定由于X商品价格下降为P_{X2},使原有的预算线由AB_1移至AB_2,与新的均衡点E_2相对应的需求量为X_2,那么X商品价格下降引起的需求的增加量X_1X_2就是价格变化的总效应。总效应可以分解为替代效应和收入效应。

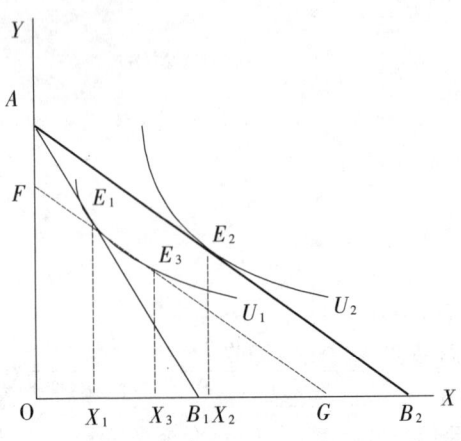

图3-18 正常商品的替代效应和收入效应

（1）替代效应。根据上面介绍的替代效应的概念，现将消费者的收入调整到可以维持原有效用程度的水平，即按照 X 商品降价后的相对价格将预算线由 AB_2 平行移至 FG，FG 与原来的无差异曲线 U_1 相切于 E_3 点，E_3 点所对应的 X 商品的需求量为 X_3，则 X_1X_3 就是 X 商品价格下降所引起的替代效应。替代效应表示，在新的相对价格水平下，消费者是通过 X 商品对 Y 商品的替代，即用增加 X 商品的需求量和减少 Y 商品的需求量的方法来维持原有的效用水平的。在这里，替代效应的符号为正，也就是说，正常商品的价格与替代效应呈反方向的变动。

（2）收入效应。在这里收入效应产生的原因在于，由于 X 商品价格下降，消费者的实际收入提高，从而可以购买更多的 X 商品。在图 3–18 中，就是在新的相对价格预算线由 FG 向右平行移至 AB_2，均衡点由 E_3 运动到 E_2 点，相应地需求量由 X_3 增加到 X_2，X_3X_2 的增加量是因 X 商品的价格下降所导致的实际收入水平的提高而引起的，所以它是收入效应。由于 X 商品是正常商品，因此 E_3 必落在 E_1、E_2 两点之间，收入效应必为正值。也就是说，正常商品的价格与收入效应呈反方向的变化。

综上所述，可以得到两点结论：第一，商品价格下降引起的需求量变化的总效应等于替代效应（为正值）与收入效应（为正值）之和，即总效应 $= X_1X_3 + X_3X_2 = X_1X_2$。第二，对于正常商品而言，价格与替代效应呈反方向变动，与收入效应也呈反方向变动，所以价格与总效应呈反方向变动，它表示正常商品的需求曲线是向右下方倾斜的。

2. 低档商品的替代效应和收入效应

用图 3–19 分析低档商品价格下降引起的替代效应和收入效应。如图所示，当低档商品 X 的价格下降后，它所引起的总的需求量为 X_1X_2。运用与上面相同的分析方法，可得 X_1X_3 为替代效应，它是一个正值；X_2X_3 是收入效应，它是一个负值。收入效应为负值的原因在于：对于低档商品来说，价格下降所引起的实际收入水平的提高，会降低低档商品的需求量，所以 X_2X_3 是一个负值。也就是说，图中的 E_2 点必落在 E_1、E_3 两点之间。

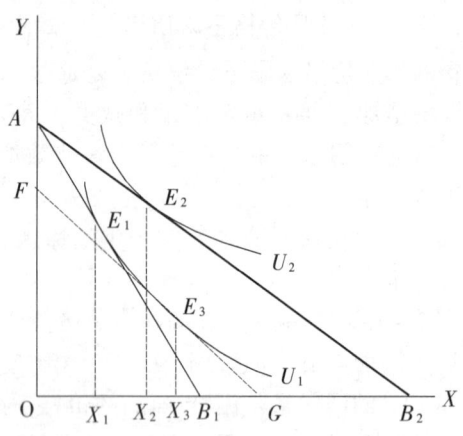

图 3-19 低档商品的替代效应和收入效应

由此可以得出两点结论：第一，低档商品 X 价格下降所引起的需求量变化的总效应等于正的替代效应和负的收入效应之和，即总效应 = $X_1X_3 + X_2X_3 = X_1X_2$；第二，对于低档商品而言，价格与替代效应呈反方向的变动，价格与收入效应呈同方向变动，因替代效应的作用大于收入效应的作用，即替代效应所引起的需求量的变化值的绝对值大于收入效应所引起的需求量的变化值的绝对值，所以，价格与总效应呈反方向的变动，也就是说，低档商品的需求曲线也是向右下方倾斜的。

3．吉芬商品的替代效应和收入效应

1845年，爱尔兰发生灾荒，土豆欠收，价格上涨，但贫困家庭却比以往购买了更多的土豆。英国人吉芬（R.Giffen）首先发现了这一事实。以后人们便把这种需求量与价格呈同方向变动的特殊商品称为吉芬商品（Giffen Goods）。为什么吉芬商品的需求向右上方倾斜呢？吉芬指出，这是由于购买土豆的支出在贫困家庭的预算支出中占了非常大的份额，土豆价格上涨，使他们无力再购买高昂的肉食食品，为了生存，不得不将所剩无几的钱也用来购买更多的土豆。下面用替代效应和收入效应来具体分析。

图 3-20 是以吉芬商品的价格下降为例来分析替代效应和收入效应的。在图中，当吉芬商品 X 的价格下降后，它所引起的总需求量减少为 X_2X_1，这个负值就是替代效应和收入效应综合作用的结果。

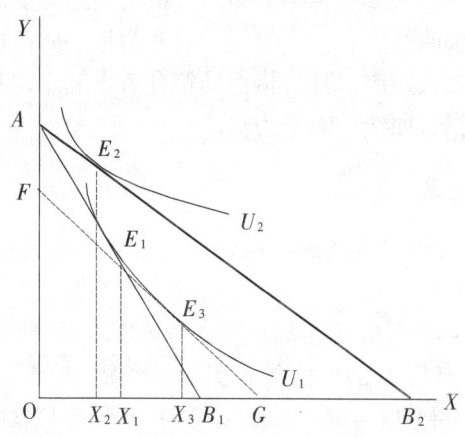

图 3-20 吉芬商品的替代效应和收入效应

按照前面相同的分析步骤，可得 X_1X_3 为替代效应，它是一个正值；X_2X_3 是收入效应，它是一个负值。而且收入效应 X_2X_3 的负值的绝对值大于替代效应 X_1X_3 的正值，所以，最后形成的总效应 X_2X_1 是一个负值。因此，图中的 E_1 点必定落在 E_2 和 E_3 两点之间。显然，吉芬商品是一种特殊的低档商品，它的特殊性就在于它的收入效应作用很大，以至于超过了替代效应的作用。

同样，通过上面的分析可以得到两点相应的结论：第一，吉芬商品 X 的价格下降引起的需求量变化的总效应等于正的替代效应与负的收入效应之和，即总效应 $= X_1X_3 + X_2X_3 = X_2X_1$；第二，对于特殊低档商品的吉芬商品而言，价格与替代效应成反方向变动，价格与收入效应呈同方向变动，且收入效应的作用大于替代效应的作用，所以价格与总效应呈同方向变动。也就是说，需求曲线呈现出向右上方倾斜的特殊形状。

由此可见，所有的吉芬商品都是低档商品，但低档商品不一定是吉芬商品，关键是吉芬商品的价格变动违背了需求规律，吉芬商品的需求曲线向右上方倾斜，斜率为正，而低档商品由于替代效应大于收入效应，其价格变动符合需求规律，其需求曲线仍向右下方倾斜，曲线的斜率为负。

复习思考题

1．为什么钻石用处极小而价格昂贵，而生命中必不可少的水却非常便宜？

2．如何用边际效用递减规律来解释需求规律？

3．已知商品 X 的价格是 6 美元，商品 Y 的价格是 4 美元，消费者的收入是 72 美元，商品 X 和 Y 的数量和效用关系如下表所示：

数量	X 的总效用	X 的边际效用	Y 的总效用	Y 的边际效用
4	109	17	104	13
5	125	16	116	12
6	140	15	128	12
7	155	15	139	11
8	169	14	150	11
9	183	14	160	10

续上表

数量	X 的总效用	X 的边际效用	Y 的总效用	Y 的边际效用
10	196	13	169	9
11	207	11	177	8

(1) 消费者要得到最大效用,他应该购买多少单位的 X 商品和 Y 商品?

(2) 假定商品 X 的价格从 6 美元降到 4 美元,根据效用最大化原则,消费者应该购买多少单位的 X 商品和 Y 商品?

(3) 假定商品 Y 的价格不变,商品 X 的价格从 6 美元降到 4 美元,消费者的收入从 72 美元降到 56 美元,消费者要得到最大效用,他应该购买多少单位的 X 商品和 Y 商品?

4. 假定某消费者的总效用函数为 $U = Q_A^{\frac{1}{3}} \cdot Q_B^{\frac{2}{3}}$(其中 Q_A,Q_B 分别为 A,B 两种商品的消费量,U 为总效用),假如他用于购买这两种商品的收入为 M,A 和 B 的价格为 P_A 和 P_B,请推导该消费者的需求函数。

5. 已知某消费者的总效用函数为 $U = Q_A \cdot Q_B$(其中 Q_A,Q_B 分别为 A,B 两种商品的消费量,U 为总效用),假如他用于购买这两种商品的收入为 100 美元,A 和 B 的价格分别为 2 美元和 1 美元,他的最大化满足的两种商品应如何组合?

6. 解释边际替代率的含义,为什么边际替代率是递减的?

7. 用图像说明价格上升时,低档商品、吉芬商品的替代效应与收入效应。

8. 山姆大叔高高兴兴穿上刚花 80 美元钱买的一件外衣,他的朋友见到后就此作了一番评价说:这怎么值 80 美元呢?我看顶多值 50 美元!山姆大叔肯定会想:看来我买亏了!你认为山姆大叔真亏了吗?或者说,他为什么会觉得亏呢?

第四章 生产者行为理论

消费者行为理论是对需求的说明，而生产者行为理论则是对供给的说明。本章对生产者行为的考察是围绕生产者如何实现利润最大化这一中心进行的，这就必然涉及到生产资源的配置、组合及经济问题。生产资源的配置和组合是指生产过程中生产要素的最佳投入量与产品产出量的合理比例关系及如何实现生产者均衡，而经济问题主要是指生产中的成本、收益和利润问题。本章将对这些问题展开分析。

第一节 生 产 理 论

生产是生产者为获取收益而使用资源生产产品或提供服务的过程。生产过程中所使用的资源称为生产要素，它们也经常被称为要素或投入，按传统的分类方法，生产要素被划分为劳动、土地、资本和企业家的才能四种基本类型。产品或服务是生产过程的产出，因而生产也可以看作是投入向产出转化的过程。

生产由厂商进行。厂商是为谋求利润从事生产活动的经济单位。它的组织形式有独资、合伙和公司三种。厂商一词比工商企业的内涵广泛得多，它不但包括工商企业，还包括农业企业和独立经营的专业性、技术性和服务性生产单位。例如一名律师开的事务所就是一个厂商。厂商从事生产活动可能有各种不同的动机和目的，但微观经济学假定谋求最大利润是厂商惟一的决策目标。从这个意义上讲，只有为谋利而提供产品的活动才是生产活动。

一、生产函数

生产者的生产过程就是从生产要素的投入到产品的产出过程，生产过程中要素投入量和产品产出量之间的关系，可以用生产函数来表示。

生产函数（Production Function）是指在一定时期一定的技术水平下，所投入的生产要素的某种组合同它可能生产出来的某种商品的产量之间的依存关系，即生产过程中投入与产出之间的数量关系。假定某生产过程中有 n 种投入要素，则生产函数为：

$$Q_X = f(a_1, a_2, \cdots, a_n)$$

式中 Q_X 代表 X 产品的产量 $a_1, a_2, \cdots, a_n$ 代表有 n 种生产要素投入生产，f 表示产出与投入之间的函数关系。其经济含义是：在既定的技术水平条件下，在某一时期内为生产出 Q_x 数量的 X 产品，取决于所拥有的 $a_1, a_2, \cdots, a_n$ 等生产要素的数量。

关于生产函数的概念应注意以下三点：①生产函数是从某个特定时期考察投入与产出之间的关系，如果时期不同，生产函数也可能发生变化。②生产函数取决于技术水平。如果技术水平变化了，生产函数将随之发生变化。每一种既定的技术条件下，都存在一个生产函数。③要生产出一定数量的商品，生产要素投入量的比例通常是可以变动的，例如，资本和劳动的比例在一定范围内变化以后，仍然能够生产出同样数量的商品。

二、边际报酬递减规律

在生产理论中一般分两种情况来分析要素投入量与产品产出量相互之间的一般规律。一种情况是，当其它生产要素的投入量固定不变，只有某一种生产要素的投入量发生变动时的生产的一般规律，这就是边际报酬递减规律（The Law of Diminishing

Marginal Returns)。另一种情况是,当全部的生产要素的投入数量都发生变动时的生产的一般规律,这就是规模报酬规律(The Law of Returns to Scale),前一种研究的是属于短期生产理论,后一种则属于长期生产理论。

(一)总产量、平均产量和边际产量

总产量(TP)是投入一定量的生产要素以后所得到的产出量的总和。

平均产量(AP)是平均每单位生产要素投入的产出量。

边际产量(MP)是指每增加一单位生产要素投入量所增加的产出量,即最后增加一单位生产要素投入量所带来的总产量的增量。

如果以 Q 代表生产要素的投入量,ΔQ 代表该生产要素的增量,ΔTP 表示总产量的增量,那么可将平均产量和边际产量的关系表示如下

$$AP = \frac{TP}{Q}$$

$$MP = \frac{\Delta TP}{\Delta Q} 或 \frac{\partial TP}{\partial Q}$$

由于总产量、平均产量和边际产量都用实物单位表示,它们也分别称为总实物产量(TPP)、平均实物产量(APP)和边际实物产量(MPP)。

假定生产某种产品使用的生产要素有资本和劳动,其中厂房设备(K)等固定不变,另一种生产要素——劳动是可变的,则生产函数可写为

$$Q = f(K, L) 或 Q = f(L)$$

设固定要素为既定条件下,使用的劳动力人数与其最大产出量之间的函数关系见表 4-1 所示。

表 4-1 劳动的平均产量和边际产量

劳动量	总产量	平均产量	边际产量
0	0	—	—
1	2	2	2
2	5	2.5	3
3	12	4	7
4	18	4.5	6
5	23	4.6	5
6	27	4.5	4
7	28	4	1
8	28	3.5	0
9	27	3	-1

从表 4-1 可以看出，在资本固定不变的条件下，随着劳动力投入的增加，无论总产量、平均产量还是边际产量，都是先增后减。该表反映的不仅是这个假定生产函数的特点，而且是一切生产函数的共有特点。我们可以用图直观地表示它们之间的相互关系，见图 4-1。

图 4-1 中横轴表示生产要素的投入量，纵轴表示产量，TP、AP、MP 分别是总产量、平均产量和边际产量曲线。

三条产量曲线具有以下关系：

(1) 总产量、平均产量和边际产量的变化有一个共同的特点，即随着生产要素投入量的增加，它们都先趋于上升，然后到达最高点，最后趋于下降。

(2) 在 OQ_1 表示的生产要素的变化范围内，总产量以递增的比率（与最初值相比）增加，平均产量和边际产量不断增加。当总产量到达 A 点时，增长比率由递增转为递减，平均产量继续增加，边际产量达到最大值，即图中的 A' 点。

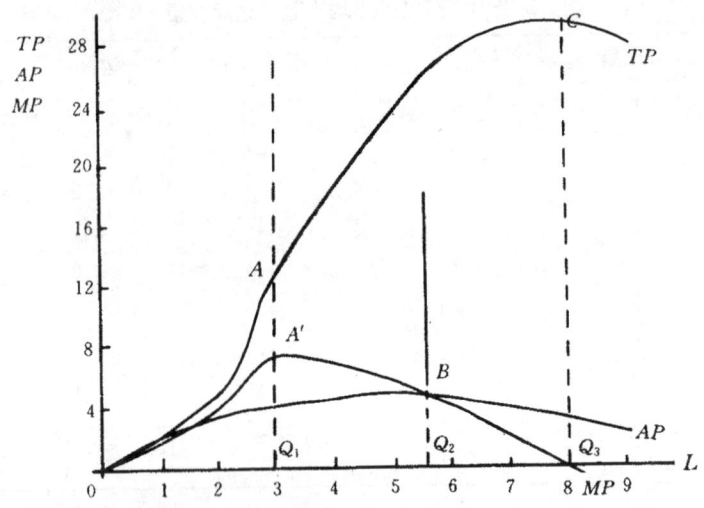

图 4-1 总产量、平均产量、边际产量的变化

(3) 在 Q_1Q_3 表示的生产要素变化范围内,总产量以递减的比率增加,平均产量继续增加到最大值(图中 B 点),然后开始减少,边际产量不断减少。当总产量到达 C 点时,增长比率为零,总产量达最大值时,平均产量继续递减,边际产量为零。

(4) 边际产量的下降一定先于平均产量下降。当边际产量大于平均产量时,平均产量递增,当边际产量小于平均产量时,平均产量递减。因此,边际产量一定在平均产量达到最大值时与它相等,即边际产量曲线一定在平均产量曲线的最高点与它相交。证明如下:

按照定义,劳动的平均产量为 $f(L)/L$,其中 f 为生产函数。对平均产量求导,我们得到:

$$\frac{\partial}{\partial L}\left(\frac{f(L)}{L}\right) = \frac{\partial f/\partial L}{L} - \frac{f}{L^2}$$

根据定义，$\partial f/\partial L$ 即劳动的边际产量。于是上式可以写成

$$\frac{\partial}{\partial L}\left(\frac{f(L)}{L}\right) = \frac{1}{L}(MP - AP)$$

显然，当 $MP > AP$ 时，$f(L)/L$ 的导数为正，即平均产量为递增函数；当 $MP < AP$ 时，$f(L)/L$ 的导数为负，即平均产量为递减函数。

因此，边际产量曲线一定在平均产量曲线的最高点通过。

在现代西方经济学中，通常把产量的变化划分为三个阶段，在图 4-1 中，第一阶段从 O 到 Q_2，以平均产量的最高点为界；第二阶段从 Q_2 到 Q_3，以总产量最大值为界；第三阶段是 Q_3 以后的阶段。这种划分的意义在于厂商可以据此确定生产要素合理投入区域。假定厂商不考虑单位产品的成本，而希望得到最大产量，那么某一生产要素的投入量以 Q_3 为最恰当，因为这时总产量最大。假定厂商考虑单位产品的成本，不要求得到最大产量，那么某一生产要素的投入量以 Q_2 为最恰当，因为这时平均产量最大。但无论如何，生产要素投入量超过 Q_3 以后，对厂商来说，没有任何好处，生产要素投入量尚未达到 Q_2 水平时，厂商未能得到其本来可以得到的好处，所以合理区域应在 Q_2Q_3 之间，即第二阶段。

(二) 边际报酬递减规律

边际报酬递减规律是指在其它生产要素保持不变的条件下，如果连续地增加某种生产要素的投入量，那么到达某一点以后，总产量的增量是递减的。

边际报酬递减规律发生作用必须具备三个前提条件：

(1) 技术水平保持不变。如果技术水平提高了，在保持其它生产要素不变而增加某种生产要素时，边际报酬不一定递减，而有可能递增。

(2) 生产要素投入量的比例是可变的。这就是说，在保持其

它生产要素不变而只增加某种生产要素投入量的时候,边际报酬递减才会发生。如果各种生产要素投入量同比例增加,边际报酬不一定递减。

(3) 所增加的生产要素具有同样的效率,如果增加的第二个单位的生产要素比第一个单位有更大的效率,那么边际报酬可能是递增,而不是递减。

必须注意的是,边际报酬递减是在可变的生产要素使用量超过一定数量以后才出现。在此之前,可变生产要素的报酬可能递增,也可能保持不变。因为在没有达到最优组合以前,变动的生产要素相对于固定的生产要素来说还太少,因而增加变动的生产要素可以使它们的效率得到充分发挥。这时,边际产量是递增的。但是从达到最优组合开始,如果再继续增加变动的生产要素,变动的生产要素相对于固定的生产要素来说就太多,因而边际收益递减规律发生作用。

三、规模报酬原理

规模报酬是指生产规模(即生产要素的投入)变动引起的产量变动。也就是说,所有的生产要素同方向变化对产量的影响。在生产技术水平不变的前提下,所有的生产要素都同比例增加或减少,其产量不一定是按同比例增加或减少的。

我们可以把任何生产函数归结为资本和劳动的函数 $Q = f(K, L)$ 来考察规模报酬的情况。

(1) 规模报酬不变。规模报酬不变是指在生产函数中,如果所有的要素投入都同比例增加时,其产量也同比例增加。其函数定义为

$$Q = f(K, L)$$

如果 $Q' = f(mK, mL) = mf(K, L) = mQ$,那么,该生产函数为规模报酬不变的生产函数。著名的柯布-道格拉斯生产

函数 $Q = AK^{\alpha}L^{\beta}$ 在 $\alpha + \beta = 1$ 时就是规模报酬不变的生产函数。

（2）规模报酬递增。规模报酬递增是指在生产函数中，如果所有的要素都同比例增加时，其产量超比例增加，其函数定义为

$$Q = f(K, L)$$

如果 $Q' = f(mK, mL) > mf(K, L) = mQ$，那么，该生产函数就是规模报酬递增的生产函数。例如，在柯布－道格拉斯生产函数中，如果 $\alpha + \beta > 1$，将成为规模报酬递增的生产函数。

（3）规模报酬递减。规模报酬递减是指在生产函数中，如果所有的要素投入都同比例增加时，其产量的增加比例小于要素投入的增加比例。其函数仍定义为

$$Q = f(K, L)$$

如果 $Q' = f(mK, mL) < mf(K, L) = mQ$，那么，该生产函数称为规模报酬递减的生产函数。例如，在柯布－道格拉斯生产函数中，如果 $\alpha + \beta < 1$，将成为规模报酬递减的生产函数。

规模报酬递增、不变和递减可以用图 4－2 的曲线表示，图中横轴表示生产要素投入量，纵轴表示产量。厂商在扩大生产规

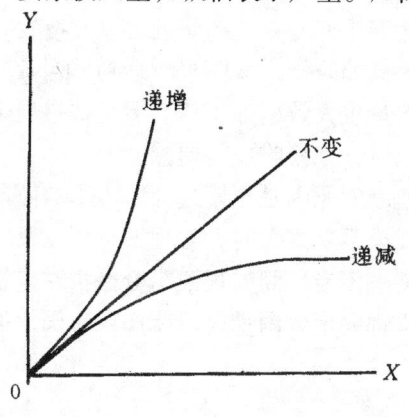

图 4－2　规模报酬

模时，一般依次经过规模报酬递增阶段、规模报酬不变阶段，再到达规模报酬递减阶段。

规模报酬的阶段与生产函数的阶段是两个不同的概念，生产函数的三个阶段是在一种生产要素投入变化，而其它生产要素投入不变的情况下考察生产函数，而生产函数的规模报酬是在一切生产要素都同比例变化下研究生产函数的。

规模报酬递增有两个原因，一是投入的不可分性，二是生产专业化。许多生产要素具有不可分割的性质，当它们不得不被分割时，它们的效率就会部分甚至全部丧失。例如，汽车的车身和发动机之间就是一个整体，如果车身能载 10 吨，而发动机的动力只能负载 8 吨，这时如果增加发动机的马力，就可以增加载重量。另外，在生产要素同时增加的时候，可以提高生产要素专业化程度。例如，一个工人使用一台车床生产 10 种零件，当工人和车床的数量同时增至 10 倍，如果让一个工人使用一台车床专门生产一种零件，工人的熟练程度将提高，更换刀具和材料的时间将更节省，产量的增加肯定大于 10 倍。

当规模扩大到生产专业化的好处得以充分发挥，生产要素的效率得到充分提高的时候，规模报酬达到不变阶段。这时生产要素增加 1 倍，产量也大致增加 1 倍。但是如果规模继续扩大，那么到一定程度以后，规模收益将递减。

规模收益递减的原因是规模过大所产生的协调上的困难。例如，当厂商的规模不是很大时，管理人员可以及时解决各种问题和协调各种活动。但当厂商的规模十分巨大时，管理和指挥系统将十分庞大，管理会十分困难，可能贻误时机、失去效率，造成规模收益递减。

第二节 生产要素最佳配置理论

在长期内,所有的生产要素都是可变的,那么对于一个生产者来说,在利用多种生产要素生产一种产品时,就应该实现生产要素的最佳配置。本节主要分析这样一个问题:生产者按照什么原则来选择最佳生产要素的配置,从而实现既定成本下的产量最大,或既定产量下的成本最小。

一、等产量曲线

(一)等产量曲线的含义

等产量曲线(Isoquant Curve)是用来表示在一定技术条件下,生产等量商品的两种能相互替代的可变生产要素的所有可能的投入量的组合。

假定有资本和劳动两种生产要素,它们生产等量商品的可能组合如表4-2所示。

表4-2 生产等量商品的两种生产要素的组合

组合方式	劳动量(L)	资本量(K)	产量
A	1	6	100
B	2	3	100
C	3	2	100
D	6	1	100

根据表4-2中的数字,可以作出图4-3,纵轴表示资本,横轴表示劳动,Q表示等产量曲线。

图4-3中的等产量曲线表明,这两种生产要素是可以替代的,例如多用资本少用劳动,或多用劳动少用资本,仍可以得到相同数量的商品。

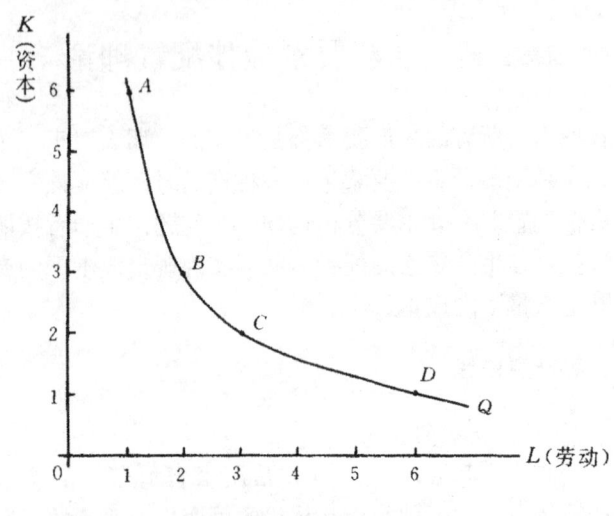

图 4-3 等产量曲线

(二) 边际技术替代率递减规律

边际技术替代率（Marginal Rate of Technical Substitution）是指为维持原有商品的产量，以一种投入如劳动（L）代替另一种投入如资本（K）的比率。用 $MRTS$ 表示边际技术替代率，则有

$$MRTS_{LK} = -\frac{\Delta K}{\Delta L}$$

该公式表示维持既定产量所减少的资本投入与增加的劳动投入之比。为维持既定产量，劳动增量所带来的产量增量必须等于资本减少所带来的产量损失，故在等产量曲线上有

$$MP_L \cdot \Delta L = MP_K \cdot \Delta K$$

即

$$MRTS_{LK} = -\frac{\Delta K}{\Delta L} = -\frac{MP_L}{MP_K}$$

式中，MP_L 和 MP_K 分别表示劳动和资本的边际产品。从公式可以看出，以劳动代替资本的边际技术替代率等于劳动的边际产量

与资本的边际产量之比。

在生产要素相互替代的生产过程中,存在一种普遍现象,即在保持产量水平不变的前提下,当一种生产要素的数量不断增加时,每一单位的这种生产要素所能替代的另一种生产要素的数量是递减的,这就是边际技术替代率递减规律。在图4-3中,如果企业使用的资本(K)越多,劳动(L)越少,即在等产量曲线上的点的位置越高,则企业用劳动替代资本是比较容易的,$MRTS$的值比较大。相反,如果企业使用的资本越少,劳动越多,即在等产量曲线上的点的位置越低,则企业用劳动去替代资本是比较困难的,$MRTS$的值比较小。正因为如此,所以等产量曲线是凸向原点的。

(三)等产量曲线的特征

等产量曲线同无差异曲线一样具有如下特点:

(1)在同一坐标图上有无数条等产量曲线,每一条等产量曲线代表的产量相等,距离原点越远的等产量曲线所代表的产量越多。

(2)同一平面上的等产量曲线不会相交。因为如果在同一平面上的两条等产量曲线相交,意味着用交点表示的生产要素的组合可以生产不同水平的产量,这是不可能的。

(3)在正常情况下,等产量曲线向右下方倾斜,即等产量曲线的斜率为负。因为为了使产量保持不变,增加一种生产要素的使用量,必须减少另一种生产要素的使用量。

(4)等产量曲线在脊线范围内斜率为负,它表示两种生产要素之间存在替代关系。在图4-4中,把三条等产量曲线斜率为负的一段的两端的端点连接起来的OA线和OB线就是脊线,在脊线以内的区域,等产量曲线的斜率为负,它表示两种生产要素之间可以相互替代,以维持产量不变。在脊线以外的区域等产量曲线的斜率为正,表示两种要素同时增加才能维持原有的产量。

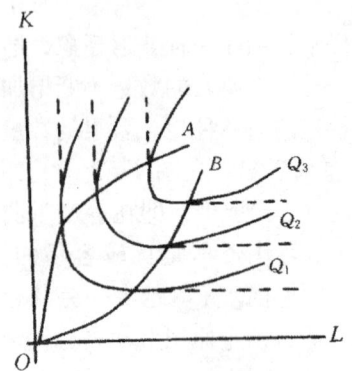 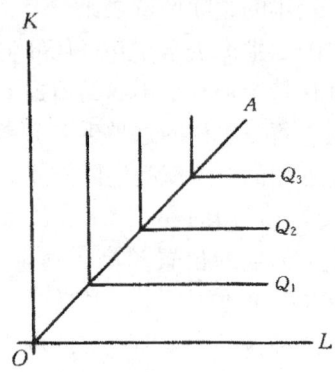

图 4-4 等产量曲线和脊线   图 4-5 不存在替代关系的等产量曲线

而在图 4-5 中，表示两种生产要素不存在替代关系，厂商只有在脊线上从事生产，否则要生产同样数量的商品，必须投入更多的生产要素。由此可见，脊线以内的区域是厂商生产要素投入的经济区域。当两条脊线合为一条时，脊线就是厂商选择合理的生产要素的组合方式。

二、等成本线

等成本线（Isocost Line）是用来表示在既定的总成本和生产要素价格的条件下，生产者可以购买到的两种生产要素的最大数量的不同组合。

假定每单位资本（一台机器）的价格为 $P_K = 1\,000$ 元，每单位劳动的价格（年工资）$P_L = 2\,500$ 元，总成本 $C = 15\,000$ 元，令 K 和 L 分别代表资本量和劳动量。则有：$C = P_K K + P_L L$，代入数据得：

$$15\,000 = 1\,000 K + 2\,500 L$$

或

$$K = 15 - 2.5 L$$

这就是说，这 15 000 元的总成本如果全部买进机器（即 $L=0$），可买 15 台，全部雇佣劳动（即 $K=0$），可雇佣 6 个劳动力。对于任一给定的 L 值，可以从 $C = P_K K + P_L L$ 中求出相应的 K 的数值。当总成本增加为 20 000 元时，$K = 20 - 2.5L$，根据以上数值可作两条等成本线，如图 4-6 所示。

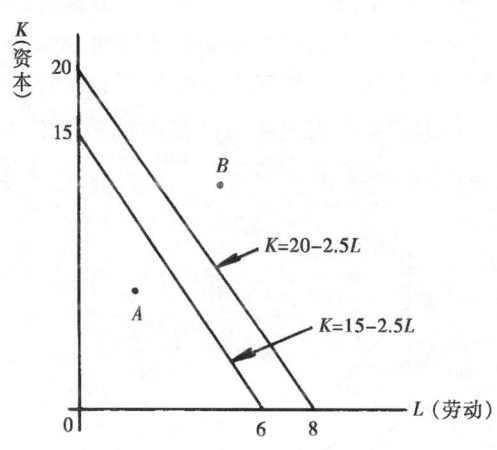

图 4-6 等成本线

只要两种生产要素的价格不随购买量变动而变动，等成本线必定是一条直线。在等成本线以内的 A 点表示全部成本用来购买代表该点的劳动和资本的组合还有剩余，线段以外的 B 点表示用全部成本购买该点代表的资本和劳动的组合还不够。只有在等成本线上的点，才表示用全部成本刚好能购买该点所代表的资本和劳动的组合。

等成本线有如下一个特点，即等成本线的斜率等于两种生产要素价格的比率，用公式表示为

$$\text{等成本线的斜率} = -\frac{OK}{OL} = -\frac{P_L}{P_K}$$

在图4-6中等成本线的斜率为-2.5。由于等成本线向右下方倾斜,因此等成本线的斜率为负。

三、生产者均衡

(一)生产出一定量的产品所耗费的成本最小

假定生产出一定量产品所需的两种生产要素的各种可能组合为已知,即用来表示某一固定产量的等产量曲线为已知;同时假定生产要素的价格为已知,从而表示每一总成本的等成本线为已知,现在要问:为了生产出一定量产品所耗费的总成本为最小,厂商使用的两种生产要素各为多少?现在用图4-7说明。

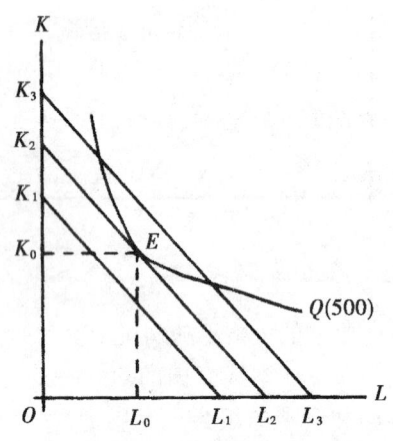

图4-7 厂商均衡

在图4-7中,Q是产出量等于500的等产量曲线,K_1L_1,K_2L_2和K_3L_3分别是既定的资本量与劳动的价格决定的总成本为C_1,C_2和C_3的三条等成本线,其中$C_1<C_2<C_3$。在众多的等成本线中必有一条(也只有一条)等成本线与既定的等产量曲线Q相切,如图中K_2L_2与Q相切于E点,则E点所代表的

资本量（OK_0）和劳动量（OL_0）乘以各自的价格相加所得的总成本为 C_2，是厂商生产 500 个单位产品的最小成本。这是因为 K_1L_1 所代表的总成本 C_1 虽然小于 K_2L_2 所代表的总成本 C_2，但 K_1L_1 线上任何一点的资本与劳动量的组合都无法生产出 500 单位的产品，而位于 K_2L_2 右上方的任何等成本线所代表的总成本大于 K_2L_2 所代表的总成本 C_2。

由于过等产量曲线上 E 点所作的切线的斜率，是在 E 点的资本与劳动的边际技术替代率，即 $MRTS = \dfrac{\Delta K}{\Delta L} = \dfrac{MP_L}{MP_K}$，而等成本曲线的斜率为 $\dfrac{\Delta K}{\Delta L} = \dfrac{P_L}{P_K}$，他们在 E 点的斜率应该相等。因此，厂商耗费最小成本生产出一定量产品的生产者均衡条件是：厂商买进的资本和劳动的数量应是等产量曲线与等成本曲线相切点所代表的两种生产要素组合的数量。在这一点上，资本与劳动的边际技术替代率恰好等于劳动价格与资本价格的比率。用公式表示为

$$\dfrac{MP_L}{MP_K} = \dfrac{P_L}{P_K} \quad \text{或} \quad \dfrac{MP_L}{P_L} = \dfrac{MP_K}{P_K}$$

上述厂商均衡的条件可以这样说明：首先，在 K_2L_2 上其它任何一点代表的资本量与劳动量所费总成本同 E 点所费总成本比较并未增加，但不符合等产量曲线所要求的配合比例；其次，等产量曲线 Q 上除 E 点以外任何一点的配合满足技术要求，但只有 E 点所费成本最小。

（二）花费既定成本产量为最大

假设生产要素的价格和总成本为已知，从而等成本曲线为已知，根据生产技术要求的等产量曲线为 Q_1，Q_2 和 Q_3 等，如图 4-8 所示。现在为使花费一定的总成本获得的产量为最大，厂商如何使用两种生产要素？

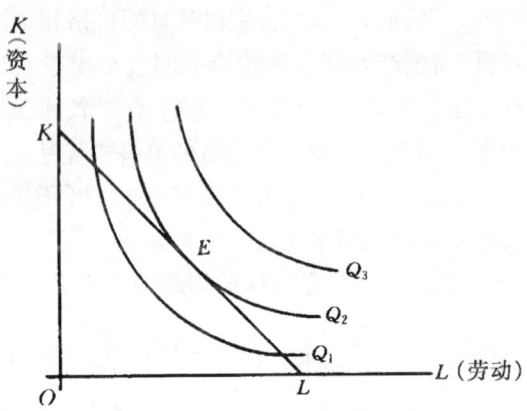

图 4-8 厂商均衡

在图 4-8 中的均衡点 E 表示，按均衡点 E 的劳动投入量和资本投入量的组合进行生产，就可以使得产量最大。这是因为：虽然等产量曲线 Q_3 所代表的产量大于 Q_2，但所需总成本大于既定成本，至于等产量曲线 Q_1 与 KL 的交点，虽然总成本并不增加，技术上也可行，但其产量只有 Q_1，小于 Q_2 的产量。因此，和上述均衡条件一样，花费既定的成本所获得的总产量最大是等产量曲线 Q_2 所代表的产量。为了生产出这个产量，在生产要素价格既定的条件下，厂商采用的两种生产要素的组合比例是等产量曲线 Q_2 与既定的等成本曲线 KL 相切的 E 点。因为 E 点的边际技术替代率恰好等于生产要素的价格比率。即

$$\frac{P_L}{P_K} = \frac{MP_L}{MP_K} \quad 或 \quad \frac{MP_L}{P_L} = \frac{MP_K}{P_K}$$

由此可见，既定成本下产量最大的均衡条件与既定产量下成本最小的均衡条件是相同的。它们都要求生产者选择最佳的生产要素投入量，从而使得最后一单位货币成本所带来的各要素的边际产量相等。

（三）扩展线

在其他条件不变的情况下，如果厂商的总成本变化，会使等成本线发生平移，如果厂商的总产量变化，会使等产量曲线平移。这些不同的等成本线将与不同的等产量曲线相切，形成一系列的均衡点，这些均衡点的轨迹便是企业生产的扩展线（如图4－9）。

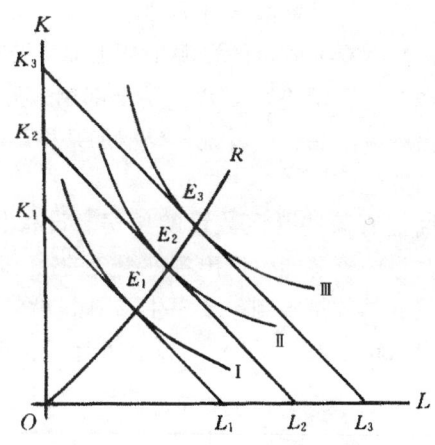

图4-9 长期扩展线

扩展线表示，在其它条件不变时，若厂商的成本发生变化，或厂商的产量发生变化时，厂商都应该沿着扩展线来调整生产要素的投入组合。只有这样，厂商才能实现生产要素最佳组合的均衡条件，从而实现既定产量下的成本最小，或既定成本下的产量最大。

第三节　产品最佳组合理论

以上的分析是假定单个厂商只生产一种产品，实际上同样的资源可以生产出不同的产品;每个厂商都不只生产一种产品,有时甚至生产几十种,这就产生了如何选择产品的组合问题。

一、生产可能性曲线

生产可能性(Production Possibility)是指在一定的技术水平下,利用既定的资源,能够生产产品的最大产量。因为资源是稀缺的、有限的,并且每种资源具有多种用途。在这种情况下,每个厂商不可能以其拥有的既定的资源生产出他所希望生产的任何产品,只有对现有的资源进行取舍,要全部用来生产一种产品,就不可能生产另一种产品,或者说,要增加某种产品的生产就必须减少其它产品的生产。

假如某厂商拥有某些既定数量的厂房、设备和劳动力等资源,利用这些数量的资源能生产出各种组合的 X 和 Y 两种产品,但由于掌握的资源的数量限制,要多生产 X,就只能少生产 Y,反之一样。现在假定生产 X 和 Y 的可能组合如表 4-3 所示。

表 4-3 生产可能组合

组合	X 产品	Y 产品	边际转换率($\Delta Y/\Delta X$)
A	0	150	—
B	125	125	-25/125
C	225	50	-75/100
D	250	0	-50/25

根据表 4-3 中的数据,绘出生产可能性曲线,如图 4-10 所示。图 4-10 中,AD 线即厂商的生产可能性曲线,曲线上的 A 点和 D 点分别代表只生产 Y 和 X 时的最大产量,B 点表示可生产出 125 单位 X 产品和 125 单位 Y 产品。显然,生产可能性曲线就是用来表示利用既定的生产资源所能生产的不同产品的各种可能的最大数量组合的轨迹。曲线上的任何一点都是可能生产

的最大产量的组合，都体现着最佳效率。曲线内的任何一点（如 U）都说明厂商现有资源还未得到充分利用，生产还有潜力，而曲线外的任何一点（如 V），则是现有资源条件下达不到的 X、Y 的生产组合。由于增加 X 的产量必须减少 Y 的产量，因此生产可能性曲线的斜率为负。

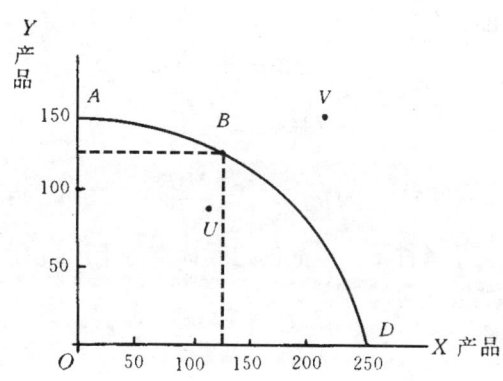

图 4-10　生产可能性曲线

如果厂商的资源不变，生产技术水平提高，或生产技术水平不变，资源增加，生产可能性曲线就会向外或向右上方移动，表明提高技术水平和增加资源的条件下可能达到更高的产量。

二、边际转换率

生产可能性曲线所表明的是：在有限的资源下，厂商如何利用现有的生产技术在生产方面进行选择，以便尽可能满足自身的需要。但要多生产 X 产品，就必须减少 Y 产品的生产，这就涉及到 X 和 Y 两种产品的转换问题。

从生产可能性曲线上可以看出，增加一单位 X 产品是以减少一定量的 Y 产品为代价的。因此，边际转换率（Marginal Rate of Transformation）指增加一单位 X 产品所必须减少 Y 产品的数量，用公式表示为

$$MRT_{XY} = -\frac{\Delta Y}{\Delta X}$$

不论从 X 转换为 Y，或从 Y 转换为 X，所增加（或减少）的 X 的边际成本 MC_X 和减少（或增加）的 Y 的边际成本 MC_Y 都应相等，即

$$MC_X \cdot \Delta X = MC_Y \cdot \Delta Y$$

即
$$-\frac{\Delta Y}{\Delta X} = -\frac{MC_X}{MC_Y}$$

因此
$$MRT_{XY} = -\frac{MC_X}{MC_Y}$$

在完全竞争条件下，产品的边际成本等于产品的价格，因此边际转换率的公式可写为：

$$MRT_{XY} = \frac{P_X}{P_Y}$$

生产可能性曲线的形状随边际转换率变化趋势而不同，一般来说，边际转换率是递增的，即每多增加 1 单位的 X，需要牺牲越来越多的 Y。因此，生产可能性曲线是凹向原点的。

三、等收益线

（一）总收益、平均收益与边际收益

收益是指厂商出售产品得到的收入，收益中既包括了成本也包括了利润。

总收益（Total Revenue）是指厂商出售一定量产品所得到的全部收入，它是价格与销售量的乘积。

平均收益（Average Revenue）是指厂商出售每一单位产品所得到的平均收入。

边际收益（Marginal Revenue）是指厂商每增加出售一单位

产品所得到的收入。

如果以 TR 代表总收益,以 AR 代表平均收益,以 MR 代表边际收益,以 Q 代表销售量,ΔQ 代表增加的销售量,P 代表价格,则这三者的关系为

$$TR = P \cdot Q, \quad AR = \frac{TR}{Q}, \quad MR = \frac{\Delta TR}{\Delta Q}$$

(二) 等收益线

等收益线 (Isorevenue Line) 是指厂商以一种生产要素生产两种产品时,将这两种产品出售后能获得相同总收益的组合轨迹。

假定在完全竞争的市场上,生产的 X 产品的价格为 P_X,Y 产品的价格为 P_Y,则厂商出售两种产品的总收益为

$$TR = P_X Q_X + P_Y Q_Y$$

或

$$Q_Y = \frac{TR}{P_Y} - \frac{P_X}{P_Y} Q_X$$

根据这个等式可作出等收益线,如图 4-11 所示。该等收益线的斜率为 $-\frac{P_X}{P_Y}$。在等收益线上各点所代表的两种产品的组合

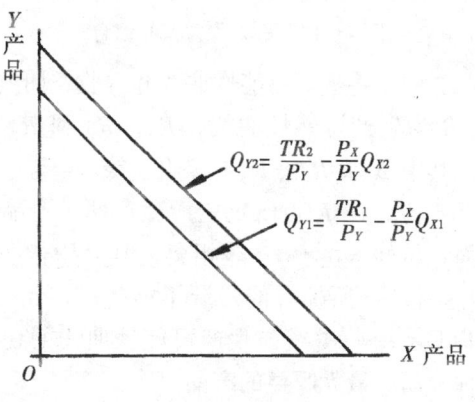

图 4-11 等收益线

量出售后都能获得相同的总收益。

(三) 最大收益的产品组合

生产可能性曲线表示一定资源可以生产不同产品的最大数量组合，而等收益线则表示在相同的总收益下产品组合之间的关系，将两者结合在一起，就能确定厂商最大收益的产品组合，如图 4 – 12 所示。

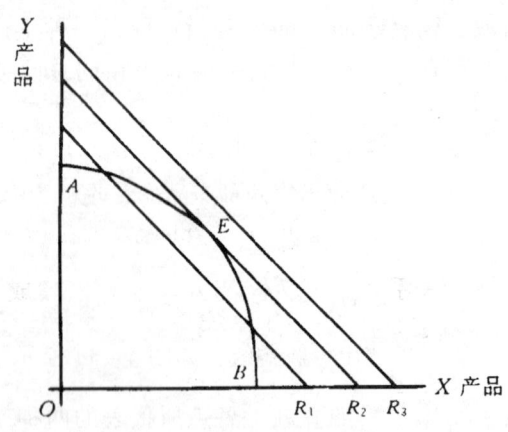

图 4 – 12 最大收益产品组合

在图 4 – 12 中，将生产可能性曲线和等收益曲线放在同一坐标平面上，AB 为生产可能性曲线，R_1，R_2 和 R_3 分别为三条等收益曲线，其中 $R_1 < R_2 < R_3$。等收益线 R_2 与生产可能性曲线 AB 相切于 E 点，在 E 点既定资源生产两种产品可以获得最大收益。因为，虽然 R_1 与 AB 线相交，但 $R_1 < R_2$，而 R_3 虽然大于 R_2，但这时厂商所拥有的资源不能生产出足够数量的 X、Y 产品。所以只有等收益线与生产可能性曲线的切点才是既定资源生产两种产品的最大收益的产品组合。

在 E 点，边际转换率与等收益线的斜率相等，用公式表示

为

$$\frac{MC_X}{MC_Y} = \frac{P_X}{P_Y} \quad \text{或} \quad \frac{MC_X}{P_X} = \frac{MC_Y}{P_Y}$$

由此可见，最大收益产品组合的条件是：单个厂商以一定的资源生产两种产品时，为保证按既定的价格获得最大收益的产品组合，就必须使两种产品边际成本的比率与两种产品价格的比率相等。如果二者不等，厂商就可以减少边际成本较高的产品的生产，而将节约的资源用于边际成本较低的产品，以便增加收益。

第四节 成本理论

厂商进行生产的目的是为了获得最大利润，而利润是收益与成本之间的差额。前面分析了不同前提下生产要素投入量和产量之间的技术比例关系，现在加入货币因素分别讨论成本和收益问题，以得出厂商实现最大利润的条件。

一、成本的概念

(一) 经济成本

经济成本（Economic Cost）是指厂商在生产过程中使用各种生产要素所支付的代价。它包括明显成本和隐含成本。

明显成本（Explicit Cost）是厂商支付给外部资源所有者的成本。例如，厂商购买原材料、设备所支付的费用，向银行借款支付的利息，雇佣劳动力支付的工资等。

隐含成本（Implicit Cost）是指厂商使用自己拥有的生产要素应该支付的成本。例如厂商使用自有资金应付的利息，使用自有的土地应付的地租，自己参加劳动应付的工资等。这些成本都是厂商在衡量经济利润时必须考虑的，即应当得到补偿。因为，如果厂商没有这些生产要素，就必须购进或租进，也要支付费用；如果拥有这些生产要素自己又不使用时，可以出售或出租，从而得到相应的要素收入。

正常利润（Normal Profit）也就是厂商的隐含成本，它是厂商使用企业家才干和自有资本所付的报酬。它是使企业家留在本企业从事经营和管理活动和自己使用自有资本所必需的最低报酬。

（二）机会成本

机会成本（Opportunity Cost）是指稀缺资源用作某项选择所放弃的另一项选择而牺牲的利益。对厂商来说，机会成本就是把一定的生产要素用于生产某种产品时所放弃生产另一种产品而能获取的收益。资源是稀缺的，而且其用途可以有多种选择，每一种可供选择的用途对人们来说都是一种获利的机会，一种机会的获利量，就是另一种机会的成本。

机会成本的重要性在于在一个完全竞争的市场经济中，厂商的明显成本与隐含成本之和应该正好等于投入要素的机会成本。比如从劳动力的角度看，某个工人之所以离不开现在的雇主，是因为他在别处找不到更好的工作，如果他能在别处找到月薪1000美元的工作（机会成本），现在的雇主也必须至少支付1000美元才能留住他。

机会成本可以用来解释为什么正常利润要计入经济成本。如果一个厂商有一笔资金，他可以有两种选择：将这笔钱存入银行，或将这笔钱投资办企业。如将这笔钱存入银行，他可以得到利息收入，如果将这笔钱投资办企业，他不仅放弃了利息收入，而且还需要亲自管理企业和承担风险。正因为如此，当他选择投资办企业时，从机会成本的角度讲，他应得到自有资本的使用费，以补偿他将这笔钱存入银行时可以得到的利息收入。除此以外，他还应得到管理企业和承担风险的报酬，这就是企业家才能和风险的报酬。因此，企业家才能的报酬、自有资本的使用费和风险的报酬都作为正常利润计入成本。

(三) 沉没成本

尽管机会成本是隐性的,但在作经济决策时必须加以考虑。与之相对应的沉没成本正好相反,沉没成本通常是可见的,但一旦发生后在作出经济决策时可以忽视。

沉没成本(Sunk Cost)是指已经发生而无法收回的费用。由于它是无法收回的,因而不会影响企业的决策。例如某企业按一特定要求而设计的专用设备。我们假定该项设备仅能用于当初设计的用途,而不能转作他用。这项支出就属于沉没成本,因为该设备无任何其它用途,其机会成本为零,从而不应该包括在企业成本之中。不管购置该设备的决策是否正确,这项支出已付诸东流,不应该影响当前的决策。

沉没成本与不变成本并不相同。不变成本或称固定成本是不论生产规模有多大,厂商都必须支付的成本。如果厂商停止生产,这些成本中的一部分可能可以收回。例如一家厂商购买了一栋大楼作为公司的办公场地,可能花费了大量的费用将公司的标志装饰在这栋大楼上,如果厂商退出经营,它可以转售这栋大楼收回它的成本,但没有人会对原公司的招牌支付太多的货币,所以花费在装饰公司标志上的费用就不能收回。花在大楼和公司标志上的费用都是不变成本,但只有花在装饰标志上的费用是沉没成本,广告费用也是典型的沉没成本。

(四) 短期成本与长期成本

短期成本(Short - Run Cost)是指短期内厂商无法变动某些生产要素(一般是厂房设备和企业规模),只能让它们保持不变时的成本。为了满足增长的需求,在短期内只能增雇工人、增加原材料,或者让原有工人增加上班时间来扩大产量。因此所谓短期,不是单纯指时间长短,而是指现存生产技术条件尚未改变前的时间,它可能是几周,也可能是几年。

长期成本（Long-Run Cost）是指允许所有的生产要素都能变更的时期内的成本。在长期中厂商能够改变厂房、设备、生产规模以适应变化了的需求，因此生产要素都成为可变的要素。

（五）总成本、平均成本和边际成本

总成本（Total Cost）是指生产某一特定产量所需要的成本总额，它包括固定成本与可变成本。

固定成本（Fixed Cost）是指在一定限度内不随产量变动而变动，即使厂商暂时停产也需照样支付的成本或费用。主要包括地租、厂房设备的折旧、管理人员的工资等。

可变成本（Variable Cost）是指随产量变动而变动的成本或费用。包括生产工人的工资，用于购买原材料、燃料、动力和运输等的费用。

平均成本（Average Cost）是指平均每生产一单位产品所需的成本，它又分为平均固定成本和平均可变成本。

平均固定成本（Average Fixed Cost）是总固定成本除以产量的数值。由于固定成本不随产量变动而变动，所以平均固定成本在一定时期内必然随产量的增加而逐渐下降。

平均可变成本（Average Variable Cost）是总可变成本与产量的比值。由于可变成本随产量的变动而变动，所以平均可变成本也会随产量的变动而变动，一般呈现先下降后上升的趋势。

边际成本（Marginal Cost）是指每增加一单位产量所引起的成本增量，或者说是生产最后一单位产量所花费的成本。

如果以 TC、AC、MC 分别表示总成本、平均成本和边际成本，用 FC、AFC、VC、AVC 分别表示固定成本、平均固定成本、可变成本和平均可变成本，用 ΔTC、Q 和 ΔQ 分别表示总成本增量、产量和产量的增量，则它们之间的关系可以表述为

$$TC = FC + VC$$

$$AC = \frac{TC}{Q} = \frac{FC + VC}{Q} = AFC + AVC$$

$$MC = \frac{\Delta TC}{\Delta Q}$$

二、短期成本曲线

表 4-4 表明了短期内各种成本随产量变动的一般趋势。

表 4-4 厂商短期成本变动表

产量(Q)	固定成本(FC)	可变成本(VC)	总成本(TC)	边际成本(MC)	平均成本(AC)	平均固定成本(AFC)	平均可变成本(AVC)
0	55	0	55				
1	55	30	85	30	85	55	30
2	55	55	110	25	55	27.5	27.5
3	55	75	130	20	43.3	18.3	25
4	55	105	160	30	40	13.8	26.2
5	55	155	210	50	42	11	31
6	55	225	280	70	46.6	9.1	37.5
7	55	315	370	90	52.9	7.9	45
8	55	425	480	110	60	6.9	53.1
9	55	555	610	130	67.8	6.1	61.7
10	55	705	760	150	76	5.5	70.5

根据成本表作图，可得到图 4-13 的短期成本曲线。

在图 4-13（a）中，描述了总成本曲线、固定成本曲线和可变成本曲线。由于固定成本短期内是一个不变的常数，因此固定成本曲线是一条平行于横轴的直线。可变成本曲线随产量的增加而增加，只不过开始时以递减的速度增加，达到一定程度后（如图中 G 点）以递增的速度增加。这是因为开始时，随着可变成本的增加，固定生产要素的效率逐渐得到充分发挥，当固定生

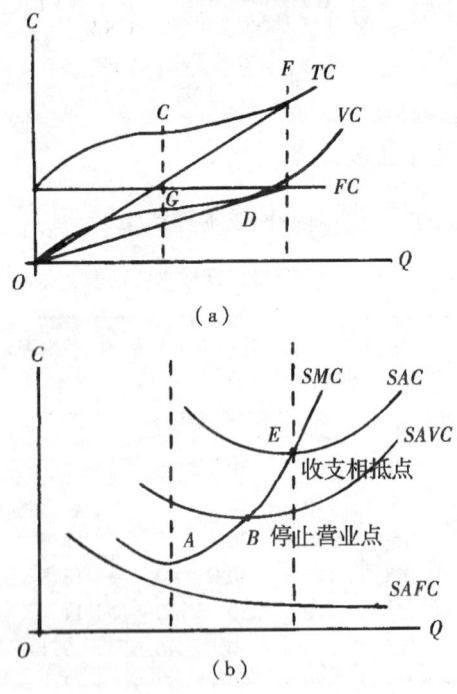

图 4-13 短期成本曲线

产要素的效率得以充分发挥以后,再增加可变生产要素,由于报酬递减规律的作用,其单位可变生产要素所带来的产量是逐渐减少的,或者也可以说,要增加相同数量的产量需要增加的可变生产要素越来越多,即可变成本以递增的速度增加。而总成本是固定成本与可变成本之和,所以总成本的变动规律与可变成本的变动规律相同。

在图 4-13(b)中描述了短期平均固定成本、短期平均可变成本和短期平均成本、短期边际成本曲线。短期平均固定成本曲线($SAFC$)一直向右下方倾斜,但它不会与横轴相交,只会无限趋近于横轴。短期平均成本曲线（SAC）、短期平均可变成本曲线（$SAVC$）和短期边际成本曲线（SMC）都呈 U 型，表现为先减后增的趋势。下面分析各种曲线之间的关系。

（1）总成本曲线由递减的速度增加转为以递增的速度增加时，边际成本也由递减转为递增。在图中 C 点是总成本曲线的拐点，与此对应的是边际成本曲线在 A 点达到最小值。

（2）平均成本曲线与边际成本曲线相交于平均成本曲线的最低点，即图中的 E 点。在 E 点之前，边际成本曲线低于平均成本曲线，而在 E 点之后，边际成本曲线高于平均成本曲线。并且不论是上升还是下降，边际成本曲线的变动都快于平均成本曲线的变动。

为什么边际成本曲线与平均成本曲线在平均成本曲线的最低点相交呢？这是由边际成本和平均成本的定义决定的。平均成本的变化要由全部产品均摊，边际成本变化要由最后一个产品承担，因此边际成本曲线变动较早，平均成本曲线变动较晚，边际成本曲线先下降，平均成本曲线后下降，或边际成本曲线先上升，平均成本曲线后上升。

如果边际成本小于平均成本，那么平均成本必然随产量的增加而减少。因为每增加一单位产品的生产，单位成本就少一点，平均成本就下降一些，所以这时的平均成本曲线是下降的。反之，如果边际成本大于平均成本，平均成本必然随产量的增加而增加。这是由于每增加一单位产品的生产，单位成本就多一点，即平均成本就上升一些，所以这时平均成本曲线是上升的。可见，既不可能发生边际成本大于平均成本，平均成本下降的情况，也不可能发生边际成本小于平均成本，平均成本反而上升的情况。只有在平均成本由递减转为递增的那一点，平均成本才与边际成本相等。即边际成本曲线只能在平均成本曲线的最低点与之相交。

(3) 边际成本曲线与平均可变成本曲线相交于平均可变成本曲线的最低点，即图中的 B 点，在 B 点之前，边际成本曲线低于平均可变成本曲线，在 B 点之后，边际成本曲线高于平均可变成本曲线，并且不管是上升还是下降，边际成本曲线的变动都快于平均可变成本曲线的变动。因为短期边际成本与固定成本无关，增加一单位产量所增加的成本是变动成本，所以根据上述分析，边际成本曲线也一定在平均可变成本曲线的最低点与之相交。

(4) 平均成本曲线的最低点与总成本曲线和由原点出发的切线相切点相对应，即图中的 E 和 F 点。

(5) 平均可变成本曲线的最低点与可变成本曲线和由原点出发的切线相切点相对应，即图中的 B 和 D 点。

(6) 比较平均成本曲线与边际成本曲线的交点 E 和平均可变成本曲线与边际成本曲线的交点 B，可以发现，前者的出现慢于后者，并且前者的位置高于后者。也就是说平均可变成本降到最低点 B 时，平均成本还没有降到最低点 E，而且平均成本的最小值大于平均可变成本的最小值。这是因为，在短期平均成本中，不仅包括了平均可变成本，还包括了平均固定成本，正由于平均固定成本的作用，才使得短期平均成本曲线的最低点 E 的出现既慢于又高于平均可变成本曲线的最低点 B。

图 4-13（b）两交点 B 和 E 在微观经济学中分别被称为"停止营业点"和"收支相抵点"。在完全竞争条件下，厂商如果在 B 点以下进行生产，不仅不能补偿短期平均成本，连可变成本也不能补偿，而在 E 点厂商能实现均衡，在这一点经营，厂商可获正常利润。

三、长期成本曲线

在短期内，厂房设备的规模是不能变动的，厂商只能在既定的规模下，在一定的范围内变动其可变成本项目，以不同的总成本、平均成本和边际成本生产不同的产量。而在长期中，厂商能够对厂房设备的规模作出自己所需要的调整。因此在长期内，没有所谓固定成本，一切成本项目都是可变的，只是变动周期不同而已。

一般说来，长期成本的变化取决于生产的技术状况，取决于使用的生产要素的价格和生产的产品数量。假设前两个条件为既定的，长期成本将因产量的变化而变化，它是产量的函数。因为长期来看，没有固定生产要素，因此没有产量也就不存在总成本，所以长期成本曲线是从原点出发的一条曲线。其变化规律为总成本随产量的增加而增加，只不过先是以递减的速度增加，达到一定程度后以递增的速度增加，如图4-14所示。

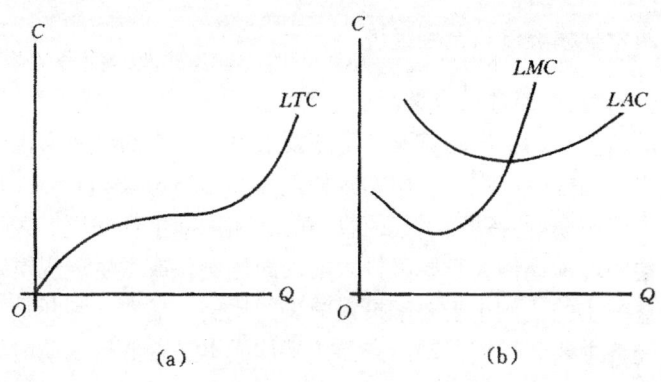

图4-14 长期成本曲线

在图4-14（a）中，LTC为一长期成本曲线。在图4-14（b）中，LAC和LMC分别代表长期平均成本曲线和长期边际成本曲线。由图中可以看出长期平均成本曲线与短期平均成本曲线的变动趋势一样，最初随着产量的增加而递减，而后随着产量的增加而递增。长期边际成本曲线也是随着产量的增加先减少而后增加。

长期平均成本曲线与长期边际成本曲线的关系和短期平均成本曲线与短期边际成本曲线的关系一样,即长期边际成本低于长期平均成本时,长期平均成本曲线下降,长期边际成本大于长期平均成本时,长期平均成本曲线上升,长期平均成本曲线和长期边际成本曲线相交于长期平均成本曲线的最低点。但是,长期平均成本曲线和长期边际成本曲线与短期平均成本曲线和短期边际成本曲线也有一定的区别,即前二者较后二者无论是下降还是上升,变动速度比较慢,曲线比较平坦。这是因为在长期中全部生产要素可以随时调整,从规模收益递增到规模收益递减之间有一个较长的规模收益不变阶段,而在短期内,规模收益不变阶段很短,甚至没有。

四、规模经济与范围经济

(一)规模经济的含义

厂商生产某种产品需要一定的要素投入,不同的要素投入水平构成不同的生产规模。所谓规模经济(Economics of Scale)是指因生产规模的变动而引起的收益的增加。即生产规模扩大带来的收益的增加比例大于要素投入增加的比例,或者生产规模缩小使收益减小的比例小于要素投入减少的比例。显然,判断是否是规模经济主要看规模变动后产品的平均成本是否低于变动前的平均成本。如果生产规模变动后产品的平均成本低于变动前的平均成本,就可称之为规模经济,否则,称为规模不经济。

(二)规模经济的原因

生产规模的变动之所以引起收益的增加,可以用内在经济与外在经济来解释。

内在经济(Internal Economics)是厂商在调整生产规模时由自身内部所引起的收益的增加。例如扩大生产规模后内部分工更精细，可以减少管理人员的比例，可以购买大型的生产设备，可以减少生产、购销费用等。

外在经济（External Economics）是指整个行业规模扩大和产量增加而使单个厂商的收益增加。例如，整个行业的发展，可以使单个厂商得到服务、运输、信息等方面的便利条件，使单个厂商减少成本支出。

当然，生产规模的调整并非一定能带来收益的增加，如果生产规模扩大后，引起厂商自身内部的收益减少，就会产生内部不经济的状况，例如规模扩大后管理效率降低，购销费用增加，就是内部不经济的表现。同样，行业规模的变动造成竞争的激烈，环境的污染以及交通状况的不适应，单个厂商为此可能付出更高的代价，从而出现外在不经济的状况。可见厂商的生产规模要适度，就必须尽量实现内在经济和外在经济，而使内在不经济和外在不经济降到最低水平。

（三）成本与规模经济

长期平均成本曲线与短期平均成本曲线的关系如图4-15所示。

LAC 是一条U型曲线，线上每一点都代表某个特定的产量水平上最低的长期平均成本。长期平均成本曲线是短期平均成本曲线的包络曲线（Envelope Curve）。在图4-15中，在被长期平均成本曲线所包起来的无数条短期平均成本曲线中任选5条，分别记为 SAC_1、SAC_2、SAC_3、SAC_4 和 SAC_5，这5条短期平均成本曲线分别表示不同的生产规模下短期平均成本的变化情况，越是向右，代表的生产规模越大，每条短期平均成本曲线与 LAC 曲线不相交但相切，并且只有一个切点，如图中的 B、E 和 D 点。

由于长期平均成本曲线与短期平均成本曲线的曲率不同，因此，这两条曲线虽然相切，但在绝大多数情况下，不能在二者的

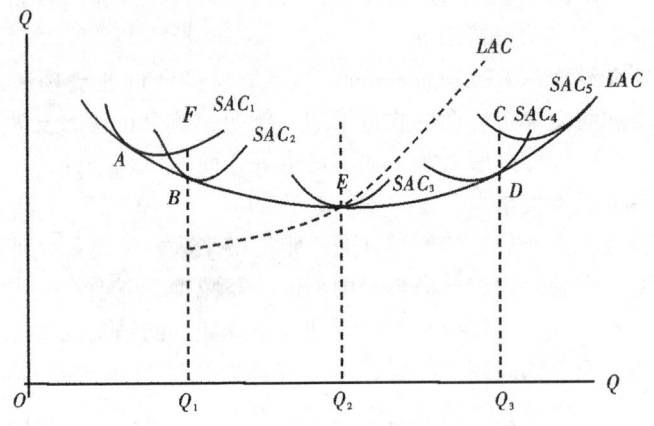

图 4-15 长期平均成本曲线

最低点相切。图中，SAC_3 和 LAC 两条曲线在 E 点相切，E 点既是曲线 SAC_3 的最低点，又是 LAC 曲线的最低点。短期成本曲线的最低点称为最优产出率，它意味着厂商通过确定可变投入要素的最佳数量来使单位产品成本降到最低，这是在生产规模既定的条件下厂商所能选择的最佳点。长期平均成本曲线的最低点称为最优工厂规模，它意味着厂商通过选择最适宜的生产规模来使单位产品的成本降到最低，这是生产规模特定条件下厂商可能选择的最佳点。在 E 点，长期和短期的两种最佳状态结合在一起，使厂商既能做到短期平均成本最低，又能做到长期平均成本最低，这是一种最为理想的状态。

在 E 点的左右两侧，由于曲率不同，短期平均成本曲线无法与 LAC 在各自的最低点相切，也无法使两条曲线在短期成本曲线的最低点相切。在 E 点的左侧，厂商若打算生产 Q_1 单位的产量，那么他至少可以选择 SAC_1 和 SAC_2 两种生产规模，如选择 SAC_1 来生产 Q_1 产量，厂商的短期平均成本在 F 点给出，达到了最优产出率；如选择 SAC_2 来生产 Q_1 产量，那么，厂商的短期平均成本由 B 点给出，这是 SAC_2 与 LAC 相切点。比较 F 点和 B 点，显然 B 点未实现最优产出率，但它意味着更低的长期平均成本，因此厂商会选择 B 点的生产规模 SAC_2，以适应可能的增加产量的需要。在 E 点的右侧，厂商同样应选择切点来确定最适宜的生产规模，也同样会出现特定产量下长期平均成本最低而短期达不到最优产出率的现象。所不同的是，与每一特定产量相对应的最适宜的生产规模将出现短期生产能力利用过度的情况，即 D 点处在短期平均成本上升区间。

长期平均成本曲线和短期平均成本曲线虽然都是 U 型的，但决定因素截然不同，短期平均成本曲线的形状是由可变投入要素的边际收益率先递增后递减决定的，而长期平均成本曲线的形状是由规模报酬决定的。在 E 点的左侧，随着生产规模扩大，出现规模报酬递增，因而单位成本随产量的增加而下降。在 E 点的右侧，随着生产规模进一步扩大，规模经济的优越性已充分发挥，而企业家才能这一生产要素不能随生产规模扩大而同比例增加，管理效率下降而使单位成本随产量的增加而递增，因而长期平均成本曲线又开始上升。由此可见，如果只从经济效率的角度看，厂商生产规模的变动应以达到长期平均成本的最低点为最佳，否则就会存在经济效率的损失，其生产规模也就不是适度规模。

最后，请大家注意，长期边际成本曲线（LMC）并非是短期边际成本的包络线。短期边际成本曲线适用于特定的生产规模，而长期边际成本曲线则适用于各种规模，长期边际成本曲线上的每个点代表了成本效率最高的生产规模的短期边际成本。

(四) 范围经济

许多厂商生产不止一种产品，有时候厂商的产品和其它产品紧密相关，如养鸡场生产鸡和鸡蛋，汽车公司生产小汽车和卡车，农场生产水稻和鱼。还有些时候，厂商所生产的产品性质上没有联系，然而在上述三种情况下，厂商通常在生产两种以上产品时拥有生产和成本的优势，这些优势可能是因为投入要素或生产设备的联合运用，联合的市场计划或能降低成本的共同管理。有时某些产品的生产会产生自动的和不可避免的副产品，而它对厂商也是有用的。例如，金属片生产商生产他们所销售的剃须刀片。所谓范围经济（Scope Economy）是指若干种相关联的产品联合生产比分别单独生产各自的产品更有效率。

范围经济存在于单个厂商的联合生产超过两个各自生产一种产品的厂商所能达到的产量之时（两个厂商分配到的投入物相等）。如果厂商的联合产出低于独立厂商的所能达到的产量，那么其生产过程就涉及到范围不经济。这种情况在一种产品的生产与另一种产品的生产有冲突时可能会发生。

规模经济与范围经济并无直接的联系，一个生产两种产品的厂商可以在其生产过程涉及规模不经济时获得范围经济。例如，联合生产长笛和短笛要比各自生产相对便宜，然而该生产过程涉及高度熟练的劳动，并不是以小规模生产最富有效率的。同样的，一个联合产品厂商在各个单独产品方面具有规模经济，但不拥有范围经济。例如，一个拥有多家企业的大型厂商可以大规模有效地生产，但它并不拥有范围经济的优势，因为这些企业是各自单独管理的。

范围经济的程度可以通过厂商的成本来确定。如果单个厂商使用一定的投入组合生产出比两个各自独立生产的厂商更多的产出，那么单个厂商的成本就比独立生产的厂商的成本低。计量范围经济的程度可用下式：

$$SC = \frac{C(Q_1) + C(Q_2) - C(Q_1, Q_2)}{C(Q_1, Q_2)}$$

式中 $C(Q_1)$ 表示生产 Q_1 的产出所耗费的成本，$C(Q_2)$

表示生产 Q_2 的产出所耗费的成本，$C(Q_1, Q_2)$ 是同时生产两种产出所耗费的联合生产成本，SC 表示两种（或更多）产品联合生产时比各自独立生产所节约成本的比率。

在存在范围经济的情况下，联合成本低于各自单独成本之和，因此 $SC > 0$；当范围不经济时，SC 是负数。总之，SC 的值越大，范围经济的程度就越高。

五、学习曲线

学习曲线（Learning Curve）是从动态的角度分析成本的变化，它是指当经营者和工人在使用可利用的厂房和设备方面更有经验和效率时，厂商的生产成本会逐渐下降，表明了当累积产出增长时每单位产出所需的劳动时间的下降程度。

从前面的分析中我们知道，大规模厂商的长期平均成本低于小规模厂商的平均成本，即生产的规模报酬递增，由此得出的结论是，长期平均成本逐渐下降的厂商属于规模报酬递增的厂商，但这并不一定正确。有些厂商的长期平均成本可能是因为学习的过程而下降。管理人员在生产经营的组织方面更有经验和效率，工人变得越来越熟练时，厂商生产既定产出的边际成本和平均成本会逐渐下降。结果厂商随产出的累积而不断学习，经营者以这种学习过程来指导生产和预测未来成本。

图 4-16 表示可以学习的形式表示的过程，它描绘了厂商累积产出与厂商生产单位产出所需投入数量之间的关系。

图中的学习曲线是基于以下函数关系而建立的：

$$L = A + BN^{-\beta}$$

式中 N 是产出的累积单位，L 是单位产出的劳动投入单位，A、B 和 β 均为常数。A 和 B 为正数，β 介于 0~1 之间。

当 $N = 1$ 时，$L = A + B$，从而 $A + B$ 表示生产第一单位产出所需的劳动投入。当 $\beta = 0$ 时，表示累积产出水平上升时单位

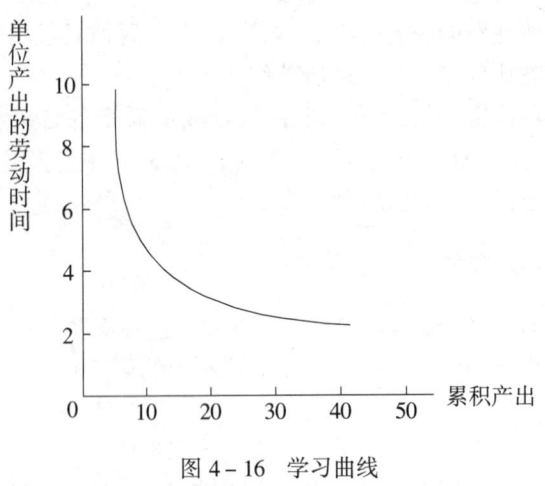

图 4–16 学习曲线

产出的劳动投入保持不变，因而学习就不存在。当 β 为正数而 N 不断变大时，L 大体趋近于 A，从而 A 代表所有的学习发生后单位产出的最低劳动投入。β 的值越大，学习的作用就越重要。

在图 4–16 中，β 的值为 0.31。对于这条特定的学习曲线，累积产出超过 20 以后，成本的节约就很少了，整体的学习曲线效应就变得充分了，并且可以使用通常的成本分析。

然而，如果生产过程相对较新，那么在产出较低时的较高成本和产出较高时的较低成本表明了学习曲线的作用，而并非规模经济的效果。通过学习，一个成熟的厂商的生产成本相对较低，不管它的经营规模有多大。如果成批生产产品的厂商知道它拥有规模经济的优势，它应该利用与其规模相关的低成本优势，大批量地生产产品。

图 4–17 表示了这一现象。AC_1 表示生产中具有规模经济优势的厂商的长期平均成本。从而沿 AC_1 曲线上由 A 到 B 的生产变动导致了规模经济的成本降低，而由 AC_1 上的 A 点移至

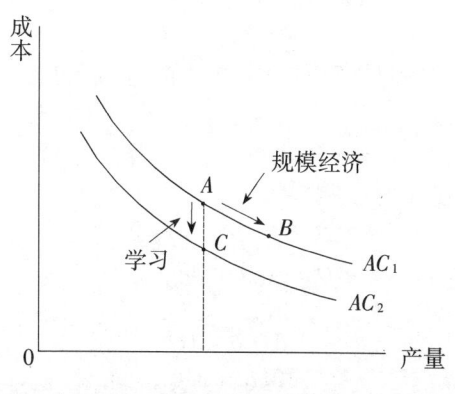

图 4-17 规模经济和学习

AC_2 的 C 点表示学习所带来的成本降低,这使平均成本曲线向下移动。

六、利润最大化原则

生产者的生产目标是利润最大化,但经济学家和会计人员对利润的看法是不相同的。经济学家用经济利润、会计人员用会计利润测量厂商利润的大小。

经济利润是指厂商的总收益减去总的机会成本(包括明显成本和隐含成本)后的余额。而会计利润是指总收益减去明显成本后的余额。由此可见,会计利润大于经济利润,但经济学家认为,总收益应该弥补所有的机会成本,既要弥补明显成本,又要弥补隐含成本。在这个目标下,生产者根据市场的需求生产出商品的数量以及定出商品的价格。从直观意义上理解,总收益减去总成本最大,必然是利润最大,但什么时候达到利润最大,是厂商所要努力寻求的,下面我们分析其条件。

假定以 π 表示利润,TR 表示总收益,TC 表示总成本,则

有
$$\pi = TR - TC$$
由于收益和成本都是产量的函数,那么利润也必然是产量的函数,所以
$$\pi(Q) = TR(Q) - TC(Q)$$
利润最大化的条件为
$$\frac{d\pi}{dQ} = \frac{dTR}{dQ} - \frac{dTC}{dQ} = 0$$
得
$$\frac{dTR}{dQ} = \frac{dTC}{dQ}$$
即
$$MR = MC$$

由此可见,利润最大化的条件为:厂商的边际收益等于边际成本,即 $MR = MC$。该条件是适应于任何厂商的利润最大化原则。

为什么只有当 $MR = MC$ 时,厂商才能实现最大的利润呢?或者说,这个利润最大化原则的经济含义到底是什么呢?对这一问题,西方经济学家的一般解释如下:

如果 $MR > MC$,厂商增加产量所得到的收益增量大于所付出的成本增量,还可继续获利,所以产量将增加。但是随着产量的逐步增加,边际收益和边际成本都会发生变化。一方面边际收益可能不变或下降,另一方面边际成本会逐渐由递减转为递增,于是原先的 $MR > MC$ 的状况会随着产量的不断增加而逐步转化为 $MR = MC$ 的状况,而一旦达到 $MR = MC$ 的产量点时,厂商便得到了因扩大产量而带来的全部经济上的好处,获得了他所能获得的最大利润。在达到 $MR = MC$ 的利润最大化产量点以后,如果厂商继续增加产量的话,那么边际收益会保持不变或继续下降得更低,边际成本会继续上升,生产就会进行到 $MR < MC$ 的阶段。在这一生产阶段上,厂商每增加一单位产量所得到的收益增量小于所付出的成本增量,这会使厂商的总利润减少。所以只

要 $MR < MC$，厂商就会减少产量，以避免这种损失。而随着产量不断减少所引起的边际收益和边际成本的变化，最后会使厂商又回到 $MR = MC$ 的最佳产量点上。由此可见，$MR = MC$ 是厂商实现利润最大化的均衡条件。

厂商的成本、收益、利润三者之间的关系见图 4-18。

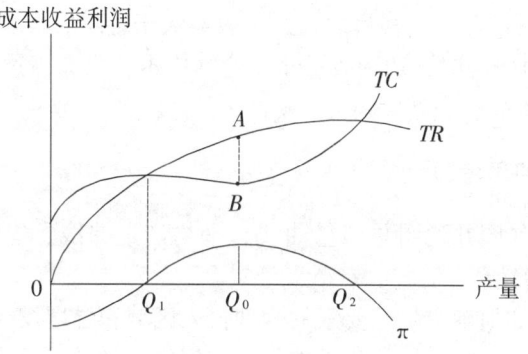

图 4-18 短期利润最大化

在图 4-18 中，收入 TR 是一条曲线，说明只能靠降低价格才能增加产量，这条线的斜率表示每当产量增加一单位时，收入的增加量，即边际收益。因为成本包含固定成本和可变成本，所以 TC 不是一条直线，它的斜率为衡量每增加一单位产量时，成本的增加量，即边际成本。由于在短期内存在固定成本，所以当产量为零时，TC 为正。

对于低水平的产量而言，利润为负，因为收入不足以抵消固定成本和可变成本（当 $Q = 0$ 时，由于存在固定成本，利润为负）。这里边际收益小于边际成本，意味着增加产量将增加利润。随着产量的增加，利润最终变为正值（因为 $Q > Q_1$），并且一直增加到产量达到 Q_0 时为止。这时边际收益与边际成本相等，

Q_0 为利润最大化产量。注意，收入与成本间的直线距离 AB 在该点最大，相应地 π 也就达到最大。一旦产量超出 Q_0，边际收益便小于边际成本，利润下降，反映出生产总成本 TC 增长迅速。

为了从另一方面解释 Q_0 的产量能使利润最大化，不妨假设产量小于 Q_0，然后，如果厂商稍微增加产量，它将得到超过成本的更多的收入，换言之，边际收益大于边际成本。类似地，当产量大于 Q_0 时，边际收益小于边际成本，只有当边际收益等于边际成本时，利润才最大。

复习思考题

1. 作图并说明总产量曲线、平均产量曲线、边际产量曲线之间的关系。
2. 如何确定生产要素的合理投入区域和合理投入点？
3. 什么是边际报酬递减规律和规模报酬递减规律？
4. 已知生产函数为 $Q = KL - 0.5L^2 - 0.32K^2$（$Q$ 表示产量，K 表示资本，L 表示劳动），并且已知 $K = 10$，要求：

(1) 写出劳动的平均产量（APP_L）函数和边际产量（MPP_L）函数。

(2) 分别计算当总产量、平均产量和边际产量达到最大值时劳动使用量。

(3) 证明当 APP_L 达到最大值时，$APP_L = MPP_L = 2$。

5. 当两种生产要素投入在生产中有互补关系时，如何确定最小成本组合？并说明边际技术替代率递减规律在生产理论中的意义。

6. 图示并说明总成本曲线、平均成本曲线和边际成本曲线三者之间的关系。

第五章 市场理论

市场理论将进一步分析不同市场条件下的生产者经济行为，也就是分析在不同的市场条件下，厂商如何为实现最大利润而确定自己的生产规模和商品价格。在前面几章的分析中，都是以自由竞争为前提的，即市场是完全竞争的市场，但是在现实经济生活中，并不存在特征完全一样的市场。西方经济学家认为，根据市场竞争的条件和竞争的程度可以将市场分为四种类型，即：完全竞争的市场，完全垄断的市场，垄断竞争的市场，寡头垄断的市场。市场理论就是研究四种不同类型市场条件下的厂商均衡问题，因此市场理论又称厂商理论或市场结构理论。

第一节 完全竞争的市场

一、完全竞争的含义

完全竞争（Perfect Competition），也称纯粹竞争，是指不存在任何垄断因素的竞争。经济分析中所使用的完全竞争与日常生活中的竞争具有完全不同的含义，日常生活中所谈到的高度竞争的市场，往往是指每个企业都敏锐地感觉到它与其他企业间的竞争以及互相使用广告、包装、式样和其它竞争手段把顾客吸引过去的那种市场。与此相反，经济学家的完全竞争含义的基本特征是它的非个体性，因为行业中有很多企业，以致没有一个企业会把其他企业视为其竞争对手。更明确地说，把一个市场定为完全竞争的市场，必须同时具备下列四个条件：

（1）市场上有许多的买者和卖者。每一买者和卖者所占的市场份额很小，因此，单个买者和卖者的力量都不可能影响商品的价格，而只能由按市场供求关系决定的价格进行买卖。即单个的买者和卖者只能是商品既定价格的接受者，而不是价格的决定者。

（2）市场中各个厂商的产品是同质的。结果买者无法区别不同厂商的产品，因而人们对其所购买的产品来自哪个特定的厂商毫不关心，从而厂商也就无法通过自己产品的差别来影响价格和市场。

（3）资源流动完全自由。每一种生产要素都可以对市场信息作出灵活反应，能够根据市场情况自由进入或退出某一行业，既没有专利权和版权那样的问题，也不需要大量的资本，原有企业并不因其经验和规模而比新进入的企业具有持久的成本优势。

（4）完全的信息或知识。一般说来，市场上的消费者、资源所有者和厂商对现在和将来的价格、成本及经济机会完全了解。这样，消费者不会对商品支付高于应付的价格，价格差异很快会被消除，整个市场中的商品只有一种标价。资源出售给最高出价者，由于完全知道现在和将来的价格与成本，生产者确切地知道该生产多少。

以上四个方面的要求显然说明了现实经济生活中没有一个行业是属于完全竞争性质的，有些农产品市场能满足前面三个要求，所以它们可能比较接近完全竞争，但是它们也不能满足所有这些要求。然而这并不说明对完全竞争市场的研究就没有用处，抽象地分析这种市场很有必要，因为它反映了经济过程的一个理论模式，反映了经济活动的一般规律，因而对现实经济现象的解释和未来经济变化的预测，都有一般的适用性。所以在西方经济学中，虽然有各种各样复杂的经济模式，但完全竞争模式仍然是用得最多的一种基本模式。

二、完全竞争市场的行业需求和厂商需求

在完全竞争的市场上，市场价格是由整个行业的供求关系决定，即需求曲线是从左上方向右下方倾斜的曲线，供给曲线是一条自左下方向右上方倾斜的曲线，供给和需求共同决定市场价格。但由市场供求决定的市场价格一旦确定，对于每一个厂商而言，这一价格就是既定的，一个厂商无论出售多少产品，也只占供给中的微小部分，无法改变既定的价格。所以对单个厂商而言，他所面对的需求曲线是一条平行于横轴的直线，即该厂商产品的需求弹性无穷大。

厂商按既定的市场价格出售产品，出售任一单位产品所带来的收益总是等于既定价格，因此厂商的平均收益等于市场价格。而且在完全竞争市场下，个别厂商产量的变动不能影响市场价格，所以他每增加销售一单位产品得到的收益即边际收益，仍与平均每单位产品得到的收益即平均收益相等。

价格水平决定需求曲线的位置，平均收益等于市场价格，边际收益又等于平均收益，所以需求曲线、平均收益曲线和边际收益曲线重叠为一条直线，如图 5-1 所示。

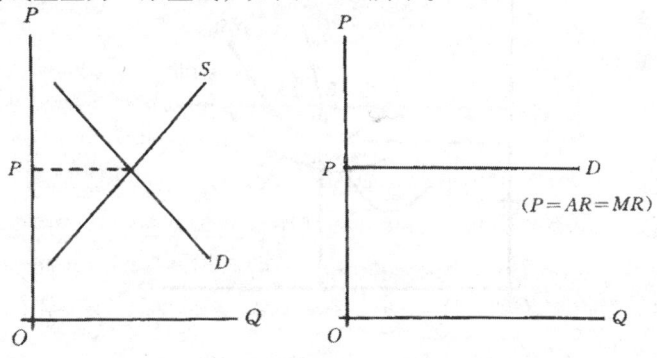

图 5-1 完全竞争市场的价格与厂商的需求曲线

在上图中,供给曲线 S 和需求曲线 D 决定整个行业的市场价格为 P,单个厂商接受既定的价格,因此它所面对的需求曲线是平行于横轴的,同时平均收益和边际收益相等,且都等于市场价格,故有 $AR = MR = P$,并与需求曲线重叠。

三、完全竞争市场下的厂商均衡

(一) 完全竞争市场下的厂商短期均衡

在短期内,厂商来不及调整生产规模,而只能在既定生产能力下,通过改变可变生产要素的使用量来调整其产量,新旧厂商也来不及加入或退出该行业,所以在短期内厂商的规模和厂商的数量都是不变的。在短期内的这种前提下,厂商根据利润最大化原则,把产量调整到使边际收益等于边际成本的水平,短期均衡也称单个企业的均衡。在完全竞争的市场下,厂商的短期均衡可能出现三种情况:

1. 厂商有超额利润时的短期均衡

如图 5-2 所示。图中纵轴表示价格与成本,横轴表示产量。

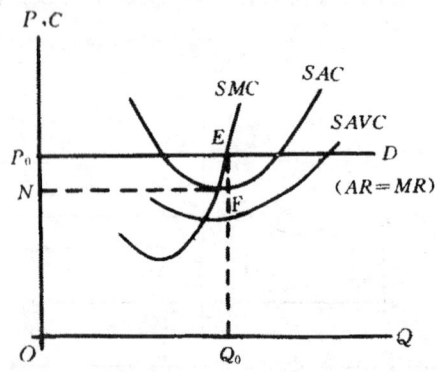

图 5-2 厂商有超额利润的短期均衡

SMC、SAC 和 $SAVC$ 分别表示短期边际成本曲线、短期平均成本曲线和短期平均可变成本曲线，D 为需求曲线，同时有 $AR = MR = P_0$。边际收益曲线 MR 与短期边际成本曲线 SMC 相交于 E 点，E 点所确定的产量 Q_0 为短期均衡产量。此时厂商所获得的总收益为平均收益与产量的乘积，即图中的 OP_0EQ_0，而此时的总成本为平均成本与产量的乘积，即图中的 $ONFQ_0$，显然，总收益大于总成本，P_0NFE 为超额利润，即超过正常利润以外的额外利润。随着时间的推移，这种情况不会持续下去，因为超额利润的存在，势必会吸引新的厂商加入或原有的厂商会扩大生产规模，直到超额利润消失为止。

2．亏损最小的短期均衡

如图 5-3 所示。边际收益曲线与边际成本曲线相交于 E 点，E 点决定的短期均衡产量为 Q_0。而此时的平均成本大于平均收益，总成本为图中的 $ONFQ_0$ 部分，而总收益为 OP_0EQ_0 部分，总成本大于总收益，NP_0EF 部分是厂商在成本与价格既定情况下的亏损最小的部分。

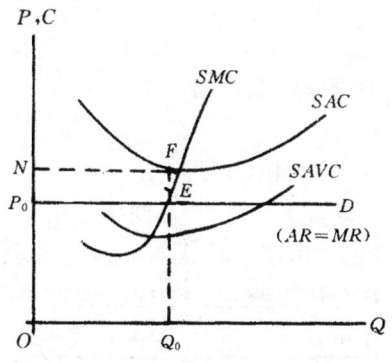

图 5-3　厂商亏损最小的短期均衡

在 $MR=MC$ 时,如果厂商是亏损的,那么厂商应采取什么对策呢?换言之,厂商到底是应该继续生产,还是停产呢?这就需要从长期和短期两个不同的角度来分析。在短期内,当厂商实现了 $MR=MC$ 的均衡条件但又亏损时,厂商会处在以下两种情况之中:一是厂商尽管亏损,但厂商的平均收益大于平均可变成本(如图5-3),即 $AR>AVC$,在这种情况下,厂商会继续进行生产。因为,在短期内固定成本总是存在的,厂商如果继续生产,其收益除了弥补全部的可变成本之外,还可弥补部分的固定成本,所以生产要比不生产好。二是厂商不但亏损,而且厂商的平均收益还小于平均可变成本,即 $AR<AVC$,在这种情况下,厂商就会停止生产。因为,厂商如果在这种情况下生产,就会连可变成本都弥补不上,更谈不上对固定成本的弥补了。由此可以得出结论:在短期内,在厂商亏损的条件下,只要 $AR>AVC$,厂商就继续增加产量,只要 $AR<AVC$,厂商就停产。在长期内,当厂商实现了 $MR=MC$ 的均衡条件但又亏损时,厂商会停止生产退出该行业,或对原有的生产规模进行调整。不管怎样,都可以理解为厂商在原有生产规模上的生产过程的中止。因此,在长期内厂商只有在平均收益大于或等于平均成本的前提下,即 $AR \geqslant AC$ 时,才会继续生产,当 $AR<AC$ 时,厂商会停止在原有生产规模上的生产。

3. 厂商获得正常利润的短期均衡

如图5-4所示。此时边际收益曲线与短期边际成本曲线相交于 E 点,在 E 点,短期平均成本曲线与平均收益曲线相切,即此时的边际成本与边际收益,平均收益与平均成本相等。因此,在 E 点决定下的均衡产量 Q_0 时的总成本与总收益相等,都是 $P_0 O Q_0 E$,厂商既没有亏损也不存在超额利润,处于均衡状况。但这种情况在短期内是罕见的,如果出现也是偶然的,不过一旦出现这种状况,它将持续下去,不会轻易改变。

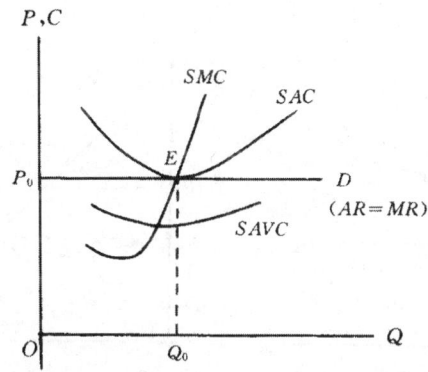

图 5-4　厂商获得正常利润的短期均衡

由此可以看出，在完全竞争的短期中，虽然厂商在 $MR = MC$ 时决定其均衡产量，不同厂商的获利情况是根据其短期平均成本与价格之间的大小差异来决定其是否获得最大利润。

（二）完全竞争市场下的厂商长期均衡

如果说在短期内，由于时间短促，厂商来不及调整自己的生产规模，因而可能出现超额利润或亏损的情况，那么在长期内就不会出现这两种情况了。因为在长期内厂商能够自由地进入和退出自己所在的行业，使自己在生产过程中获得正常利润。如果该厂商不能获得正常利润，那么他将退出该行业，但如果一个厂商获得超额利润，其他厂商将进入该行业，使利润下降，最后达到平均利润。

在图 5-5 中，如果厂商的平均成本大于产品价格，即 $AC > P_0$，那么一些厂商将退出该行业，使该行业的供给减少，供给曲线由 S_0 移到 S_1，由于供给曲线的移动，引起市场价格上升，供给的减少一直要持续到剩下的厂商的平均成本刚好等于其市场价格，这时才达到完全竞争市场下厂商退出后的均衡。

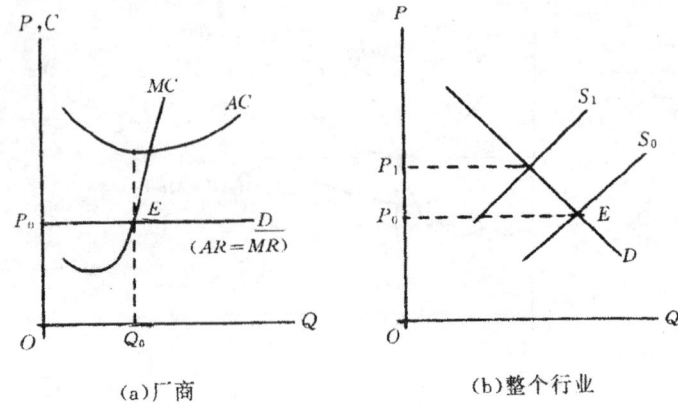

图 5-5　完全竞争市场下厂商的退出

在图 5-6 中，如果厂商的平均成本低于市场价格，即 $AC < P_0$，厂商获得超额利润。由于超额利润的存在，其他厂商将

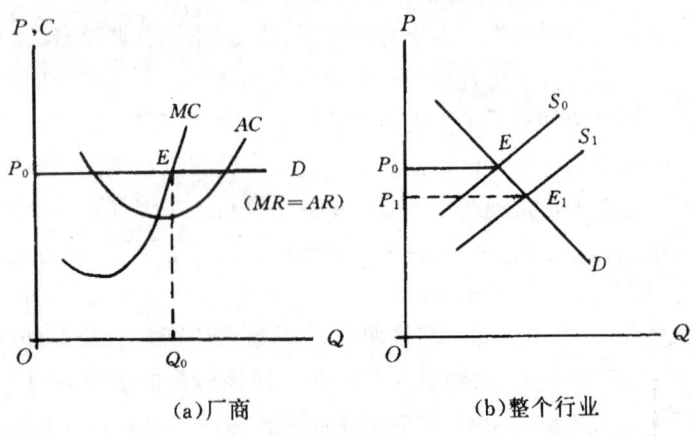

图 5-6　完全竞争下厂商的加入

进入该行业使供给增加,供给曲线由 S_0 移到 S_1,供给的增加,使市场价格下降。新厂商的进入一直要到超额利润消失为止,这时才达到完全竞争市场下厂商进入后的均衡。

厂商在长期内的均衡可用图 5-7 表示。在图中,长期边际成本曲线 LMC 和长期平均成本曲线 LAC 相交于长期平均成本曲线的最低点 E 点,市场上个别厂商的需求曲线 D 与长期平均成本曲线的最低点相切,切点也是 E。这时决定了产量为 Q_0,价格为 P_0,总收益与总成本相等,都是图中的 OP_0EQ_0 部分,厂商既无超额利润也无亏损,不会调整其产量,从而实现了长期均衡。由此可见,在完全竞争的条件下,实现厂商长期均衡的条件是 $MR = AR = MC = AC$。

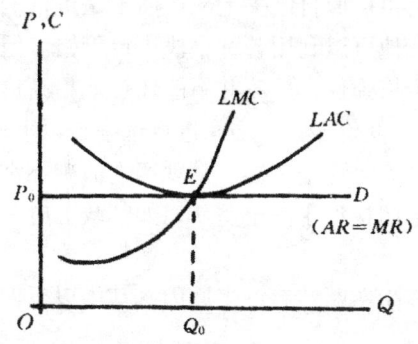

图 5-7 完全竞争下的厂商长期均衡

所以,在长期内厂商只能获得正常利润,任何少于平均利润的亏损和超额利润只能是在短期内出现。如果已达到均衡,由于某种原因引起市场价格上升或下降,在短期内厂商可以获得超额利润或出现亏损。但在长期中,由于厂商的进入或退出,最后必然是各厂商的利润平均化。

第二节 完全垄断的市场

一、完全垄断的含义

完全垄断（Complete Monopoly）又称纯粹垄断，是指由一家厂商完全控制一个部门或行业的市场组织形式。一般认为一个完全垄断的市场必须具备以下两个条件：①一种商品的产销量完全由一家厂商控制，因此该企业就是一个行业。并且这种商品没有直接的替代品，其需求的交叉弹性为零。因此，完全垄断的市场是一个不存在竞争的市场，任何其他厂商都不能进入这一行业。②商品价格由厂商自己决定。厂商不是价格的接受者，而是价格的制订者，他可以利用各种手段决定价格。但是由于商品存在一定的需求价格弹性，厂商并不能任意地抬高价格，他只能在"高价少销"与"低价多销"之间进行选择，以求取得最大利润。

完全垄断与完全竞争一样，是现实生活中不常见的情况。有一些公用事业部门接近于完全垄断，如邮政、电话、自来水和电力等。

为什么会产生垄断？有许多原因，其中以下四个因素是最重要的。

（1）一个厂商可能控制了生产既定产品所需的生产要素的全部供给。例如，第二次世界大战以前美国铝业公司拥有或控制几乎全美的铝土矿（生产铝必需的原料），由于这一原因，美国铝业公司就在很长一段时间内成为美国惟一的铝生产商。

（2）一个企业有可能在一个满足全部市场需求的产量点达到平均成本的最低点，而这时的价格又是有利可图的。在这种情况下，如果有一个以上的企业同时生产这种产品，每个企业的平均生产成本就必然高于其最低成本水平，因而造成高价格、低产出。这种非要由一家厂商生产才能获得明显规模经济好处的情况，叫做自然垄断。

（3）一家厂商可能因为对某种商品或商品的某种基本生产工艺拥有专利权而取得生产该商品的垄断地位。为了使发明者的权益得到保护，也为了刺激发明，许多国家实行专利法，这样厂商获得了一项发明创造之后，可获得专利权，别的厂商在专利保护期间不准模仿和剽窃。有发明创造的厂商，由于获得了单独垄断的权利，别的厂商无法与之竞争。例如玻璃纸发明后，杜邦公司（Dupont）基于专利而对玻璃纸生产具有垄断力。

（4）一家厂商可能因为享受政府给予的某种市场特权而成为垄断厂商。例如对有些业务，政府规定只能由一家厂商经营，如航空运输、铁路运输等是政府国营的企业，别的厂商不能进入。这种垄断是由政府创造出来的。

二、完全垄断市场下厂商的收益曲线

在完全垄断的市场上，一个行业只有一家厂商，垄断厂商作为独家卖主，他面对的需求也就是整个市场的需求。而市场需求一般总遵循需求规律：价格低，需求量大；价格高，需求量少，价格与需求量呈反方向变动。因此在完全垄断的条件下，厂商所面对的需求曲线是一条向右下方倾斜的曲线。由于在完全垄断的市场上，厂商是价格的制订者，购买者对某一数量的商品所支付的价格，对厂商来说，也就是出售该商品时单位商品的卖价，因而市场需求曲线就是平均价格曲线，也就是平均收益曲线，即厂商的平均收益曲线与市场需求曲线重叠。

在完全垄断的市场上，不仅厂商的平均收益随着商品出售量的增加而递减，而且厂商的边际收益也随着出售量的增加而递减。但由于在平均收益递减的条件下，边际收益总是小于平均收益，因此边际收益曲线总是位于平均收益曲线的下方。表 5-1

可以说明边际收益小于平均收益的情况。

表5-1 边际收益、平均收益与总收益的关系

出售商品数量（Q）	边际收益（MR）	卖价，即平均收益（P=AR）	总收益（TR）	$\frac{AR}{MR}$
1	8	8	8	1
2	7	7.5	15	1.07
3	6	7	21	1.18
4	5	6.5	26	1.3
5	4	6	30	1.5
6	3	5.5	33	1.83
7	2	5	35	2.5
8	1	4.5	36	4.5

表5-1说明，在商品销售量为1单位时，平均收益和边际收益相等，随着出售商品数量的增加，平均收益与边际收益之比（AR/MR）越来越大。所以在完全垄断条件下，边际收益曲线位于平均收益曲线的下方，两条曲线不仅不能重叠，而且距离越来越大，如图5-8所示。

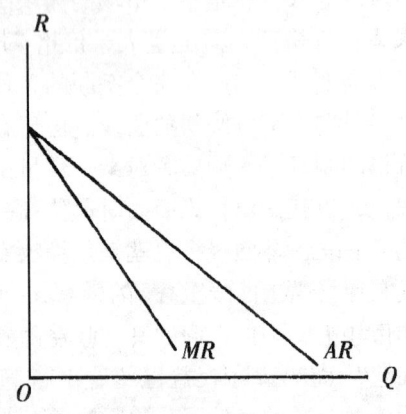

图5-8 完全垄断下的平均收益与边际收益曲线

在完全垄断市场上，垄断厂商的边际收益比平均收益低，也可以由需求函数导出边际收益函数来说明。例如，如果我们知道市场需求函数为

$$P = a - bQ$$

则

$$TR = PQ = aQ - bQ^2$$

$$MR = \frac{\mathrm{d}TR}{\mathrm{d}Q} = a - 2bQ$$

这就是说，如果我们知道市场需求曲线（即垄断厂商的平均收益曲线）下降的速度（即斜率），那么也知道其边际收益下降的速度（即斜率）是平均收益曲线的2倍。

三、完全垄断条件下的厂商均衡

（一）完全垄断条件下的厂商短期均衡

完全垄断条件下，厂商根据已知的成本和收益状况来确定其价格和产量的原则，仍然是使边际收益与边际成本相等，即利润最大化原则。

用图5-9来分析完全垄断条件下的厂商短期均衡。图5-9中，边际成本曲线 SMC 与边际收益曲线 MR 相交于 E 点，此时边际收益等于边际成本，决定厂商的均衡产量为 OQ_0，这是能给生产者带来最大利润的产量。过 E 点作与横轴垂直的一条直线向上延升与需求曲线 D（AR）相交于 G 点，与平均成本曲线 SAC 相交于 F 点。这样这一产量决定了厂商出售商品的平均价格为 OP_0，其单位产品的成本为 ON，垄断厂商所获得的总收益为 OP_0GQ_0，即平均收益或价格与产量的乘积，所支付的总成本为 $ONFQ_0$，即平均成本与产量的乘积。总收益显然大于总成本，NP_0GF 部分为总收益与总成本的差额，即垄断厂商的超额利润，也称垄断利润。

在图5-9中，可以看到完全垄断在 $MR = SMC$ 的 E 点的

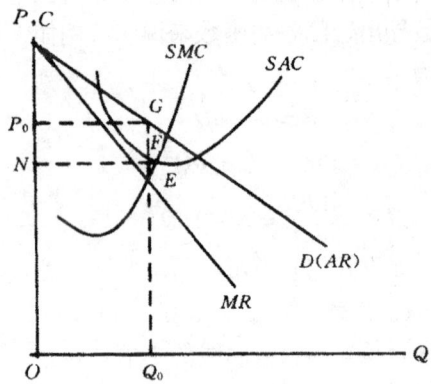

图 5-9 完全垄断下的厂商短期均衡

边际成本比垄断厂商实际出售的价格（G 点）低得多，这是由于垄断的结果。在 $MR = SMC$ 时，对一家厂商垄断势力的测量可以采用下列公式：

$$垄断势力（L）= \frac{P_0 - SMC}{P_0}$$

这种测定垄断势力的方法是由经济学家阿巴·勒纳（Abba Lerner）1934 年首先使用的，并称为勒纳的垄断势力度（Lerner's Degree of Monopoly Power）。勒纳垄断势力度的值总是在 0~1 之间。对于一个完全竞争的厂商，$P = MC$，从而 $L = 0$。L 越大，垄断势力度越大。

该垄断势力指数也可以用厂商面临的需求弹性来表示，即：

$$L = \frac{P_0 - SMC}{P_0} = -\frac{1}{E_d}$$

式中 E_d 指厂商需求曲线的弹性而不是市场需求曲线的弹性。

值得注意的是有一定的垄断势力并不一定意味着高利润，利润取决于相对价格的平均水平。

(二) 完全垄断条件下的厂商长期均衡

在长期内，由于完全垄断条件下不存在其他厂商进入该行业的问题，所以完全垄断条件下厂商的长期均衡与短期均衡是相同的，均衡的条件都是边际收益等于边际成本。

但长期与短期的含义不但在于新厂商能否加入该行业，而且在于厂商能否调整自己的生产规模。长期均衡条件下，厂商可以调整生产规模，所以垄断利润至少应等于零。如果垄断利润为负值，厂商必定不愿意生产。而在短期均衡条件下，厂商来不及调整生产规模，这时，如果不进行生产，厂商仍然负担固定成本。所以，尽管短期垄断利润可能小于零，但只要产品的生产和出售能使厂商减少固定成本的损失，也就是说，只要产品的平均可变成本低于产品的卖价，厂商仍愿意从事生产，然后他再设法调整生产规模。只有当产品的平均可变成本高于产品的卖价，即厂商除了受固定成本的损失外，还要受可变成本的损失时，厂商才会停止生产。

四、价格歧视

前面的分析，都是以厂商对一定量的商品只索取统一价格为前提。但现实情况并非完全如此，垄断厂商往往为了增加利润，存在对不同的买者索取不同价格的现象。厂商对同一种商品索取两种或两种以上的价格，而且这种价格的差别不反映成本间的差别，这就是所谓的价格歧视，或称差别价格。例如，自来水公司根据需要把水的需求分为生活用水和生产用水，电力公司可根据电力需求将电分为商用和民用，并收取不同的费用。

垄断厂商在什么条件下能够实行价格歧视呢？①市场组织形式必须是垄断性的，即只有一家厂商提供产品，因而他可以控制价格。②垄断厂商能够了解不同层次购买者购买商品的愿望和能力。即他知道不同的购买者对商品所具有的不同需求弹性。③不同市场之间必须是相互分离的，否则购买者就会轻易地到价格最低的市场购买商品，到价格较高的市场去出售商品来获利，从而使厂商维持差别价格发生困难。

价格歧视，按程度的不同可以划分为三个等级，即一级价格歧视，二级价格歧视和三级价格歧视。

一级价格歧视，是指垄断厂商确切地知道每个消费者买进每一单位商品所愿付出的最高价格，并据此确定每一单位商品的销售价格的情况。这是当垄断厂商的产品只有少数购买者，垄断厂商能估计出买者愿付的最高价格是多少的少数情况下才会出现的情况。在这种情况下，垄断厂商总是将商品价格提高到每个消费者能够接受的尽可能高的水平。例如，消费者在某种商品价格为1元时购买5个单位的该种商品，这意味着第5个单位商品的边际效用是1元，其余4个单位商品的边际效用都高于1元，消费者得到了消费剩余。假定消费者从这5个单位商品得到的总效用是15元，由于他实际只支付了5元，消费者剩余为10元。如果垄断厂商熟知这一点，他将把5个单位商品作为一个销售单位，索价15元，消费者想拒绝这一高价，但他从5个单位商品得到的效用又确实正好等于他放弃15元所放弃的效用。这样，消费者剩余全部转化为垄断厂商实行一级价格歧视而增加的利润。

二级价格歧视，是指垄断厂商把商品购买量分为两个或两个以上的等级，对不同等级的购买量索取不同的价格。例如，某电力公司在电量收费价目上把每月用电量规定三个等级，用电量越少的等级价格越高，如图 5-10 所示。

电力公司把用电量划分为 OQ_1，Q_1Q_2，Q_2Q_3 三个等级，每月消费的最先一部分电力 OQ_1，按 P_1 收费；当消费量从 Q_1 增加到 Q_2 时，增加消费的 Q_1Q_2 部分按 P_2 收费，当消费量超过 Q_2 时的 Q_2Q_3 部分，按 P_3 收费。如果电力公司按统一价格

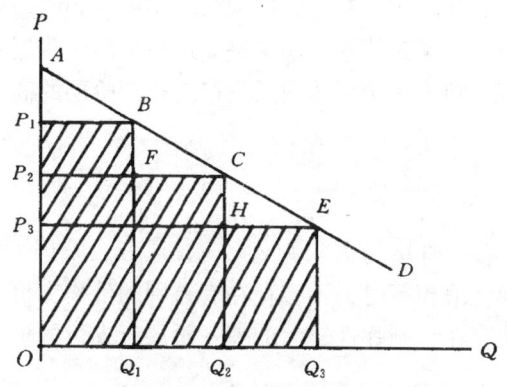

图 5-10 二级价格歧视

收费，在出售电量为 OQ_3 的情况下，价格只能是 P_3，这时消费者剩余为 AP_3E 的面积。但电力公司按三个等级收费，即实行二级价格歧视的情况下，使消费者剩余减少为 AP_1B、BFC 和 CHE 三个三角形面积的总和，其余的部分，即 P_1P_2FB、P_2P_3HC 两个部分的消费者剩余转变为电力公司的利润，从而使电力公司的利润增大（图 5-10 中的阴影部分）。

三级价格歧视，是指垄断厂商将购买者划分为两个或两个以上的类别，对每类购买者收取不同的价格。假定垄断厂商把购买者划分为两个阶层，同时我们假定垄断厂商已经决定了他的总产量，现在只剩下应当如何在两个阶层分配产量的问题。由于厂商所面对的两个阶层的需求曲线和边际收益曲线是不同的，在这种情况下，厂商要使总收益最大，必须使两个阶层的边际收益相等。例如，当垄断厂商在第一阶层得到的边际收益为 5 美元，而在第二阶层得到的边际收益为 3 美元时，产量的分配就不是最优的，总收益也就不是最大的，因为这时它可以通过减少分配一单位产量给第二阶层，同时增加分配一单位产量给第一阶层的方法来增加自己的利润，只有当它在两个阶层中得到的边际收益相等时，产量分配才是最佳的。如果垄断厂商从两个阶层中得到的边际收益相等，则第一阶层的商品价格与第二阶层的商品价格之比将等于

$$\left(1 - \frac{1}{E_{d2}}\right) \div \left(1 - \frac{1}{E_{d1}}\right)$$

这里 E_{d1} 是第一阶层的需求弹性，E_{d2} 是第二阶层的需求弹性，当两者的弹性值相等时，不会存在有差别的价格支付，但如果价格歧视确实存在，则弹性较大的那一阶层所支付的价格将会更低一些。

在三级价格歧视下，垄断厂商还必须对本身的总产量作出决策。垄断厂商的决策必须既考虑到自己的成本，又考虑到两个阶层的不同需求。这个决策应该表明：它所选择的产量水平的全部产量的边际成本将等于它在两个阶层中可得到的边际收益之和。见图 5 - 11 所示。

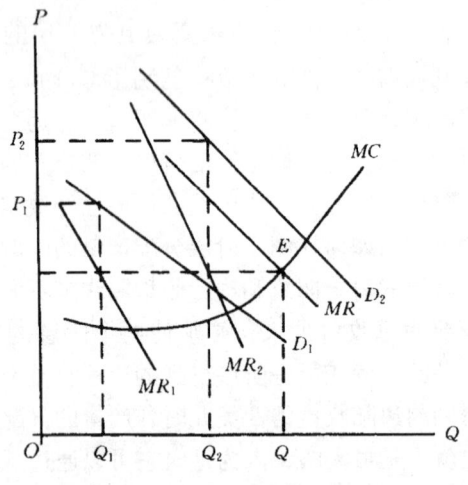

图 5 - 11　三级价格歧视

图中分别表示了第一阶层的需求曲线 D_1，第二阶层的需求曲线 D_2，第一阶层的边际收益曲线 MR_1 和第二阶层的边际收益曲线 MR_2 以及厂商的边际成本曲线 MC，垄断厂商对总产量作出决定时，先从两条边际收益曲线 MR_1 和 MR_2 水平相加开始做起，曲线 MR 代表两条边际收益曲线的水平之和。这条曲线表示了要使各个阶层边际收益维持曲线上的原有水平所需总产量的大小。MR 曲线与 MC 的交点 E 决定了最佳的产量水平 Q。因为 $MR = MC$，而 MR 是从两个阶层得到的边际收益之和。如果情况不是这样，就可以通过扩大产量（如 $MC < MR$）或缩小产量（如 $MC > MR$）来增加利润。厂商的产量分配原则是：每个市场的边际收益相等且等于整个产量的边际成本，即：

$$MR_1 = MR_2 = MR = MC$$

从图 5-11 中可以看出，厂商将生产 OQ 单位产量，在第一阶层市场出售 OQ_1 单位，在第二阶层市场出售 OQ_2 单位，产品在第一阶层市场上的价格为 OP_1，在第二阶层市场上的价格为 OP_2。

第三节 垄断竞争的市场

一、垄断竞争的含义

垄断竞争（Monopolistic Competition）又称不完全竞争，是一种既有垄断又有竞争，两者结合的市场组织形式，是介于完全竞争和完全垄断之间的一种市场状况。一般来说垄断竞争有以下四个条件。

（1）厂商的数量众多，彼此之间存在激烈的竞争。生产同一种商品的并非一家厂商，没有一家厂商具备供应整个市场产品主要份额的能力，无论从绝对规模还是从相对规模来看，厂商都是

"小型"的。一家厂商想要摆脱其他厂商的激烈竞争使其产品成为不能与之匹敌的产品，在垄断竞争的市场中是不存在的。

（2）产品之间存在差别。消费者对于特殊厂商或特殊厂商生产的产品有着特殊的偏好。这里所说的差别，不是指不同产品的差别，而是指同种产品之间在质量、包装、形状、商标以及厂商地址、服务态度等方面存在的差别。各个厂商因此成为其产品生产的垄断者，产品差别越大，其垄断的程度就越高，但这种垄断都要或多或少受到不完全替代品的竞争，这样每个厂商都是垄断者，而同时也是竞争者。用经济学术语来说，垄断竞争厂商的产品之间的交叉弹性是相当大的，对于任何一个厂商产品的需求价格弹性也很大。

（3）厂商能够根据市场行情较为自由地进入或者退出某个行业，不存在行业壁垒。虽然不像完全竞争市场那样可以自由进入，但由于垄断竞争厂商的规模小，资金筹措还比较容易。当然进入垄断竞争市场不仅要有足够的资金，而且要有能力吸引一部分顾客，以使厂商在市场上有一席之地。

（4）非价格竞争。垄断竞争厂商虽然有某种程度的定价自由，但由于存在着大量的竞争者和替代品，实际上对各厂商在某一特定的产量上所能制订的价格规定了一个上限。此外，各厂商通过产品质量、广告、服务、包装等展开竞争，使自己的产品与众不同，从而胜过竞争者。

一般认为零售行业具有许多垄断竞争市场的特点，如加油站、服装店、药房等。垄断竞争条件下的厂商通过改变价格、改变产品特征、变化广告或销售开支来影响销售率。

二、垄断竞争条件下厂商的需求曲线与边际收益曲线

在垄断竞争市场上，由于产品存在差别，厂商不仅仅接受价格，而且可以影响价格。当厂商减少或增加产品数量的时候，因

为消费者对其产品的偏好是稳定的，他可以提高价格或降低价格。也可以说，垄断竞争市场上厂商出售商品的数量要受价格的影响：价格越高，能销售出去的产品数量越少；价格越低，能够销售出去的产品数量越多。所以在垄断竞争市场中的需求曲线是一条向右下方倾斜的曲线，也就是厂商的平均收益曲线。边际收益曲线也呈同样的变化，只是其位置比需求曲线更低，造成这种变化的原因，与完全垄断市场中厂商的边际收益变化一样，只不过在垄断竞争市场上，单个厂商影响价格的能力要比完全垄断市场上厂商影响价格的能力弱得多。

三、垄断竞争条件下的厂商均衡

(一) 垄断竞争条件下的厂商短期均衡

垄断竞争条件下的厂商短期均衡与完全垄断条件下厂商短期均衡的情况一样，可以获得超额利润。因为在短期内，新厂商不容易加入该行业，该行业的厂商数目不变。由于产品存在差别，厂商在一定程度上排除了其他厂商的竞争，从而在部分消费者中形成自己的垄断地位，获取垄断利润。垄断竞争厂商和其他各类厂商一样，按照边际收益与边际成本相等的原则，确定产量水平，并根据这个产量水平确定价格。

(二) 垄断竞争条件下的厂商长期均衡

在长期中，虽然厂商的产品存在着差别，但他并不能排除别的厂商的竞争，也不能排除其他厂商进入这个行业，当某个厂商在短期内获得超额利润，就必然有其他生产同种商品的垄断竞争厂商加入这一特定的差别产品中来，生产出与获得超额利润的厂商一样特色的产品，从而增加了该产品的供给。厂商要销售出同等数量的商品，就只有降低该产品价格，或者创造出更具特色的产品把消费者吸引过来，从而减少对存在超额利润的厂商生产出的产品的需求，促使其价格下降；或者由于新厂商的加入，竞争激烈，原厂商为保持地位，可能扩大广告宣传，改进产品的装潢、包装等，以致产品成本提高，平均成本曲线和边际成本曲线上升，这样竞争的结果，最终使超额利润消失。但是，如果在竞争过程中使产品成本上升幅度过大，或者垄断竞争厂商能够销售出去的产品数量大为减少，以致会出现亏损时，就必然有厂商退出该特定产品的生产，最终又使亏损消失。总之，通过厂商之间的竞争，使厂商在长期内获取正常利润的情况下，实现均衡生产。所以垄断竞争条件下的厂商长期均衡，必然是在获得正常利润的情况下实现的。见图 5-12 所示。

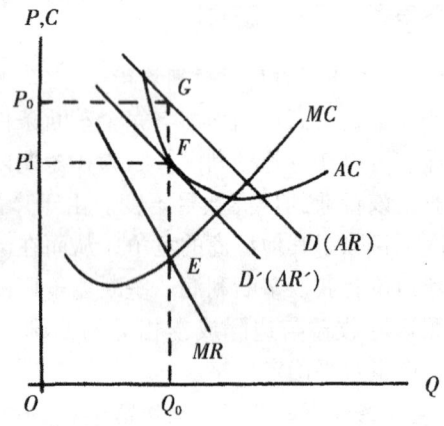

图 5-12　垄断条件下的厂商长期均衡

在图 5-12 中，D 为短期内垄断厂商所面临的需求曲线，此时垄断厂商取得的垄断利润等于 P_0P_1FG 的面积。竞争的结果，长期来看，需求曲线从 D 移到 D'，D' 与 AC 线相切，平均收益与平均成本在切点 F 处相等，总成本等于总收益，就是图形中 OP_1FQ_0 的面积，超额利润消失，从而实现了厂商长期均衡。这时厂商不再调整自己的产量。从图 5-12 中可以看出，垄断竞争条件下厂商长期均衡条件是 $MR = MC$，$AR = AC$。

在完全竞争条件下，由于每个厂商的需求曲线（AR）是一条平行于横轴的线，因而 AC 线与 AR 线相切时，总是在平均成本曲线的最低点。在垄断竞争条件下，其需求曲线为斜率为负的曲线，所以 AR 线与 AC 线相切的切点，并不是 AC 线的最低点。

四、垄断竞争的利弊

（一）垄断竞争的优点

垄断竞争对于消费者来说好处较大，因为它提供了较多的产出和较低的价格。

（1）消费者的利益可以得到保护。由于有较多的企业参与竞争，市场的价格几乎由供求所决定，因此消费者不必像完全垄断那样支付较高的价格。

（2）消费者的不同偏好可以得到满足。对于消费者来说，垄断竞争条件下厂商生产出来的产品是多样化的、有差别的。差别的存在能够促使各厂商保持良好的信誉，提高产品质量，改进服务方式，从而有利于消费者。

（3）促进企业技术创新。在完全垄断的条件下，由于缺乏竞争对手的威胁，不容易产生重大的技术创新；而在完全竞争的条件下，由于缺少足以保障技术创新收益的垄断，也不容易产生技术创新。而垄断竞争为了保持产品的差别化，在短期内获取超额利润，在长期内应付竞争对手的威胁，就具备了技术创新的动力。

（4）合理地配置社会稀缺的资源。如果企业长期发生亏损，最终被迫退出；相反，如果有利可图，就会有新厂商加入，最终使所有厂商获得正常利润。这样厂商将会以最有效率的方式进行生产。

(二) 垄断竞争的缺点

对消费者来说，与完全竞争相比，消费者要付出较高的价格。这一方面是由于非价格竞争造成销售成本提高，从而使平均成本提高；另一方面是由于厂商不在平均成本最低点从事生产，从而使产品售价高于完全竞争条件下产品的价格。

对生产者来说，由于有很多企业参与竞争，企业规模较小，不能获得规模经济的好处。与完全竞争相比，生产设备的效率没有能够充分发挥，厂商没有达到最佳产量，资源没有得到充分利用，造成了一定程度的资源浪费。

第四节 寡头垄断的市场

一、寡头垄断的含义

寡头垄断（Oligopoly）是同时包含垄断因素与竞争因素并更接近于完全垄断的一种市场组织形式，它是由少数几家厂商供应该行业的大部分产品，这几家厂商的产量在该行业的总产量中各自占有较大的份额，所以对市场的价格和产量有举足轻重的影响。一般认为，寡头垄断具有以下三个条件：

（1）厂商数目极少。市场上少数几家厂商所占市场份额很大，且每个厂商在市场中都有举足轻重的地位。如果其中一家厂商的产量和价格发生变化，就会影响该种商品的价格和其他几家厂商的销售量。

（2）相互依赖。行业中厂商之间的相互依赖性是区分寡头垄断和其他市场组织形式的最重要的一个特征。这种依赖性是厂商数目少的自然结果。由于寡头垄断行业中只有少数几个厂商，当其中一个厂商降低其价格，成功地采用广告战或引入更好的方法时，其他寡头就有反应。因此，任一厂商进行决策时，都必须将竞争者的反应考虑在内，每一个厂商都要根据其他厂商的决策行为制订自己的决策，因而每一个占有较大份额的厂商既不是价格的制订者，也不是价格的接受者，而是价格的寻求者。

(3) 厂商进出不易。一方面由于寡头垄断行业一般只有大规模生产才能获得较好的经济效益，其他厂商进入需要大量的资金，这是一般厂商难以具备的，而且还有技术上、信誉上的困难。另一方面，原有厂商因其规模较大，想要退出本行业也非常困难。

寡头垄断的市场组织形式中，每一种商品只有为数很少的几个厂商卖出，如果卖出厂商只有两个，则称为双头垄断；如果产品是同质的（如钢、水泥、铜），则是纯粹寡头垄断；如果产品有差异（如轿车、卷烟），则为差异寡头垄断。本节主要讲纯粹寡头垄断。

二、寡头垄断市场上价格与产量的确定

在寡头垄断行业中，寡头厂商之间可能存在着勾结，也可能不存在勾结。在下面的分析中，弯折的需求曲线模型考察了无勾结行为的寡头厂商的价格和产量的决定，卡特尔和价格领袖制考察了有勾结行为的寡头厂商的价格和产量的决定。

(一) 弯折的需求曲线模型

弯折的需求曲线模型是由美国经济学家斯威齐（P. M. Sweezy）于1939年提出的，用来解释寡头垄断市场上的价格刚性现象。

弯折的需求曲线模型有两个基本的前提条件：①当某一个寡头厂商降低他的产品价格时，行业中的其他寡头厂商也都将价格下降到相同的水平，以避免销售份额的损失。因此该寡头厂商由降价所带来的销售量的增加是很少的。②当某一寡头厂商提高他的产品价格时，行业中的其他寡头厂商都不会改变自己的价格，

因此该寡头厂商独自提价所带来的销售量的减少是很大的。在这两个前提条件下，就可以用图 5-13 来说明弯折的需求曲线。

假定其寡头厂商产品的现行价格为 P，销售量为 Q，从这

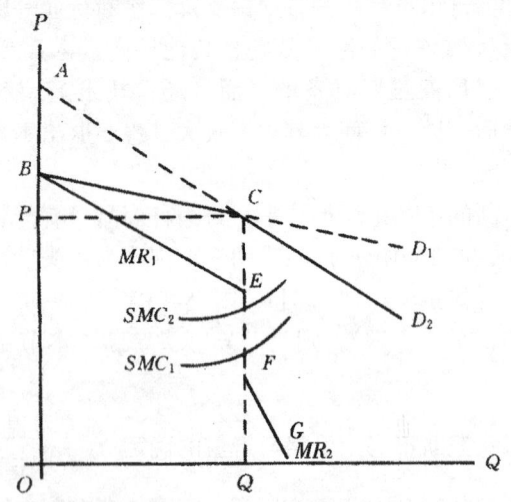

图 5-13 弯折的需求曲线

个价格和产量相关的 C 点建立两条需求曲线，一条需求曲线为 ACD_2，是假定当他降低产品价格时，其他的寡头厂商也将随之降低他们的产品价格。第二条需求曲线 BCD_1，是假设当他提高他的产品价格时，他的竞争者并不改变他们的售价。由此可见，该寡头厂商所面对的需求曲线表现为从 C 点开始向下弯折的曲线 BCD_2。在 BC 段，需求的价格弹性较大，而在 CD_2 段需求的价格弹性较小。

需求曲线出现弯折，意味着边际收益曲线 MR 不是连续的。图中的 BE 是需求曲线 BC 相应的边际收益曲线（MR_1），与需求曲线 CD_2 相应的边际收益曲线为 FG（即 MR_2），这两段 MR 曲线将在与弯折点相关的产量 Q 出现缺口，不连续部分 EF 的

长度取决于 BC 和 CD_2 弹性的差异程度。在 C 点左方的弹性越大和 C 点右方的弹性越小时，则 EF 的长度越大，当 BCD_2 的角度变成直角时，EF 的长度达到最大。

从图 5-13 中可以看出，即使厂商的成本状况和需求状况发生一定程度的变化，只要 MC 曲线和 MR 曲线相交于 MR 曲线的缺口部分，利润极大的产量仍是 Q，价格仍是 P。假设边际成本曲线如图中的 SMC_1 曲线，产量大于 Q 意味着 $SMC_1 > MR_2$，表示利润总量反而减少。若产量小于 Q，则 $MR_1 > SMC_1$，表示增加产量可使利润总量增加，故知 Q 是利润最大的产量。同理，当 MC 曲线从 SMC_1 上移到 SMC_2 时，厂商仍使他的价格和产量保持不变。

也可以这样解释：在弯折的需求曲线下，寡头厂商如果想将价格提高到 P 以上，他所面对的是富有价格弹性的 BC 段的需求曲线，这意味着他的销售量减少的比例大于价格提高的比例，他提价的结果只会使他的总收益减少，所以他不会提价。相反，当他想把价格降低到 P 以下的水平时，他所面对的是缺乏价格弹性的 CD_2 段的需求曲线，这意味着他的销售量增加的比例小于价格下降的比例，他降价的结果只会使总收益减少，所以他不会降价。正因为无论是提价还是降价，都只能使该寡头厂商的境况变坏，因此，他既不愿意提价，也不愿意降价，价格水平便保持在 P 的水平上。

弯折的需求曲线模型为寡头垄断市场上的价格刚性现象提供了一个较合理的解释，但是该模型也有严重的缺点，那就是没有说明刚性价格 P 本身是如何建立起来的。

(二) 卡特尔

前面分析的是寡头厂商之间不存在任何勾结，但在有的场合，寡头厂商们为了避免在价格战和争夺市场份额中造成各方俱伤的局面，有时会采取相互勾结的行动，这种勾结可以是秘密达成协议的形式，也可以是公开达成协议的形式。卡特尔是寡头厂商之间就价格、产量和其它诸如瓜分销售地区或分配利润等事项达成正式协议的联合形式。在大多数西方国家，卡特尔是被普遍接受并且是法律准许的。而在美国，卡特尔是非法的，但也存在一些类似卡特尔的组织。

假如一个卡特尔能够根据该行业产品的需求状况和各厂商的成本状况，按照行业利润最大化原则确定产品的价格和产品的数量，这样寡头垄断行业就和独家垄断行业完全一样了，如图 5-14 所示。

在图 5-14 中表示了价格和产量与完全垄断行业一样的卡特尔。假设三家厂商生产相同的产品，但成本不同，D 为市场需求曲线，MR_m 是全行业边际收益曲线，MC_m 为全行业边际成本曲线（由三家厂商的边际成本曲线在水平方向加总形成）。全行业利润达到极大值的产量为 $Q_m = Q_1 + Q_2 + Q_3$，销售价格为 P_m，每家厂商的产量由行业的边际收益曲线 MR_m 与各厂商的边际成本曲线的交点决定，分别为图中的 Q_1，Q_2 和 Q_3，厂商的利润或亏损由图中画有斜线的面积来表示，厂商 3 是发生亏损的厂商，因为这家厂商的平均成本超过卡特尔按全行业实现最大利润所确立的价格 P_m。

实际上，各寡头厂商分享的利润，并不一定如图中那样，而是取决于建立卡特尔时所达成的协议。一个卡特尔在规定统一的价格以后，通常还必须规定销售限额或生产限额，以便通过限制市场供给量来维持高价，有时甚至还需要作出重新分配利润的安排。怎样分配限额和分配利润是卡特尔各厂商很难达成持久有效协议的重大矛盾。再加上卡特尔中的成本较低的成员可以通过秘密的回扣等形式破坏协议中规定的限额；特别是，如果卡特尔是非法的，就很难有强制遵守协议的好方法，这使卡特尔往往在经历一定时间后即告解体。

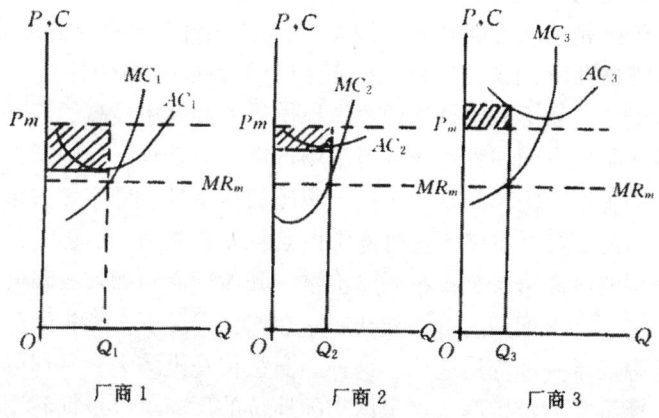

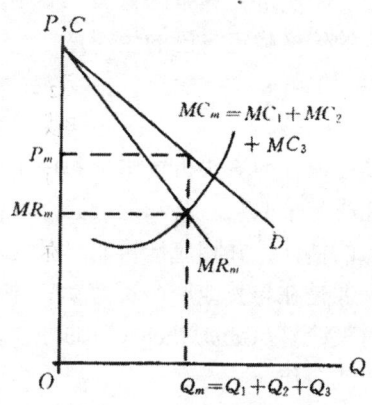

图 5-14 卡特尔的利润最大化

(三) 价格领袖制

价格领袖制是寡头垄断行业中一种较普遍的现象,它是一种不完全的勾结形式。它是指由行业中的一家厂商决定商品价格,其余的厂商追随其后确定各自产品的价格。如果产品是同质的,价格可能是统一的;如果产品是有差别的,价格可能统一,也可能实行差别定价。

价格领袖制可以分为两种类型：①晴雨表式的价格领袖制。在这种情况下，领先厂商仅仅起到一个首先宣布价格变动的作用。这个厂商不一定是该行业中规模最大或效率最高的厂商，但可能在某些方面如管理或掌握市场行情方面有较好的判断力。例如，一个行业的产品持续滞销，积压的存货日益增多，许多厂商都认为需要降低价格，这时通常由某种非正式的协商形式，由晴雨表型的厂商第一个宣布调整价格，其他厂商随即宣布降低各自的价格。②支配型的价格领袖制。在这种情况下，领头的厂商在行业中处于一种统治地位。这种厂商往往规模较大，平均成本较低，经济实力较雄厚。这个占支配地位的厂商可以根据利润最大化原则确立自己产品的卖价，其余的寡头厂商则像完全竞争厂商一样，根据已确定的价格确定自己的生产量。

三、博弈论

在厂商之间高度依存的寡头市场中，每一个厂商都必须选择一种策略，厂商在决定采取某一行动前，必须对同行其他厂商可能的反应作出自己的估计，并相应地再制订下一步的行动。这样看来，一个厂商好像是在与其他厂商玩游戏一样，所以经济学家用博弈论（又称对策论）（Game theory）的方法来研究相互依存的厂商之间的竞争或合作。

在经济学中，一场游戏（Game）有多个参与者（厂商或消费者），每个参与者可选择自己的策略，但他最后得到的报酬（Payoff）——利润或效用——却是所有参与者采取的策略共同作用的结果。所有参与者采取各种不同的策略的各种不同组合以及各自相应得到的报酬组成了一个矩阵，称为报酬矩阵（Payoff Matrix）。图 5-15 是两个厂商参与的游戏，报酬矩阵显示了在各种情况下每个参与者可得到的利润。例如，如果甲采取 A 策略,那么乙也采取 A 策略,他能得到 100(利润或效用),当乙采取 B 策略时,他什么也得不到(报酬为 0);如果甲采取 B 策略,那么乙选择 A 策略时他得到 150,选择 B 策略时他得到 10,乙可能得到的报酬在这个例子中是与甲对称的。

从图 5-15 中我们看到,如果两个厂商甲和乙都选择 A 策略,他们总共可以得到 200 的总利润;如果甲和乙一个选择 A、一个选择 B,总利润为 150,如果两个都选择 B 策略那么总利润为 20。所以,如果两家厂商都同意采取 A 策略,那么他们可以使两家的总利润高于其他任何选择。如果一场博弈中,参与者采取合作的态度可得到较高的总利润,我们就称之为非零和博弈(Nonzero Sum Game);如果一场博弈中一方的利益总是基于另一方的相应损失,我们称之为零和博弈(Zero Sum Game)。寡头垄断模型属于前者。

		甲可选择的策略	
		A	B
乙可选择的策略	A	甲:+100 乙:+100	甲: 0 乙:+150
	B	甲:+150 乙: 0	甲:+10 乙:+10

图 5-15 两人博弈

在寡头垄断市场上,厂商可以选择两种策略:第一种是合作,即所有厂商都努力使共同的利润最大化,如果将这些利润在厂商之间作一个合适的分配,能使所有厂商比采取不合作态度境况更好(至少不会更坏);第二种策略是不合作,即每个厂商努力使自己的利润最大化。

从垄断市场理论可知,垄断厂商能通过特定的产量和价格的组合来实现自己(也就是行业)的利润最大化,所以,如果所有的厂商都采取合作态度,即通过分配产量使总产量限定在垄断产量水平上,寡头垄断的厂商也能共享垄断利润。事实上,合作的结果就是组建卡特尔。

但是,如果厂商之间的合作不能得到有效的监督或强制执行,厂商会有强烈的欺骗动机,欺骗是卡特尔崩溃的关键原因。在博弈论中,这就是著名的"囚犯困境"(Prisoner's Dilemma)问题,即游戏的参与者最后竟会选择一种对双方不利的策略。

假定有两个嫌疑犯作案后被捕,被分别关在两个房间里进行审讯,如果两个人都不坦白,那么由于证据不够充分,各判2年徒刑。起诉者于是向犯人采取攻心战术:坦白从宽,抗拒从严。如果一人坦白,则坦白者从宽处理,判1年徒刑,抗拒者从严处理,判10年徒刑。如果两人都坦白,每人依法判5年徒刑,即两个犯人面对图5-16的报酬矩阵。

		甲的策略	
		坦白	不坦白
乙的策略	坦白	甲判5年 乙判5年	甲判10年 乙判1年
	不坦白	甲判1年 乙判10年	甲判2年 乙判2年

图5-16 囚犯困境

在此博弈中,虽然甲和乙都是独立作出选择,但结果却取决于对方选择什么策略。在这种情况下，甲多半会选择坦白，他会这样想：如果另外一间房里受审的乙不坦白，那么我坦白的结果（判刑 1 年）比不坦白（判刑 2 年）更有利；如果乙坦白了，那么我坦白要比不坦白少坐 5 年牢！无论如何，坦白比不坦白好。我们发现，不管乙的策略是坦白还是不坦白，甲总是采取坦白策略，这样的策略叫做优势策略（Dominant Strategy）。同样，乙也会这样做。结果两人一起坐 5 年牢。而要是两人都守口如瓶的话，可以在监狱里少过 3 年。有趣的是，甲乙两人都寻求最好的结局，而得到的却是较糟的结局（两人共判 10 年）。事实上从集体的角度来看，他们得到了最惨的下场。这个例子说明，在多数人决策的环境里，个人理性与集体理性并不一定并行。

	甲的策略	
	不欺骗	欺骗
乙的策略 不欺骗	甲：+250 乙：+250	甲：+300 乙：+100
乙的策略 欺骗	甲：+100 乙：+300	甲：150 乙：150

图 5-17 卡特尔困境

寡头垄断的厂商也会遇到类似的情况。如果两个厂商组成一个卡特尔，可以有两种策略供选择：欺骗和不欺骗，报酬矩阵如图 5-17。如果卡特尔的成员都遵守协定，那么总体利润极大化（+500），每位成员可得到 250 的利润，如果一方欺骗（偷偷扩大产量），另一方不欺骗，由于总产量大于协定的垄断产量，总利润肯定有所下降（+400），但是欺骗的那一方能获得暴利

(300)，因为仍有一方成员在限产，所以价格还是高于没有卡特尔时的价格，而欺骗的厂商由于偷偷扩大产量而扩大了市场份额，所以攫取了大部分利润，如果两位成员都欺骗，那么卡特尔形同虚设，每位厂商都只能获得较低的利润（+150），与囚犯的困境一样，成员最后的选择都会是欺骗，所以卡特尔往往会失败。因为对每一位成员来说，不管别的成员选择什么策略，自己欺骗总比不欺骗带来更多的利润，当然最终的结果是大家都只能得到较低的利润。在卡特尔中，最后的均衡是报酬矩阵的右下角，即大家都欺骗，这一均衡在博弈论中称为纳什均衡（Nash Equilibrium），即在均衡中甲选择的是给定乙的选择条件下的最佳选择，而乙的最佳选择也是给定甲选择条件下的最佳选择。所以博弈各方都无法依靠单方面的行动来改善自己的处境（如果双方合作行动却能同时改善双方的处境）。纳什（John Nash）是美国的一位数学家，他于1951年总结了博弈论中的均衡状态。

在上面讨论的博弈中，参加者都只参加一场游戏，如果是重复博弈（Repeated game），可能情况会有所不同。如果在第一轮游戏中，某个参与者采取欺骗的策略，那么在下一轮中他会受到"惩罚"，即其他参与者会不再与他合作，所以在重复多次的博弈中，每个参与者会愿意建立一个合作的良好声誉以赢得他人的合作态度。

但是，这又取决于重复博弈究竟是多少次，是无限多次还是有限次。如果游戏只进行有限次，比如说10次，那么在最后1次，厂商的优势策略是欺骗，那么在前一轮即第9轮中，厂商的优势策略也会是欺骗，以此类推，如果游戏的次数是事先固定的，那么从一开始所有参与者都会采取欺骗策略。

如果游戏将无限制地玩下去，那么参与者会在乎今后合作带来的利润而采取不欺骗的策略。如果某位参与者欺骗一次，可能会永久性地丧失得到与别人合作的机会，这有足够的威慑力使人合作下去。

由于卡特尔和厂商之间旨在操纵市场的串谋,在许多国家是非法的,再加上卡特尔的内在不稳定性,寡头垄断市场上厂商大多选择非合作的博弈。

四、寡头垄断市场与其它市场比较

本章分析了四种市场类型,将四种市场类型进行比较,可以发现,无论其基本特征还是其经济效率都有一定的差别,也存在相似之处,如表 5–2 所示。

表 5–2 四种市场类型的比较

市场类型	厂商数量	产品性质	典型部门	新厂商加入难易程度	有无超额利润存在
完全竞争	很多	产品同质	农业	容易	短期有 长期无
完全垄断	一个	产品有特点,而且无替代品	公用事业	无法加入	有(但公营事业可能不存在)
垄断竞争	较多	产品有差别	零售行业	较易	短期有 长期无
寡头垄断	少数几个	同质或有差别	汽车、钢铁、石油有色金属等	不易	一般情况下有

复习思考题

1. 分别说明完全竞争、完全垄断、垄断竞争和寡头垄断这四种市场类型的条件。

2. 非完全竞争下的边际收益曲线为什么一定在平均收益曲线的下方?

3. 完全竞争和垄断竞争条件下的长期均衡产量和价格有什么区别?

4. 垄断竞争和完全垄断条件下的长期均衡产量和价格有什么区别?

5. 比较完全竞争、完全垄断和垄断竞争的经济效率。

6. 假定垄断竞争厂商的边际成本函数为 $MC = 6Q^2 - 24Q + 60$,平均成本函数为 $AC = 2Q^2 - 12Q + 60$,平均收益函数为 $AR = 120 - 21Q$,边际收益函数 $MR = 120 - 42Q$。

(1) 求这家厂商的均衡产量和总利润(或总亏损)。

(2) 从长期来看,厂商怎样才会获得正常利润?

7. 垄断厂商怎么样才能实行价格歧视? 价格歧视有哪几种?

8. 假设在拥有许多相同企业的完全竞争行业中,某企业的 LAC 曲线的最低点价格为 4 美元,产量为 500 单位,在长期平均成本曲线与某条短期平均成本曲线的最低点重合的情况下,当最优工厂规模为每阶段生产 600 单位的产品时,各企业的 SAC 曲线为 4.50 美元;市场需求函数和供给函数分别为:$Q_d = 70\ 000 - 5\ 000P$,$Q_s = 40\ 000 + 2\ 500P$。

(1) 求出市场的均衡价格,行业在长期或短期处于均衡吗? 为什么?

(2) 在长期内,该行业有多少企业?

(3) 如果市场需求函数移到 $Q_d = 100\ 000 - 5\ 000P$,求出该行业和企业新的短期均衡价格和产量,企业在新的均衡点上是盈利还是亏损?

9. 有人常常断言,商人对自己面临的需求曲线和成本曲线的准确形状并不知道,所以不能决定其最好的产出水平和最佳的售价,因而大部分微观经济学是"学究的"和不切实际的,你应该如何反驳这种指责?

10. 假定你是一个生产滚珠轴承企业的顾问。这是一个在两个截然不同的市场上销售产品的垄断厂商,两个市场被完全隔离并相互封锁。第一个市场对企业产品的需求曲线为 $P_1 = 160 - 8Q_1$,其中 P_1 是产品价格,Q_1 是第一个市场的销售量。第二个市场对企业产品的需求曲线为 $P_2 = 80 - 2Q_2$。企业的边际成本曲线是 $MC = 5 + Q$,这里 Q 是企业的全部产量(为两个市场而生产的)。企业请你对他应采取何种价格政策提出建议。它在两个市场上应各销售多少产品,分别收取什么价格?

第六章 分配理论

分配理论是要解决为谁生产的问题,即生产出来的产品如何在社会各阶层之间进行分配的问题。现代西方经济学沿袭萨伊的生产三要素论和"三位一体"公式的分配理论,把社会各阶层之间收入的分配看作与生产要素价格有关。在他们看来,价值是由生产要素创造的,各个生产要素创造的价值就等于它们各自本身的价格,所以西方经济学的分配理论,实际上就是生产要素的价格理论。分配就是指居民提供生产要素后所得到的收入及其在总收入中所占的份额。从生产者的角度来看,生产者向生产要素提供者支付的报酬构成生产成本。本章将介绍西方经济学关于收入分配的基本原理。

第一节 边际生产力分配理论

一、边际生产力

边际生产力的概念是德国经济学家屠能在 1826 年首先提出,并应用于生产和分配理论。19 世纪末 20 世纪初美国经济学家克拉克把它的含义进一步系统化,并首先创立了边际生产力这个术语。

(一)边际生产力的概念

所谓边际生产力是指在其它条件不变的情况下,追加的最后一个单位的生产要素所增加的产量或收益。

如果使用两种生产要素生产出一定的产品,那么,一种生产要素的数量固定不变,而继续追加另一生产要素。每追加一单位生产要素的生产力将会递减,这就是边际生产力递减规律,在前面的分析中称为边际收益递减规律。

在不断增加的某种生产要素的各个单位中,任何一个生产要素单位提供的生产率都可以说是边际生产力。例如,如果厂商所增加的生产要素是五个,那么第五个要素单位的生产率便是该要素的边际生产力。

如果以实物来表示某要素的边际生产力,则可称为该要素的边际实物产量或边际物质产品(Marginal Physical Product),记作 MPP。如果以收益来表示某要素的边际生产力,则可称作该要素的边际收益产量或边际收益产品(Marginal Revenue Product),记作 MRP。边际收益产量考虑了价格因素,是用货币单位来表示的边际实物产量,因此

$$MRP = MPP \cdot MR$$

式中 MR 表示边际收益。某一要素的边际收益产量就是该生产要素的边际生产力,在其它生产要素不变的条件下,边际收益产量也是递减的。

在完全竞争的产品市场上,厂商可以按既定的价格出售任何数量的产品,边际收益 MR 等于平均收益 AR,所以边际收益产量等于边际产值(Value of Marginal Physical Product),边际产值就是边际实物产品与产品价格的乘积,即 $VMP = MPP \cdot P$。

(二)利润最大化的条件

在分析利润最大化条件之前,首先介绍边际要素成本的概念。所谓边际要素成本(Marginal Factor Cost)是指可变生产要素每增加一单位所引起的总成本变化,记作 MFC。用 ΔTC 表示总成本的变化,ΔF 表示可变要素的变化,则有:

$$MFC = \frac{\Delta TC}{\Delta F}$$

边际要素成本 MFC 与前面所讲的边际成本 MC 是有区别

的，MFC 的自变量是可变要素，即投入的可变生产要素增加一单位引起的总成本的增加量，而 MC 的自变量是产品，即产品增加一单位所引起的总成本的增加量。

在分析商品的均衡价格和产量怎样决定时，已经知道，厂商为了实现最大利润，是将其产量调整到 $MR = MC$ 时的水平。在完全竞争的市场上产品的边际收益等于既定不变的销售价格，所以利润最大化的产量是由 $MC = MR = P$ 决定的。

现在分析的问题是厂商对生产要素的需求，就是要知道厂商怎样调整其可变生产要素的投入量，以便使所生产的产品的销售收益与总成本之差，即利润总量达到极大值。与厂商通过调整产量以实现最大利润所具备的条件是 $MC = MR$ 一样，厂商通过调整可变生产要素的投入量以实现最大利润的条件，是他所使用的最后一单位可变生产要素带来的收益（MRP）恰好等于他所增加的最后一单位生产要素所支付的成本（MFC），即 $MRP = MFC$。道理很简单：假如 $MRP > MFC$，这表示继续增加可变要素的投入量所带来的收益会超过为此付出的成本，因而增加可变要素的投入量可以使利润总量有所增加；反之，假如 $MRP < MFC$，则表示最后增加的可变要素反而造成损失，从而导致利润总量减少。所以厂商确定他对可变要素的需求量时，是按 $MRP = MFC$ 的利润最大化原则来确定的。

在完全竞争的市场中，产品的价格和生产要素的价格都是固定不变的，则有 $VMP = MFC = W$，此时的 W 为完全竞争的要素市场上劳动的价格，即工资率。

前面的分析都以一种要素的变化为前提，如果有两种或两种以上的生产要素被使用，则厂商利润最大化的条件，是每一种生产要素的边际收益产量和该要素的边际要素成本相等来确定每一种要素的使用量，即

$$MRP_L = MFC_L$$

$$MRP_K = MFC_K$$

二、边际生产力决定工资

根据边际生产力概念，工资取决于劳动的边际生产力。也就是说，雇主雇佣的最后那个工人所增加的产量等于付给该工人的工资。如果工人所增加的产量小于付给他的工资，雇主就会解雇他；相反，如果工人所增加的产量大于付给他的工资，雇主就会增雇工人。只有在工人所增加的产量等于付给他的工资时，雇主才既不会增雇也不会减少工人。如图 6-1 所示。

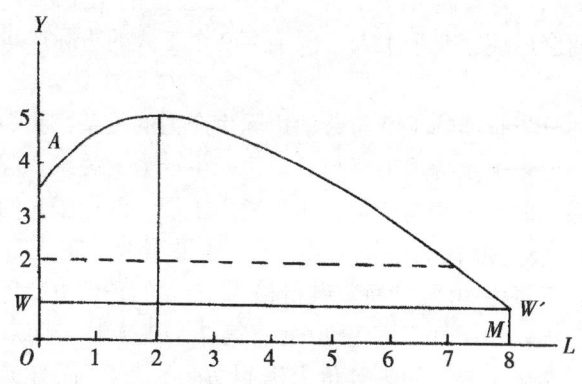

图 6-1 劳动边际生产力

在图 6-1 中，假定生产要素不变，考察劳动边际生产力。这样当劳动投入不断增加时，其所增加的产量开始以递增的速度增加，增加到一定数量后，由于每一单位劳动所分摊的厂房设备等资本逐渐减少，因此，如果继续增加劳动的投入，那么每增加一单位劳动所生产出来的产品必然少于前一单位劳动所生产的产品，所以劳动的边际生产力曲线先上升而后逐渐下降。

在图 6-1 中，以某皮鞋厂的情况为例，纵轴表示实物产量

(皮鞋双数),横轴表示工人人数,AW'为皮鞋工人的边际生产力曲线,当厂商雇佣2个工人时,边际收益产量最大,雇佣超过2个工人,边际收益产量递减。如果雇佣7个工人,这时最后一个工人的产量为两双皮鞋,如果雇佣第8个工人,此时最后1个工人,即第8个工人的产量为一双皮鞋,因此,雇佣8个工人时,付给工人的工资相当于一双皮鞋(OW),其余的工人都按一双鞋付给工资。在雇佣8个工人时,全部的产量为$OAW'M$,付给工人的总工资为$OWW'M$,其余的AWW'用于分配给其它生产要素,如果社会上的工资水平为两双鞋,那么雇主就会雇佣7个工人,不会雇佣8个工人,如果社会上的工资水平为半双鞋,厂商会雇佣第9个工人(假定第9个工人的边际产量为半双鞋)。

上述分析是实物工资与劳动边际生产力的关系,我们同样可以用货币值来表示货币工资与劳动边际生产力的关系。假设图中的纵轴表示的不是实物产量,而是货币工资,假设工人的工资一天为10元,一双鞋的价格为10元。如果第8个工人日产一双鞋,在日工资为10元和每双鞋价格为10元的条件下,厂商就雇佣8个工人。如果日工资为20元,第7个工人日产两双鞋,厂商就雇佣7个工人,如果鞋价上涨到20元一双,而日工资水平仍为20元,则厂商仍雇佣8个工人,因为尽管第8个工人只生产一双鞋,但边际收益产量是20元。由此可见,厂商确定劳动投入量时,是按照$MRP = MFC$的原则来确定的,在此处,$MRP = MFC = W$。

三、边际生产力决定利息

为什么对资本应该支付利息呢?西方经济学家认为,资本与其他要素一样在生产中作出了贡献,因此应获得报酬。而报酬的大小取决于资本的边际生产力,即最后追加一单位资本的产量。

正是资本的边际生产力决定了利息的多少和利息率的高低。如果利息率高于这一水平,资本家会减少使用资本,如果利息率低于这一水平,资本家会增加使用资本,只有利息率等于这一水平,资本家才会维持现有资本的使用量。如图6-2所示。

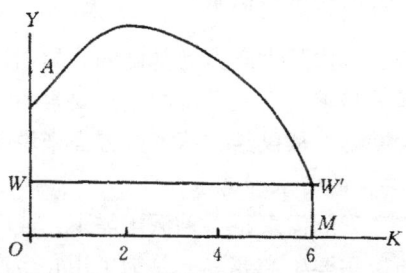

图6-2 资本的边际生产力

图中横轴表示资本量,纵轴表示产量,AW'是资本的边际生产力曲线。当资本家使用两单位资本,边际产量最大,资本使用超过两单位时,边际产量递减。若投入6个单位资本,最后第6个单位资本的产量为一单位,这时利息就是一单位产品。所以使用6单位资本时,全部产量为$OAW'M$,支付利息为$OWW'M$,其余的AWW'用于分配给其它生产要素。如果社会上资本利息为两单位产品,资本家就会减少资本的使用量,而不会使用6个单位资本;相反,如果社会上资本的利息为半单位产品,资本家就会多使用资本,即使用资本的总量大于6个单位。由此可见,厂商确定最佳资本投入量的原则仍然是$MRP=MFC$,在此处用W代表资本的价格(利息),则是$MRP=MFC=W$。

第二节 均衡价格分配理论

一、生产要素的需求与供给

马歇尔认为，以边际生产力为基础的分配理论，实际上只说明了对生产要素的需求，而没有说明生产要素的供给，他正是以均衡价格理论为基础，从供给和需求两方面来说明分配的决定。

（一）生产要素的需求和需求曲线

厂商对生产要素的需求是一种派生需求，或间接需求。也就是说，厂商之所以需要生产要素，是为了用它生产出产品，实现利润最大化。因此厂商对某种生产要素的需求取决于：①产品市场对产品的需求状况；②生产技术的变化及生产要素间的替代；③生产要素本身的价格。此外，在谈到对生产要素的需求时，应排除厂商的其它社会、政治的考虑，诸如名望、乡土感等。

生产要素的需求曲线在不同的市场类型下是不同的。首先，我们分析产品市场完全竞争条件下单个厂商和整个行业的生产要素需求曲线（见图6-3）。

在图6-3（a）中，假定生产过程中只有劳动这种要素发生变化。图中的 MRP_L 曲线是劳动的边际收益产量曲线，同时也是劳动的边际产值 VMP_L 曲线，厂商按照劳动的边际收益产量和劳动的价格相等的原则，来确定最大利润的劳动雇佣量，当工资率为 W_1 时，厂商的劳动雇佣量只有为 L_1 时，才能满足 $MRP_L = VMP_L = W$ 的要求。同样当工资率下降为 W_2 时，厂商将劳动雇佣量增加到 L_2 以满足 $MRP_L = VMP_L = W$ 的利润最大化条件。显然，厂商可以沿着既定的劳动边际收益产量曲线即劳动的边际价值曲线移动，在任何工资率水平选择最佳的劳动雇佣量，以获得最大的利润。所以劳动的边际收益产量 MRP_L 曲线

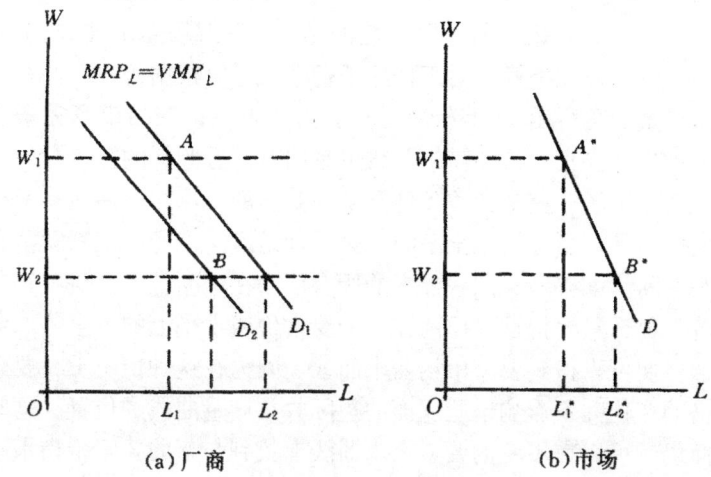

图 6-3 完全竞争产品市场的一种可变生产要素的需求曲线

即劳动的边际价值 VMP_L 曲线，就是厂商对劳动这一可变要素的需求曲线，它是向右下方倾斜的。

在完全竞争的条件下整个行业的需求曲线不能完全将单个厂商的对某一种生产要素的需求曲线水平相加求得。在图 6-3 中，假设生产中只有一种可变生产要素劳动，生产 X 商品，在商品价格既定的条件下，首先作出单个厂商对劳动的需求曲线 D_1。但是当劳动这一要素的价格水平下降时，生产 X 商品的所有企业都会增加对劳动这一要素的需求量，并生产出更多的 X 商品。在 X 商品的市场需求不变的条件下，X 商品的供给增加，会使 X 商品的价格水平下降，使厂商的 MRP_L 曲线即 VMP_L 曲线向左下方平移（D_1 向左下方平移），形成厂商新的要素需求曲线 D_2。所以当生产要素的价格下降后，单个厂商对劳动这一可变要素的需求量，应该在要素需求曲线 D_2 上求得。把所有其余厂商从工资率为 W_2 时会有的需求量（他们的需求曲线也都向左边移动）相加总，即可得出工资率为 W_2 时的市场的生产要素的需求量 L_2^*。就是说，与 W_2 相应的 B^* 点是市场需求曲线 D 上的另一点。依此类推，对于任一工资率，可以根据每一厂商相应的需求量加总得出 D 上相应之点。由此可见，产品市场完全竞争下的生产要素的市场需求曲线也是向右下方倾斜的。

产品市场非完全竞争条件下某一要素的市场需求曲线有两种情况：一是产品市场完全垄断，另一种是产品市场的垄断竞争和寡头垄断。如果购买同一要素的所有厂商在产品市场上是独家垄断者，那么只要把这些厂商在各个要素价格水平上的要素需求量相加，便可以得到要素市场需求曲线。因为在这种情况下，要素价格的变化并不影响这些厂商的边际收益产量曲线的位置，这些厂商仍然可以在不变的要素需求曲线上找到与新的要素价格水平相应的要素需求量。如果购买同一要素的所有厂商是产品市场上的垄断竞争者或寡头垄断者，则这时要素市场的需求曲线的推导方法与产品市场完全竞争条件下的要素市场需求曲线的推导方法是类似的。

（二）生产要素的供给与供给曲线

生产要素的供给是指要素所有者供给一定量要素时所要求的单位价格，也就是对生产要素所给予的报酬，这种报酬就是要素所有者的收入。

决定生产要素供给的因素随要素的不同而不同。资本物品是由厂商生产和供给的，所以决定这类要素供给的因素与决定消费品的供给因素基本一致，所不同的是资本物品是中间产品，而消费品是最终产品，至于土地和劳动，它们的供给又有所不同。这些要素的供给量要受现有存量的限制，同时也取决于要素所有者在一定价格数量下愿意供给的数量。但是，尽管各有不同，生产要素的供给都取决于生产成本，取决于边际要素成本。

生产要素的供给曲线随市场类型不同而不同。在生产要素完全竞争的市场上，有无数的生产要素的购买者和供给者，对于单个厂商来说，他所面对的生产要素供给曲线是一条水平线。这是因为，一方面，就单个厂商来说，他的购买量仅为整个要素市场购买总量中的极小一部分，他的购买量的变化，不会影响要素的市场价格，所以每一个厂商只能被动地接受要素市场的既定价格。另一方面，面对大量的要素供给者，单个厂商可以认为他所面对的要素供给量是无穷大的。正因为如此，单个厂商所面对的要素供给曲线是一条水平线。它表示在既定的价格水平，厂商可以购买到所需要的任何数量的要素。如图6-4所示。

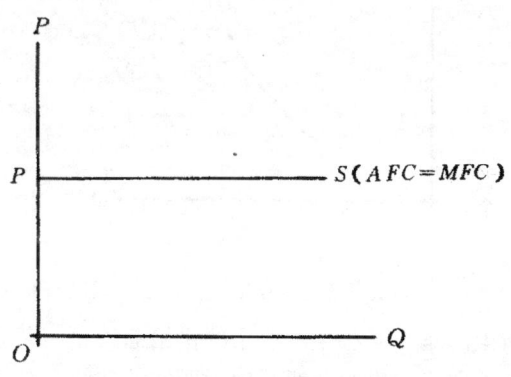

图6-4 要素市场完全竞争下单个厂商
的要素供给曲线

图中的横轴为要素数量，纵轴为要素价格，S为供给曲线。在生产要素完全竞争的市场上，由于要素的价格是一个完全固定的常数，所以对单个厂商来说，每一供给数量上的需求价格、平均要素成本AFC和边际要素成本MFC这三个量是相等的。换言之，对于单个厂商来说，他所面对的要素供给曲线和平均要素成本曲线、边际要素成本曲线三条线是重叠的。

尽管在生产要素完全竞争市场上，单个厂商所面对的要素供给曲线是一条水平线，但要素的市场供给曲线在大多数情况下是一条向右上方倾斜的斜率为正的曲线，如图6-5所示。因为单个要素提供者愿意提供的要素数量与要素价格呈同方向变化，而要素市场供给曲线是由单个要素提供者的供给曲线的水平加总而形成的。

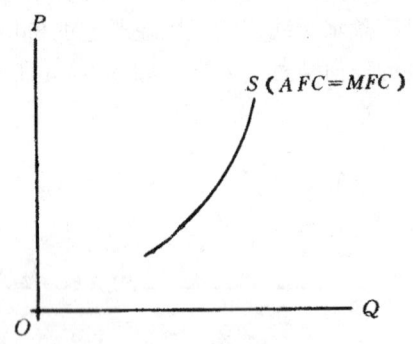

图6-5　要素市场完全竞争下要素的市场供给曲线

需要指出的是，某些生产要素的供给曲线是一条垂直线，如土地；也有的要素的供给曲线是向后弯曲的曲线，如劳动。

在生产要素完全垄断条件下，由于独家垄断厂商是市场上全部生产要素的惟一购买者，所以独家厂商所面对的要素供给曲线就是要素的市场供给曲线，且斜率为正、向右上方倾斜，见图6-6。由于要素的价格总是等于平均要素成本，所以完全垄断厂商所面对的要素供给曲线与平均要素成本 AFC 曲线重叠，都向右上方倾斜。又因为平均要素成本是递增的，根据平均成本和边际成本之间的关系可以推断，边际要素成本必定也是递增的，而且在每一要素供给量上，边际成本都大于平均要素成本，或者说，边际要素成本曲线 MFC 都高于平均成本曲线 AFC。

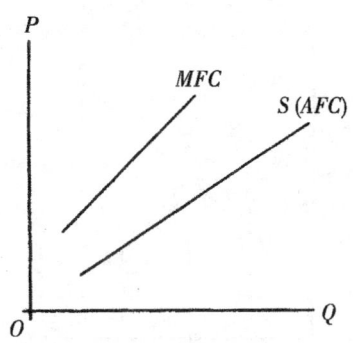

图 6-6 要素市场完全垄断下的要素供给曲线

二、生产要素均衡价格的决定

（一）要素市场完全竞争条件下，要素均衡价格的决定

一个处在完全竞争要素市场上的厂商，他可以面对一个完全竞争的产品市场，也可以面对一个非完全竞争的产品市场。当要素市场和产品市场都是完全竞争的市场时，要素市场需求曲线向右下方倾斜，而要素市场供给曲线向右上方倾斜，因此要素市场的供给曲线和需求曲线的交点决定了要素市场的均衡价格，同时决定了要素的均衡（见图 6-7）。

在图中的均衡点 E 上，要素市场的均衡价格为 P，均衡数量为 Q，同商品市场的均衡一样，要素市场的均衡也是在市场机制的作用下形成的，供求定律也同样适用于要素市场。

当要素市场完全竞争而产品市场卖方垄断时，由于厂商在生产要素市场是一个完全竞争者，所以该厂商所面对的供给曲线仍是要素的市场供给曲线，即向右上方倾斜，而在产品市场上厂商完全由卖方垄断，因此生产要素市场需求曲线是由所有购买该生产要素、同时在各自的产品市场上卖方垄断厂商的边际收益产量 MRP 曲线加总而形成的，它是向右下方倾斜的。见图 6-8。供

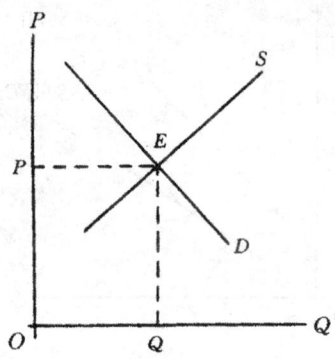

图6-7 要素市场和产品市场完全竞争条件下的
要素均衡价格和数量

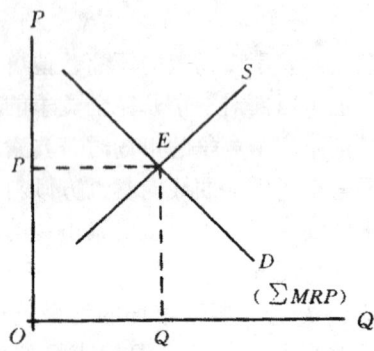

图6-8 要素市场完全竞争、产品市场卖方垄断
条件下的要素均衡价格和产量

给曲线和需求曲线的交点 E 确定了要素的均衡价格 P 和均衡数量 Q。

(二) 要素市场非完全竞争条件下，要素均衡价格的决定

以要素市场买方垄断为例。在要素市场买方垄断条件下，要

素市场的供给曲线如图 6-6 所示。而产品市场处于完全竞争状

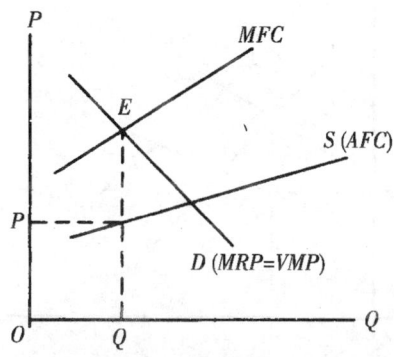

图 6-9 要素市场完全垄断、产品市场完全竞争
条件下的要素均衡价格和数量

况时,要素的需求曲线就是要素的边际收益曲线,也就是边际价值曲线。将两者结合如图 6-9 所示。为了获得最大利润,该厂商选择最佳要素使用量,就是在 $MRP = MFC$ 时来确定,即 MRP 曲线与 MFC 曲线的交点 E,确定最佳要素使用量 Q,从而确定要素的均衡价格 P。

在要素市场买方垄断而产品市场卖方垄断的条件下,此时的要素市场需求曲线就是要素的边际收益曲线。但由于此时 $P \neq MR$,且在产品市场非完全竞争的条件下,厂商的产品价格总是大于边际收益,即 $P > MR$。所以,$VMP > MRP$,厂商的边际收益产量曲线 MRP 必定位于边际价值曲线的下方,且 MRP 曲线也要相对陡直一些。如图 6-10 所示。在图中厂商根据 $MRP = MFC$ 的原则,确定最大利润下的要素使用量为 Q,相应的均衡价格为 P。

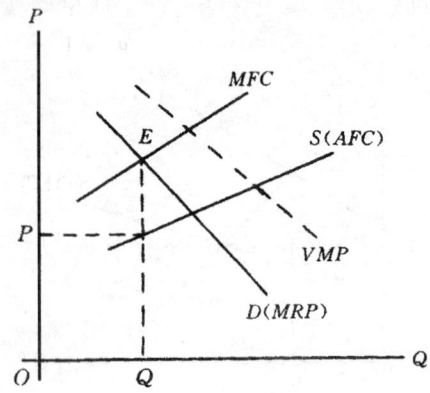

图 6-10 要素市场完全垄断、产品市场卖方垄断
条件下的要素均衡价格和数量

三、均衡价格决定工资

(一) 完全竞争条件下工资的决定

工人提供了劳动就要得到报酬,这种报酬的形式就是工资。在完全竞争的劳动市场上,工资率水平是由劳动的需求和供给共同决定的。西方经济学家认为,完全竞争的劳动市场的含义是:某种劳动有很多供给者和很多雇佣者,每个雇主可以自由地选择工人,每个工人也可以自由地选择雇主,无论是单个雇主还是单个工人的行为,都不影响劳动的市场价格。在劳动市场上双方都不存在什么组织,该劳动市场的工人提供的劳动都具有相同的质量和相同的效率,所以他们每一个人都接受相同的工资。

图 6-11 说明了某种职业工人均衡工资率水平的决定。在图中,横轴表示劳动的数量,纵轴表示劳动的价格即工资率,S 是该劳动市场的供给曲线,它是一条开始向右上方倾斜而后又向后弯曲的曲线,表示在一定的工资率水平下工人愿意提供的劳动量

与劳动价格呈同方向变动,当工资率水平达到一定程度后,工人愿意提供的劳动量与劳动价格呈反方向的变动。D 是劳动市场的需求曲线,它是由劳动的边际收益产量曲线即劳动的边际价值曲线推导而来的,它是一条向右下方倾斜的曲线。劳动的市场需求曲线和市场供给曲线相交于 E 点,由均衡点 E 决定的均衡工资率水平为 W_0,均衡劳动雇佣量为 L_0。

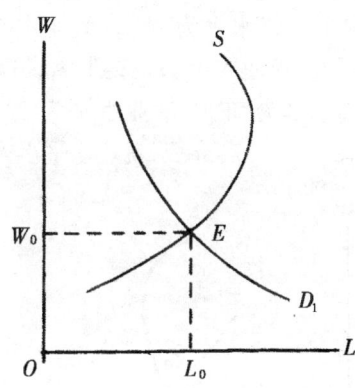

图 6-11 均衡工资率水平的决定

在劳动市场上,劳动的需求和劳动供给的变化会分别引起劳动的供给曲线和需求曲线的位置发生平移,从而使得均衡的工资率水平发生变动。一般来说,劳动需求的变动会引起均衡工资率水平同方向的变动,劳动供给的变动会引起均衡工资率水平反方向的变动。

(二)工会对工资决定的影响

现实中劳动市场往往并不是完全竞争的,既可能存在工会对劳动供给的垄断,也可能存在厂商对劳动需求的垄断。在这两种情况下,工资可能高于或低于劳动的边际生产力。而实际工资水平取决于工会与厂商双方力量的对比,以及其它一些经济和非经济因素(例如经济的繁荣与萧条、政府的干预等)。实际货币工资水平是劳资双方集体协议的结果。从当前西方国家的情况来看，工会在工资决定中的作用较大，工会的目的在于提高工资水平，其主要方法有三种。

(1) 工会通过提倡关税保护、扩大出口等办法来扩大产品销路，增加经济对劳动的需求，提高工资，如图6-12所示。在图中，劳动的需求曲线为 D_0，劳动的供给曲线为 S，这时 D_0 与 S 相交于 E_0，决定了工资水平为 W_0，就业水平为 L_0。劳动的需求增加后，劳动的需求曲线由 D_0 移到 D_1，这时 D_1 与 S 相交于 E_1，决定了工资水平为 W_1，就业水平为 L_1，$W_1 > W_0$，说明工资水平上升了；$L_1 > L_0$，说明就业水平上升了。

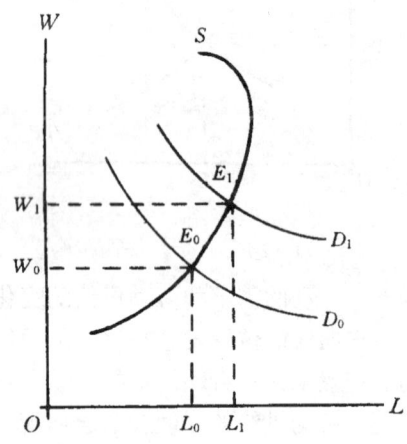

图6-12 需求变动引起工资水平变动

(2) 工会通过限制非会员受雇、限制移民、限制童工的使用，通过缩短工作时间和实行强制退休等办法减少劳动的供给，从而促使工资水平上升，见图6-13所示。在图中，劳动的供给曲线原来为 S_0，S_0 与需求曲线 D 相交于 E_0，决定了工资水平为 W_0，就业水平为 L_0。劳动的供给减少后，劳动的供给曲线

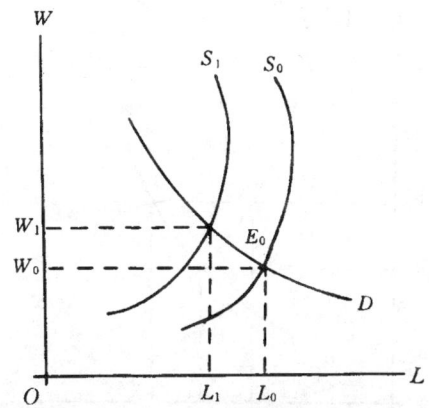

图 6-13 供给变动引起的工资变动

由 S_0 移到 S_1,这时 S_1 与 D 相交于 E_1,决定了工资水平为 W_1,就业水平为 L_1,$W_1 > W_0$,表明工资水平提高了,$L_1 < L_0$,说明就业水平下降了。

(3) 工会迫使政府通过立法规定最低工资,从而把工人的工资维持在一定的水平上。在这种情况下,雇主会由于工资水平高于均衡水平而减少对劳动的雇佣量,失业就会增加,这时往往要由政府设法安排多余的劳动力。如图 6-14 所示。在图中,劳动的供给曲线 S 与需求曲线 D 相交于 E_0,决定了均衡工资水平为 W_0,就业水平为 L_0,最低工资法规定的最低工资为 W_1,高于均衡工资 W_0。在这种 W_1 工资水平上,劳动的需求量为 L_1,劳动的供给量为 L_2,$L_1 < L_2$,$L_1 L_2$ 为过剩的劳动供给量。

四、均衡价格决定利息

(一)利息存在的合理性

资本所有者提供了资本就要得到报酬,这种报酬就是利息。西方经济学家认为,对资本提供者支付利息是合理的,这种合理

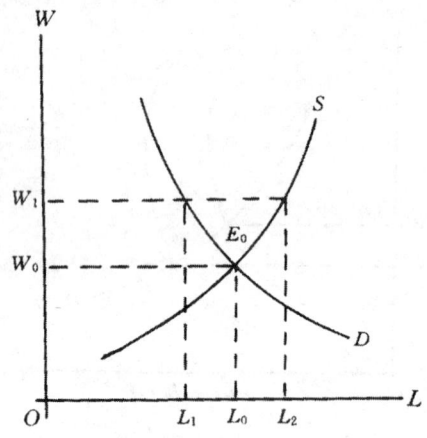

图 6-14 最低工资法示意图

性可以从供给和需求两个方面来解释。

从需求方面看,利息取决于资本的边际生产力。也就是说,资本的需求者之所以需要借入资本,是因为借入资本能给他带来收益。如果最后借入的一单位资本的收益大于他所支付的利息,他还会继续借入;如果最后借入的一单位资本的收益小于他所支付的利息,他就不会借入资本。所以从资本的需求方面看,最后追加的那个单位收益所需要的资本量,也就决定了利息率。

企业借入资本进行投资,是为了实现利润最大化,这样投资就取决于利润率和利息率之间的差额。利润率与利息率的差额越大,纯利润就越大,企业也就越愿意投资;反之,利润率与利息率的差额越小,纯利润就越小,企业也就越不愿意投资。这样在利润率既定时,利息率就与投资方向呈反向变动,从而资本的需求曲线是一条向右下方倾斜的曲线。

从供给方面看,利息取决于借贷资本的供给成本,即现期消费与未来消费之间的替代率,也就是所谓的节欲程度。西方经济学家认为，借贷资本的供给成本是借贷资本家对现期消费的牺牲或等待，利息就是节欲、等待的报酬，或近期消费的报酬。他们认为，资本家的收入既可以用作现期消费，又可以用作未来消费。现期消费是满足现期的消费需求。如果把货币借贷出去，即从储蓄的形式向资本市场提供资本，这样，他就放弃了现期消费。尽管后一种做法并不意味着他失去了这笔钱，因为未来某个时候他可以收回这笔钱，仍可用其来消费。但是，一般说来，就相同的货币带来的效用而言，人们对现期消费效用的评价总是大于对未来消费效用的评价，或者说总是偏重现期消费。由此推论，资本供给者的这种放弃现期消费的节约行为是应该得到补偿的，这种补偿就是作为资本提供者报酬的利息收入。如果利息收入越高，现期消费的代价就越大，于是资本提供者将会把更多的收入部分用作未来消费，较少的部分用作现期消费，因而资本的供给随利息率的提高而增大，资本的供给与利息率是按同方向变化的，所以资本的供给曲线是向右上方倾斜的曲线。

（二）均衡利息率水平的决定

在完全竞争的资本市场上，利息率是由资本的需求和供给共同决定的。如图6-15所示。

在图中，横轴表示资本量，纵轴表示利息率，D为资本的需求曲线，S为资本的供给曲线。资本的需求曲线与供给曲线相交于E点，均衡点E决定的利息率为r_0，均衡资本量为K_0，这说明厂商愿意按r_0的利息率借入K_0的资本量，资本的供给者也愿意以r_0的利息率提供K_0单位的资本量，资本的供求刚好达到均衡状态。

当实际利息率高于r_0时，资本所有者愿意提供的资本量大于资本的需求量，资本供给过剩，会迫使利息率水平下降到r_0的均衡水平；反之，当实际利息率水平低于r_0时，资本的需求量大于资本的供给量，资本短缺会使利息率上升，一直回复到

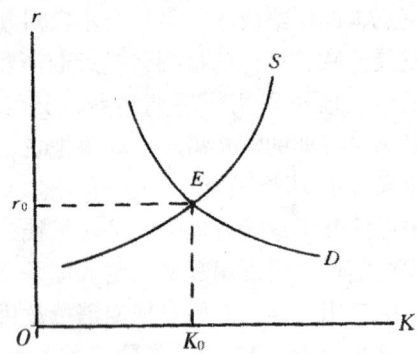

图 6-15 均衡利息率水平的决定

r_0 的均衡水平。

然而,如果出现政府干预,人为地提高或降低利息率,都会使资本供求失去平衡,如图 6-16 所示。

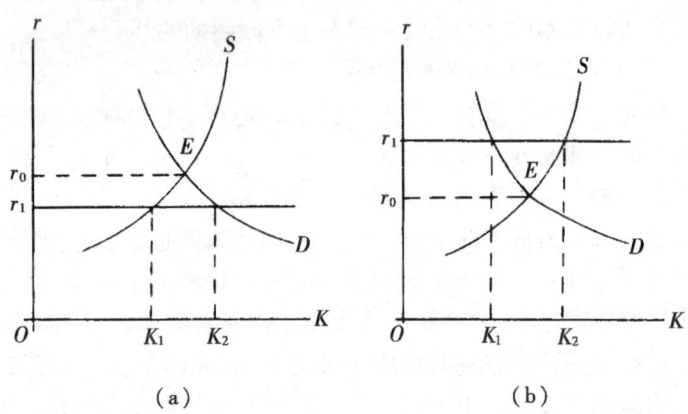

图 6-16 政府干预资本市场

在图 6-16(a)中,政府规定利息率最高限为 r_1,在 r_1 的利息水平下,资本的需求为 K_2,而资本的供给为 K_1,出现了需

求大于供给的 K_1K_2 的资本不足，阻碍了厂商的资本投入，从而阻碍了生产发展。在图 6-16（b）中，政府规定了利息率的最低限为 r_1。在 r_1 的利息率水平下，资本的供给量为 K_2，资本的需求量为 K_1，出现了供给大于需求的 K_1K_2 资本过剩，结果是多余资本闲置起来不能发挥作用，同样不利于生产的发展。

从长期来看，随着经济的发展，经济中资本的供给量是不断增加的，与此同时资本的需求量也不断增大，资本的需求曲线和资本的供给曲线都会向外移动，从而导致均衡利息率水平随之变动。

五、均衡价格决定地租

（一）地租的决定

地租是使用土地而支付的报酬，它是租金的一种。西方经济学家认为，土地是资本的特殊形态，而地租又是利息的特殊形态，因此，按照边际生产力的概念，地租也取决于土地的边际生产力，而且土地的边际生产力是递减的。

但是，土地和资本又有所差别，因为资本的供给是无限的，而土地这种自然资源并非人类劳动的产物，也不能通过人类的劳动增加其供应量，所以土地的供给是有限的。同一块土地租给某一厂商，就不能租给其他厂商。因此，土地的供给被认为没有弹性，土地供给曲线是一条固定的垂直线。

由于土地供给没有弹性，所以需求成为决定地租的惟一因素，一定数量的土地的使用代价取决于其边际生产力，因此，土地的需求曲线是向右下方倾斜的、斜率为负的曲线。图 6-17 说明了均衡地租水平的决定。

在图 6-17 中，横轴表示土地的数量，纵轴表示地租水平，S 为土地供给曲线，它是一条垂直线，因为在一个经济中，土地的供给数量是固定的。D 为土地的需求曲线，它是向右下方倾

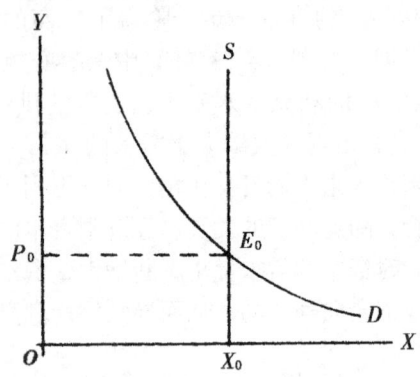

图 6-17 均衡地租水平的决定

斜的,表示地租与土地需求量呈反方向变动。D 与 S 相交于 E_0 点,则 P_0 表示均衡的地租水平。

在现实经济生活中,随着经济的发展,人口的增加和农产品价格的上升,使土地的边际收益产量增加,对土地的需求呈上升趋势,使土地的需求曲线向上移动,因而地租也有上升的趋势。如图 6-18 所示。

在图 6-18 中,土地的需求曲线由 D_0 移到 D_1,供给仍然不变,随着均衡点由 E_0 变到 E_1,地租由原来的 P_0 提高到 P_1。这说明,对土地的需求增加,将导致均衡地租水平上升。这种对土地需求的增加,导致的地租水平的上升是由于农产品价格上涨,也就是说,地租是因为农产品价格上涨而上涨。换言之,地租是被物价所决定的。

从另一个方面来说,如果农产品价格下降了,那么对于土地的需求自然会减少,从图 6-18 中可以看出,其中的 D_0 会下移而成为 D_2,地租也就下降为 P_2,如果对土地的需求降为 D_3,则地租为零。由此可见,尽管地租下降,甚至降到等于零,土地的供给还是不变的。我们知道,人们之所以对某种生产要素进行

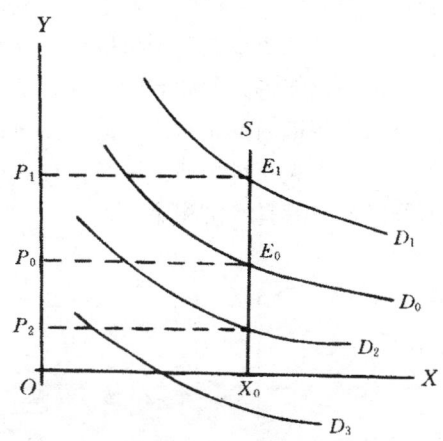

图 6-18 均衡地租水平的变动

支付是因为只有这样才能得到它的供给,因此这一支付价格就称为供给价格,这也就是机会成本。既然不付地租,土地仍可以供给,则这种支付是没有必要的。因此,一般就认为地租是一种剩余。从图 6-18 上看,如地租水平为 P_1,全部地租为 $OP_1E_1X_0$ 的面积,这一数量就是土地所有者所获得的剩余。

(二) 经济租金

在现代西方经济学中,当使用某一种生产要素时,为了防止它转移到别的用途而必须支付的报酬,叫做转移收入(Transfer earnings)。它所得到的总报酬中超过转移收入的剩余部分称为经济租金(Economic Rent)。

土地所得到的地租是经济租金。土地的供给是固定的,不管地租怎样变化,土地的供给量仍然保持不变。换言之,土地是自然的赠与,即使地租降到接近于零的水平,土地所有者也会提供土地,如果他们不提供土地,那么他们将什么也得不到。因此,地租不是经济社会为得到土地而必须支付的报酬,它是一种剩余。除了土地和自然资源外,某些生产要素的报酬也有一部分是经济租金。例如,一个篮球明星在美国可以得到300多万美元或者更多的年收入,他所以能得到如此高的收入,是因为像他们这样的专门人才的供给在短期内是相对固定的,而对他的需求却增长很快,因而他的收入大大超过了使他留在篮球界所必须支付的最低报酬,其剩余的部分就是经济租金。

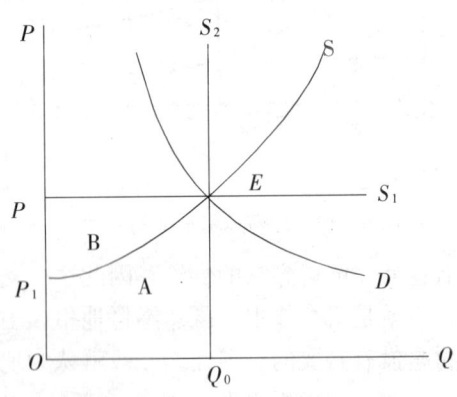

图 6-19 转移收入和经济租金的划分

在大多数情况下,一种生产要素的实际报酬既有转移收入,也有经济租金。图 6-19 说明了实际收入中转移收入和经济租金的划分。图中横轴表示生产要素的数量,纵轴表示生产要素的价格。当生产要素的供给曲线完全有弹性即水平的时候(S_1),对生产要素支付的报酬全部是转移收入。这意味着如果对这种生产要素不按价格 OP 支付,就不能得到这种生产要素。当生产要素的供给曲线完全没有弹性即垂直的时候(S_2),对生产要素支付的报酬全部是经济租金,这意味着即使将这种生产要素的价格降到接近于零,也不会导致它的供给量减少,由于通常的生产要素的供给曲线是向右上方倾斜的,对生产要素支付的报酬一部分是转移收入,一部分是经济租金。在图 6-19 中,当生产要素的价格从 OP 降到 OP_1 时,生产要素的供给量减少,所以 P_1E 线是使不同数量的生产要素转移到其它用途所支付的最低价格。当生产要素的使用量确定为 OQ_0,价格确定在 OP 时,生产要素所有者得到的转移收入是 P_1E 下面的面积 A,经济租金是 P_1E 上面的面积 B。

由此可见,所谓经济租金,其性质与消费者剩余完全相似,只是这种剩余是由生产要素供给者获得的,因此,也称为生产者剩余(Producer's Surplus)。

(三)准地租

准地租(Quasi-Rent)是指对供给数量在短期内是固定的生产要素的支付。在经济中有一些生产要素的供给量虽然在长期内是可变的,但在短期内却是固定的,类似于土地的供给,这些生产要素的需求决定了租金的水平。

在短期内,一方面由于可变要素可以随时向收益更高的地方转移,而固定要素则被固定在现有的用途中,结果,企业为了继续使用可变要素,必须对可变要素支付相当于他在其它用途中可得到的收入,而固定要素则只能得到总收益中扣除了对可变要素的支付以后的剩余部分。另一方面,由于厂商对固定要素支付很低,甚至不支付,他仍然可以在短期内继续使用固定要素,所以,固定要素所得到的准地租也只能是总收益中扣除了可变要素收入以后的剩余部分。准地租可以用图 6-20 加以说明。

图 6-20 是产品完全竞争市场上某厂商利润最大化的短期均衡。由均衡点 E_0 出发,可以看出厂商的总收益为 $OP_0E_0Q_0$ 的面积,可变要素的总成本为 $OFGQ_0$ 的面积,全部收益在支付了全部可变要素成本之后的剩余 FP_0E_0G 的面积,就是准地租。在图中,准地租大于固定要素的总成本。但有时准地租也可能小于固定要素总成本,出现亏损。

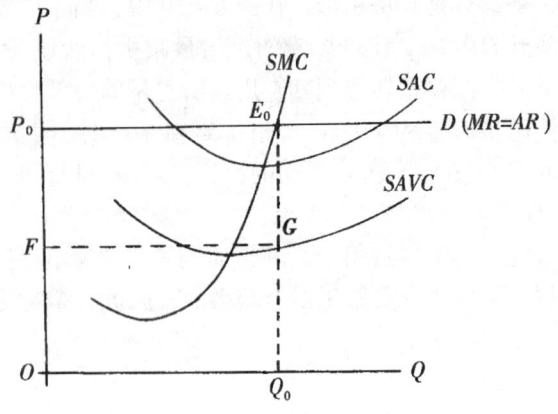

图 6-20 准地租示意图

六、利润的决定

(一) 正常利润

在西方经济学中,正常利润包括企业家才干的报酬、自有资本的使用费和承担风险的报酬。其中企业家才干的报酬的决定方法与劳动报酬工资的决定方法相似,它取决于企业家的供给和对企业家的需求。厂商自有资本的使用费实质上是对厂商放弃存款利息的报酬,所以它的决定与利息的决定相同。厂商办企业是要承担风险的,厂商所得到的承担风险的报酬取决于他所承担的风险程度的大小。

正常利润是厂商从事企业活动所要得到的起码的报酬。如果正常利润无法实现的话,厂商就会退出生产。为了使厂商能继续生产,必须使厂商获得正常利润。正常利润是厂商生产成本中的一个组成部分。

(二) 超额利润

超额利润是超过正常利润的那部分利润,或者说,它是超过总成本的那部分利润，超额利润是由于企业家具有特殊的才能对企业进行创新的结果，因此它应该归企业家所有。

创新是指企业家对生产要素的重新组合，它主要包括以下五个方面的内容：①引进一种新产品；②引进一种新技术；③开辟一个新市场；④获得一种原材料的新的供给；⑤生产组织方法上的一种新发明及其应用。一般来说，一项创新可以使企业家在一段时间内获得超额利润。但从长远的观点看，当其他厂商开始模仿后，这种超额利润就会消失，但由于创新总是不断出现的，所以新的超额利润会不断地出现。

创新必然要冒风险，由创新而获得的超额利润，从一定意义上讲，也是风险的报酬，这种风险报酬与不具创新意义的风险报酬有所区别。创新意义的风险报酬存在于开始时期的短时期内，而不具创新意义的风险报酬是指投资冒险的收入，它的存在具有长期性。

（三）垄断利润

垄断利润也是超正常利润。但它不是创新的结果，而是由于厂商的专卖或专买的垄断而产生的超正常利润的利润。

专卖（Monopoly）是指生产者在出售产品时可以规定价格，而买方只能是价格的接受者。于是他可以在购买者的支付能力所能支付和愿意支付的范围内，抬高商品售价，由此来获得超过正常利润的收入，这部分收入就形成了垄断利润。

专买（Monopsony）是指购买者在购买产品时可以规定价格，卖方只是价格的接受者。购买者可以在供给者所愿意接受的范围内压低价格，从而获得垄断利润。

西方经济学家认为，专买和专卖所形成的垄断利润是指生产要素供给者和产品购买者利益的牺牲，有时甚至这是一种剥削。

（四）亏损

在西方经济学中，亏损（Loss）具有双层含义。

一层含义是：企业家才干这种生产要素并未得到它应当得到的全部报酬。由于生产要素的收入等于工资、利息、地租和正常利润的总和。而工资、利息、地租都是不能变动的量，而正常利润则可以伸缩，所以当产品出售后的收入在弥补了固定支出以后，剩余的部分不能支付正常利润，或只能支付部分正常利润，就称为亏损。

另一层含义是：厂商的自有资本部分作为生产要素并未得到它应得的全部报酬。此时，作为企业家才干的报酬的正常利润被列为管理人员的薪水，与工资同样看待。而资本这一生产要素分为自有资本和借入资本。付给借入资本的报酬即利息支出，被认为是不可变动的量，而企业自有资本的报酬即股息，表现为一种可以伸缩的量，所以当出售的产品收入在弥补了固定支出以后，剩下的部分不能支付股息，或只能付给少量股息，这时就被称为亏损。在短期内，在完全竞争和完全垄断条件下，都可能发生亏损。

第三节　分配差异的度量

一、洛伦斯曲线

洛伦斯曲线是用来反映社会收入分配（或财产分配）平均程度的曲线。如果把社会上的人口分为 10 个等级，各占人口总数的 10%，按他们在国民收入中所占份额的大小可以作出表6–1。并根据这一资料画出图 6–21。

表6-1　个人所得分配　（%）

级别	每级占人口的百分比	人口百分比合计	每级占所得的百分比	所得合计
最低级	10	10	2.0	2.0
第九级	10	20	3.5	5.5
第八级	10	30	4.5	10.0
第七级	10	40	5.5	15.5
第六级	10	50	6.5	22.0
第五级	10	60	7.5	29.5
第四级	10	70	9	38.5
第三级	10	80	11.5	50.0
第二级	10	90	15.5	65.5
第一级	10	100	34.5	100.0

在图6-21中，横轴代表人口百分比，纵轴代表收入的百分比，OY为45度线，在这条线上，每10%的人口得到10%的收入，表明收入分配绝对平等，称为绝对平等线。OXY曲线表示最后一个家庭占总收入的100%，其余家庭收入为零，它代表收入分配绝对不平等。OY曲线位于OY对角线和OXY线之间，即表6-1中的收入分配状况。西方经济学家认为，洛伦斯曲线愈接近于OY对角线，表示社会收入分配愈平均，愈接近于OXY曲线，表明社会收入愈不平均。如果将收入改为财产，洛伦斯曲线反映的就是财产分配的平均程度。

二、基尼系数

根据洛伦斯曲线可以计算出反映收入平等程度的指标。这一指标称为基尼系数（Gini Coefficient）。

如图6-21中，实际收入线OY曲线与绝对平等线OY直线之间的面积用A来表示，实际收入线OY曲线与绝对不平等线

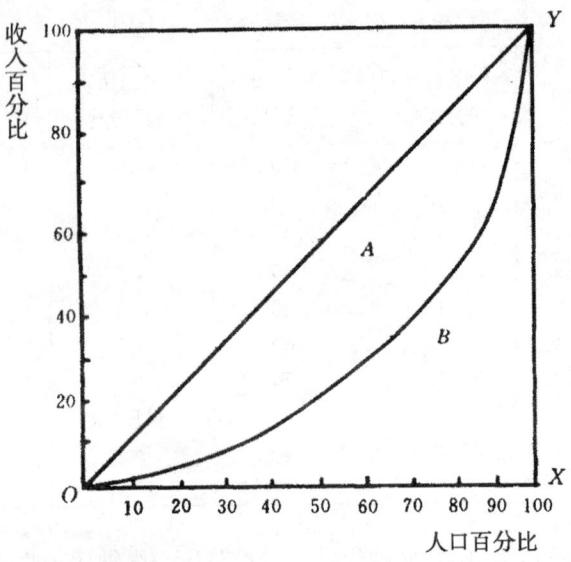

图 6-21 洛伦斯曲线

OXY 曲线之间的面积用 B 来表示，则计算基尼系数的公式为：

$$\text{基尼系数} = \frac{A}{A+B}$$

当 $A=0$ 时，基尼系数为零，这时实际收入线与绝对平等线重叠，收入分配绝对平均；当 $B=0$ 时，基尼系数等于1，这时收入分配绝对不平均。实际的基尼系数总是大于零而小于1。基尼系数越小，收入分配越平均；基尼系数越大收入分配越不平均。

三、洛伦斯曲线与基尼系数的应用

运用洛伦斯曲线可以对各国收入分配的平均程度进行比较，也可以对各国政策的收入效应进行比较。如图 6-22 所示。

在图 6-22 中，假定 a，b，c 分别为甲、乙、丙三个国家

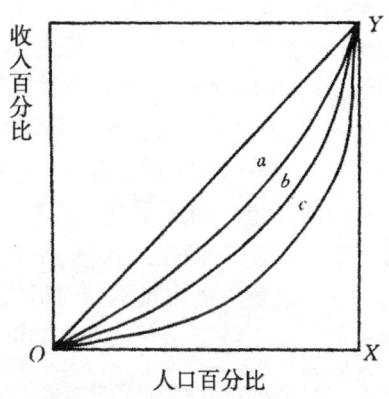

图6-22 洛伦斯曲线应用

的洛伦斯曲线,可以看出甲国收入分配最平均,乙国收入分配平均程度次之,而丙国收入分配最不平均。

如果将 a, b 这两条曲线作为实施某项政策前后的洛伦斯曲线,假如 b 是执行政策前的洛伦斯曲线,a 是执行该项政策后的洛伦斯曲线,就可以看出,在实行该项政策后,社会收入分配就更加平等了。

同样,也可以根据洛伦斯曲线计算出基尼系数来进行比较分析。

复习思考题

1. 边际实物产量(MPP)和边际收益产量(MRP)有什么联系和区别?

2. 在完全竞争的要素市场上,为什么生产要素的 VMP 曲线或 MRP 曲线就是它的需求曲线?

3. 分别说明以下四种情况的要素均衡价格的决定:
(1) 要素市场完全竞争和产品市场完全竞争;

（2）要素市场完全竞争和产品市场卖方垄断；

（3）要素市场完全垄断和产品市场完全竞争；

（4）要素市场完全垄断和产品市场卖方垄断。

4. 假定某企业面对的是完全竞争的产品市场和生产要素市场，企业的生产函数为 $Q = K^{0.4} L^{0.6}$，其中 Q 是产量，K 是资本使用量，L 是劳动使用量，请证明当企业接受既定的产品价格和生产要素的价格时，它支付的总工资将等于其收益的60%。

5. 均衡工资率在完全竞争的市场下如何形成？

6. 在完全竞争的资本市场上，利息率是如何决定的？

7. 在完全竞争条件下，地租是如何决定的？什么是经济租金和准地租？

8. 在完全竞争的条件下，利润是如何决定的？在西方经济学中亏损的含义是什么？

9. 如何用洛伦斯曲线和基尼系数反映收入分配的平均程度？

第七章 信息不对称的市场

市场经济的有效运行靠的是价格这只"看不见的手"在调节，然而价格调节带来效率是有前提条件的，其中最重要的前提就是完全的信息，即生产者和消费者拥有一切作出正确决策所需要的信息。然而完全信息只是一种理想化的假设。在现实世界中，信息是不对称的，作为消费者他们无法了解所有商品市场上待售商品的质量和价格情况，在劳动力市场上，工人对他们自己的能力和技术比他们的雇主知道得多，而经营者对于厂商的成本、竞争地位以及投资机会比厂商的所有者知道得多。信息不对称会带来一系列问题，下面我们具体加以分析。

第一节 不对称信息与道德风险

一、不对称信息的含义

不对称信息（Asymmetric Information）是指某些参与人拥有但另一些参与人不拥有的信息。假定你以 10 000 美元购买了一辆新车并行使了 1000 公里，然后决定售出该小汽车，小汽车本身并没有什么问题，或许仅仅因为你需要钱做其他的事情。奇怪的是，这样的一辆车通常要比一辆新车价格低 20% 或许更多。也就是说，即使你只行驶了 1000 公里，车也是崭新的，并有一张转让给新车主的保证书，你也许最多卖 8000 美元。如果你是未来的买主，你也许不会支付多于 8000 美元的价钱。为什么仅仅因为小汽车是二手货，其价值就降低了那么多呢？要回答这个问题，试将你作为未来的买主想一想你所关心的问题：你会觉得奇怪，为什么这辆车要出售？车主真的改变了他对车的想法了吗？还是车有什么问题？或许这车是一个柠檬（在美语中用柠檬（Lemon）表示次品或不中用的东西）。

用过的车之所以比新车售价低得多，是因为对他们的质量存在不对称信息：旧车的卖主对车的了解要比未来的买主多得多。买主可以请一个技工来检查旧车，但出售者对车已有了经验，因而对它更加了解，结果一辆旧车的未来买主总是对它的质量有疑虑，并且这是很有道理的。关于产品质量的不对称信息的含义是加利福利亚大学伯克利分校的乔治·阿克劳夫（Akerlof）在一篇经典论文中首先分析的。阿克劳夫的分析远远超出了旧车市场，保险、金融信贷甚至就业市场都具有信息不对称的特点。

(一) 旧车市场的信息不对称问题

假定有高质量旧车和低质量旧车两种旧汽车，再假定卖方和买方都知道哪一种车是高质量的，哪一种是低质量的。如图7-1所示。在图7-1 (a) 中 S_h 和 D_h 分别表示高质量车的供给和需求曲线，在图7-1 (b) 中 S_l 和 D_l 分别表示低质量车的供给和需求曲线，在图中 S_h 高于 S_l，这是因为高质量车的车主更不愿与自己的车分离，从而要更高的价格才愿意出售。同样，D_h 高于 D_l，这是因为买主愿意为高质量的车支付更多的钱。如图所示，高质量车的市场价格是8000美元，低质量车是5 000美元，每种车出售的数量都是50 000辆。

在现实生活中，旧车的卖主对车的质量比买主要知道得多得多。我们考虑，如果卖主知道车的质量而买主不知道，会发生什么情况。在高质量车和低质量车各占50%的情况下（即各为50 000辆），买主可能会认为他们买的旧车是高质量车的可能性是50%，因此，在购买时，买主会把所有的车都看作是"中等"质量的。在图7-1中，对中等质量车的需求用 D_m 表示，它低

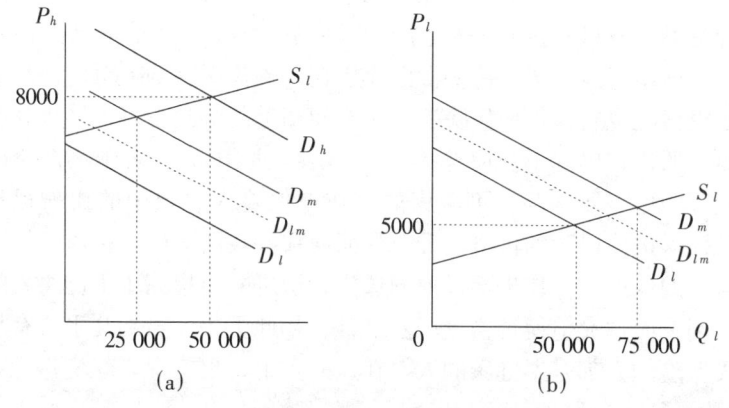

图 7-1 次品问题

于 D_h 但高于 D_l,现在将有较少的高质量车(25 000 辆)和较多的低质量车(75 000 辆)售出。

当消费者明白,大多数售出的车(3/4)都是低质量的车时,他们的需求曲线又移向了 D_{lm},它意味着,平均来说,汽车是中低质量的。结果需求曲线进一步左移,使汽车的组合进一步转向低质量,这一移动会持续下去,直到低质量车全都卖完。在这一点上,市场价格太低而不能使任何高质量的车进入市场出售,因此,消费者正确地假定,他们购买的任何车都是低质量的,而需求曲线就将是 D_l。图 7-1 的情况是极端的,市场可能在至少有一些高质量的车出售的价格上达到均衡。但是,高质量车的比例会比消费者在购买前就知道质量的情况下要少。这就是为什么崭新的、状况良好的二手汽车所能出售的价格比新购买价格低得多的原因。由于信息的不对称,低质量商品把高质量商品逐出市场。

(二)保险市场的信息不对称问题

为什么超过 65 岁的人几乎难以以任何价格买到医疗保险?

老年人得严重疾病的风险比其他年龄的人大得多，为什么保险的价格不上升以反映这一较高的风险呢？原因也就是信息的不对称，即使保险公司坚持要做医疗检查，购买保险的人对他们总的健康情况也要比任何保险公司所希望知道的清楚得多，结果就像旧车那样，出现了逆向选择（Adverse selection）。由于不健康的人可能更需要保险，不健康的人在被保险人总数中的比例提高了，这迫使保险的价格上升，从而使那些较健康的人，由于知道自己的低风险，作出不投保的选择，这进一步提高了不健康人的比例，而这又迫使价格进一步上升，如此下去，直到几乎所有想买保险的人都是不健康的人。在这一点上，出售保险就变得无利可图了。

逆向选择还会在其它方面使保险市场的运作出现问题。假如一家保险公司想为某一特定事件，例如导致财产损失的车祸提供保险单，它选择一个目标人群——25岁以下的男性来推销这种保险单，并且它估计了这一组别中发生事故的概率。对于这一目标人群中的一些人，发生事故的概率很低，大大低于0.01；而对于另一些人，发生事故的概率很高，大大高于0.01。如果保险公司不能区分高风险和低风险的人，它会将保险费建立在所有人的平均水平上，即事故的可能性为0.01。由于人们的信息较多，某些人（那些事故可能性低的人）会选择不买保险，而另一些事故可能性高的人会购买保险。这反过来会使保了险的人的事故可能性提高到0.01以上，从而迫使保险公司提高其保险费。极端地说，只有那些很可能会遭受损失的人才会选择投保，使得保险公司出售保单不可行。

这类市场失灵为政府起作用创造了条件。对于健康保险，它为赞成医疗照顾方案或其它政府为老年人提供的有关形式的健康保险提供了依据。通过为所有65岁以上的老人提供保险，政府消除了逆向选择的问题。

（三）信贷市场的不对称信息问题

通过使用信用卡，许多人借钱而不提供任何抵押品，大多数信用卡都允许持卡人借入数千美元，而许多人都有几张信用卡。信用卡公司通过对借款余额收利息来赚钱。但是信用卡公司或银行如何区分高质量借款人（有借有还的人）和低质量的借款人（有借无还的人）呢？显然，借款人对他们会不会偿还要比公司知道得多。逆向选择问题又一次出现了。信用卡公司和银行必须对所有的借款人收取同样的利率，这会吸引较多的低质量借款人，迫使利率上升，进一步增加低质量借款人的人数，并进一步迫使利率上升，如此下去，直到所有的借款人都是低质量的借款人。

事实上，信用卡公司和银行在一定程度上能够利用电脑化的信用史来区分低质量和高质量的借款，而这种电脑化的信用史是他们之间经常分享的，他们消除或者大大削弱了不对称信息和逆向选择问题，否则的话，这一问题可能使得信贷市场无法运作。没有这些信用史，即使有信用的人也会发现借钱的代价极其昂贵。

（四）其它市场不对称信息的问题

不对称信息在其它许多市场同样存在。如零售商店，珍稀邮票、书画、钱币、古董的经纪人，维修工，饭店，装修公司等。在所有这些情况下，销售者对产品质量的了解都比购买者多得多，除非销售者能够向购买者提供有关产品质量的信息，否则低质量产品和服务就会将高质量产品和服务驱逐出去，从而出现市场失灵。因此，高质量产品和服务的销售者就极想让消费者相信，他们的质量确实是高的。在上面的情况下，他们的质量主要是由声誉决定的。有时候，一单生意要做出声誉来是不可能的，如大多数公路旁餐车式饭店或汽车旅馆的消费者只在旅行时去一次或几次，因此他们就没有机会做出声誉来，那么这些饭店和旅馆如何对付逆向选择问题呢？一个办法是标准化。如在你的家乡，你可能不愿经常去麦当劳吃饭，但是当你在公路上行驶并想停下来用餐时，麦当劳会更有吸引力，原因就在于麦当劳提供的配料和食品都是一样的，而其它的食店谁知道会提供什么呢？但是你确实知道你在麦当劳将买到什么。

由此可见，在上述这些市场中，声誉和标准化的产品和服务是对付逆向选择问题的有效方式之一。

二、道德风险与风险分担

(一) 道德风险

当一方充分保了险，而一家信息有限的保险公司又不能准确地监督他的话，他的行为在购买了保险之后可能改变。如买了医疗保险的人会让医生多开一些不必要的贵重药品；买了家庭财产盗窃险的人不愿花钱装加固锁；买了火灾险的大楼业主不再费心察看每一层楼的灭火设备是否完好齐全。更广义地说，领取失业救济金的人（可将他们看成是购买了"失业保险"的人）会不急于寻找工作；而吃"大锅饭"的人（可看作买了"就业保险"的人）不愿努力工作。所有这些行为，如果公司不能有效地监督，它就会发现它的赔偿比预计的要大，这些行为被称为败德行为或道德风险（Moral hazard）。换言之，道德风险是指保险降低人们避免已保过险的事故的积极性。

道德风险从其名称来看，毕竟是道德范围内的事，无法由法律来对投保人实施强制性约束，在败德行为和犯罪行为之间还具有一条比较明确的界限。例如为房屋买了火灾险后就不注意防火措施，导致房屋失火，这就是道德风险。但如果投保人保险后就放火把房屋烧了，这就构成了以获利为目的的纵火案，这里纵火犯越过了道德的界限，走向了犯罪。在有道德风险的情况下，保险公司可能被迫提高他们的保险费或者干脆拒绝出售保险。

道德风险会加重逆向选择，如果投保人在投保后完全放弃对车的保护，那么本来失窃率就高的地区案发率会进一步上升，从而加重保险公司的负担。但两者并不相同，道德风险是由于人为的行为而提高了发生损失的可能性，而逆向选择则是由于投保人分布的偏向性而使保险公司赔偿率超过平均水平。

(二) 风险分担

保险公司在制订保险费时，必须解决这个问题，如何让投保人保险后仍然努力将损失的可能性和损失的后果减少到最低限度。例如，保险公司希望投保人总是小心保护自己的汽车，检查大楼的消防设施，或生病后仅用一些必要的药品。显然，如果保险公司提供全额保险时，这样的目的是达不到的。因为投保后的车主没有动力采取任何防护措施，即使汽车被盗，保险公司会如数赔偿；买了火灾险的大楼业主也没有积极性采取防火措施，即使大楼起火，保险公司总会如数赔偿；投保后的病人也会尽量享受医疗服务，甚至可以贿赂医生多开贵重药物，反正由保险公司付钱。这种种道德风险将使保险公司面临过大的赔偿压力。

另一极端是，如果保险公司不提供任何保险，情况又会如何？如果没有汽车盗窃险，车主会安装贵重的防盗锁；如果没有火险，业主会仔细检查每一层楼的消防设施的完好情况；如果没有健康保险，每个人都会保重身体并在生病时尽量减少医药开支。总之，如果由个人承担一切风险，他将会努力将损失降低到最小程度。但是，没有保险业务，保险公司也就没有收入，确实想买保险的人也不能用保险来规避风险。由此看来会出现这样一对矛盾：保险太少意味着人们自己承担过多的风险，而太多的保险又使人们制造出更大的风险。

如果人们减少风险损失的努力是可以观察到的，那么保险公司可以通过观察到的信息，根据人们不同的努力程度来规定保险费。比如，保险公司可根据大楼的防火、灭火设施的完善程度来规定火险费率。比如在西方国家,保险公司通常对青年人比中年人采取更高的收费标准,因为后者开车时普遍比前者更谨慎。对于这些比较容易搜寻的信息,保险公司可以有效地利用,但对于人们的绝大多数行为,保险公司无法观察到,所以作为一种折衷的解决办法,保险公司会提供"不全额"保险,即让投保人承担部分风险,留给投保人一些风险让他们采取谨慎的保护性行为。当然究竟非全额保险的赔偿费占损失的多大比重,要根据不同险种和不同的风险及防护措施程度来确定。

第二节 市场信号

在前面的分析中我们已经知道不对称信息能够产生柠檬问题:由于卖主对一个商品的质量比买主知道得多,买主会假定质量是低的,从而使价格下降,只有低质量商品出售。我们还看到,政府干预(例如在健康保险市场)或声誉的发展(例如在服务业)如何能减缓这一问题。下面我们来分析另一个重要的机制——市场信号,通过它,买方和卖方可以对付信息不对称的问题。

一、市场信号的作用

市场信号(Signaling)的概念是由迈克尔·斯宾思(Michael Spence)于1974年在其著作《市场信号显示》一书中首先提出来的,他指出,在某些市场,卖方向买方发出传递产品质量信息的信号。

我们以劳动市场为例,说明市场信号是如何起作用的。假设一家厂商正考虑雇佣一些新工人,新的工人(劳动的卖方)对他们能够提供的劳动质量比厂商(劳动的买方)要知道得多。例如，他们知道他们会多么努力地工作，他们会多么负责任，他们的技术如何，等等。厂商只有在工人被雇佣工作了一段时间之后才会了解这些情况，在他们被雇佣之前，厂商对他们以后的生产能力究竟有多高几乎是不了解的。

厂商是否可以先雇佣工人，然后看他们的工作表现，解雇那些生产率低的工人呢？理论上这是可行的，但这样往往代价很高。在许多国家，要解雇工作了几个月以上的工人是很困难的，厂商不得不提出正当理由或支付解雇费，而且在许多工作岗位上，工人至少在六个月内达不到其潜在的生产能力。在此之前，可能还需要相当多的在岗训练，对此厂商必须投入大量的资源。因而厂商可能要六个月到一年才能知道工人的质量。厂商在雇佣潜在的雇员之前如果已经知道他们的生产能力，将会非常有益。

厂商在雇佣工人之前能够考察哪些特征来获得人们生产率的信息呢？潜在的雇员能不能传递他们的生产率信息呢？在就业面试时穿着整齐或许能传递某些信息，但是即使是没有生产能力的人有时也会为了一份工作而穿着整齐，因而穿着整齐是一个弱信号，它对区别高生产率和低生产率的人并不起什么作用。一个信号要强烈，就必须使高生产率的人比低生产率的人更容易区别，从而高生产率的人更愿意给出这个信号。

教育是劳动市场的一个强信号，一个人的教育水平能够通过几方面来衡量：受教育的年数，获得的学位、授予学位的大学或学院的声誉，这个人的平均成绩等等。当然教育能够通过提供对工作有益的信息、技艺和一般知识来直接或间接地提高一个人的生产率。即使教育并不提高一个人的生产率，它仍能成为生产率的有用信号，因为生产率较高的人会发现得到高水平的教育比较容易。因此生产率较高的人更有可能得到高水平的教育，来向厂商发出他们生产率的信号，并由此获得工资较高的工作，而厂商把教育看作生产率的信号也是正确的。

二、劳动市场上信号的作用

要理解劳动市场上信号的作用,我们以一个简单模型为例。假定有低生产率工人(甲组)和高生产率工人(乙组),低生产率工人的平均边际产出为1,高生产率的平均边际产出为2。工人将被竞争性厂商雇佣,这些厂商生产的产品的销售额为10 000美元,并且他们预期每个工人的平均工作年限为10年,我们假定一半的工人在甲组,另一半在乙组,从而所有工人的平均生产率为1.5,预期从甲组工人得到的收益为100 000美元(10 000美元/年×10年),而从乙组工人得到的收益为200 000美元(20 000美元/年×10年)。如果厂商能识别每人的生产率,它们就会向工人提供与他们的边际收益产量相等的工资,甲组的工人每年10 000美元,乙组的工人每年20 000美元。另一方面,如果厂商不能在雇佣工人之前识别每人的生产率,他们就会向所有的工人支付等于他们平均生产率的年工资15 000美元。这样,甲组的人就会以乙组的人为代价多挣5 000美元。

下面我们考虑教育作为信号的作用。假定教育的所有特征都能概括在代表较高教育年数的指标 Y 中,所有的教育都有成本,教育水平 Y 越高,成本也越高。这个成本包括学费和书籍费、放弃工作的机会成本,以及必须努力学习得到好分数的心理成本。重要的是,低生产率组别的教育成本要比高生产率组别高。理由是:①低生产率工人可能就是不那么勤奋学习;②低生产率工人通过学习来取得进步可能较慢,假定甲组的人获得教育水平 Y 的成本为:

$$C_1(Y) = 40\,000\,Y \text{ 美元}$$

而乙组的成本是:

$$C_2(Y) = 20\,000\,Y \text{ 美元}$$

现在假定(为了简单起见并强调信号的重要性)教育对提高

一个人的生产率没有任何作用,它惟一的价值就是作为一个信号。并且假定厂商使用的决策规则是:任何受教育水平达到或高于 Y^* 的人都作为乙组的人并给予 20 000 美元的工资;任何受教育水平低于 Y^* 的人都作为甲组的人并给予 10 000 美元的工资。厂商所选定的特定水平 Y^* 是任意的,但是要使这一决策规则成为均衡的一部分,厂商必须能正确认识他们,否则厂商就会改变规则。

我们用图 7-2 来说明。教育的收益 $B(Y)$ 是工资的增加,它是与每一教育水平相关的。我们看到一开始 $B(Y)$ 是 0,它代表没有任何大学教育可以获得 10 年 100 000 美元的基本收入。但是当教育水平达到或高于 Y^* 时,$B(Y)$ 跳到了 100 000 美元。

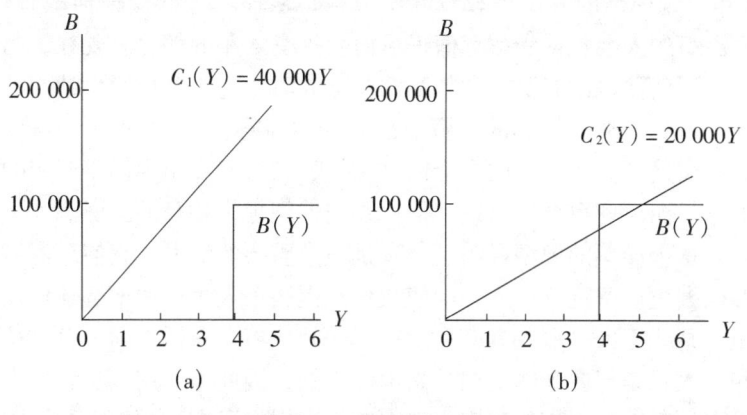

图 7-2 教育的信号作用

显然一个人接受多少教育应该在无教育($Y=0$)和教育水平为 Y^* 之间选择。因为任何教育水平低于 Y^* 时得到的都是一样的 100 000 美元的基本收入。因此接受高于 0 但低于 Y^* 的教育没有收益。同样接受高于 Y^* 的教育水平也没有收益,因为

Y^* 足以使人享受较高的 200 000 美元的总收入。

在决定接受多少教育时，人们将教育的收益与成本进行比较，每一组别的人都进行如下的成本—收益计算；如果收益（即收入的增加）至少与这一教育的成本一样大，就接受教育水平 Y^*。对于两个组来说，收益都是 10 000 美元，然而两组的成本不同，甲组的成本是 40 000Y 美元，而对于乙组，成本只有 20 000Y 美元。因此只要有：

100 000 美元 < 40 000Y^* 或 $Y^* > 2.5$

甲组的人就不会接受教育，而只要有

100 000 美元 > 20 000Y^* 或 $Y^* < 5$

乙组的人就会接受教育水平。

由此可见，Y^* 在 2.5~5 之间，就形成了均衡。假定 Y^* 为 4 年，则甲组的人觉得教育并不值得，从而不会接受任何教育，而乙组的人会觉得受教育值得从而会接受 4 年的教育。现在，当一家厂商面试没有受大学教育的候选人时，它正确地假设他们的生产率高，从而他们的工资应当是 20 000 美元。由此我们得到的均衡是：高生产率的人会用接受大学教育来发出他们生产率的信号，而厂商也会读出这一信号并向他们提供较高的工资。

这个简单的模型说明了教育是一个重要的信号，它使厂商能够根据生产率挑选工人，即使教育对提高工人生产率不起任何作用，某些工人（那些具有高生产率的）也将会获得大学教育。这些工人只是想要证明他们是高生产率的，因此他们用接受教育来发出一个信号。当然现实生活中，教育提供了有用的知识并提高一个人的基本生产率。但是教育也起到了信号的功能。例如许多厂商坚持一个未来的经理必须具有管理硕士学位，这里的一个理由是管理硕士学习了经济学、金融学、财务学和其他有用的课程。但是还有第二个理由，完成硕士学位需要智力、纪律和勤奋，而具有这些品质的人会有更高的生产率。

三、其他市场的信号

教育在劳动市场上作为信号可以解决信息不对称问题。在其他市场（如产品市场）上，以什么来作为信号呢？保证和保证书可以达到这一目的。保证和保证书有效地发出了产品质量的信号，因为一项内容广泛的保证书对低质量产品的生产者来说要比高质量产品的生产者成本更高，由于低质量产品更需要修理服务，而这将由生产者支付，所以增加了低质量产品生产者的成本。结果，出于他们自身的利益，低质量产品的生产者就不会提供内容广泛的保证书，消费者因此把一项内容广泛的保证书看作为高质量的信号，并为提供保证书的产品支付较多的钱。

第三节 委托－代理理论

当一个人（代理人）为另一个人或机构（委托人）工作，而工作的成果同时取决于代理人投入的努力和不由主观意志决定的客观因素，且两种因素对委托人来说无法区分时，就会产生代理人的"败德行为"，如偷懒、偷工减料等，这就是委托－代理问题。在我们的例子中，经理和工人是代理人，所有者是委托人，因此委托－代理问题（Principal－agent problem）就是经理可能追求他们自己的目标，甚至不惜以所有者获得较低利润为代价。代理问题在我们的社会广泛存在。例如，医生作为医院的代理人进行服务，这样一来他就可能挑选病人，并根据个人的偏好而不一定是医院的目标来看病；同样，物业管理公司的经理可能并不按照业主要求的那样去保养物业。下面我们分别分析私人企业和公共企业的委托－代理问题。

一、私人企业的委托－代理问题

在大公司中单个家庭或机构可能仅拥有 10% 左右的股份，股权的分散化，使大多数大公司由经理阶层控制。大多数股东都缺乏公司经理工作努力程度的信息，所以所有者或他们的代表的一个作用就是监督经理的行为。但是监督是有成本的，特别是对个人来说，搜集和使用信息的代价都是很昂贵的。

这样私人企业的经理就可以追求他们自己的目标：如经理们更关心增长而不是利润本身，因为较快的增长和较大的市场份额提供了较多的现金流量，这使经理们能够享受更多的额外津贴；也可能经理们不强调增长的重要性，而是更关心从工作中得到的效用，如他们控制公司的权力扩大、能得到更好的办公条件、附加利益和额外津贴，以及他们工作的长期保障等等。

当然经理们偏离所有者目标的能力是有限制的。首先，当股东们觉得经理们的行为不适当时，他们可以发言，在特殊情况下要求董事会撤换当前的管理层。其次，一个共同控制的强有力的资本市场可以发展起来，如果当前的经理们管理太差，就有可能被接管（Takeover），迫使经理们有强烈的追求最大利润的动力。第三，可以有一个高度发达的经理人市场。如果对于使利润最大化的经理需求很大，他们就会得到高工资，反过来又会使其他经理具有追求同样目标的动力。

遗憾的是，股东控制经理行为的手段是有限的，不完善的。例如，接管可能是出于个人或经济势力的动机，而不是经济效率。由于高层经理常常接近于退休并且有长期合同，经理的劳动市场也可能不能有效地运作。因此要寻找让所有者改变经理们面临的刺激。

二、公共企业的委托－代理问题

在公共组织中,经理们可能关心他们的权力和额外津贴,而这两者都可以通过把他们的组织扩大到超过"有效率"的水平来获得。由于监督公共经理的成本也很高,因此,没有什么能保证他们会生产更有效率的产出,只要政府机构对其成本的信息比立法机关多,对政府机构的执法检查就不大可能有效。

虽然公共部门缺乏一些使经理受约束的市场力量,政府机构仍旧能够受到有效的监督。首先,政府机构的经理并不仅仅关心他们机构的大小,确实,许多人选择工资较低的公共工作是因为他们关心"公共利益"。其次,公共经理们在很大程度上与私人经理们一样,也要经受经理人市场的优胜劣汰规则的选择,如果公共经理被察觉到在追求不适当的目标,他们在将来得到高工资的机会将减少。第三,立法机构和其它政府机构起到了监督的作用,如预算、审计部门花费很大精力来监督其它机构。

三、委托－代理中的激励机制

前面的分析已经指出,在委托－代理中经理和所有者的目标会有不同。所有者可否设计一个激励机制,使经理和工人尽可能实现所有者的目标呢?

(一)激励机制的设计

对于委托人来说,激励机制要解决这样一个问题,如何让代理人努力工作,就像为他自己工作一样?应该怎样设计一种给予报酬的方法,如果不管产出多少,都付给经理和工人一笔相同的报酬,他会没有动力努力工作,适当的激励机制必须让报酬在一定程度上与产出有关,问题在于这种相关性如何确定。

我们可以构造这样一个模型:令 x 为代理人付出的努力,Y 为产出,Y 并不惟一由 x 决定,但两者之间高度正相关,其

函数关系为
$$Y = f(x)$$

委托人付给代理人的报酬为 w，为了鼓励代理人的积极性，w 应与 Y 有关，两者的函数关系为：
$$w = w(Y) = w[f(x)]$$

对于委托人来说，目标是自己的利润最大化，即使 $\pi = Y - w(Y)$ 极大化。设计激励机制的约束有哪些呢？这需要从代理人的角度来考虑。首先，代理人付出劳动或努力是需要成本的（需要时间、体力和精力）。成本与付出的努力正相关，并且付出努力的上升，边际成本是递增的，成本 C 与努力的函数关系为：
$$C = c(x)$$

于是对于代理人来说，从工作中得到的净收益必须大于不工作能达到的效用水平（我们将效用折算为收益）$\bar{u}$，才愿意参加劳动，即：
$$w[f(x)] - c(x) \geq \bar{u}$$

例如，如果不工作能领取失业救济金，那么失业救济金就构成了 $\bar{u}$ 的一部分。最苛刻的委托人会设计这样一种激励机制，使代理人刚好愿意参加工作，即上式等号成立。这被称作"参与约束"。若报酬低于这一约束水平，代理人将根本不愿意参加劳动。当参与约束满足时，委托人的利润极大化就是使：
$$\pi = f(x) - c(x) - \bar{u}$$

极大化。为了求出最优解，对其求一阶导数，并使其等于零，得委托人利润最大化的条件为
$$MP(x^*) = MC(x^*)$$

即代理人的努力带来的边际产出与边际成本相等时，委托人的利润在满足参与约束的前提下达到最大化。这时，代理人的报酬上限为：
$$w[f(x^*)] = c(x^*) + \bar{u}$$

至此，我们只解决了代理人参加工作的激励问题，而没有解决代理人的偷懒问题。委托人还必须设计一种机制诱使代理人不偷懒，即让代理人努力工作得到的净收益大于偷懒得到的净收益。这样的激励机制必须满足：

$$w[f(x^*)] - c(x^*) \geq w[f(x)] - c(x)$$

上式对一切的 x 的取值都成立，这一约束称为"激励相容约束"（Incentive compatibility constraint），也使得代理人付出 x^* 的努力水平得到的净收益最大，这样从他本身利益出发，他不会选择偷懒。

总之，任何有效的激励机制的设计都必须遵循两个原则，首先，代理人参与工作所得净收益必须不低于不工作也能得到的收益，这是参与约束；其次，代理人让委托人最满意的努力程度也是给他自己带来最大净收益的努力程度。显然，固定报酬或大锅饭式的激励机制是无法同时满足这两个条件的。

（二）一体化公司的内部管理激励

现在我们将重点转向一体化的公司（即由几个部门组成的公司）研究委托人如何设计激励机制鼓励经理作出适当的努力。一体化公司有水平一体化和垂直一体化两种。水平一体化指由几家工厂生产相同或相似的产品，而垂直一体化则是指上游部门生产原料、部件和零件，供"下游"部门用来生产最终产品。

在一体化的公司内，不同部门的经理对关于他们经营的成本和生产潜力的信息，比总部的管理部门知道得多，这种不对称信息导致两个问题：一是总部怎样才能从部门经理那里得到关于部门经营成本和生产潜力的准确信息，以确定交货时间和价格；二是总部以何种奖励或刺激结构来鼓励部门经理有效率地生产。

以水平一体化为例，有两种办法可解决上面两个问题：一个方法是以工厂的总产出或经营利润为基础给工厂经理发奖金。虽然这种办法会鼓励工厂经理使他们工厂的产出最大化，也会惩罚那些成本较高、生产能力较低的工厂经理。但工厂经理没有动力来获得和展现有关成本和生产能力的信息。

第二个办法是询问工厂经理有关他们的成本和生产能力，然后根据他们的回答和他们的表现来发奖金。例如，要求每位经理说出他们的年生产能力，在年终根据工厂的实际产出与这一目标的距离来计算奖金。例如，如果经理估计可行的生产水平为 Q_f，该年以美元计算的奖金 B，就可能是：

$$B = 10\,000 - 0.5\,(Q_f - Q)$$

式中，Q 是工厂的实际产出，10 000 是产出达到生产能力时的奖金；0.5 是 Q 低于 Q_f 时减少的奖金的系数。

然而在这一办法下，工厂经理会低估他们工厂生产能力。通过自报一个低于他们知道为真实的生产能力，即使他们没有效率地经营，他们也很容易得到大笔奖金。因此这一办法没有能够得到有关生产能力的准确信息，并且不能保证工厂尽可能有效率地经营。

现在我们修改一下这个办法。仍然要求工厂经理估计他们的生产能力，并且将其与奖金联系在一起，然后用一个稍微复杂的公式来计算奖金。

如果 $Q > Q_f$，$B = 0.3 Q_f + 0.2\,(Q - Q_f)$

如果 $Q \leqslant Q_f$，$B = 0.3 Q_f - 0.5\,(Q_f - Q)$

系数 0.2，0.3 和 0.5 是这样选择的，它们使每个工厂经理具有透露真实可行生产水平的激励，并使工厂的实际产出 Q 尽可能地大。

以图 7-3 为例说明这一点。假定实际的生产极限是每年 $Q^* = 20\,000$ 单位。如果工厂经理说出的可行的生产能力是实际生产极限，他的奖金就由 $Q_f = 20\,000$ 这条线给出，该线延续到产出超过 20 000 的地方以说明奖金计划，但超过的部分用虚线表示以表明这种生产是不可行的。注意当厂商的生产在其 20 000

单位的极限时,经理的奖金极大化,这时的奖金为 6 000 美元。

然后,假定经理报告可行的生产能力只是 10 000 单位,则他的奖金由 $Q_f = 10\ 000$ 线给出,现在最高奖金为 5 000 美元。但值得注意的是,这比经理如果正确报告可行的生产能力为 20 000 时得到的奖金少。当经理夸大现行的生产能力时,同样的论证也适用,如果经理说可行的生产能力为每年 30 000 单位,奖金就由 $Q_f = 30\ 000$ 线给出。最高的奖金为 4 000 美元,这是在产出为 20 000 时实现的,它也比如果正确估计生产能力时得到的奖金要少。

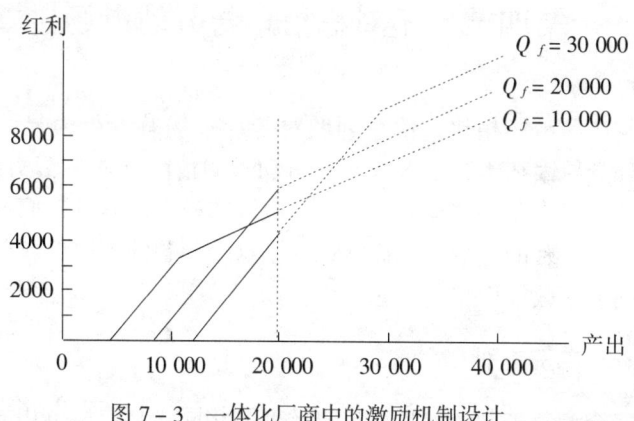

图 7-3 一体化厂商中的激励机制设计

当 $Q > Q_f$ 时,以 $B = \beta Q_f + \alpha (Q - Q_f)$,当 $Q \leqslant Q_f$ 时,以 $B = \beta Q_f - \gamma (Q_f - Q)$ 这两种形式表示的奖金对任何生产都会起作用(当然这里没有考虑到动态变化,即经理必须在这一年好好表现得到大笔奖金与将来被分派更加雄心勃勃的目标之间进行权衡)。

这种信息不对称问题和激励设计在管理方面经常发生,像上面描述的激励计划在许多情况下都会出现。一个例子是如何激励销售人员确定和透露实际的销售目标,然后尽可能地去努力实现这些目标。公司想要平等地奖励所有的销售员，也想给他们激励，经常用奖金和佣金来奖励销售员，但是激励方案常常设计得很差，典型的情况是，销售员的佣金与他们的销售额成比例，这既不能引出有关可行销售目标的准确信息，也不能使他们的表现最佳。如果公司按上面的公式给出的奖金方案会产生较好的效果。可以给销售人员一个数字矩阵，显示奖金是销售目标和实际销售水平两者的函数。销售员会很快算出其奖金，于是他们报告一个可行的销售目标，然后尽可能努力工作去实现这一目标。

第四节　不对称信息与劳动市场

与产品市场相比，信息问题对劳动市场有着更为显著的影响，部分原因在于，工人只有在有动力的情况下才会努力工作，他们关心工作条件，他们的职位、收入的稳定性以及他们的工资与其他人工资的差别，厂商意识到了这个问题的重要性，并在其公司的人事政策中将其考虑在内。

一、工资差别

完全竞争表明，如果所出售的商品相同，则价格也相同，工资是劳动市场上的价格，但工资差别是明显和广泛的，甚至在没有工会的情况下，从事类似工作的类似工人有时也有工资差别。例如一些秘书的工资就是其他秘书工资的两倍。对于这类工资差异，在完全竞争的分析范围内有两种解释：其一是用补偿性工资差别来解释。虽然不同的工作可能有相同的名称，但他们可能相当不同，某些工作很少乐趣、需要经常加班，工作的地点也不方便。因此厂商必须为一些工作的不合意方面对工作的人加以补偿。其二是用生产率工资差别来解释。有些工人的生产率就是比别人高很多,甚至在具有相同的经历和受过相同的教育的人中存在类似的情况。例如,与其他秘书相比,有些秘书打字速度更快且错误率更低。

但其它一些工资差别不属于完全竞争市场的分析范围,其中有一些是不对称信息造成的。在不同的工作机会中搜寻是要花费时间的。由于不知道还有更高薪水的工作而接受低薪水工作的人面临着信息不对称的工资差别。

如果所有工人的生产率确实是相同的,或者说,如果雇主清楚地知道每个工人的生产率,那么基于信息不对称的工资差别不可能持续很久,在发育良好的市场上,厂商会在其他厂商那里寻找低工资的工人,并试图争取过来,这一过程会继续下去,直到具有相同生产率并从事类似工作的工人获得相同的工资时为止。但是,工人和工作是很不相同的,当新雇主雇佣一名目前拿低工资的工人时,新雇主不能肯定该工人是因为生产率低理应拿低工资呢还是因为该工人确实有较高的生产率,只不过没有机会证明自己的生产能力而已。新雇主也许会想,工人目前的雇主在判别该工人的真实生产率方面比自己更有优势,他也会以支付更高的工资来作出反应。如果这名工人的生产率确实值得支付高工资,则该工人目前的雇主将会支付与新雇主相同的工资,这样新雇主在争取该工人时就不能如愿。如果这名工人的生产率不值得支付高工资,则该工人目前的雇主就不会提高其工资。这时,新雇主可以通过竞争将该工人争取过来,但这时新雇主支付的工资就过高了,这就会出现逆向选择的问题,结果厂商没有动力通过竞争的方式将工人从其他厂商那里争取过来。但当工人在新的岗位上有更高的生产率时,则这时对该工人支付更高的工资是值得的。正因为存在成本、不对称信息以及不同个人能力的差别等因素使得劳动的流动性受到阻碍时,所以有类似能力的个人之间存在较大的工资差别。的确,大多数决策所依据的信息都是不完善的,甚至可能存在目前的雇主并不知道一个潜在雇员目前确切工资的情况。

二、效率工资

在完全竞争的市场中，工资与边际生产力的联系十分密切，所有的工人都会在其工资等于他们的边际生产力时找到工作。工资的差别是由于生产率和职业的吸引力不同而产生的。然而工人并没有对厂商的忠诚，因为他们在其他雇主那里从事同样的工作也会得到同样的报酬。

为了得到员工的忠诚和高质量的工作并减少工人跳槽，厂商所采取的一种激励方式就是对工人支付比他们在其他地方所能得到的更高的报酬。认为支付更高的工资能够造成具有更高生产率的劳动队伍的理论被称为效率工资（Effective wage）理论。如果某一工人所获得的报酬比他在别处能够得到的报酬要高，那么他被解雇的成本确实很大。雇主支付高工资的一个原因是想提高工人在被解雇时的成本，工资越高，解雇的成本越大。

当然工人们知道，经理并不能总是监督他们。他们在偷懒也即减少工作努力程度带来的好处和代价（即被察觉并解雇）之间求得平衡。当一个工人认为他偷懒被察觉的机会很小时，他可能会经常偷懒，除非被察觉后受到的惩罚变得更大。相应地对那些日常监督成本很高或是工人可能造成重大损失的工作（如按错一个电钮可能毁坏一台机器的工作），雇主通常都支付高额工资，更高的工资增加了将工作做好的动力。

效率工资理论可以用偷懒模型（The shirking model）来解释。由于监督成本很高或者不可能，厂商对于工人的生产率具有不完全的信息，从而存在着委托-代理问题。在最简单的形式上，偷懒模型假设市场是完全竞争的，因此所有的工人都有同样的生产率并得到同样的工资，一旦雇佣以后，工人或者有效生产,或者尽量偷懒,但是由于他们的表现有限,工人可能不会因为偷懒而解雇。模型分析如下。

如果一家厂商向其工人支付的市场工资为 W^*,他就有偷懒的刺激。即使他们被抓到并被解雇,他们能够立即在其他地方以相同的工资就业。在这种情况下,解雇的威胁并不构成工人的成本,因此他们没有有效工作的刺激。作为对不偷懒的刺激,厂商必须向工人提供较高的工资。在这个工资上,由于偷懒而被解雇的工人,如果他在另一家厂商以 W^* 被雇佣,就面临工资的降低。如果工资的差异足够大,工人就会努力工作,这家厂商就没有偷懒问题,这种不发生偷懒的工资就是效率工资。

至此,我们只看到了一家厂商,但是所有的厂商都面临偷懒问题。这意味着所有的厂商都将提供高于市场工资 W^* 的工资,比如说 W_e(效率工资)。这时由于所有的厂商都提高大于 W^* 的工资,对劳动的需求就小于市场的数量,从而存在失业,这意味着由于偷懒而被解雇的工人在另一家厂商得到 W_e 的工资以前会面临一段时间的失业,如图7-4所示。

在图7-4中,D_L 是劳动的需求曲线,S_L 是没有偷懒时的劳动供给曲线,他们相交会使市场工资确定在 W^* 上,并导致充分就业 L_0。然而有了偷懒,各个厂商就不愿支付 W^*,相反,对于劳动市场的每一种失业水平,厂商都需要支付某种大于 W^* 的工资以诱使工人努力工作,这一工资由无偷懒约束曲线 (S'_L) 给出。这一曲线显示了,相对于每一种失业水平,工人为了不偷懒而需要的最低工资。注意,失业水平越高,效率工资与 W^* 之间的差距越小。这是因为在失业水平高的时候,偷懒的人要冒长时间失业的风险,因此就不需要很大的诱因来使他们有效率地工作。在图7-4中,均衡工作处在无偷懒约束曲线 S'_L 与 D_L 曲线的交点上,这时 L_e 的工人赚取 W_e 的工资。这是因为无偷懒约束曲线给出了厂商能够支付并能避免偷懒的最低工资。厂

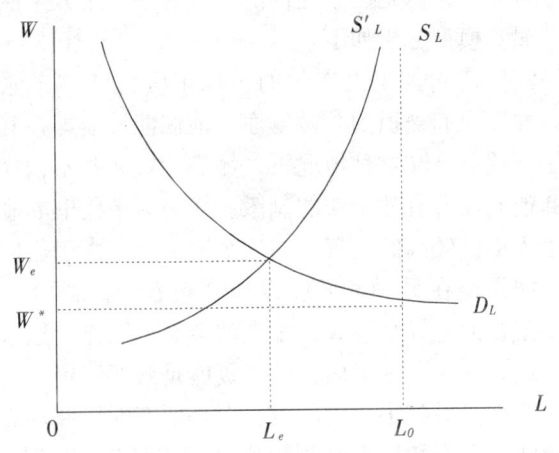

图 7-4 偷懒模型中的约束

商不需要支付大于这一数目的工资来得到他们所需要的工人人数，但也因为偷懒而不会支付小于这一数目的工资。注意无偷懒约束曲线从不与劳动供给曲线相交，这意味着均衡时总有一些人失业。

效率工资实质上就是"信任性工资"，这种"信任性工资"说明了为什么同类技能的工人在劳动密集型行业工作时比在资本密集型行业工作的工资低，也说明为什么受托照管现金的人（他们可能携款潜逃）通常比其他具有同样技能的人有更高的工资。他们取得高工资不是因为他们值得信任。相反，他们值得信任主要是因为他们具有高工资，失去这份高工资的威胁会鼓励道德行为。

复习思考题

1. 为什么高档产品的生产者不愿在地摊上出售他们的产品？如果真正高价值、高质量的产品放在地摊上出售，会有怎样的遭遇?

2．因为逆向选择,低质量产品将高质量产品逐出市场。对于那些不对称信息盛行的市场,你是否同意或不同意下列每一种情况?并作简要的解释。

(1) 政府应当对消费者投诉给予补贴。

(2) 政府应当制订质量标准,例如不允许厂商出售低质量产品。

(3) 高质量产品的生产者可能想要提供一份内容广泛的保证书。

(4) 政府应当要求所有的厂商提供内容广泛的保证书。

3．面临生产的小汽车修理记录很多名声太差的问题,一些美国汽车公司为买主提供广泛的保证,例如对所有零部件和与机械问题有关的修理给予七年的保修。

(1) 根据你对次品市场的知识,为什么这是一项合理的政策?

(2) 这一政策是否会产生道德风险?请解释。

4．如果低质量工人与高生产率工人获取教育文凭的成本没有系统性差异,例如,任何人只要花钱即可购买到所需文凭,文凭的信号作用会发生什么变化?在短期内和长期内分别给劳动力市场带来什么影响?

5．当某人从中层管理职位晋升到高层管理职位时,其薪水常常是以前的一倍甚至更多。从竞争市场理论来看,为什么这种现象看上去难以解释?为什么追求利润最大化的厂商会这样做?

第八章 一般均衡和经济福利理论

在前面的讨论中,我们分析了产品、生产要素的均衡价格和均衡数量是如何决定时,采用的是局部均衡(Partial Equilibrium)分析方法。这一章首先采用一般均衡(General Equilibrium)分析方法,来分析一个社会所有的产品、生产要素的价格和供求数量,将怎样在相互作用下趋向整个社会的全面均衡;然后在此基础上介绍福利经济学的基本内容,并分析市场经济的缺陷和政府的作用。

第一节 一般均衡理论

一、一般均衡的含义

要了解一般均衡的含义,首先有必要介绍均衡和局部均衡的含义。

(一)均衡的一般含义

所谓均衡,是指一种不再变动的状态。这里所谓不再变动含有没有必要再变动的意思,因为这种状态是最佳的,如果再变动只会使情况更糟。比如说一个消费者已经实现了均衡,是指他使用其货币购买的各种商品和劳务,已使他获得了最大的满足。如果他再变动所购买的商品和劳务的种类和数量,结果他不仅不能增加他的满足,而且反而会减少他的满足。同样,一个厂商已经实现了均衡,是指他所购买的生产要素以及所生产的产品的数量可以使他获得最大利润。如再变动,只会使他的利润减少。最后我们说一个生产要素所有者已经实现了均衡，这是指他已将这些生产要素安排到报酬最大的生产用途，因此他会得到最大的报酬。如果他改变这些生产要素的用途，结果只会减少他的报酬。

均衡概念的重要性，并不在于事实上能否实现，而是通过这一概念，我们可以知道一般经济现象之所以发生变动的原因及其将来可能的变动方向。比如某一经济社会，其内部发生了一些变化，例如消费者的生活习惯及其偏好改变了，生产技术水平提高了，或者生产要素的供给改变了，自然就会打破原来的均衡，而产生一种新的均衡。这时从事经济活动的各单位就会随之采取调整措施，以与新的均衡相配合。

(二) 局部均衡

所谓局部均衡，是指某一特定经济部门（或单位）所获得的均衡。它是完全将某一经济部门（或单位）孤立起来，不与其他部门发生任何联系，以研究该经济部门如何在其它情况不变的条件下，逐渐调整其行为从而最终实现均衡。所以，我们前面的分析都是这种均衡，而说明产生这种均衡的供求定律就是典型的局部均衡理论。例如，消费者的均衡就是研究消费者如何在消费习惯及其偏好等都不变的条件下，利用他自己的收入去购买价格既定的商品和劳务，从而实现最大满足，这就是均衡的实现。厂商均衡也是假定厂商所面对的需求曲线、所使用的技术水平、所需要的生产要素的供给不变的情况下，如何调整产量，以获得最大利润，而达到均衡。同样，生产要素所有者的均衡也是假定他所有的生产要素的数量、价格以及用途等都为已知而求出的。如果这些已知的条件发生变化，那么这种均衡状态就会被打破，这就会引起重新调整，以实现新的均衡。至于个别经济部门之外的变化如何影响其均衡，则不加分析。

这种局部均衡的分析适用于两类情况：一是由于经济变动所产生的影响仅限于某一部门本身，而不会扩大到其他部门，此时采用这种方法研究可得到较为满意的结论。二是可用这种方法了解经济变动所产生的初步影响。如某地区水灾后需要重建，需要大量的水泥。假定我们想要了解水灾这种变动对于水泥行业所产生的初步影响，诸如在价格、产量、利润、对各种生产要素的需求等所引起的变动，就可以应用这种方法加以研究。

（三）一般均衡

如果要了解整个经济的运行状态，仅仅利用局部均衡分析是不够的。因为在现实经济生活中，各个消费者之间、各个厂商之间、消费者与厂商之间、各个市场之间以及各个市场与各个经济决策单位之间都存在着密切的联系；同时任何一种经济变动，除了立即产生一些影响之外，还会发生许多余波。因此仅仅研究其初步影响还不足以了解全貌。正因为如此，才提出了一般均衡分析法。这种方法强调各经济部门（或单位）之间所存在的相互关联性，而所谓一般均衡，就是表示整个经济社会中所有各个部门都同时达到均衡。具体地说，一般均衡要回答这样一个问题：即我们能否求出一套价格，在这套价格中，生产者愿意将产品销售给消费者，使其所有的需要都能得到满足；同时生产者所需的生产要素也可按这套价格全部买到，这样生产要素所有者也就随之得到了报酬。如果我们能求出这样一套价格，那么一般均衡也就形成了。

由此可见，一般均衡分析法所要达到的目的可以说有两个：一是指出一个了解整个经济社会的运行方法，即经济社会如何组成为一个整体，这个整体如何运行并发生作用？二是通过它了解一种经济变动所发生的影响有多大？即除了初始影响以外是否还有余波？如有，这种余波又有多大？如前面所举的水灾引起的对水泥需求增加来说，其初始影响是水泥价格上涨、利润增加、产量增加，所需的生产要素价格也上涨，因此，生产要素所有者的报酬也增加，同时这些影响还会产生其它影响。例如，生产要素所有者的收入增加以后，就会增加对其它产品的需求，这样又带动了其它产业的发展。同时，对水泥代用品的需求也会增加，原来不从事水泥生产的生产要素如能够转移的也将会转移过来，这又会引起其它使用同类生产要素的产业缩小。这时我们如果要了解这种变动对于整个经济社会所产生的全盘影响，就可利用全面均衡的理论加以研究。总之，局部均衡是研究个别价格的决定，一般均衡则研究各个价格的关联性，并求出一套价格，以表示整个经济社会的价格机制如何运行。

二、整个社会经济的运行

上面已经将局部均衡和一般均衡的意义加以说明，现在可以利用这两个概念，对于现代市场经济社会的运行状态加以综合的说明。

（一）两种市场之间的关联性

现代市场经济基本上由两个市场组成，这就是商品市场与生产要素市场。过去所分析的是根据各个市场本身的情况而分别求出其均衡的价格和数量。至于各个市场之间的相互关联性，则未加考虑。现在要分析整个社会经济的情况，则必须考虑各个市场之间所存在的关联性。因为事实上各个市场都密切相关，其中一个市场发生变化，将会影响另一个市场，必须使各个市场都同时达到均衡，这种互相影响的情形才会中止。

为了明确了解这种情形，现说明这两种市场之间彼此如何影响。

首先说明生产要素市场如何影响商品市场。现在假定有一种新的发明，可以使土地的生产力大大提高，所需使用的人力大量减少。在这种情况下，对于土地的需求就会增加，而对于劳动的需求就会减少，于是土地的价格就会上涨，而劳动者的工资就会减少。这实际上表示拥有土地的人的收入增加了，而工人的收入则要减少。所以这种重新分配的结果对土地所有者有利,而对工人不利。那么这种变动如何影响商品市场呢?现在假定土地所有者一般比工人富有,因此经重新分配的结果,富有者更加富有,那么社会上一般奢侈品的需求就会增加,而必需品的需求则会相对减少。于是奢侈品的价格与产量就会增加,而必需品的价格与产量就会减少。简单地说,生产要素价格的变化会引起消费者收入的变化,这种收入的变化就会影响消费者的购买行为,这就要求商品市场必须有所调整。

其次,反过来说明商品市场的变动如何影响生产要素市场。假定现在消费者对一般手工艺品的偏好降低了,而喜欢购买由机器生产的物品。在这种情况下,手工产品的价格下降,同时产量减少,而机器生产的物品价格与产量就会增加。我们知道,在手工业中,使用最多的生产要素是劳动,而在一般工业中使用最多的是资本。这种消费者需求的变化使劳动的边际生产力减少,而资本的边际生产力增加。如果这些生产要素只能在原来的工业中使用而且其供给弹性为零,那么劳动的需求曲线会下降,工资会减少,而资本的需求曲线会上升,资本的价格会上涨。这就是消费者需求的变化对生产要素市场所产生的直接影响。

就长期来看,劳动与资本均可用于这两种产业,由于手工业生产的减少,很多劳动与资本可以从手工业转移到新式工业中。但是手工业所能转移出的资本极其有限,大部分都是劳动,这样一般新式工业中的劳动供给就会超过需要,而资本的供给则仍然不足。因此,从长期影响来看,资本的价格比以前高,而劳动的价格比以前低。同时两个产业所使用的劳动数量都会比以前多。由此可见,生产要素市场的价格与数量的决定会因商品市场的变动而改变。

(二)一般均衡的图解

现在我们用图形来表达两种市场之间的关联性(图 8-1)。

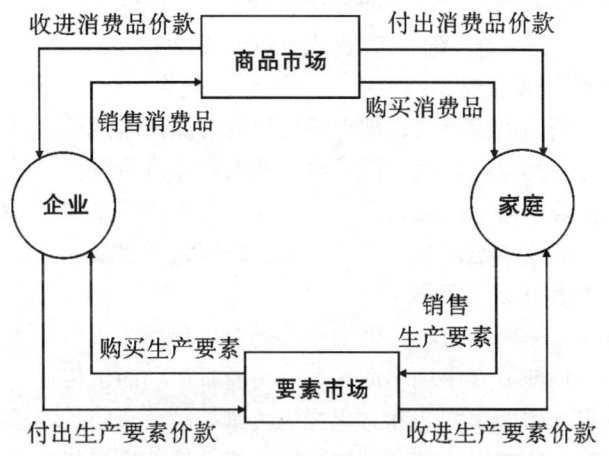

图 8-1 经济活动流程与一般均衡的形成

图 8-1 说明,社会中所有的家庭与所有的厂商都通过这两个市场且互相之间建立起密切的关系。在商品市场中厂商生产各种产品,以供各家庭购买,在要素市场中各家庭提供各种生产要素,以备厂商选购。当两种市场供需双方的数量都相等时,整个经济社会的一般均衡就形成了。

假定各个家庭对于消费品的偏好以及其所拥有的生产要素已知,同时厂商可运用的生产函数也固定,此时,如果能为其中的生产要素与商品求出一套能使供需双方都相等的价格与数量,那么整个经济的一般均衡也就实现了。

三、瓦尔拉斯一般均衡模型

法国经济学家瓦尔拉斯首先提出了完全竞争条件下的一般均衡模型。他认为所有市场上的价格和数量通过相互作用和影响,都是同时确定的。他使用一个联立方程组来描述所有市场的买卖双方的相互作用,认为通过求解这个联立方程组就能同时确定所有商品和所有要素的确切的价格和数量。

联立方程式体系中的方程式可以分为以下两类：

1. 行为方程式
（1）商品需求函数，即求解居民的商品需求量；
（2）商品供给函数，即求解厂商的商品供给量；
（3）要素需求函数，即求解厂商的要素需求量；
（4）要素供给函数，即求解居民的要素供给量。

2. 均衡市场方程式
（1）均衡商品市场，即求解均衡商品市场的价格；
（2）均衡要素市场，即求解均衡要素市场的价格；

方程式中的未知数和方程式的数量相等，未知数的解是不确定的。瓦尔拉斯以一种商品作法定价值，使其价格 $P_1 = 1$，其余的商品和要素的价格均以这个价格来表示，这时未知数的数目比方程式的数目少了一个，因此满足了方程式有解的必要条件。

关于均衡稳定问题，也就是一旦价格离开均衡点以后，价格调整机制能否重新使价格恢复均衡。如果能恢复均衡，那么这个经济体系就是稳定的，否则就是不稳定的，即价格水平一旦背离均衡价格，便会越离越远，不能恢复平衡。瓦尔拉斯认为一般均衡是稳定的。但是他认为，达到一个均衡是一个摸索过程。如果这个体系一开始就失去了平衡，最终也会由于市场之间的相互作用而恢复平衡。例如，假定商品 A 的价格低于均衡水平，对 A 的需求将会增加而促使它的价格上升。因此其它价格也变动了，并且这些变动又会反过来影响 A 的供求。在摸索过程中，A 的价格开始时背离了均衡水平，很可能会下跌一段时间，但是到最后，它会跳跃着上升到它本身的均衡位置上。A 的价格变动引起了其它商品的需求、供给和价格的变动。但是他认为商品自身价格的变动对供求的影响大，其它价格的变动对自身的供求影响小。因此 A 的价格变动使其它市场失去均衡的程度比起始的市场失去均衡的程度来得小，通过市场机制的摸索过程终究会恢复一般均衡状态。就这样，瓦尔拉斯通过摸索过程回避了对具体的调整过程的分析，也不涉及到均衡所需要的时间。

第二次世界大战以后，阿罗（K.Arrow）和德布罗（G.Debreu）等经济学家在更广泛的基础上建立了完全竞争经济中的一般均衡模型。他们证明了在有限的成本递增和垄断竞争的经济中依然存在着一般均衡。但西方经济学家至今还不能证明，在寡头占据主要地位的经济中，能否实现一般均衡。

第二节 经济效率的发挥与经济福利

一种经济在完全竞争的条件下实现了一般均衡。这种一般均衡状态是可取的，还是不可取的？经济福利理论就是从规范的角度，对完全竞争的一般均衡状态的经济效率进行分析。

一、帕累托最优状态的含义

首先要指出的是，所谓经济福利（Economic Welfare）在西方经济文献中通常具有两种含义：一是效率（Efficiency），二是公平（Equity）。凡是一种经济活动能够发挥效率，就表示增进了经济福利。同样，凡是一种经济活动能够促进公平，也就表示增进了经济福利。但是，什么是效率，什么是公平，不易得到一致的解释。一般而言，经济学家不愿涉及公平，因为他们认为，公平问题涉及到各人不同的价值判断，是一个主观性的问题，无法作客观分析。因此，经济学家将研究的重点放在效率上，而往往将效率与福利混为一谈。为此，我们首先对效率加以解释。

效率一词的含义也很多，这里是指这样一种情况：如果生产资源的数量与质量为已知，然后将这些生产资源加以利用，生产出许多产品,而使消费者获得了最大的满足,这就表示这种生产已经发挥了效率。那么,我们如何知道这种情形存在呢?这就要看我们能否将生产要素的组合重新安排,或将所生产的产品增减,而能使人们所得到的满足增加。如果某些人的满足能因此增加,而同时其他人的满足又不会受到损失,则表示该经济还未使其生产资源充分发挥效率。只有当资源的使用无法使一个人的满足增加,而不以其他人的满足减少为代价时,才算已经充分发挥了效率。生产资源的使用,如果已经达到这一状态,就是达到最优境界。由于这一最优境界是由意大利经济学家帕累托(V. Pareto)首先提出的,一般称为帕累托最优状态(Pareto's Optimality)。

二、帕累托最优状态的实现及其条件

如果一种经济处于完全竞争条件下,则其所产生的一般均衡正好符合帕累托最优状态。现在分析实现帕累托最优状态所必须具备的条件。分析最优条件所采用的主要工具是以前曾使用过的建立在序数效用论基础上的无差异曲线、等产量曲线,采用的基本图形称为埃奇渥斯盒状图。

(一) 交换效率的最优条件

假定经济中只有 A 和 B 两个消费者,他们拥有 X 和 Y 两种商品,而且 X 和 Y 这两种商品的总量是固定的,即只有交换而没有生产。A 和 B 两个人只交换 X(如食物)和 Y(衣服)两种商品。而且是一种没有货币和价格只从事物物交换的经济。在这些假定下分析 A 和 B 在交换中实现帕累托效率所需要的条件。

图 8-2 中(a)和(b)分别表示 A 和 B 两人对 X 和 Y 两种商品的不同偏好,A 消费者的不同偏好用图 8-2(a)中的三条无差异曲线 U_{A1}、U_{A2} 和 U_{A3} 表示,它们的效用水平为 $U_{A1} < U_{A2} < U_{A3}$。B 消费者的不同偏好用图 8-2(b)中的三条无差

异曲线 U_{B1}、U_{B2}、U_{B3} 表示，它们之间的效用水平为 $U_{B1} < U_{B2} < U_{B3}$。现将 B 的无差异曲线图形旋转 180°就形成图 8-3。图 8-3 是埃奇渥斯盒状图，A 的原点和 B 的原点形成对角。

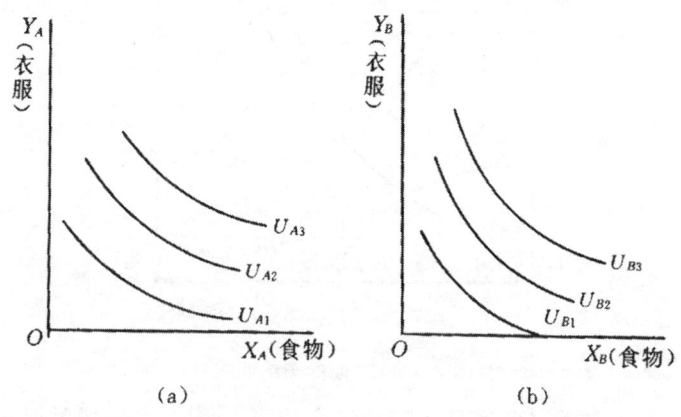

图 8-2 A、B 的偏好图形

在图 8-3 中，A 消费者的无差异曲线 U_{A2} 与 B 消费者的无差异曲线 U_{B1} 相交于 R 点，R 点表示 A 和 B 两个消费者在交易之前各自所拥有的 X（食物）和 Y（衣服）两种商品的数量组合。过 A 消费者的无差异曲线 U_{A2} 上 R 点的切线 TT' 的斜率的绝对值，表示 A 消费者在 R 点上的 X 和 Y 两种商品的边际替代率 MRS_A，同理，过 B 消费者的无差异曲线 U_{B1} 上 R 点的切线 SS' 的斜率的绝对值，表示 B 消费者在 R 点上 X 和 Y 两种商品的边际替代率 MRS_B。由于 TT' 切线斜率的绝对值大于 SS' 切线斜率的绝对值，所以在 R 点上，A 消费者的商品边际替代率相对较大，而 B 消费者的相对较小。

如果 A、B 两个消费者从 R 点出发相互之间进行交易的话，他们双方均可受益。事实上他们也愿意进行这种交易。因为，在

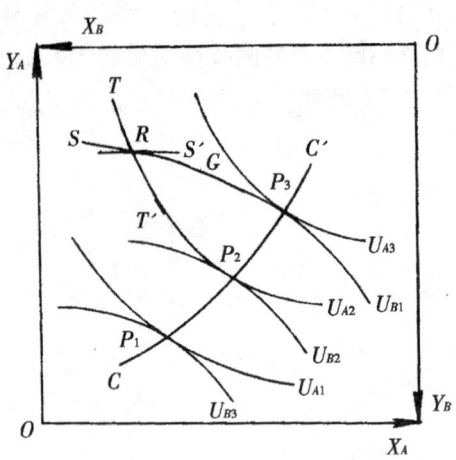

图 8-3 交换的契约曲线

R 点上 A 消费者的商品边际替代率较高,所以 A 消费者愿意用自己较多的 Y 商品去换得自己较少的 X 商品,而在 R 点上的 B 消费者的商品边际替代率较低,所以 B 消费者愿意用自己较多的 X 商品去换取自己较少的 Y 商品。这样,A、B 双方各自得到最大的效用满足,交易就在他们之间进行。

A、B 之间的交易应该如何进行呢?换言之,他们之间的交易应该移到哪一点,才能使双方获得尽可能大的满足呢?如果 A 消费者比较精明,双方的交易进行到 G 点上,则 A 消费者的效用水平提高了,而 B 消费者的效用水平不变,仍维持在无差异曲线 U_{B1} 的水平,A 消费者甚至可以在不降低 B 消费者效用水平(仍为 U_{B1})的条件下,使双方交易进行到 P_3 点,P_3 点上 A 消费者的效用水平更高。在 P_3 点 A 消费者将不调整他的交易数量而达到均衡。P_3 点符合帕累托最优效率的条件。

但是这只是 A 消费者的一厢情愿。因为如果 B 消费者也是生意好手,他会通过不断地增加要价,把 A 消费者的满足程度

保持在原来 U_{A2} 的水平上,把交易的好处全部转归自己,使他的满足程度提高到 U_{B2} 的效用水平,而又不损害 A 的利益,使 A 和 B 两个消费者在 U_{A2} 和 U_{B2} 的相切点 P_2 上成交。所以 P_2 和 P_3 都符合帕累托效率原则,A 和 B 两个消费者都可以在保持对方满足程度不变的条件下使自己的满足达到最大程度。可见通过 A 和 B 的竞争,均衡的成交点最终落在 P_2 和 P_3 之间,也就是说,交易双方将通过竞争共同增进福利。

上述的 P_2 和 P_3 点都是符合帕累托效率标准的点,同样的推理可知 P_1 点也是交换的均衡点。由此可以肯定,如果交易一方要使对方的情况不变化而又能实现自己的最大满足,其条件是交易双方的边际替代率相等,即 $MRS_A = MRS_B$,也就是双方的无差异曲线必须相切。这些切点的轨迹就称为契约曲线(Contract Curve)。在契约曲线的任意点上,两个消费者的边际替代率都相等。所以契约曲线是表示获得交易最大效率的条件。买卖双方只有在契约曲线上进行交易才能在不损害对方利益的条件下获得最大满足。如果交易偏离了契约曲线,就会导致效率的损失。简言之,只有在契约曲线上进行交易才是最大满足的交易,契约曲线是帕累托最优效率点的集合。

如果把两个消费者交易的帕累托最优条件推广到 n 个消费者时,就可以得到更一般的结论:在一个经济中交易的帕累托最优条件是,任何两种商品之间的边际替代率对于任何两个使用该两种商品的消费者来说是相等的,此时,所有的消费者都得到最大的效用满足。

由交换的契约曲线可以得到效用可能性曲线,如图 8-4 所示。

图 8-3 中的交换契约曲线是处在 X 和 Y 两种商品数量的平面坐标系中,现在把这条契约曲线转换到 A、B 两个消费者的效用水平的平面坐标系中,纵轴表示 B 消费者的效用水平,横

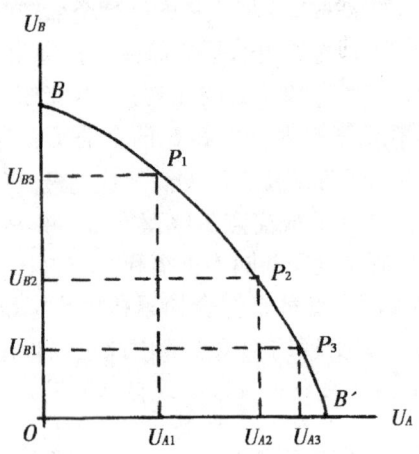

图 8-4 效用可能性曲线

轴表示 A 消费者的效用水平,得到效用可能性曲线 BB',效用可能性曲线 BB' 上的每一点都与图 8-3 中的契约曲线 CC' 上的每一点相对应。例如,效用可能曲线 BB' 的 P_2 点,它表示 A、B 两个消费者的效用水平分别为 U_{A2} 和 U_{B2},相应地在图 8-3 中的契约曲线 CC' 上的 P_2 点是 A 消费者的无差异曲线 U_{A2} 和 B 消费者的无差异曲线 U_{B2} 的相切点。依此类推,图 8-3 和图 8-4 的 P_1 点和 P_3 点也都是相互对应的。

效用可能性曲线表示在 X 和 Y 两种商品数量固定的情况下,A、B 两个消费者所能获得的最大效用水平的各种组合。效用可能性曲线上的点都是帕累托最优效率点。因为一旦达到该曲线上某一点的位置以后,任何使这点位置偏离的交易活动都会使双方的情况变坏,或者使一方的情况变好而另一方变坏。例如,A、B 两个消费者的交易达到 P_2 点的最佳位置以后,若沿着效用可能性曲线 BB' 上下移动,则必定使一方受益而另一方受损,若向效用可能性曲线以内的区域移动,则会使双方的效用水平降低。

(二) 生产效率的最优条件

分析生产效率的最优条件的方法与分析交换效率的最优条件的方法相类似，仍采用埃奇渥斯盒状图。假定有 A、B 两个生产者，他们拥有劳动力 L 和资本 K 两种要素，只有生产而没有消费，且只生产 X（食物）和 Y（衣服）这两种商品。在这些假定下分析 A 生产者和 B 生产者实现帕累托效率所需要的条件。图 8-5 表示 A 和 B 两个生产者各自的等产量曲线。

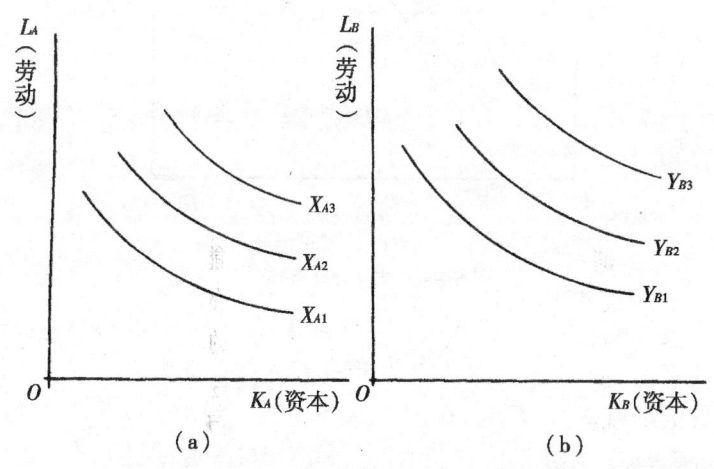

图 8-5 A，B 生产者的等产量曲线

图 8-5 中，A 生产者的不同等产量曲线用图 8-5（a）中的 X_{A1}、X_{A2} 和 X_{A3} 表示，它们的产量水平为：$X_{A1} < X_{A2} < X_{A3}$，B 生产者的不同等产量曲线用图 8-5（b）中的 Y_{B1}、Y_{B2} 和 Y_{B3} 表示，它们之间的产量水平为：$Y_{B1} < Y_{B2} < Y_{B3}$。现将 B 生产者的无差异曲线图形旋转 180°，就形成图 8-6 的埃奇渥斯盒状图，A 的原点和 B 的原点形成对角。

在图 8-6 中，假定在最初，劳动与资本的投入组合点为 R，

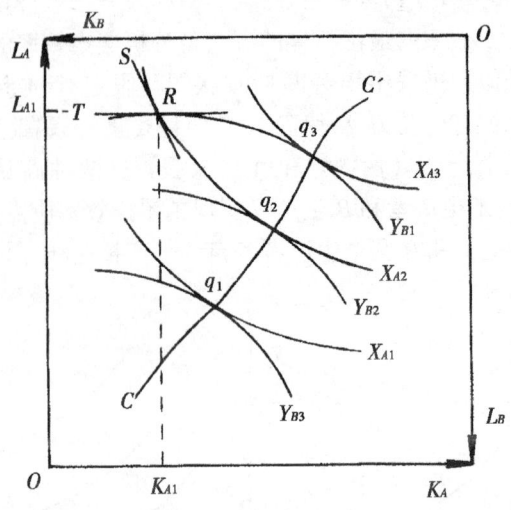

图 8-6 生产的契约曲线

投入劳动量为 L_{A1}，投入的资本量为 K_{A1}，等产量曲线 X_{A2} 表示 A 生产者产量水平；而生产 Y 产品投入的劳动为 $L_A - L_{A1}$，投入的资本为 $K_A - K_{A1}$，在 R 点生产 Y 的产量水平以等产量曲线 Y_{B1} 来表示。R 点的位置表示投入和产出的一种配置方式。但它并不是最佳的配置方式。因为在 R 点上，X 商品的等产量曲线 X_{A2} 和 Y 商品的等产量曲线 Y_{B1} 各有一条切线 S 和 T，这两条切线的斜率并不相等，S 切线斜率的绝对值大于 T 切线斜率的绝对值，这说明 X 商品的生产边际技术替代率 $MRTS_X$ 大于 Y 商品的生产边际技术替代率 $MRTS_Y$，由于 X 商品的边际技术替代率较高，所以 X 商品的生产者 A 厂商愿意增加资本的使用量以替代部分劳动使用量；相反，由于 Y 商品的边际技术替代率较低，所以 Y 商品的生产者 B 厂商愿意增加劳动使用量以替代部分资本使用量。很显然，通过劳动和资本这两种资源在 X、Y

两种商品生产中的重新配置，可以使这两种商品的产量都得到提高。

资源的重新配置将产生三种情况；一是沿着等产量曲线 X_{A2} 到达 q_2 点，这时 Y 商品的产量提高，而 X 商品的产量不变；二是沿着等产量曲线 Y_{B1} 到达 q_3 点，这时 X 商品的产量提高，而 Y 商品的产量不变；三是经过其它途径最后到达 q_2、q_3 之间曲线上任何一点的位置，其结果是 X、Y 两种商品的产量都得到提高。只要资源的重新配置达到了以上这些点中的一点，便实现了资源的最优配置。这些点都是 X、Y 两种商品的等产量曲线的两两相切的切点，也就是两种商品生产的边际技术替代率相等的要素结合点。这些点都必定处在生产的契约曲线 CC' 上。

生产契约曲线 CC' 是无数条 X 和 Y 两种商品的等产量曲线两两相切的切点的轨迹，契约曲线上的每一点，X、Y 两种商品的生产的边际技术替代率相等。生产一旦达到契约曲线上的任何一点以后，任何资源的再配置都不能再使两种商品的产量增加，或者使一种商品的产量增加而另一种商品的产量不减少。反过来说，任何对契约曲线上的既定的一个点的位置的偏离，都会使两种商品的产量都下降，或使一种商品的产量增加而另一种商品的产量减少。所以契约曲线上的每一点都是生产的一般均衡点，同时也是生产的帕累托最优点。

由此可见，对于 X、Y 两种商品的生产来说，生产的一般均衡条件即生产的帕累托最优条件是：

$$MRTS_X = MRTS_Y$$

如果将此结论推广到 n 种商品，则生产的帕累托最优条件是：任何两种要素的边际技术替代率对于使用这两种要素进行生产的任何两种商品来说都是相等的，此时的生产是最有效率的。

由生产的契约曲线可以得到生产可能性曲钱，生产可能性曲线也称作转换曲线，见图 8－7 所示。

将图8-6的生产契约曲线从要素数量的平面坐标系转换到图8-7中的商品数量的平面坐标系中,就可以得到生产可能性曲线。在图8-7中横轴表示 X 商品的产量,纵轴表示 Y 商品的产量,AA' 为生产可能性曲线。生产可能性曲线 AA' 的每一点都与图8-6中的生产契约曲线 CC' 上相应的点一一对应。如图8-7中契约曲线上的 q_2 点是两条等产量曲线 X_{A2} 和 Y_{B2} 的切点,它表示在资源配置的 q_2 组合点上的 X、Y 两种商品的产量分别为 X_{A2} 和 Y_{B2}。相应地,在图8-7中,生产可能性曲线上的 q_2 点上的 X 和 Y 两种商品的产量组合也是 X_{A2} 和 Y_{B2}。

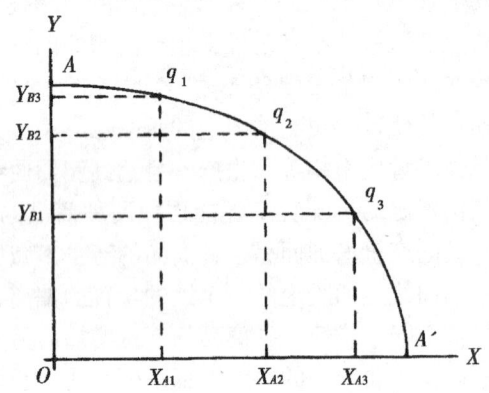

图8-7 生产可能性曲线

生产可能性曲线是表示在既定的技术水平上,经济中的既定资源能够生产的两种商品的最大数量的各种组合。生产可能性曲线上的任何一点都是帕累托最优状态。因为任何对生产可能性曲线上既定点的位置移动,都会使两种商品的产量减少,或者使一种商品的产量增加而另一种商品的产量减少。

生产可能性曲线还可以说明潜力与过度问题,因为生产可能性曲线以内任何一点都说明生产还有潜力,即还有资源未得到充分利用；生产可能性曲线以外的任何一点，则是现有资源条件下达不到的。

总资源不变但生产技术水平提高，或生产技术水平不变但总资源增加，生产可能性曲线将向右上方移动，位于右上侧的生产可能性曲线表示在一定的技术与资源条件下可能达到更高的产量。

生产可能性曲线所表明的是：在有限的资源条件下，如何利用现有的生产技术在生产力方面进行选择，以便尽可能满足自身的需要，但要多生产 X 商品，就必须减少 Y 商品的生产，这就涉及到 X、Y 两种商品的转换问题，即与生产可能性曲线相联系的另一个概念是边际商品转换率。

根据第四章第三节可知，边际商品转换率也就是两种商品的边际成本之比，即

$$MRT = -\frac{\Delta Y}{\Delta X} = \frac{MC_X}{MC_Y}$$

在完全竞争条件下，商品的边际成本总是等于商品的价格。因此有：

$$MRT = \frac{MC_X}{MC_Y} = \frac{P_X}{P_Y}$$

由此可以得出这样一个结论：在商品价格既定的条件下，边际商品转换率等于两种商品的价格之比，所以生产可能性曲线上任何一点的斜率的绝对值也都等于两种商品的价格之比。

(三) 交换效率最优条件与生产效率最优条件的结合

前面分别分析了交换效率的最优条件和生产效率的最优条件。在交换的最优效率下，消费者在既定的商品数量的前提下，实现了最有效率的消费。在生产的最优效率下，生产者在既定的资源数量的前提下，实现了最有效率的生产。现在将交换的最优条件和生产的最优条件相结合，来说明交换和生产都达到帕累托

最适度状态，实现经济效率的条件。

生产和交换的帕累托最优条件是：任何两种商品对于消费者的边际替代率必须等于这两种商品对于生产者的边际商品转换率，也就是说，对于任何两种商品来说，必须有：

$$MRS = MRT$$

为什么只有当两种商品之间的边际替代率等于它们的边际商品转换率时，经济才能实现生产和交换的帕累托最优状态呢？

首先，作个简单证明。如果某消费者的两种商品的边际替代率与这两种商品生产中的边际商品转换率不相等，那么总是可以通过对产量和消费量的调整，使该消费者的效用增加而又不使其他消费者的效用受到损失。假定某消费者的 X、Y 两种商品的边际替代率 $MRS = -\frac{\Delta Y}{\Delta X} = a$，边际商品转换率 $MRT = -\frac{\Delta Y}{\Delta X} = b$，且 $a < b$，在这种边际替代率小于边际商品转换率的情况下，如果减少一单位 X 商品的产量，并同时减少该消费者一个单位 X 商品的消费量，其结果将会如何呢？因为边际替代率 $MRS = a$，所以对于该消费者来说，减少一单位 X 商品的消费量，只需补偿 a 单位 Y 商品的消费量，就可以维持效用水平不发生变化。又因为边际商品转换率 $MRT = b$，所以在生产过程中减少一单位 X 商品的产量，就可以多生产 b 单位的 Y 商品的产量。进一步地，由于 $a < b$，因此最后将生产的 b 单位的 Y 商品补偿给该消费者时，该消费者会多得到 $b - a$ 单位的 Y 商品的补偿量，这样，该消费者的效用水平就比以前提高了。到此也就证明了：只要 $MRS \neq MRT$，总是可以通过对产量和消费量的调整，使某消费者的状况变好而又不损坏其他消费者的利益。换言之，$MRS \neq MRT$ 的状况不符合帕累托最优状况，故只有当 $MRS = MRT$ 时，才是生产和交换的帕累托最优状态。

其次，用图来说明生产最优条件与交换最优条件的结合，见

图 8-8 所示。

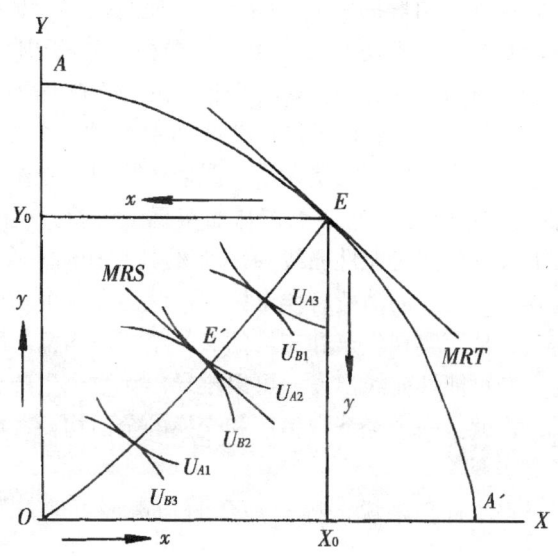

图 8-8 生产和交换的帕累托最优

在图 8-8 中，横轴和纵轴分别表示 X、Y 两种商品的数量，AA' 曲线为生产可能性曲线。假定生产效率已经最优，资源配置在生产可能性曲线上 AA' 上的 E 点。在 E 点上，经济中生产的 X、Y 两种商品的数量分别为 X_0 和 Y_0，由此构造出图中的 A、B 两个消费者的埃奇渥思盒状图：该图左下角的坐标原点同时又是 A 消费者的坐标原点，右上角的 E 点同时又是 B 消费者的坐标原点。该图中 A、B 两个消费者各有三条无差异曲线。CC' 曲线为交换契约曲线。那么在生产效率最优条件下，如何实现交换最优？根据 $MRS = MRT$ 的生产和交换的帕累托最优条件，显然只有当交换进行到契约曲线 CC' 上的 E' 点时，才能实现生产和交换的同时最优。这是因为过 E 点的生产可能性曲线的切线的斜率，与 E' 点上过无差异曲线 U_{A2} 和 U_{B2} 相切的切点切线的斜率是相等的。而前者表示的是 X、Y 两种商品的边际商品转换率，后者表示的是 X、Y 两种商品的边际替代率，于是，$MRS = MRT$，经济中实现了生产和交换的一般均衡。

需要指出的是：从生产可能性曲线 AA' 上的一个点 E 出发，就可以构造出一个相应的消费者埃奇渥斯盒状图，并在盒状图中找到与 E 点相对应的一个 E' 点，从而实现生产和交换的一般均衡。事实上，从生产可能性曲线 AA' 上的其它任何一个点出发，都可以找到一个相应的消费者埃奇渥斯盒状图和一个相应的交换一般均衡点，从而实现生产和交换的又一个一般均衡。所以从一条既定的生产可能性曲线出发，可以推导出无数个生产和交换的一般均衡，也就是一个经济中生产和交换的全面均衡，可以在不同的水平上实现。

至于对整个社会来说，哪一种全面均衡最可取，下面再讨论。

(四) 完全竞争与帕累托最优条件

前面的分析中介绍了交换、生产以及生产和交换的帕累托最优条件，现将它们综合起来，可以得到经济实现帕累托最优的三个必要条件：

(1) 任何两种商品的边际替代率对于所有使用这两种商品的消费者来说都必须是相等的。

(2) 任何两种要素的边际技术替代率对于任何使用这两种要素的生产者来说都必须是相等的。

(3) 任何两种商品对于消费者的边际替代率必须等于这两种商品对于生产者的边际商品转换率。

西方经济学家认为，在一个完全竞争的经济中，帕累托最优的这三个必要条件是可以得到实现的。其理由如下。

首先，看交换的帕累托最优条件。前面分析指出，在完全竞争的条件下，任何一个消费者在任何两种商品的消费中，为了实现最大的效用，都必须遵循使这两种商品的边际替代率等于这两种商品的价格之比原则。且在完全竞争条件下，任何一种商品的价格进而任何两种商品的价格之比，对于每一个消费者来说都是相等的。这样任何两种商品的边际替代率对于所有的消费者来说必定都是相等的，都等于这两种商品的价格之比。

其次，看生产的帕累托最优条件。前面分析指出，在完全竞争条件下，每一个生产者为了实现最优效率的生产，即为了实现既定成本下的最大产量，或为了实现既定产量下的最小成本，都必须遵循使任意两种生产要素之间的边际技术替代率等于这两种要素的价格之比的原则。又因为在完全竞争条件下，每一种生产要素的价格进而任意两种生产要素的价格之比，对每一个生产者来说都是相等的。所以，任何两种生产要素的边际技术替代率对于所有生产者来说必定都是相等的，都等于两种生产要素的价格之比。

最后，看生产和交换的最优条件。既然在完全竞争条件下，任何两种商品的边际替代率等于这两种商品的价格之比，而且这两种商品的边际商品转换率也等于这两种商品的价格之比，所以任何两种商品对于消费者的边际替代率必定等于这两种商品对于生产者的边际商品转换率。

综上所述，在完全竞争条件下，帕累托最优的三个必要条件都可以得到满足。换言之，在完全竞争的市场机制作用下，整个经济可以全面达到帕累托的最优境界，这样的经济必定是最优效率的经济。

三、社会福利最大化

西方经济学家把最大效用可能性曲线和社会无差异曲线结合起来分析社会福利最大化问题。主要代表人物是柏克森和萨缪尔森。他们主张把价值判断作为社会福利的基础,将收入分配包含在福利经济学之内,使经济效率的实证分析和社会福利的规范分析结合起来,效率原则和公平原则结合起来。他们认为上述的生产和交换的帕累托最优曲线上所有的点都是生产效率和交换效率的结合点,都符合帕累托最优条件,帕累托效率点是很多的,因而并不能确定哪一点具有最大的社会福利。而这个惟一的最大社会福利点,只有依据社会价值判断和建立在社会价值判断基础上的最佳收入分配福利来决定。

下面我们用最简略的方式来说明。

首先,将生产和交换的帕累托最优曲线转变为效用曲线。因生产和交换的帕累托最优曲线上所有的点都符合帕累托最优条件,是交换和生产结合效率的最大可能性边界。如果我们以效用表示效率,则曲线上各效率点也就对应着一个效用点。这样生产和交换的帕累托最优曲线就被转换为效用可能性曲线。在图8-9中,纵轴表示 A 在生产和消费中可能获得的效用,横轴表示 B 在生产和消费中所能获得的效用。AA'就成为 A、B 在生产和消费中所能获得的各种最优经济效率的总效用在 A、B 之间以各种比例进行分配组合的点的集合。

其次,确定社会最大福利的位置。在 AA' 线上到底哪一点社会福利最大?就 A 来看,这当然取决于 A 的偏好函数,即由 A 对效用的价值判断和对收入分配格局的价值判断来决定。就 B 来看,也是按他的偏好函数即按他的价值判断来决定的。所以不同的个人有各自不同的福利函数。此时必须考察社会福利函数。假定整个社会的福利水平取决于社会全体成员所获得的效用水平,则社会福利函数可写成

$$W = W(U_1, U_2, \cdots, U_n)$$

其中 W 表示一个社会的福利水平,U_1,U_2,$\cdots$,U_n 表示各个社会成员的效用水平,在只有 A、B 两个人的简单社会经济模

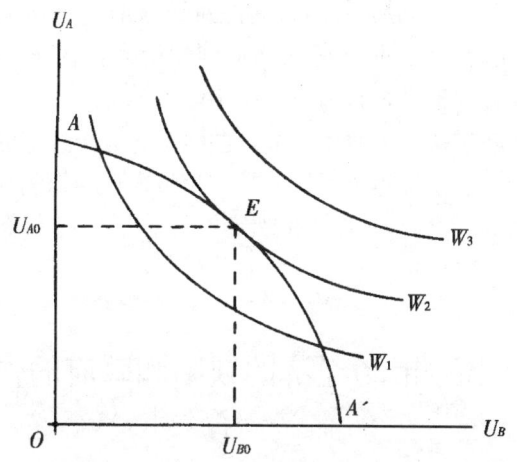

图 8-9 社会福利最大化

型中,则社会福利函数可以写成:$W = W(U_A, U_B)$。

根据社会福利函数可以得到社会无差异曲线。社会无差异曲线表示在既定的社会福利水平条件下,A、B 两个社会成员的各种效用水平的不同组合。如图 8-9 中的 W_1,W_2,W_3。在图中,每一条社会无差异曲线上的社会福利水平是相同的。不同的社会无差异曲线代表不同的社会福利水平。

值得注意的是,西方经济学家认为,社会福利函数的具体形式的构造和相应的社会无差异曲线的具体形状的确定存在许多困难,因为社会无差异曲线的形状应偏向于 A 消费者的 U_A 轴,还是应偏向于 B 消费者的 U_B 轴,涉及到复杂的价值判断标准问题。在不同的社会成员之间,或者在不同的社会团体之间,都存在着不同的价值判断标准,从而形成不同的社会无差异曲线的具体形状,而整个社会要从中进行选择又是极其困难的。

最后,将最大效用可能性曲线和社会无差异曲线置于同一平面坐标系中,就可以分析社会福利最大化问题,见图 8-9 所示。

在图 8-9 中，最大效用可能性曲线 AA' 与社会无差异曲线 W_2 相切于 E 点，E 点就是社会福利均衡点。在 E 点上 A、B 两个成员的效用水平各自为 U_{A0} 和 U_{B0}。

至此，我们从最大效用可能性曲线上无数个经济的一般均衡的帕累托最优点中，确定了惟一的一个最大社会福利均衡点。同时这一最大的社会福利又是在既定资源总量的约束条件下实现的。

第三节 市场经济的缺陷和政府的作用

在市场经济中，社会资源的配置是通过市场价格机制的作用实现的。当某种商品供不应求或供过于求而导致市场价格上升或下降时，厂商将会扩大或减少这种商品的生产，使社会资源能够分配到不同商品的生产中去。前面讲过，在完全竞争的市场，能够实现帕累托最优的三个条件，使经济资源得到合理配置和充分利用，这是市场经济制度的优点。但是市场经济也存在缺陷，主要有四点：即外部效应问题、公共产品问题、市场竞争的不完全问题，产生和扩大财富不均问题。市场竞争的不完全性对经济效率的影响，在市场理论中已作了分析，分配问题已在第六章和本章第二节作了分析，下面将着重分析外部化问题和公共产品问题，并对政府的作用加以论述。

一、外部效应问题

在分析完全竞争市场的经济效率时隐含一个重要的假定：社会利益和私人利益，社会成本和私人成本是一致的。它们并不存在差别，也就是社会利益等于私人利益，社会成本等于私人成本。然而这个隐含假定与经济现实是有距离的。事实上，有时生产者虽然为他人提供了利益，但他可能并未得到受益者的成本支付；有时生产者损害了他人利益而受损者也未得到充分补偿。在这两种情况下，对私人所得的利益都不能促进社会福利，也就是说，由于存在外部效应，在竞争性市场的帕累托最优条件将不可能达到。所以，外部效应的中心课题是要研究它对帕累托最优条件的影响。

（一）外部经济与不经济

外部效应可分为外部经济和外部不经济两种情况。当一个经济单位采取的行动对他人产生了有利的影响，而自己却不能从中得到补偿时，便产生了外在的经济效益，称外部经济。而当一个经济单位采取的行动使他人付出了代价而他人又得不到补偿时，就出现了外部不经济。

由于经济活动是相互影响、相互依存的，无论是生产者还是消费者，当他们以最大利润效用原则追逐私利时，都会无意地使其他生产者和消费者享受额外的利益，或承担额外的成本，从而产生社会利益和私人利益、社会成本和私人成本之间的差额。外部效应的突出特点是经济行为主体所造成的福利损害无须支付，而且带有偶然性和附随性，它是某一经济活动的附带产物，不是经济行为主体有意造成的。对于外部效应，可分别从消费与生产方面说明。

先从消费方面看，假定张三与李四为邻，现在李四将其房屋四周环境整理一新，而颇有庭园的风味，这样李四自己感到舒适，就是张三也能分享其清新艳丽的景色。既然如此，则李四这种行为所产生的社会利益就超过了他的私人利益，这就是消费的"外部利益"。反过来说，假定张三看到李四能改善其居住环境而产生了嫉妒心理，则李四这种行为产生了消费方面的"外部成本"，这种外部成本在现代都市生活中非常普遍。除了这种嫉妒心理以外，如城市中噪音的侵扰、空气污染都是明显的例子。

再从生产方面来看，假定一家化工厂在从事生产的过程中使附近的空气、河流等受到污染了，这就产生了所谓公害，而成为生产方面的"外部成本"，如果该化工厂对于这些公害的受害人不给予任何补偿，则他从事生产的个人成本低于社会成本。同样地，一个养蜂人在果园旁边养蜂，蜜蜂在果园采集花粉，从而促进了果树的结果，但种果人并未对此支付成本。在这种情况下，养蜂人的社会利益大于私人利益，可以说是生产方面的"外部利益"。

外部效应的这些情况，说明社会成本、社会利益和私人成本、私人利益之间存在差距。就局部和个别情况来看，重要性就非常明显。

外部利益和外部成本影响着完全竞争条件下的资源配置。由于存在外部利益，经济主体为社会提供了福利而得不到充分补偿，它对生产就会产生抑制机制。如养蜂人增加养蜂减少了种果人的成本，而种果人不予补偿，养蜂人可能减少养蜂。如果减少养蜂，从而也减少了向社会贡献的福利，使社会无法达到最优福利状态。反之，由于存在外部成本，经济主体给他人造成损害，使社会福利减少而不支付成本，厂商就会增加生产，热衷于损人利己，结果也会使社会达不到最优的经济效率。由于存在外部效应，经济主体于社会有利的行为会减少，而于社会无益的行为就会增加，结果使社会经济福利达不到最优状态。正因为如此，西方经济学把外部效应看成是造成偏离市场经济效率的一个重要原因。

(二) 产权与科斯定理

在某种情况下，一个完全竞争的经济社会甚至在面临重大的外部利益或外部成本时，也将按最佳的方式来配置资源。例如，我们可对一个因排出污水而污染了河流的企业的情况进行分析。假如河流下游的居民对一定水质的河水拥有明确的财产权，这表明，如果企业污染了水质并使流到下游的水质受到影响的话，这一地区的居民就可以对企业破坏水质的行为进行起诉，要求企业赔偿因水质污染给他们造成的损失。我们也可以对一个使河流的水质得到改善，从而造福于下游居民的例子进行分析。例如当企业使水质的改善达到了规定的标准以上，且下游的居民对水质的财产权也是明确的时候，企业就可以要求下游的居民对它进行经济上的补偿。

如果双方这时进行谈判协商的成本不是太大，则制造外部利益或损害的当事人就可与受到这种外部利益或损害影响的当事人进行谈判和协商。例如下游的居民拥有使用具有一定质量的水的权利，那么企业就可从他们的手中把这种权利买过来，然后继续让河流受到一定程度的污染。反过来，河流下游的居民也可以从企业那里买到比他们原来拥有使用权的水的质量更好的水的使用权。有关的当事人就会以这样的方式对他们受到的外部影响进行计算。由于使他人受到损害的企业或个人必须为这种损害支付代价，而给他们带来利益的企业或个人又能从这种利益中得到补偿，所以私人成本与社会成本之间也就不再存在差别了。

科斯（R.H.Coase）认为，如果在一个竞争的社会中，人们可以用较低的成本或不费成本地进行这类谈判的话，那么这个社会即使在面临着重大的外部影响时，也会对资源进行有效的配置，有关各方将会适当地考虑自己的行为给他人带来的影响。例如，如果下游的居民具有使用一定质量的水的财产权，这时想要污染河流的企业将被迫向这些用水者提供补偿。此外，企业在追求自身利益的基础上还会发现，当污染程度高于社会最佳水平时，对它自己是不合算的。科斯还进一步说明，不管哪一方的当事人被赋予这种财产权，结果都是相同的。也就是说，不管是下游的居民被赋予了使用一定质量水的权利，还是企业被赋予了向河流中排放一定污染物的权利，这些当事人都将被导致买进或出售这些权利，以使河流受到的污染程度是最佳的。

这种通过产权界定来解决负效应或外部损害的方法叫做科斯定理，它经常被人们提到，具有相当大的影响。但也要注意，科斯定理假定有关当事人之间进行谈判协商、签订合同所需的费用相对来说是较小的。例如，它假定下游的居民能与造成污染的企业一起以不太高的费用进行有效的协商。然而实际上，当存在数量较多的当事人时，这种谈判协商的成本可能会很高，甚至使谈判不可能进行。即使成本不算太高，因为当事人太多，也难以使谈判取得成效。

科斯定理表明，对有明确界定的财产权的转让可能有助于提高经济效率。当然，我们也假定有关的谈判和协商是可行的，且所需的成本比较小时，科斯定理才会有效。

二、公共物品问题

市场经济的另一个重要缺陷是它不能提供所需要的公共物品。在市场经济中，厂商出于追求最大利润的动机不断地对市场发出的信号作出反应，从而实现社会资源在不同商品生产中的配置。因此，在市场经济里，厂商不会生产利润较低或没有利润的商品，因而不可能向社会成员提供他们所需要的一切商品。

在现实经济里，社会产品分为两类：一类是私人物品，另一类是公共物品。私人物品的特点是消费者必须支付这类物品的价格才能使用这类物品。公共物品是指不论消费者是否支付这类物品的价格，他都可以使用这类物品。公共物品具有三个显著的特征：

公共物品同时符合下列两个特征：

（1）消费的非竞争性（Nonrivalry in Comsumption）。对一般的私人产品来说，一个人消费了这种产品，别人就无法消费了，而公共产品一旦提供出来，许多人可同时消费，且增加一名消费者的边际成本为零。即一个人对这种产品的消费不会减少可供给别人消费的量。例如电视台传送节目能同时供一个地区内所有家庭观看，多一个家庭打开电视机不会给电视台带来任何增加的成本。公路、桥梁在不拥挤的时候，多一位行人也不会带来社会边际成本。

（2）消费的非排他性（Nonexclusion in consumption）。对于私人产品来说，消费者支付了价格就取得了该产品的所有权并可轻易地排斥他人消费这一物品，这就是排他性。然而公共物品无法做到这一点，无论一个人是否支付了该物品的价格，他都能享受这种物品。如国防和环境的质量是由纳税人的钱来提供的，但没有纳税能力的人同样享受了这些公共物品的好处。

纯粹的公共物品必须同时具备上述两个条件。第一个条件意味着公共物品不必排斥他人的消费，第二个条件则意味着不可能排斥他人的消费。纯粹的公共物品很少，如国防、灯塔等是经典的例子。还有一些则具有一定的公共物品的特性，如防洪堤坝、电视节目、不拥挤的道路和桥梁，这些物品之所以不算纯粹的公共物品，是因为它也可以排斥他人的消费，例如在桥梁的某一端设一个收费处即可解决这个问题，这类产品又称为准公共物品。

公共产品的存在使市场机制不起作用，即使某种公共物品带给人们的利益要大于生产的成本，私人企业也不会提供这类物品。我们来看这样一个例子：假如在一条河道建造一个灯塔能减少该地区船只触礁的可能性，建造这样一个灯塔的总成本为10万元，该地区有100个船东（假设每个船东拥有同样数量的船只），建成这一灯塔给每个船东带来的利益为2000元（可以这样计算灯塔的收益：一个船东的总财产假定为20万元，如果触礁则一切财产化为乌有，于是灯塔带来的潜在收益为20万元，但遭受损失的概率为1%，因此，灯塔带来的现实收益为2000元）。那么灯塔给这一地区带来的总收益为20万元，是总成本的

2倍，如果100个船东每位出资1000元来建造这样一个灯塔，大家的境况都会改善。但是，如果没有强有力的组织者和协调者，这样的好事不会在自由市场中发生。因为每个船东都在想：如果有人出资建造了这个灯塔，即使我不出任何钱，也照样享受灯塔的好处。也就是说，每个船东都想不付任何成本或支付很低的代价来享受公共物品的服务，这在经济学上称为"免费搭车"（Free ride）问题。如果有很多免费搭车者，那么灯塔就无法建造起来。

一般来说，公共物品覆盖的社会成员越多，免费搭车问题就越严重，公共物品由私人市场提供出来的可能性越小。在上例中，如果这一地区只有10个船东，那么有可能通过协商分摊建造灯塔的资金，最后大家受益。然而如果船东是1000人而非10人，要大家同心同德共建灯塔就很难了。

如何计算公共物品的最优产量呢？按照皮古法则，我们只要对比社会边际成本和边际收益即可。如果在公共物品的生产中没有外部成本，那么社会边际成本就等于私人的边际成本，关键在于如何计算公共物品的社会收益。由于公共物品消费的非竞争性和非排它性，从社会角度来看，公共物品的消费带来的边际收益应该是所有消费者边际收益的总和。如图8-10所示，我们假定有两个家庭 A 和 B，他们对同种商品的需求曲线分别为 D_A 和 D_B，S 为商品的供给曲线。

图8-10（a）表示当我们假定现有的消费品是一种在完全竞争条件下生产出来的私人商品时，这就是商品的最佳产量。我们把两个家庭的需求曲线水平加总得到了市场的需求曲线 D，最佳产量为 Q，它处于市场需求曲线与供给曲线的交点上。为什么这是最佳产量呢？因为在这个产量水平上，每个家庭从额外一单位商品中得到的边际收益正好等于商品的边际成本，假定可以用每个家庭对这额外一单位商品支付的最大金额来测算他们的

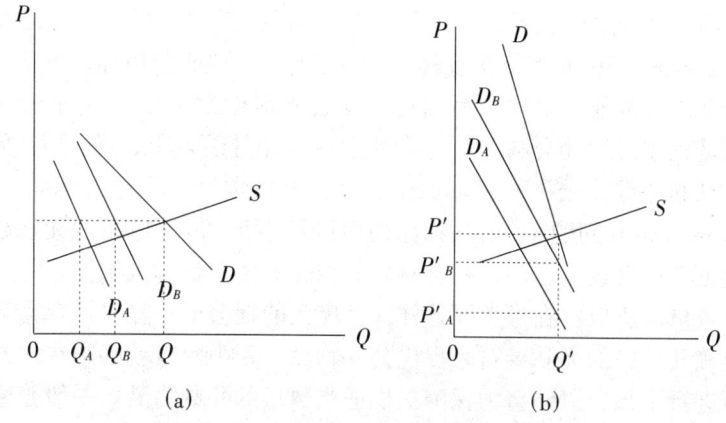

图 8-10 公共物品最优产量决定

边际收益,则每个家庭的边际收益都等于企业在 Q 产量上额外生产一单位商品的边际成本且等于价格 P。

另一方面,如果这种商品是一种公共物品,则这种商品的最佳产量由图 8-10(b)给出。在这种情况下,市场的需求曲线是由个人需求曲线垂直相加而不是水平相加得到的,这样的需求曲线有时也称为虚假的需求曲线(Pseudo-demand curves)或愿意支付的曲线(Willingness-pay curves)。市场需求曲线是由个人需求曲线垂直相加还是水平相加的基本差别原因在于:这里的两个消费者消费的都是商品的总量,而他们总共支付的价格就是个人支付的价格之和。在这种情况下,商品的最佳产量是 Q',而其总的价格(每个消费者支付的价格之和)是 P'。

为什么 Q' 是最优产量? 所谓最优产量就是边际社会收益与边际社会成本相等时的产量。从图中可以看出,从额外一单位公共物品中得到的边际社会收益是通过把每个消费者需求曲线以下的部分垂直相加而得到的。这是因为不管可得的商品数量多大,所有的消费者都能完全分享这些商品,并且边际社会收益等于每个消费者的边际收益之和。所以当产量为 Q' 时,额外一单位产品所带来的边际社会收益就等于 P'_A 与 P'_B 的垂直相加之和 P'。由于这时额外一单位产品的边际社会成本也为 P',又由于最佳产量就在边际社会利益与边际社会成本相等的点上,故而 Q' 是最优的产量。

图 8-10 表明了公共物品的生产量小于私人物品的生产量。而且,社会成员越多,社会对公共物品的生产就越低于社会的最佳数量。所以,在像美国这样一些庞大的社会里,除非社会愿意依赖其公民的无私善行来提供公共物品,否则政府就必须在这方面进行干预,以便努力保障提供适当数量的公共物品。一般普遍认为像国防这样的公共物品必须由政府来提供,而这种商品的提供无疑占了政府支出的最大部分。在西方国家,用于各种不同公共物品上的资金数量是通过投票来决定的。

在市场规则受到破坏而造成市场调节失灵的条件下,西方国家通常采用经济立法的方式加以纠正。政府可以推动立法机构以法律的形式把市场主体的行为、市场运行的规则确定下来,保证市场经济的正常运转。

为了反对垄断,促进竞争,政府实行限制型的或有效竞争型的反垄断政策。对于自然垄断,政府可以采取价格管制的方法来管理,如政府可以要求公用事业部门的厂商实行按照平均成本定价的制度,厂商要进入公用事业部门经营,必须遵守按平均成本定价制度和接受政府的价格管制。对于市场垄断,政府对消费者团体、工会和中小企业团体实行支持和援助,增强其对垄断的对抗力,政府还通过制订反托拉斯法来加以限制。

在市场对公共物品调节失灵的条件下,西方国家政府通常采用由政府提供公共物品的方式加以纠正。政府通过征税的方式取得收入,然后用于生产公共物品。由于生产什么公共物品和生产多少公共物品已不能由市场决定，因而只能采取投票的方法，即所谓的公共选择的方法。在外部效应造成市场调节失灵的条件下，西方国家的政府通常采用外部效应内部化的方式来加以纠正。首先，政府可以规定污染的标准，超过污染标准将给予严厉的惩罚或征收污染税。这样，企业必须增加投资来减少污染，从而使外部成本内部化。其次，明确人们的权利并以法律或法规的形式予以确定，这样，损失者可以以权利受到损害提出起诉，从而促使双方谈判确定赔偿方案，使外部成本内部化。为了对付贫困，政府实施调节收入分配的政策，向低收入者提供社会福利和社会保险，提供带有社会福利的公共服务和补助，同时采取措施促进财产分配的均等化。

总之，西方经济学家认为，由于市场经济存在缺陷，价格制度的运转并不能产生令人满意的结果，因此必须有赖于政府的作用，实施系统的微观经济政策加以纠正、补充、控制和调节，促进资源的合理配置，争取实现最优的社会经济福利。

复习思考题

1．什么是局部均衡？为什么要进行局部均衡分析？什么是一般均衡？一般均衡分析起什么作用？

2．对于有许多人、许多商品、许多生产要素的经济，叙述以下问题。

（1）生产的帕累托最优。

（2）交换的帕累托最优。

（3）同时在生产和交换中的帕累托最优。

3．为什么西方经济学家认为完全竞争的经济可以实现帕累托最优状态？

4．什么是公共物品，它有哪些特征？

5．在市场经济下，政府的作用是什么？

下编 宏观经济学

第九章 国民收入核算理论

从本章开始，介绍西方宏观经济学基本理论。宏观经济学把社会总体的经济活动作为研究对象，它所研究的是经济中的总量，即生产商品和提供劳务的总量、总产量的增长率、失业和通货膨胀率。宏观经济学还研究稳定经济的经济政策和政策变量，其中主要的政策是货币政策和财政政策，主要的变量是货币供给量、利息率、税收、政府支出等。研究国民经济总体状况时，首先涉及用哪些总量指标来表示与概括，这些指标怎样计算，所有这些问题是展开宏观经济分析的必备基础和前提。所以本章首先介绍宏观经济学中的国民收入核算理论。

第一节 国民收入及其计算方法

一、国民收入的概念

国民收入（National Income，简称 NI）的概念可分为广义的和狭义的国民收入。广义的国民收入是指生产、收入、支出的一个总的基本概念，包括国民收入核算中的几个主要变量指标。狭义的国民收入仅指一个国家或地区在一定时期内（通常为一年）各种生产要素所获得的以市场价值计算的收入。国民收入核算中的国民收入概念，通常是指广义的国民收入，在国民收入核算中，国民生产总值或国内生产总值是最基本的指标。

二、国内生产总值的概念

国内生产总值（Gross Domestic Product，简称 GDP）是指一个国家或地区在一定时期内（通常为一年）所生产的最终产品和劳务的市场价值的总和。它反映一个国家社会经济活动的总水平，是一个最概括最重要的经济指标。

与国内生产总值一样可以反映一国经济活动总水平的另一个经济指标是国民生产总值（Gross National Product，简称 GNP）。国民生产总值与国内生产总值的统计范围略有差异。以一个国家为例，其国民生产总值的统计范围应为该国的"永久居民"所生产的最终产品和劳务。它们包括：①住在该国的具有该国国籍的公民；②住在该国具有永久居住权的外国移民；③居住在海外的该国国籍公民所生产的产品和劳务。而国内生产总值的统计范围为：①居住在该国具有该国国籍的公民；②在该国具有永久居住权的外国移民；③居住在该国的外国公民在该国境内生产的产品和劳务。国民生产总值与国内生产总值的关系可用下式来表示：

国民生产总值＝国内生产总值－外国公民在本国生产的产品和劳务＋本国公民在海外生产的产品和劳务

或

国内生产总值＝国民生产总值－本国公民在海外生产的产品和劳务＋外国公民在本国生产的产品和劳务

在理解国内生产总值这一概念时，需要特别注意下列三个问题。

（1）避免重复计算的问题。要使计算出的国内生产总值能准确地反映一国一定时期内在生产上的贡献，必须避免各种产品与劳务价值的重复计算。为实现这一目的，这些产品和劳务必须是最终产品和劳务，也就是供最终使用而不再出售的产品和劳务。

在现实生活中,一个国家在某一时期所生产的产品或劳务并不都是供最后使用的,其中有许多是中间产品,即作为生产要素继续投入生产过程中的产品与劳务。例如,有许多是原料或半制成品,它们最后还要出售而用来制成其它产品,由于它们的价值已计算在最后制成的制成品之中,为避免重复计算,这些中间产品的价值,就不应包括在国内生产总值之中。这种将所有最终产品与劳务的价值累加起来,计算国内生产总值的办法,叫做"最终产品法"。

除了以上这种办法以外,还有另外一种方法可以测定一国在一定时期运用各种生产要素生产的最终产品与劳务。这种方法叫做"价值累加法"。由于整个生产过程很复杂而且很长,这时可将这一过程中每一厂商对完成一件产品所作贡献的价值累加起来,表示全部价值的数量。不论采取何种办法,其结果是相同的。下面可以用衣服为例来说明这一点(如表9-1)。

表9-1 国内生产总值的重复计算　　单位:万元

生产阶段	销售价值	中间产品成本	增加价值
棉花	1000		1000
棉纱	1500	1000	500
棉布	2000	1500	500
衣服	2500	2000	500
合计	7000	4500	2500

现在如采用"最终产品法"来计算,则最终产品为衣服,即为2500万元,其中棉花、棉纱和棉布等都是中间产品,不应将其价值再计算进去,如果再计算进去就是重复计算,结果使总值变为7000万,显然将所生产的产品价值高估了。

如果改用"价值累加法",结果也是2500万元,第一阶段是农场主的贡献，这里假定农场主所使用的各种生产要素都是自己的。第二阶段是纺纱厂的贡献，他们将棉纱销售以后获得1500万元，但其中1000万元来自前一阶段，故应减去，结果纯增值为500万元。第三阶段是织布厂的贡献，他们所贡献的价值为500万元。最后一阶段是制衣厂的贡献，他们所贡献的价值也为500万元。所以将增加值累加起来，就是2500万元，与采用最终产品法所得到的结果完全相同。

（2）货币价值的调整问题。前面所提到的各种产品与劳务的价值都是以货币来表示的，因此表示各种产品与劳务的国内生产总值自然也是以货币来表示的，而且也必须以货币表示才能累加，从而计算一国的国民收入。但货币有一个缺点，就是其本身价值也是变动的。这样用一种在不同时期代表不同价值的货币来表示两个不同时期真实的国内生产总值，就很难比较两个不同时期真实的国内生产总值。为此，可以采用物价指数调整办法。即将两个甚至很多个不同时期的国内生产总值都以某一时期（通常为某年）的货币购买力来表示。这种调整后的国内生产总值称为实际国内生产总值。由于各个时期的国内生产总值都以价值不变的某年的货币为基础（基准期价值）计算出来，自然就可以进行比较了。但是，必须指出的是，这种实际国内生产总值仍是以货币来表示的，只是假定这种货币的价值不变而已。因此，实际国内生产总值也可称为以价值不变的货币来表示的国内生产总值，而名义国内生产总值则可以说是以当年货币来表示的国内生产总值。

一国实际国内生产总值的计算较为困难，一般采用物价指数简单算法。这种算法虽不准确，但可反映出总体情况，如表9－2所示。

表9-2 实际国内生产总值的简单算法 单位：亿元

年份	名义国内生产总值（以当年货币表示）(1)	物价指数 (2)	实际国内生产总值（以1990年货币值表示）(3) = (1) ÷ (2) × 100
1990	9456	100	9456 ÷ 100 × 100 = 9456
1995	21978	164	21978 ÷ 164 × 100 = 13401

（3）生产活动的范围问题。国内生产总值是表示一国在一定时期内全部的最终产品和劳务的市场价值的总和。而这些所谓的全部产品与劳务不仅包括交易范围以内的产品和劳务，而且也包括不参与市场交易而完全自用的产品和劳务。如农民生产的自己食用的粮食、家庭妇女在家庭中的劳动等。这些生产活动虽然都在交易之外，但都是生产性的活动，所以应该计算在国内生产总值之内。目前一般国家在计算国内生产总值时，一般都将这些交易范围之外的产品和劳务的价值加以估算，并计入国内生产总值之中。

另一方面，还有一些在市场成交的非生产性的活动要剔除，不应计入国内生产总值，如一般转移支付、证券的买卖、旧货的交易等。因为这些交易本身对生产并无贡献。

此外，西方国家在计算国内生产总值时，除了计算生产部门和非物质生产部门生产的产品和劳务，甚至将政府机关、警察、军队等非生产部门提供的劳务也计算在内。

三、国内生产总值的计算方法

国内生产总值的衡量，可以根据居民用于购买商品和劳务的支出来衡量，也可以根据居民提供生产要素所得到的总收入来衡量，还可以根据厂商生产出来的产品与劳务总量来衡量。下面分别加以介绍。

(一) 产品支出法

产品支出法 (Output Expenditure Approach) 也称产品流动法或最终产品法。该方法是从最终产品的流向或使用出发，把一定时期内购买的各种最终产品和劳务的支出加总起来，计算出它们的市场价值，即把购买各种最终产品和劳务所支出的货币加在一起，得出最终产品和劳务的货币价值的总和。

产品支出法从购买者来看，实际是收入后的支出，即社会的总消费，包括私人消费支出、私人投资支出、政府支出和国外的购买。因此，以产品支出法计算国内生产总值，可以具体分为以下几个方面。

(1) 私人消费支出：即私人及非盈利机构购买的产品和劳务的市场价格，包括各种消费品及各种劳务。这些消费品可以分为：①耐用消费品，如冰箱、洗衣机、电视机、汽车等；②非耐用消费品，如食品、服装等。③劳务，有理发、美容、医疗等。居民购买新建住宅并不包括在消费开支中，而是列入固定资产投资项目下的住房投资中。在计算国内生产总值时，所有产品和劳务的价格都按销售价格即购买者支付的价格计算，其中自然包括了政府征收的营业税、货物税等间接税。私人消费支出用 C 表示。

(2) 国内私人总投资：投资也称作为资本的形成。国内私人总投资可以分为两类：一类是固定资产投资，具体又分为两种：①非住宅性固定资产投资，指国内私人企业投资的厂房、设备；②住宅性固定投资，指新建造的住宅和公寓。新建的住宅和公寓之所以作为投资而不作为消费品，是因为它们与其它建筑物一样，是耐久而且可以赚钱的。公寓可以出租而收到房租，自用的住宅，在理论上也是有房租可收的，只是这些房租是自付自收，它是隐性的房租；另一类是存货投资，指已经生产出来但未销售的产品存量的增量。

必须注意，此处投资的含义与人们日常生活中所说的投资不尽相同。一般人们平常所说的投资含义较广。购买厂房设备是投资，购买土地、二手房屋以及股票与债券、旧货也都是投资。从个人来看，这些是个人财产的增加，但就整个社会来看，购买土地、二手房屋、股票、债券只不过是产权的转移，并未使社会资产有任何的增加，所以不能算作投资。

此外，国内生产总值中计算的国内私人总投资，不仅包括了净投资，而且包括了重置投资，即机器设备以及厂房等在从事生产的过程中消费的部分必须加以更新重置的投资，而消耗的部分一般通过折旧的形式加以提取。因此：

$$总投资 = 净投资 + 重置投资（折旧）$$

即在总投资中没有扣除折旧。如果扣除折旧，就称为净投资。总投资用 I 表示。

(3) 政府购买：在一国经济中，政府通过税收获得收入，并发行各种公债获得资金，用于向私人企业购买各种产品和向政府工作人员支付薪金。但政府的转移支付（如社会保险金和失业救济金等）和公债的利息支付不计入国内生产总值之内。因为转移支付并不代表产品与劳务的购买，它仅仅是把货币从政府转移给居民。换言之，转移支付是政府不以取得产品与劳务为目的的支出，不包括在政府购买之内。我们把转移支付加政府购买统称为政府支出。政府购买用 G 表示。

(4) 产品和劳务的净出口：一国在开放经济下，购买国外的产品和劳务是进口；国外购买该国的产品和劳务为该国出口。产品和劳务的净出口为该国出口总额减去进口总额。因为只有净出口值，才能反映该国的实际产品和劳务的产出。净出口用 NE 表示。

归结起来，用产品支出法计算的国内生产总值，概括为以上四大项目，并用市场价值的货币额表示为：

$$GDP = C + I + G + NE$$

(二) 收入法

收入法 (Income Approach) 也称要素支付法、要素成本法。其原理是以生产要素的投入所取得的收入的角度出发,把生产中所形成的各种收入相加而得到的。对于各种生产要素所得到的收入共有四种:劳动的工资、土地的租金、资本的利息和利润。但是这样相加的结果本身还不能得出国内生产总值,所以必须进行调整。

(1) 雇员报酬 (Compensation of employees) 是企业为劳动所进行的所有支付。包括工人的净工资与薪金,加上从收入中征收的税收和所有社会保险等。雇员报酬用 W 表示。

(2) 租金收入 (Rental income) 是对土地和其它租用的投入品的支付,包括业主自用住房的应计收入和来自于专利权、特许权和其它所有权的收入。租金收入用 R 表示。

(3) 公司利润 (Corporate profit),是公司所获得的全部利润,包括分配的利润、未分配的利润和公司利润(所得)税。公司利润用 π 表示。

(4) 净利息 (Net interest) 是居民户进行贷款所得到的总利息减去他们借款所支付的总利息。这一项中要加上包括企业向居民户持有的债券支付的利息、减去居民户为其信用卡未偿还余额支付的利息。净利息用 I 表示。

(5) 所有者收入 (Proprietors income),又称非公司企业收入或业主收入,是以上所论述的因素的混合。一个拥有并经营企业的所有者为经营提供了劳动、资本,也许还有土地和建筑物。国民收入统计学家发现,要将这个所有者的收入分为相应的部分(劳动报酬、资本利息、土地和建筑物的租金和利润)是困难的。因此,就把这种所有者兼经营者的各种收入合并为所有者收入这一项。所有者收入用 P 表示。

以上五项收入都是未纳税前的收入,将这五项加起来就是一国的国民收入,但它不是一国的国内生产总值。为了用收入法衡量国内生产总值,必须对要素成本的净国民收入作一些调整。这些调整包括加上间接税,减去补贴,再加上折旧。

(6) 间接税（Indirect tax）。税收一般分为两类:直接税和间接税。直接税通常是指其负担不能转嫁的税,包括根据收入和财产征收的税,如个人所得税、公司所得税、财产税和财产转移税等。间接税通常是指由消费者在购买产品和劳务时所支付的税收,如政府的销售税、汽油税、烟草税等。间接税使消费者所支付的大于生产者所得到的。间接税用 T_i 表示。

(7) 补贴（Subsidy）是政府向生产者进行的支付。例如政府对粮食生产者的补贴。补贴的作用与税收正好相反,它使市场价格低于要素成本,即消费者支付的要少于生产者生产某产品的成本。补贴用 T_s 表示。

间接税和补贴之所以要计入国内生产总值,是因为要素成本与市场价格的差别。在用支出法计算国内生产总值时,是把用于最终产品和劳务的支出进行加总。这种支出是按人们为各种产品与劳务所支付的价格来计算的。人们为一种产品与劳务所支付的价格称为市场价格,确定一种产品与劳务价值的另一种方法是要素成本,要素成本是把生产某种产品时所用的所有的生产要素的成本加总求和。如果只在居民与厂商之间进行经济交易,即如果没有政府,一种产品的市场价格与要素成本就是相等的,但交易还涉及到政府,这样市场价格与要素成本就有差别。因此要使从生产要素所有者的收入计算的国内生产总值与支出法计算的国内生产总值保持相等,就应该加上间接税而减去补贴,有时用"间接税减补贴"来表示。

(8) 折旧（Depreciation）是指当年国内生产总值中用来补偿因生产而消耗掉的资本部分。总要素收入加间接税减补贴是按市场价值计算的国内生产净值,国内生产总值等于国内生产净值加折旧。总支出中包括折旧,因为折旧包括在总投资当中。总要素收入加间接税减补贴不包括折旧,因为当厂商计算自己的利润时要扣除折旧,即要从总利润中减去资本存量的损耗。所以,为了使要素收入法与支出法计算的国内生产总值一致,要在国内生产净值中加上资本消耗,即折旧。折旧用 D 表示。

因此,用收入法计算国内生产总值表示为

$$GDP = W + R + I + \pi + P + T_i - T_s + D$$

(三) 部门法

部门法(Sector Approach)又称产量法,其原理是把国民经济分成若干部门,然后按各部门生产的物质产品和劳务的货币价值来计算国内生产总值。该方法能较好地反映国民收入不同部门的生产情况。不同的国家对生产部门的划分方法不同,但都主要根据不同生产部门的性质来划分。如在美国的国民收入统计中,把国民经济分为 11 个部门,分别统计各部门创造的产品或劳务的价值,最后加总成为国内生产总值。美国联邦储备银行每月、每季都将国民经济各部门的生产总值向社会公布,使之成为衡量各部门生产活动的"晴雨表"。

以上三种方法是从不同的角度来计算国内生产总值的,从理论上讲,这三种方法计算出的结果应是一致的。但在实际计算中,由于统计上的误差,计算的结果可能不一致,通常是按产品支出法的数值进行调整。

下面以美国国民收入统计为例,说明前两种方法来计算出的国内生产总值,见表 9-3 和 9-4 所示。

表9-3 1996年美国国内生产总值——支出法

单位：10亿美元（当年价格）

国内生产总值	7636
消费	5208
耐用消费品	635
非耐用消费品	1535
劳务	3038
投资	1117
固定资产投资	1090
非住宅投资	781
住宅投资	309
存货变动	27
政府购买	1407
净出口	-95
出口	871
进口	966

资料来源：美国商务部

表9-4 1996年美国国内生产总值——收入法

单位：10亿美元（当年价格）

国内生产总值	7636
国民收入	6254
雇员报酬	4427
租金收入	146
公司利润	736
净利息	425
所有者收入	520
间接税及统计误差	553
折旧	830

第二节 国民收入核算中五个总量指标及其关系

一、国民收入核算中的几个相关总量指标

在国民收入核算中，国内生产总值是最基本最重要的总量指标，除此以外，还有四个与国内生产总值相关的重要总量概念，现分别加以说明。

（一）国内生产净值

国内生产净值（Net Domestic Product，简称为 NDP），是指一国一年内新增加的产值，即将折旧从国内生产总值中减去后的数额。显然，这一概念比国内生产总值的概念更能反映出一国在某一时期提供的产品与劳务的真正数量。但是，尽管如此，国内生产总值使用更普遍。因为：①资本折旧不容易准确估计；②即使能准确估计资本折旧，但由于其短期内变化不大，求出 GDP 就可知 NDP 了；③反映一国的就业水平时，使用 GDP 更好。一国的就业水平是 GDP 的函数，而不是 NDP 的函数。因为一国能提供就业机会的多少以及生产能力的大小决定了整个社会的全部产量，而不论是重置投资还是新投资。

（二）国民收入

国内生产总值与国内生产净值都是以产品与劳务的市场价值来表示的，而不是生产中所消耗的成本来表示。但居民提供生产要素所得到的并不是用这些生产要素所生产的产品与劳务的市场价值，而是其所提供的生产要素的价格。因此，要反映一国的国民收入，就应该用生产中消耗掉的生产要素的成本来计算，因为这是人们所真正赚得的收入。这也是狭义的国民收入概念。正如

前面所指出的,广义的国民收入概念包括了国内生产总值等相关概念。

国民收入与国内生产净值的区别在于现代各国都有一些间接税。间接税被计入了生产成本,最终为消费者负担,所以计算国民收入时应用国内生产净值减去间接税;另一方面还存在政府对产品的补贴(如农产品补贴),政府补贴是一种负税,补贴后使厂商的成本减少,生产要素的投入也减少,因此在计算中应加入这一部分。

(三)个人收入

个人收入(Personal Income)是指一国所有个人在一定时期内从各种来源所得到的收入总和。个人收入与国民收入有以下两点不同:

(1)个人从各种生产要素所赚得的收入不完全为生产要素所有者所得到,因此,就这一点来看,国民收入就要大于个人收入。例如,一个公司的股东,他们对公司所赚的全部利润显然有权全部领取,但如果国家要课征公司所得税,则该公司须先从其所赚利润中提取一部分缴纳所得税后,才能考虑剩余部分如何分配给股东。而且因为现在各公司还可能在其所赚利润中提取一部分作为今后扩大生产的准备,或应付各种意外需要,还会提取一部分资金,这就是未分配公司利润,也就是公司的储蓄。最后,现在各国都建立了社会保险制度,所有企业的员工都必须参加,以便年老退休或其它意外事件发生时生活有保障,其所须缴纳的保险费由各企业在支付工资前扣下,这样个人得到的自然就要减少。

(2)许多人的收入有可能并不完全是由于参加生产活动而获得的,从这一点看,个人收入又要多于国民收入。例如,退休金、养老金、失业救济金、灾难救济金、抚恤金、公债利息与消费者借款的利息等就是其中的主要项目。由于这些收入都不是因同时有产品与劳务的提供而产生的,即不代表对当年的产品与劳务的支付,所以不能算作为国民收入之中。对于这些收入一般从付出的一方来看称之为转移支付,以表示这只是一种国内生产总值的转移,并未创造国内生产总值。

由此可见,个人收入包括两种:①参加产品与劳务的生产获得的收入;②转移支付。

(四) 个人可支配收入

个人可支配收入(Person Disposable Income,简称为 PDI)是指个人收入中减去所有由个人直接负担的税收部分,可以实际得到的并由个人自由支配的收入。个人直接负担的税收有个人所得税、遗产税等。个人可支配收入可以用来消费,也可以用来储蓄。

二、国民收入五个指标之间的关系

根据国民收入核算五个总量指标的定义,可以将五个总量指标之间的关系表达如下:

国内生产净值 = 国内生产总值 – 折旧

国民收入 = 国内生产净值 – 间接税 + 政府补贴

个人收入 = 国民收入 – 未分配公司利润 – 公司所得税 – 社会保险费 + 转移支付

个人可支配收入 = 个人收入 – 个人所得税

为增强对国民收入循环的理解,我们用图 9 – 1 来说明。

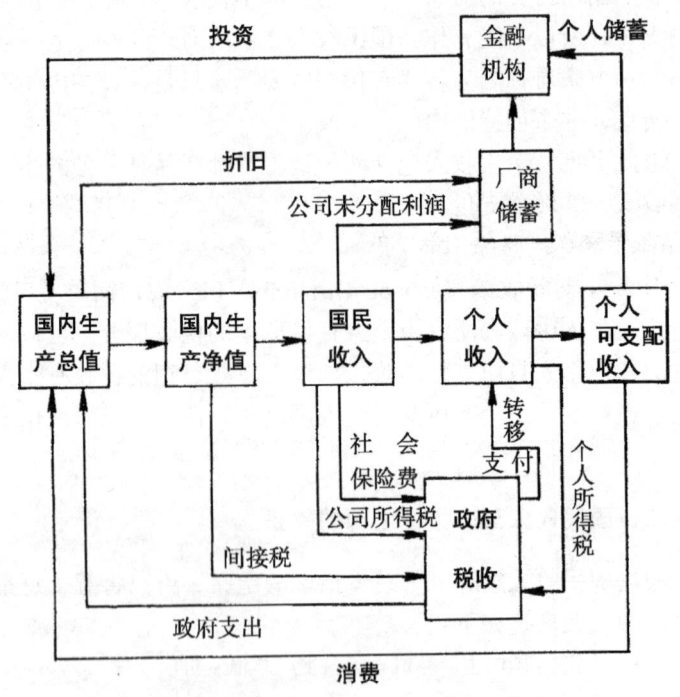

图 9-1 国民收入的循环

第三节 国民经济总流程

宏观经济学研究整个国民经济的活动及其运行规律。而整个国民经济由许多不同的经济单位所组成，要研究整个国民经济，就必须首先分析各种经济单位之间的联系。国民经济总流程就是将一国的经济单位联系起来分析一国经济的循环流动，从而为研究宏观经济运行规律奠定基础。

一、两部门经济的流程

假定一国是封闭经济,对外贸易不占重要地位,因此可以忽略不计;同时假定一国的政府在经济活动中不起重要作用,因此也不考虑。这样,在整个经济活动过程中,就只剩下厂商和居民两个部门,因此经济活动只在厂商和居民之间进行。我们把社会中只存在居民和厂商两个部门的经济,称为两部门经济。在两部门经济中,厂商和居民通过生产要素市场、商品市场和金融市场而相互联系。两部门经济流程图如图9-2所示。

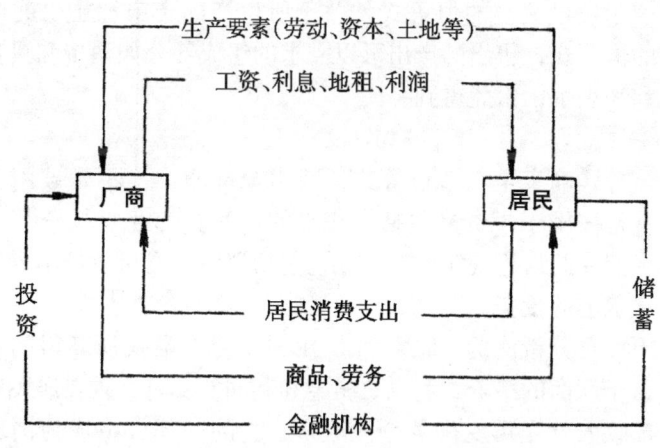

图9-2 两部门经济流程图

图9-2表示,居民首先向厂商提供生产要素,然后厂商运用居民提供的生产要素生产商品并提供劳务,同时根据居民提供的各种生产要素而分别给予报酬,居民再用各自的收入向厂商购买商品和劳务。这样会在厂商和居民间形成一个循环,只要居民将所得的全部收入用于购买厂商的产品和劳务,这个循环就会以原有的规模一直持续下去。但假如居民将一部分收入用来购买商

品和劳务，而将另一部分收入储蓄起来用于将来消费，此时，厂商与居民之间的循环就不能以原有的规模持续下去。因此，厂商除了从居民的购买中获得一部分资金外，还需要从金融市场上获得资金进行投资。在这种情况下，要使两部门经济循环能持续下去，就必须通过金融机构，把居民的储蓄全部转化为投资。储蓄是这一循环的漏出，投资是对这一循环的注入。因此，只要漏出等于注入，厂商和居民之间的经济循环就可以正常地进行下去。

两部门经济之间的关系，也可以用恒等式来说明。在两部门经济中，我们以 Y 表示产出的价值，消费用 C 表示，投资支出用 I 表示。最关键的恒等式是关于所生产的产出和售出的产出之间的恒等式，售出的产出可以需求的组成部分如消费和投资支出之和来表示，由此得到：

$$Y \equiv C + I$$

该等式确实是一个恒等式，因为全部的产出不是被用于消费，就是被用于投资（包括未售出的产品算为存货投资部分）。因为我们在此讨论现实的投资，它包括那些厂商可能极不乐意从事的存货上的投资。

下面再分析消费、储蓄和 GDP 的关系。居民所获得的收入是来自于厂商的工资、利息、租金和利润的支付，现在居民获得的全部收入就是可支配的个人收入，它的一部分将成为消费支出，另一部分将被储蓄起来（储蓄用 S 表示），因此有：

$$Y \equiv C + S$$

该恒等式表示全部的收入被分配到消费和储蓄，然后将上面两个等式联在一起：

$$C + I \equiv Y \equiv C + S$$

等式左边表示需求的组成部分，右边表示收入的分配。这个等式强调，所生产的产出等于所售出的产出，所生产的产品价值等于所获得的收入，并且所获得的收入接下来又被用作商品的支出或储蓄。

将上述恒等式每一部分减去 C，得
$$I \equiv Y - C \equiv S$$

该等式表示在两部门经济流程中投资恒等于储蓄。该恒等式也表明有些投资可能是非意愿的存货投资是重要的。

二、四部门经济的流程

四部门经济是指在厂商、居民之外，再加上政府和国外部门。政府向厂商和居民征税，而同时政府又以向厂商购买和向居民转移支付的方式使之流回厂商和居民。国内经济部门通过贸易、资本流动和劳动力流动与国际市场发生联系，在存在国际市场的情况下，国际市场对国内经济的影响是：本国提供商品和劳务给国际市场，即本国的出口，它会形成国外对本国的需求；另一方面本国会从国际市场购买商品和劳务，即本国的进口，从而会增加本国的供给。此外，国外部门向国内提供商品和劳务时，还须向国内政府支付关税，而本国政府也会在国际市场上购买商品和劳务。由于国际市场的存在，在四部门经济中，要使经济循环持续地进行下去，应在三部门经济流程正常循环条件下，再加上进口与出口相等（不考虑关税）这一条件。四部门经济的流程图如图 9-3 所示。

四部门经济之间的关系，也可以用一些恒等式来说明。首先，就政府来说，我们以 G 表示产品和劳务的购买，以 TA 表示所有的税收，TR 表示向居民的转移支付（包括利息），净出口用 NE 表示。

我们再将 G 和 NE 加到所生产的和售出的产出之间的恒等式，考虑到新增加的需求组成部分 G 和 NE，得：
$$Y \equiv C + I + G + NE$$

在该恒等式中，我们使用的是现实投资，所以仍然不排除厂

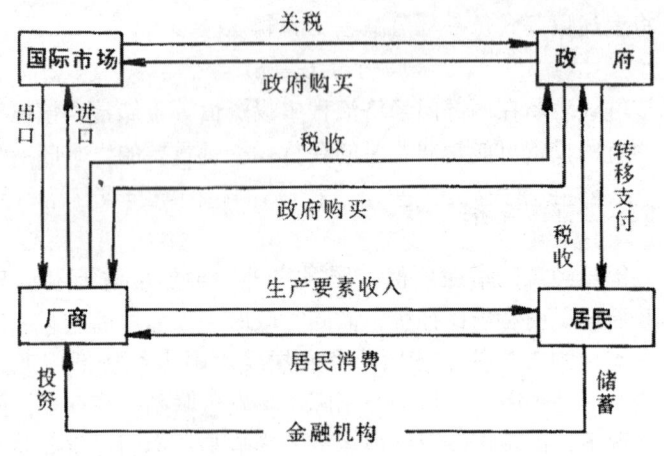

图 9-3 四部门经济流程图

商有不合意的存货投资。

下面转向产出和可支配收入之间的关系的推导。在此，一部分收入被用于税收支出，而且居民获得了除国民收入以外的转移支付（TR）。于是可支配收入等于收入减税收再加上转移支付。

$$Y_d \equiv Y - TA + TR \quad (Y_d \text{ 表示可支配收入})$$

接着，可支配收入被分别用于消费和储蓄：

$$Y_d \equiv C + S$$

将上述两式联在一起：

$$C + S \equiv Y_d \equiv Y - TA + TR$$

或

$$C \equiv Y_d - S \equiv Y - TA + TR - S$$

上述恒等式说明，消费是可支配收入减去储蓄，或者说，消费等于收入减税收和储蓄，加转移支付。

将上述等式与前面的产出与售出的恒等式联立在一起，整理可得：
$$S - I \equiv (G + TR - TA) + NE$$

式子的右边的第一项（$G + TR - TA$）是政府的预算赤字，（$G + TR$）等于政府的总支出，它由政府对商品和劳务的购买（G）加政府的转移支付（TR）而构成。TA 是政府所得的税收量。式子右边的第二项是出口对进口的超额量，或商品和劳务的净出口。

上式说明，居民的储蓄对投资的超额量（$S - I$）等于政府的预算赤字加对外贸易盈余。上式也说明，在居民的储蓄对投资的超额量（$S - I$）、政府预算（$G + TR - TA$）和国外部门之间存在着一些重要的关系，比如说，如果居民的储蓄等于投资，那么政府的预算赤字（盈余）就反映一个相等的对外收支赤字（盈余）。

NE		TA − TR	TA − TR
I			S
G	Y	Y_d	
C			C

图 9 - 4 宏观经济学的基本恒等式

图 9 - 4 以一种方便的形式，总结对 GDP 不同角度的考察。这里的第一个命题是：产出等于需求的所有组成部分，$Y = C + I + G + NE$；第二，一个经济中所生产的产出自然会带来生产要素的收入，但由于存在政府部门，我们还必须引入税收和转移支付。于是，可支配收入等于产出加转移支付，并减去税收，$Y_d = Y + TR - TA$；第三，可支配收入被分配于消费和储蓄，$Y_d = Y + TR - TA = C + S$。这个等式为：
$$C + I + G + NE \equiv Y \equiv Y_d + (TA - TR) \equiv C + S + (TA$$

– TR）

四部门经济是比较接近现实的经济模式,因此是研究现代市场经济下国民收入循环的较好模式框架。

复习思考题

1．说明国民收入核算体系中五个基本总量的定义及其相互关系。

2．下列哪些活动包括在 GNP 中。

（1）购买一辆小汽车。

（2）某人在证券交易所购买了 1000 股 TCL 股票。

（3）居民住自己的住房节省了一年的房租。

（4）企业支付了 500 亿美元的营业税。

（5）某人利用业余时间挣得的收入。

（6）一小学生帮助父母做家务劳动获得 10 美元酬金。

3．已知有如下资料（见表）

资本消耗（折旧）	626.1
间接税	524.6
公司利润	346.3
社会保障税	528.8
政府和企业向个人的转移支付	1159.2
个人所得税和非税支出	618.7
国内生产总值	5677.5
来自国外的要素净支付	17.4

计算 GNP, NNP, NI, PI 及 PDI。

第十章 消费与投资理论

国民收入核算理论只是客观地描述了经济运行收支平衡的会计原理,并未说明产生不同结果的过程和原因,并未分析宏观经济中存在的问题和解决问题的途径。从本章开始,将转入介绍宏观经济理论和政策。

现代宏观经济理论是对古典宏观经济理论的否定。所以本章首先介绍宏观经济学的理论演进,然后对宏观经济学中的消费和投资理论作一介绍。

第一节 宏观经济理论的演进

在20世纪30年代以前,流行的是古典的宏观经济理论;30年代以后凯恩斯理论的兴起,又流行起凯恩斯宏观经济理论;50年代产生了货币主义理论;70年代出现了新古典宏观经济理论;80年代初又有经济学家提出了供给学派的宏观经济理论,现分别加以介绍。

一、古典宏观经济理论

所谓古典宏观经济理论是指经济学史上的古典学派所主张的理论,其代表人物有亚当·斯密、大卫·李嘉图、马尔萨斯、约翰·米勒和萨伊(J.B.Say)等人。根据古典学派的看法,市场中的价格机制可以自动地将社会所有的资源充分利用并实现充分就业,因此一国的实际国民收入必然是该国所有资源充分利用的结果,而国民收入的增减取决于资源供给的变化,所以他们着重强调供给方面的情况。他们之所以有这种主张，可以用萨伊定律（Say's Law）来说明。

（一）萨伊定律的内容

萨伊在1803年所著《政治经济学概论》中，明确系统地提出了这样一个论断：任何产品同时也提供了同量的对于产品的需求。虽然个别或少数产品可能由于不符合社会需要而表现出供大于求的情况，但从整个社会来看，既然供给同时形成需求，而人们的需要又是无限的，因而产品的总供给超过总需求的情况是不可能存在的。这个"供给会创造出对它自身需求"的论断被称作为萨伊定律。所谓供给同时创造需求，就是每个生产者之所以要从事生产，不是为了自己消费，就是为了将产品在市场上与别的产品相交换。这样一方面有了一种产品的供给，而另一方面也就立即产生了对另一种产品的需求。因此在商品交换中，任何一种产品的生产都代表了一种对其它产品的需求。供给的增加也就是需求的增加。那么，萨伊定律的理论基础是什么？它建立在这样一种观点之上，货币经济与物物交换经济之间不存在本质区别。在古典学派看来，商品的买卖，虽然以货币作为媒介，但货币只在商品交换中起瞬间的作用，实际上仍然是商品与商品的交换。这样产品总是用产品来购买，买卖在同时进行，是完全统一的，因此在资本主义经济中长期内不会出现生产过剩的危机。因为如果这些产品的供给过多，那么厂商就不会再生产，而会将原来用于生产这些产品的资源转用于生产其它可以售出的产品。实际上我们上一章提出的国民经济循环以及国民收入核算都基于这种推理。

（二）萨伊定律的理论依据

古典学派之所以认为现代市场经济社会可以发挥这种功能，是因为他们认为市场经济具有一种自动调节的机能，这种机能在以下方面发挥作用。

（1）利率的调节可以使储蓄等于投资。古典学派认为，储蓄代表资本的供给，投资代表资本的需求，利息率是调节它们的杠杆。由于利息率的自动调节作用，储蓄将全部转化为投资，那么储蓄等于投资也是必然的。

利息率之所以使储蓄等于投资，是由于：货币资本的供给者之所以储蓄，是为了取得利息，利息率越高，人们多储蓄，利息率低，人们就少储蓄，储蓄与利息率成正比。而货币资本的需求者之所以投资，是为了取得利润。利息率越低，资本需求者愿意借入的货币资本越多，利息率越高，资本需求者愿意借入的货币资本就越少，因而对货币资本的需求与利息率成反比。这样，借助于资本市场的货币资本供求所引起的利息率的涨落，将使投资趋向于与储蓄相一致，正如商品价格的涨落使商品的供求数量趋向相同一样。

（2）物价与工资的调节可以使资源合理配置并实现充分就业。古典学派认为，如果利息率的调节力度不够，结果储蓄仍然会超过投资，这时物价与工资的调节就可以促使资源合理配置并实现充分就业。因为如果社会经济中消费与投资的支出还不能使所有的产品销售出去，那么物价就会下降，消费者就会将各种产品全部购买，从而不会发生过剩现象。

古典学派认为，物价下降后，工资也会随之下降，生产者仍可获得利润。因为从劳动力的供求来看，资本家对劳动力的需求取决于劳动的边际生产力，劳动的价格为工资率，那么对劳动需求来说，工资率的大小取决于劳动的边际生产力，由于劳动的边际产量是递减的，那么只要工人所要求的工资率与劳动的边际产量相等或小于劳动的边际产量，资本家就会增雇工人直到实现充分就业为止。换言之，当工人存在失业时，只要工人愿意接受较低的工资率，使之不超过劳动的边际生产力，他们总是会被雇佣的。从劳动的供给来看，劳动的供给取决于劳动的边际负效用，当工资率的效用大于劳动的边际负效用时,工人将提供更多的劳动,而劳动供给增多,会使工资率下降;相反,劳动供给量减少,工资率会上升。劳动市场由于工资率的变动,使劳动的供需达到均衡,从而使社会达到充分就业水平。在物价下降后,劳动的边际生产力下降,工资率就会下降。

(三)古典宏观经济理论的政策含义

古典学派的下面两个结论对于经济政策来讲至关重要。首先,古典学派认为,经济仅仅会在短期内暂时地偏离充分就业和生产能力的充分利用,而不可能存在长期而持久的衰退或萧条。合格的劳动力在现行的市场工资下,能够迅速地找到工作。第二,总需求政策不能影响失业和实际产出水平,相反,货币政策和财政政策才能影响经济中的价格水平,以及实际 GDP 的构成。

在古典学派看来,充分就业可以通过价格机制而自动实现,因而无须政府的干预。政府的任务就是制定各种规则,保证整个社会经济自由地运行。这种看法自 18 世纪后期开始一直支配着整个西方经济学界。

二、凯恩斯宏观经济理论

古典学派断言,自由市场、自由竞争、自由放任的资本主义经济不会出现生产过剩危机,总能保证充分就业。但到了 20 世纪 30 年代,情况发生了极大的转变,世界性的经济危机爆发,形成了经济大萧条,而且无法在短期内消除危机。1933 年美国失业人数达 1300 多万,约占劳动力总数的 25%,其他国家如英国的情况也并不比美国好。在这种情况下,古典学派的自由经济可以实现充分就业的论调就不能再使人信服。于是英国经济学家凯恩斯在 1936 年出版了《利息、就业与货币通论》(简称《通论》)一书,对传统的古典理论提出了严峻的挑战。

凯恩斯的《通论》提供了一种不同的宏观经济理论,也即一套观察经济政策和外部冲击影响的全新的理论分析框架。首先，凯恩斯提出了总需求概念。其次，是凯恩斯主义关于总供给的理论。通过将这两个新因素结合在一起，凯恩斯给宏观经济学带来了一场真正的革命，许多西方经济学家把他在经济学史中的地位与亚当·斯密的《国富论》相提并论，认为他是经济学史上的一次重大的转折点和里程碑。今天西方宏观经济分析体系可以说仍然是建立在这本《通论》的基础之上的。下面就其对古典经济理论的主要批判以及对宏观经济运行所提出的主张加以说明。

（一）凯恩斯对古典宏观经济理论的批判

（1）凯恩斯认为，利息率的调节不能保证储蓄与投资必然相等。他认为虽然今天各个家庭的储蓄数量会经常发生变化，但这种变化并不完全是由利息率因素引起的。除了利息率因素之外，还有家庭可支配收入水平，储蓄是家庭可支配收入的函数。储蓄的绝对量随家庭可支配收入的增加而增加，同时储蓄占收入的比例将随收入的增加而变大。收入和储蓄的这种关系成为凯恩斯的收入和就业决定理论的基石。此外，还有其它一些因素影响储蓄，而使储蓄和利息率不一定同方向变化。比如家庭储蓄的主要目的不是为了获得利息，而是为了积存资产以便在将来购置耐用消费品，或为了子女的教育或养老。这些因素驱使下的储蓄对利息率的变化不敏感，利息率高固然会增加储蓄，但利息率低时他们同样也会去储蓄。

再从对储蓄的需求来看，利息率低时厂商固然会增加对储蓄的需求，以便投资获利，但利息率高时厂商也不一定就会减少对储蓄的需求。因为利息率的高低只是厂商决定是否投资时考虑的一个因素而已，除此之外，还要看投资后预期利润率的大小。如果利息率高，但投资后预期利润率也很高，投资赚得的利润抵消利息的支付尚有盈余，那么厂商仍会增加投资。所以虽然利息率高，但对储蓄的需求可能还是会增加。

由此可见，不论是储蓄的供给，还是储蓄的需求，都不一定会对利息率的变化立即作出反应，所以古典学派的储蓄与投资自动相等的观点也就不一定正确。如果社会中所有的储蓄都被用作投资，自然可以使整个社会收入不致减少，但如果有部分储蓄未被用于投资，那么整个社会的收入就会减少。

（2）物价与工资调整困难。凯恩斯不赞成古典学派所提出的各种产品和生产要素的价格，可以完全由市场的供求来决定的观点。这种情况在18世纪和19世纪可以发生，因为当时市场中没有力量强大的垄断组织出现。但是到了20世纪以后，劳资双方都有自己的垄断性组织，从而使供求规律难以自由地发挥作用。因此，凯恩斯认为不能再假定各种价格可以完全由市场决定。

（3）工资的下降就是个人收入的减少。即使各种产品和生产要素的价格可以随市场供求的变化而变化，我们也不能由此断定各种产品可以完全销售掉，各种资源必然会被充分利用。例如，我们假定工资下降了，这对于雇佣这类工人的厂商自然是有利的，因为这样可以减少他们的生产成本。生产成本减少，厂商就会增加生产，从而也就会增加就业机会，这对工人有利。但如果各行业的工资都下降了，那么所有工人的收入都会减少，从而会减少消费，因此厂商所生产的产品就会有一部分卖不出去，他们自然会减少生产，这样就会使整个社会的就业机会减少，充分就业也就不能实现。

（二）有效需求不足定律

有效需求是指在国民经济中商品的总供给价格和总需求价格达到均衡时的总需求。所谓总供给价格，是指全体资方雇佣一定劳动量所要求得到的产品总量的最低价格。所谓总需求价格，是指全体资方雇佣一定劳动量进行生产时预期社会对商品愿意支付的价格。

总供给价格和总需求价格在经济中表现为劳动的函数（也为

就业量的函数)。因此,有效需求也就是决定就业量的需求。

总供给价格函数表示为:$Z = \varphi(N)$

总需求价格函数表示为:$D = f(N)$

当总供给价格与总需求价格相等时决定的需求为有效需求。此时社会的总就业量为 N。但有效需求下的均衡国民收入不一定就达到了充分就业的国民收入水平,它可能小于充分就业的国民收入水平,也可能大于充分就业的国民收入水平。

如果有效需求下的国民收入水平小于充分就业的国民收入水平,尽管国民收入总需求与总供给达到均衡,但仍是有效需求不足。由于有效需求不足,经济中必然存在失业现象。凯恩斯认为,有效需求不足是资本主义的普遍现象,并指出有效需求不足是由三大基本心理规律所造成的。

(1) 边际消费倾向递减规律。整个社会或个人的消费,主要取决于国民收入的大小,消费与收入呈同方向变化。但是凯恩斯认为,随着收入的增加,消费支出占全部收入的比例将越来越少,由于边际消费倾向随着收入的增加而减少,那么边际储蓄倾向是递增的,人们愿意把更多的钱存起来,使储蓄占收入的份额增加。边际消费倾向递减,势必引起消费不足。同时如果增加的储蓄未能全部转化为投资,增加的产品也无法销售完,结果必然引起生产的收缩,致使有效需求不足。

因为社会总需求为 $Y_d = C + I + G$,如果随着国民收入的提高,消费比例下降,储蓄上升,如果投资和政府支出不变,那么社会总需求将下降,均衡国民收入减少,最终也会使储蓄水平降下来,使国民收入可能回复到原来较低的水平。

(2) 资本边际效率递减规律。所谓资本边际效率是指投资者对资本投资未来收益的预期。资本的边际效率之所以是递减的,是由于以下两个原因:一是资本的投资需求如果增加,必然引起投资设备的价格上涨,所以添置投资设备所支付的成本愈来愈高。同时投资需求的增加，使借入资本的利息率也可能随投资需求增加而提高，在这种情况下，资本的预期利润率（资本的边际效率）也将下降。二是投资的增加，使社会最终产品的供给量增加，那么产品未来的价格将随产品的增加而下跌，投资者的收益也必然下降，这样会引起资本的边际效率递减。

资本的边际效率递减，使投资需求下降，在总需求中必然引起投资需求不足，从而使均衡的国民收入水平无法达到充分就业的国民收入水平。从理论上看，只要资本的利润率超过现行利息率，投资者便有利可图，一直到资本的利润率与利息率相等，投资者才会停止投资。但由于投资的风险及其它原因，那么当资本的利润率接近利息率时，投资者便不愿再投资了。因为资本的边际效率是递减的。

当然资本的边际效率还受其它多种因素的影响，如世界或国内局势的变动，金融市场的变动等。这些因素可能引起资本边际效率下降，从而导致投资需求的剧烈下降。

（3）流动偏好与利息率。投资除了取决于资本的边际效率外，还取决于资本的利息率。即利息率将决定储蓄，而储蓄是投资的来源。

所谓流动偏好是指人们想以货币的形式保持其一部分财产的愿望。人们出于交易动机、谨慎动机和投机动机的目的，将保存一定数量的货币称为货币需求，而要使人们把货币储蓄起来，必须有诱因，利息正是人们一定时期内放弃流动偏好的报酬。凯恩斯认为，人们对于其支配的货币资产，不是以生息资产的形式保存在身边，而是以货币的形式保存在身边，正是由于上面三种动机，使保存货币具有灵活性。

人们对于保存货币的偏好，取决于两个因素：即人们收入的多少和利息率的高低。对于投机动机保存的货币数量的偏好，则主要取决于利息率的高低。所以对于一定时期的收入水平来说，货币的流动偏好（即货币的需求）是利息率的函数。货币需求与利息率成反比关系，但是流动偏好使利息率的降低有一个限度，即利息率不能降得太低，否则人们将保留货币在身边，而不愿放弃它。同时，投资的需求又取决于资本的边际效率，资本的边际效率必须高于利息率，否则投资者也不愿投资。如果要想降低利息率，就必须增加货币的供应量。

（三）凯恩斯主义的政策主张

倾向于古典学派的经济学家常常会怀疑政府稳定商业周期的必要性，他们认为，旨在增加总需求的政策会导致通货膨胀的升级。古典学派经济学家还担心政府行为对潜在产出水平，进而对总供给的长期影响，例如他们认为，政府赤字会挤出私人投资。

凯恩斯主义经济学家认为，宏观经济容易出现延长的商业周期、高失业与投机以及通货膨胀交替出现。因此，凯恩斯主义者坚信政府能够通过货币政策和财政政策改变总需求进而影响实际经济活动。现代凯恩斯主义者赞成，在存在通货膨胀压力时采取措施抑制总需求，而在经济衰退时采取措施刺激总需求。在美国，这些专家逐渐倾向于用货币政策稳定商业周期。但他们同时坚持财政政策作为自动稳定器的重要性，认为它可以削弱意外冲击所产生的乘数效应。他们还不遗余力地反对要求平衡预算的宪法修正案等政策，因为这将影响财政政策，加剧商业周期波动。

凯恩斯主义者与古典经济学家争论的核心是经济是否具有强大的自我矫正机制，即能否通过灵活的价格和工资来维持充分就业水平。古典学派一般强调长期经济增长，主张放弃稳定商业周期的政策。而凯恩斯主义经济学家则主张通过适当的货币政策调控商业周期，以稳定经济增长。

三、货币主义宏观经济理论

现代货币主义经济学是二战后由芝加哥大学的密尔顿·弗里

德曼为创始人发展起来的,除弗里德曼外,还有其追随者如英国的沃尔特斯、莱德勒、帕金和奥地利的弗里希等,也是有影响的货币主义者。在弗里德曼的领导下,货币主义者向凯恩斯主义宏观经济学提出了挑战,并强调了货币政策在稳定宏观经济方面的重要性。大约在20年前,货币主义学派出现不同的分支。其中一个分支坚持原有传统,下面将会介绍。另一个较年轻的分支成为今天颇具影响的新古典学派。

(一) 货币主义的精髓

同一切严肃的思想学派一样,货币主义有其不同的重点和层次。货币主义的主要观点如下:

(1) 货币供给增长是决定名义国内生产总值增长的系统性因素。从根本上讲,货币主义是一种总需求决定理论。它认为,名义总需求主要受货币供给量变动的影响。财政政策对于某些变量来说是很重要的,但是主要的宏观经济变量(总产出、就业量和物价水平)却基本上是受货币的影响。

(2) 价格和工资是相对灵活的。凯恩斯经济学认为价格和工资具有"粘性"。而货币主义者虽然从总体上接受工资–价格制定具有一定惯性的观点,但他们认为即使在短期内菲利浦斯曲线也相当陡峭,并且长期菲利浦斯曲线是垂直的。在总供给–总需求($AS-AD$)分析框架中,货币主义者坚信总供给曲线相当陡峭。

货币主义者认为,短期内货币既可以影响产出,也可以影响价格,然而在长期内,由于经济趋向于充分就业,所以货币主要影响价格水平。无论在短期内,还是在长期内,财政政策对产出和价格的影响都是微不足道的。这就是货币主义学说的主张。

(3) 私人部门是稳定的。货币主义者相信,如果是自由放任的话,则私人经济是趋于稳定的。事实上,名义国内生产总值的波动大多源于政府的行为,特别是货币供给的变动,后者依赖于中央银行的政策。

(二) 货币主义与凯恩斯主义的区别

近30年来，货币主义学派与凯恩斯主义学派的观点已经有非常明显的趋同性。目前的分歧主要在于侧重点不同，而非基本信念存在差别。具体来说，这两个学派的基本区别在于：

(1) 这两个学派对作用于总需求的因素存在不同的看法。货币主义认为，总需求仅受货币供给量的影响，并且货币对总需求的影响是稳定而可靠的。他们还认为，如果不与货币变动相配合，财政政策或支出的自动变化对产出和价格的影响就微不足道。

凯恩斯主义经济学家的观点与此相反。尽管他们也承认货币对总需求、产出和价格有着十分重要的作用，但他们认为，除此之外，其它要素也很重要，他们指出，财政政策、净出口等支出变量一起参与产出决定。目前货币主义与凯恩斯主义观点趋同的表现是，这两个学派都相信，美国的稳定政策应该主要通过货币政策实施。

(2) 这两个学派对总供给行为的看法不同。凯恩斯主义经济学家强调价格和工资粘性。而货币主义者则认为他们夸大了经济活动中工资-价格的粘性，并且认为短期总供给曲线十分陡峭，也许并不垂直，但却比凯恩斯主义者设想的要陡峭得多。

由于二者对总供给曲线的斜率持不同的观点，他们在总需求变化的短期影响方面也存在分歧。凯恩斯主义经济学家相信，在短期内（名义）需求的变化会对产出产生重大影响，而对价格影响则微乎其微。货币主义者认为，需求的变动最终将主要改变价格，而非产量。

在宏观经济干预上，货币主义的核心在于货币在总需求决定中的重要性，以及工资和价格的相对灵活性。

(三) 货币主义的政策主张

在过去 30 年中,货币主义在制定经济政策方面扮演了重要的角色。货币主义经济学家常常拥护自由市场和自由放任的微观经济政策。但是,他们对于宏观经济政策最重要的贡献,还在于他们更主张固定的货币规则,而非相机抉择的财政政策和货币政策。

原则上,货币主义者也许会建议利用货币政策对经济进行微调。但他们采取的方针却完全不同,他们认为,私人经济部门是最稳定的,而政府倾向于使经济不稳定。此外,货币主义者相信,货币影响产出需要一个长而多变的时滞,因此,设计一套有效的稳定政策是十分艰巨的任务。由此可见,货币主义经济思想的主要内容就是货币规则(Monetary rule):最佳的货币政策应使货币供给以固定的速率增长(每年 3% 到 5%),并且在任何经济形势下都维持这一速率。

四、新古典宏观经济理论

尽管大多数宏观经济学家认为,货币主义政策至少在短期内可以影响失业和产出,但是古典学派的一个新分支却对这一正规方法提出了挑战。这种被称为新古典宏观经济学(New Classical Macroeconomics)的理论,是由芝加哥大学的罗伯特·卢卡斯、斯坦福大学的托马斯·萨金特和哈佛大学的罗伯特·巴罗共同研究出来的。这一理论在强调工资和价格灵活性的作用方面,与前面讨论的古典学派一脉相承,但增加了一个新特点即理性预期,用于解释菲利浦斯等问题。正是由于卢卡斯对于新古典宏观经济学,特别是理性预期的现代观点所作出的贡献,1996 年他被授予了诺贝尔经济学奖。

(一) 新古典宏观经济学的基础

20 世纪初期以前的传统经济学是建立在两个基本假设之上

的：第一个基本假设是，经济人总是追求最大化的。也就是说，在经济理论和经济模型中，企业在现有技术条件下追求最大利润，个人在现有收入条件下追求最大的效用；第二个基本假设是，在自由竞争资本主义条件下，市场总是出清的，即市场上愿意出售的商品数量与愿意购买的商品数量恰好相等，不存在商品短缺或过剩。劳动力市场上劳动的供给等于对劳动的需求，经济始终处于充分就业状态。

面对20世纪30年代的资本主义经济危机和大规模失业，凯恩斯为了摆脱由经济危机引发的经济理论危机，抛弃了传统庸俗经济学的两个基本假设，提出了有关总量行为的基本假设，并且根据这种假设，得出了小于充分就业的均衡是资本主义经济常态的结论。根据有关的宏观经济模型分析，凯恩斯学派认为，在通货膨胀与失业之间存在着一种替换关系，这种关系通常用菲利普斯曲线来表示。

20世纪70年代西方国家出现了通货膨胀率上升，失业率不仅没有下降，反而随通货膨胀率上升的"滞胀"现象，这表明凯恩斯理论是错误的，凯恩斯的政策主张是无效的。为了说明凯恩斯主义宏观经济政策不起作用的原因，货币主义的代表人物弗里德曼提出了自然失业率假说。他认为，在自由竞争的市场经济中，竞争力量能够保证经济处于或趋于充分就业状态。在自由竞争的劳动市场上，一切愿意按照现行工资出卖劳动的人都能够找到工作，那些失业的人，不是由于没有工作机会而找不到工作，而是由于他们嫌现行工资太低而不愿出卖劳动。因此一切愿意按照现行工资出卖劳动的人都找到了工作，就算实现了充分就业。在充分就业条件下仍然找不到工作的人是自愿失业。自愿失业（包括摩擦性失业和结构性失业）者在劳动力总人数中所占的比例叫做自然失业率。自然失业率假说认为，自由竞争可以使整个经济处于充分就业状态，小于或大于充分就业的经济活动只会是偶然的，暂时的。出现这种偶然的、暂时情况的原因不在于市场制度本身，而在于外界的干扰（如新发明）或者人们对经济变量所作预期的误差，如就业量是否偏离自然就业率水平要看人们预期的通货膨胀率与实际的通货膨胀率之间是否存在差距而定。如果实际通货膨胀率大于预期通货膨胀率，那么就业率就高于自然就业率；反之，就业率就低于自然就业率。但是，由于预期的通货膨胀率不会长期偏离实际的通货膨胀率，通常是两种通货膨胀率相等，因此，就业率等于自然就业率，这时整个经济处于充分就业状态，充分就业均衡是资本主义市场经济的长期自然趋势。

货币主义学派认为，人们的预期在长期内是和实际相符的，但是在短期内却可能发生偏差和失误，而新古典学派则认为，经济学家在进行理论分析时完全应该假定，无论在长期内还是在短期内，人们的预期都是和实际情况相互一致的。根据新古典学派的看法，理性预期是指人们根据自己所得到的全部信息和知识通过合乎逻辑的推理过程而形成的对于经济变量未来数值的预期。理性预期假说并不认为人们在进行预期的过程中能够获得全部有关的信息和知识，但是该学派认为，经济人会按照最大化的经济原则尽可能地掌握更多的信息和知识，并且会按照符合逻辑的方式对这些信息加以整理，以便使自己的预期在不能完全避免失误的情况下，成功地消除有规则的失误，从而得出基本正确的预期。因此经济学家在考察人们的预期时完全可以将这种偶然的失误排斥在理性预期概念之外不予考虑。

总之，新古典宏观经济学认为：①价格和工资是灵活的；②人们能够充分利用所有可以利用的信息。这两个假设是新古典宏观经济学的精髓所在。第一个假设来自于价格和工资具有灵活性的古典假设。第二个假设是全新的，即理性预期假说，它基于现代统计学、存在不确定因素条件下的行为等研究领域中的新成果。这一假说认为，人们的预期建立在所有可以获得的信息基础上。根据这一假设,政府无法"愚弄"人民。因为人们具有充分的信息,并且能够得到政府所能得到的信息。

(二)新古典学派的政策主张

新古典宏观经济学具有重要的政策含义。其中最最重要的一点是:旨在对付失业的系统性财政政策和货币政策具有无效性。他们认为,无论是财政政策还是货币政策都是政府公开实行的政策,作为人们意料之中的因素,它们既能使总需求发生变化,也能使总供给发生变化,因此,宏观经济政策的实施最终只能改变物价水平,而不能改变总产量和总的就业量。另外,新古典学派认为,意料之外的因素也会引起总需求曲线的变动,但不会引起总供给曲线作相应的变动,从而使总产量和就业量发生变动。他们还认为,资本主义经济之所以会出现经济波动现象,恰好是受到了这种意外因素的影响,同时,正是由于经济波动是由意外因素引起的,因此,政府凭借宏观经济政策无法使这种经济波动得到消除。由此可见,无论哪种因素引起了总需求的变动,都不能证明宏观经济政策到底有什么作用,实际上,对于上述无论哪种情况来说,宏观经济政策都是无效的,这就是新古典学派的总的结论。

五、新古典综合学派宏观经济理论

新古典综合学派(又称后凯恩斯主流经济学)的代表人物是萨缪尔森、托滨、索洛、莫迪利安尼等人。新古典综合学派认为,现代资本主义社会是私人经济和政府经济并存的"混合经济"制度。在他们看来,要为这种"混合经济"制度服务,既需要新古典微观经济理论,又需要凯恩斯宏观经济理论。新古典经济理论是指以马歇尔为代表的剑桥学派和以瓦尔拉斯为代表的洛桑学派的理论,主要属于主张完全竞争市场机制的微观理论。

为了维护西方经济理论表面上的一致性,新古典综合学派试图将凯恩斯的宏观经济理论与新古典学派的宏观理论加以综合。凯恩斯的总需求曲线和新古典学派的工资向下刚性假设的总供给曲线现已成为新古典综合学派整个理论体系的主要组成部分。新古典综合学派试图用总供给曲线和总需求曲线的分析方式来解释宏观经济的波动。

总供给曲线是根据生产函数、劳动需求曲线和供给曲线以及货币工资曲线求得的。垂直的总供给曲线是新古典学派的总供给曲线，它赖以建立的假设条件是新古典学派关于货币工资具有完全伸缩性的假设。反 L 型的总供给曲线是在新古典学派的垂直的总供给曲线之前加上表示小于充分就业状态的水平线，向上倾斜的总供给曲线则是对反 L 型总供给曲线的修正。

总需求曲线是根据消费加投资曲线和收支相等线（45°线）或根据 IS 曲线和 LM 曲线求得的，IS 和 LM 曲线是希克斯和汉森用来解释凯恩斯收入和利率决定理论的，因此，总需求曲线是凯恩斯的总需求曲线。

新古典综合派在总需求的分析方面采取了凯恩斯主义观点，在总供给的分析方面，短期的采取了凯恩斯主义的观点，长期则采取了新古典学派的观点。

六、供给学派的宏观经济理论

供给学派是 20 世纪 70 年代末由罗伯特·蒙德尔、马丁·费尔德斯坦、阿瑟·拉弗等人的观点综合而成的，它是针对凯恩斯学派强调社会经济需求方面而提出来的，这一理论认为只有采取措施增加商品和劳务的供给，才能医治美国经济中的病症。在美国，供给学派被称为超古典学派。

供给学派反对凯恩斯定律，肯定萨伊定律。供给学派认为凯恩斯定律是在 20 世纪 30 年代萧条时期存在着大量的失业和闲置设备的情况下，违背了"资源稀缺性"这一经济学的基本前提，并忽视了价格机制的调节作用。资源和设备之所以闲置,并不是由于他们不稀缺,而是由于他们的价格不能伸缩,只要价格的伸缩发生作用,闲置的问题便会得到解决。他们认为30年代的大危机并不是经济本身所固有的不稳定性所造成的,而是由于当时一系列不明智的政策措施所致。战后美国历届政府根据凯恩斯理论制订的经济政策,只单纯致力于需求方面的管理,忽视了需求管理对供给产生的不利影响,最终酿成了"滞胀"的后果,这也更证实了凯恩斯理论的错误与无能。供给学派认为萨伊定律是正确的,他们笃信萨伊定律存在的前提条件,即完全竞争的市场经济是最佳的,从而主张让市场机制充分发挥调节作用,反对政府过多干预经济生活。但是供给学派也不是简单地重复萨伊定律,也不是全盘否定凯恩斯主义,而是为萨伊定律加了一些新内容,使之适应新需要。传统的萨伊定律认为,总供给和总需求一定相等,供给学派则认为,"滞胀"的症结就在于供给不足;传统的萨伊定律认为,在自由竞争的条件下,供给和需求会自动趋于均衡,供给学派则认为,在当代资本主义条件下,供给和需求不能自动趋于均衡;传统的萨伊定律反对一切国家干预,供给学派则认为,国家在适当的范围内采取措施刺激供给是必要的。为此他们提出的政策主张是减税和削减社会福利支出。减税即削减边际税率以增加高收入阶层的储蓄和投资,削减社会福利支出是为了减少政府对经济的干预,充分发挥市场机制的作用。

以上是当代宏观经济理论发展的轮廓,在以后各章中将会详细分析介绍。

第二节 消费与储蓄

一、消费函数与消费倾向

在微观经济学部分我们研究过消费理论,现在我们从总需求出发,将宏观与微观结合起来,对这一理论进一步加以分析。

消费是指国民收入中用于个人消费的部分,消费受多种因素的影响,无论是就个人来看,还是就整个社会来看,人们的消费在一定社会经济和收入分配的情况下,主要取决于国民收入的多少。一般来说,国民收入越多,消费也就越多,消费函数可用来说明消费与国民收入的变动关系。消费与国民收入之间的比例称为消费倾向或平均消费倾向(Average Propensity to Consume)。

消费函数可表示为

$$C = f(Y)$$

其中 C 指消费,Y 指国民收入。平均消费倾向 APC 可用公式表示为

$$APC = \frac{C}{Y}$$

在消费函数中,还有一个概念,即边际消费倾向(Marginal Propensity to Consume)。边际消费倾向是指消费增量在收入增量中所占的比例,用公式表示为

$$MPC = \frac{\Delta C}{\Delta Y}$$

式中 ΔC 为消费增量,ΔY 为收入增量。边际消费倾向在消费函数为可导时,表示为

$$MPC = \frac{dC}{dY}$$

消费与收入的关系可用图 10-1 说明。

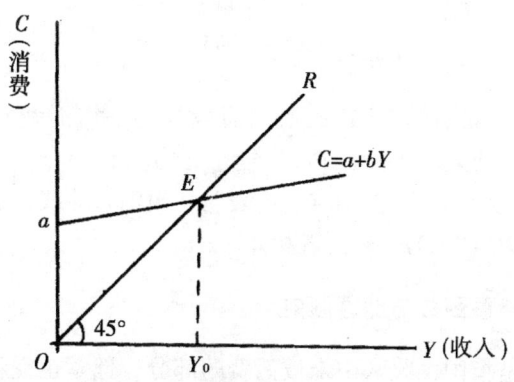

图 10-1 消费与国民收入的关系

在图 10-1 中，横轴表示国民收入，纵轴表示消费，OR 为 45°线，它表示 OR 线上任何点都有 $C=Y$，即收入全部用于消费。C 为消费曲线，它与 OR 线相交于 E 点，即在该消费函数中收入全部用于消费的点。如果该函数为线性函数，那么 $C=a+bY$。

a 为当收入为零时的消费，称为自发性消费，因为在短期内没有收入也会存在自发性消费，自发性消费不依存于 Y 的大小。与此相对应的概念是诱发性消费，即因收入变动而引起的消费。b 为边际消费倾向，也即消费曲线的斜率，对于图 10-1 所示的线性消费曲线，它是一个固定的常量。凯恩斯认为，收入的增加会引起消费的增加，然而消费的增加小于收入的增加，所以，$0 < MPC = b < 1$。

从图 10-1 中可以看出，当收入为 Y_0 时，消费恰好等于收入（E）点，而当收入小于 Y_0 时，消费大于收入，出现负储蓄，此时 $APC > 1$；当收入大于 Y_0 时，消费小于收入，除消费外,收入的剩余部分可用于储蓄,此时 $APC<1$。

平均消费倾向 APC 是一个变量,因为

$$APC = \frac{C}{Y} = \frac{a+bY}{Y} = \frac{a}{Y} + b$$

所以 C 对 Y 的比率随 Y 的增加而减少,平均消费倾向是递减的,当 Y 接近于零时,APC 接近于无穷大,当 Y 逐渐增加时,APC 逐渐接近于 b。图 10-1 还表明,当消费曲线具有正的纵轴截距时,$MPC<APC$,两者相差 a/Y。

二、储蓄函数与储蓄倾向

储蓄是指国民收入中未被消费的部分,储蓄也受各种因素的影响,但在研究国民收入决定时,假定储蓄主要受收入多少的影响,即收入越多,储蓄也就越多,即储蓄也是收入的函数。

储蓄函数可表示为

$$S = f(Y)$$

其中 S 表示储蓄,Y 表示国民收入。

储蓄与收入的关系可以用平均储蓄倾向(Average Propensity to Save)和边际储蓄倾向(Marginal Propensity to Save)来说明。

平均储蓄倾向指储蓄在收入中所占的比重,用公式表示为

$$APS = \frac{S}{Y}$$

边际储蓄倾向指储蓄增量在收入增量中所占的比例,用公式表示为

$$MPS = \frac{\Delta S}{\Delta Y}$$

如果储蓄函数是可导的,则为

$$MPS = \frac{dS}{dY}$$

储蓄与收入的关系可用图 10-2 来说明。

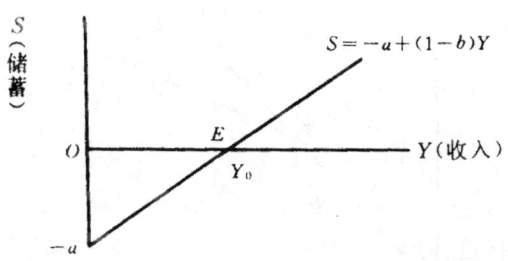

图 10-2 储蓄与收入的关系

在图 10-2 中，横轴表示收入，纵轴表示储蓄，曲线 S 与横轴 Y 的交点 E 表示当收入为 Y_0 时储蓄为零。在 E 点左边，存在负储蓄，在 E 点右边储蓄为正，如果储蓄也是收入的线性函数，则有

$$S = -a + b_1 Y$$

式中，$-a$ 为当 $Y=0$ 时的储蓄，b_1 为边际储蓄倾向。同样，$-a$ 表示自发储蓄，而 $b_1 Y$ 表示诱发储蓄，$0 < MPS < 1$。

人们的全部总收入可分为消费和储蓄，收入的增加也可以分为消费的增加和储蓄的增加，所以

$$APC + APS = \frac{C}{Y} + \frac{S}{Y} = 1$$

$$MPC + MPS = \frac{\Delta C}{\Delta Y} + \frac{S}{\Delta Y} = 1$$

$$b_1 = 1 - b$$

很明显收入减去消费，必然是储蓄，储蓄与消费的关系如图 10-3。

在图 10-3 中，Y_0 为收入与支出相抵点，当收入大于 Y_0 时，出现正储蓄，消费曲线与 OR 曲线的差也应是相应的储蓄曲线的储蓄，在图中 $S_0 = S_1$，同时消费曲线在纵轴上的截距 a 也应等于储蓄曲线在纵轴上的截距 $-a$ 的绝对值，a 为负值表示

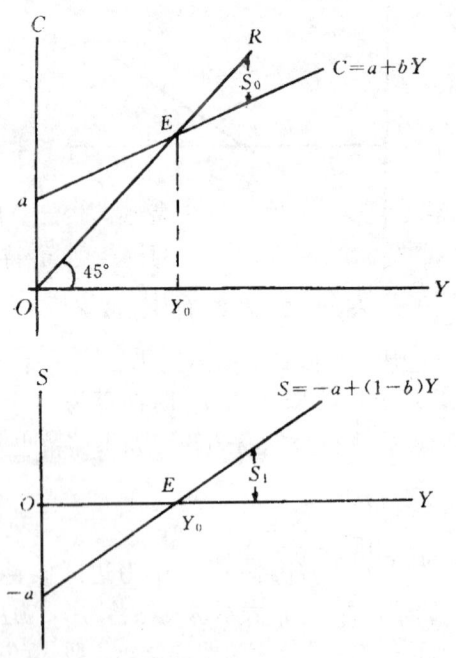

图 10-3 储蓄与消费的关系

负储蓄。从整个社会来看，收入中除了用于消费以外的部分，都可看作是储蓄。

三、长期与短期消费函数

（一）长期消费函数

凯恩斯的消费函数理论被称为绝对收入假定，凯恩斯以后的经济学家对绝对收入假定作了深入的研究，在经验研究的基础上，完善和纠正了绝对收入假定函数，并相继发展了相对收入消费函数、持久收入消费函数和生命周期学说等新的消费函数理论。下面首先介绍长期消费函数。

美国经济学家库兹涅茨（S.Kuznets）根据美国 1869 年至 1938 年的资料，研究了美国的长期消费函数。长达 70 年的资料表明，在这一时期国民收入虽然增加了 7 倍，但消费与收入始终维持在一个相对固定的比例上，平均消费倾向相当稳定，始终在 0.84~0.89 区间，只有在经济大恐慌时期，如 1924~1933 年和 1929~1938 年两个阶段中，平均消费倾向较高。库兹涅茨发现的这一关系，与前面的短期消费函数具有不同的特征。长期消费函数，因为消费与收入之间有固定的比率，故可用下式表示

$$C = kY$$

式中 k 为常数。这表示长期消费曲线是过原点的曲线，见图 10-4 所示。长期消费曲线在纵轴上的截距为 0，表示当收入为 0 时，消费也为 0。因为从长期来看，没有收入，也就不存在消费，即自发性消费在长期内为零。同时我们从消费函数 $C = kY$ 也可以看出，边际消费倾向为小于 1 的正值，且始终与平均消费倾向相等。

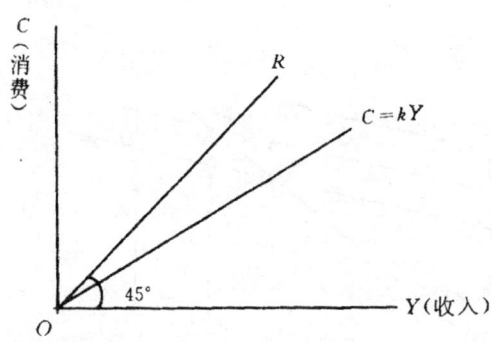

图 10-4　长期消费曲线

（二）绝对收入短期消费函数

斯密西斯（A.Smithies）根据美国 1923 年至 1940 年的资

料，求出包括时间因素的消费函数为：
$$C = 76.58 + 0.76Y_d + 1.15(t - 1922)$$
其中，C 为人均实际消费，Y_d 为人均实际可支配收入，t 为时间（以年为单位）。该消费函数表明，短期消费函数每年以 1.15 美元的距离向上移动，而这种移动与收入的变化无关。

由于斯密西斯将消费看作绝对收入水平的函数，故而短期消费函数也称为绝对收入消费函数。他认为，消费是绝对收入水平的函数，但短期消费函数与长期消费函数不同，长期消费函数中消费与收入成比例，而短期中两者不成比例，它有正截距，具有 $C_S = a + bY$ 的形式。他认为，短期消费函数并非始终固定在一个水平上，而整个消费函数随时间的推移而逐渐提高。这是因为，随着时间的推移，一些收入以外的因素会使消费曲线的位置逐渐提高。这样短期消费曲线如图 10-5 所示，随着时间的推移而逐渐向上移动。

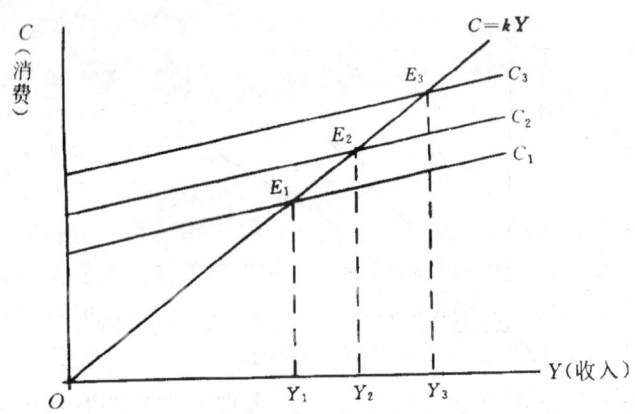

图 10-5　斯密西斯短期消费曲线

根据图 10-5 中的短期消费曲线可以推算过去的消费，可以得出与库兹涅茨的估计很相近的数字。根据不同年份收入水平的观察值 Y_1、Y_2 和 Y_3 及其对应的消费水平的观察值,可以得到 E_1、E_2 和 E_3 等不同的消费点,它们分别处在短期消费曲线 C_1、C_2 和 C_3 上。如果把这些实际观察值 E_1、E_2 和 E_3 点连接起来,即可得到消费的长期趋势,即长期消费函数,而这个长期消费函数正好具有 $C = kY$ 的形态。

(三)相对收入的短期函数

相对收入短期函数是由杜生贝(J.S.Duessenberry)提出的。他认为,一个家庭用于消费的支出部分,取决于他的相对收入水平,家庭的现期消费虽然与其绝对收入水平有关,但更重要的是依存于家庭在收入分配中的地位。个人消费不是一种独立行为,而是相互联系相互影响的,这叫做示范效应。个别家庭的消费支出总要受到一种外在压力,要赶上他的同事、邻居,保持相称的经济地位,别人的消费也对他形成一种强烈的引诱;彼此推动的结果,会使消费水平达到每个收入集团可能达到的最高标准。

如果每个收入集团的绝对收入水平下降,比如在萧条时期,他们不会立即牺牲已经习惯的最高消费标准,只会作一些较小的调整。这样收入减少时,每个收入集团的支出却减少得很有限,结果使平均消费倾向提高。反过来看,当每个集团的收入水平回升时,比如经济复苏时期,随着收入的增加,消费支出却增加很少,平均消费倾向就会下降,这就解释了在短期平均消费倾向会随收入增加而减少的经验结论。但就长期来看,每个收入集团的消费水平会随收入增长而逐渐提高。虽然同等收入集团的地位不变,但由于示范效应,却会引起新的最高消费标准。结果随着收入增加,最高消费标准也随之同比例增加,使长期消费函数呈稳定趋势。最高消费标准不随收入的减少而下降,但却随收入增加而提高,这种性质叫做棘轮效应(Ratchet Effect)。杜生贝认为,应用棘轮效应可以解释在短期平均消费倾向递减,在长期平均消费倾向具有稳定性的经验规律。见图 10-6 所示。

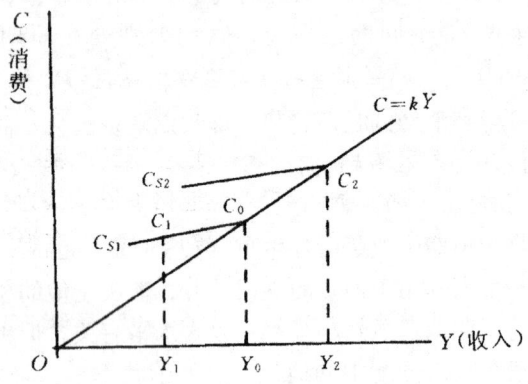

图 10-6 杜生贝短期消费函数

在图 10-6 中，$C=kY$ 表示长期消费函数，因为当经济稳定增长时，消费是收入的固定比例。短期消费函数曲线如 C_{S1} 和 C_{S2} 所示的形态。假定 Y_0 是最高收入水平，C_0 点是最高收入水平时形成的最高消费标准，如果同等收入集团因经济衰退收入暂时下降到 Y_1，由于棘轮效应，其最高消费标准减少很少，只偏离到 C_1，此时平均消费倾向变大，消费不随 C 曲线而随 C_{S1} 的途径变动，此时 $C_1/Y_1 > C_0/Y_0$。反之，当收入由 Y_1 逐渐恢复时，消费开始沿 C_{S1} 曲线变动，并至原先已达到的收入水平 Y_0，在这个过程中，储蓄会比收入增加更快，平均消费倾向会随收入的增加而递减。当同等收入集团的最高收入水平随着经济的稳定增长而上升到 Y_2 时，由于棘轮效应、示范效应，最高消费支出会由 C_0 增加到 C_2，这样，该收入集团的消费随收入按比例增加。如果经济在 Y_2 时发生衰退，又发生平均消费倾向提高的现象，短期消费函数则为 C_{S2}。随着收入的增加，同样的过程和结果又会反复出现。实际上杜生贝的长期消费函数与库兹涅茨的形态一致,即 $C = kY$,而他的短期消费函数又与斯密西斯的相同,即 $C_S = a + bY$,但杜生贝是从经济周期中消费行为的不同特点来推导出两者之间的区别的。

(四) 终身收入消费函数

美国经济学家莫迪格里尼(Modigliani)提出了生命周期理论。前面的几种消费函数,只是简单地注意到,某一时期个人的消费行为与他在该期的收入有关。莫迪格里尼却认为,人类实际消费行为表明,每个人总想把他一生的全部收入在消费上做最佳的分配,以得到一生最大的满足。为此一个消费者会估计他一生的总收入,从而考虑在人生全过程中如何来支配这些收入。所以他的消费理论被称为终身收入消费函数。

莫迪格里尼认为,人生可分为三个阶段:一是青年期,二是壮年期,三是老年期。他认为一个人在青年期和老年期时,生产力较低,属于消费高于收入阶段,在壮年期,则生产力较高,一方面偿还以前的借款,一方面还为年老时储蓄,假定消费水平随时期的推移有所提高,则人生的消费与收入之间的关系如图10-7所示。

从图10-7中可以看出,人生壮年期的储蓄 S 要等于青年期的负债和老年期的生活费 $(A + B)$。

生命周期假定有时也被称作持久财产假定。这是因为,根据生命周期假定,既然消费的变化同人的一生不同阶段有关,所以消费与财产之间,尤其是与一生的财产之间有联系,这样,这一假定被称为持久财产假定。

从财产与消费的关系来看,一个家庭即使没有收入,只要有财产,消费就可以进行。消费与家庭理想中要保持的财产额和家庭实际的财产额相联系。如果财产已经达到所要保持的数额,余下的部分可以用于消费,如果还没有达到,收入就有可能转为财产,而不是用于消费。因此,一个家庭的生活水平和消费支出同

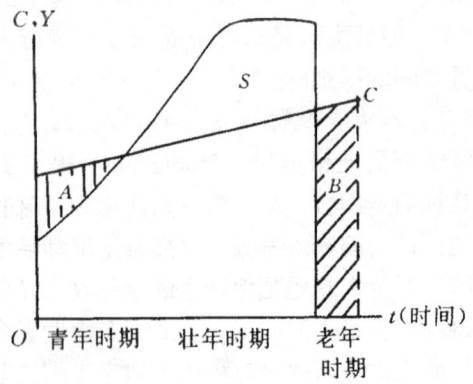

图 10-7 终身收入与消费的关系

它的财产水平之间保持稳定的比率。当各种社会因素使得家庭的财产状况发生变化时,其生活水平和消费支出就受到影响。

(五) 持久收入消费函数

美国经济学家弗里德曼 (M.Friedman) 把消费者的收入分为暂时收入 (Transitory Income) 与持久收入 (Permanent Income),把消费者的消费分为暂时消费 (Transitory Consumption) 与持久消费 (Permanent Consumption)。在这里暂时的收入是指临时的偶然因素所取得的收入,而持久收入指消费者可以预料到的长期性的收入;暂时的消费是指临时的不在计划中的消费支出,而持久的消费是指正常的计划中的消费支出。

弗里德曼认为,消费者在某一时期的收入 Y 等于暂时收入 Y_t 加上持久收入 Y_p;消费者在某一时期的消费 C 等于暂时消费 C_t 加上持久消费 C_p,即

$$Y = Y_t + Y_p$$
$$C = C_t + C_p$$

弗里德曼还认为,暂时消费与暂时收入无关,即暂时收入的

边际消费倾向为零。就是说获得一笔意外之财的家庭不会增加其消费支出,全部意外收入转为储蓄,同样蒙受意外损失的家庭不会削减消费支出,而是减少其储蓄。简言之,现实的消费取决于持久的收入,因为暂时的收入全部表现为储蓄的增加,初看起来这一结论难以理解,获得意外之财的人不会增加其消费是很少见的。对此,弗里德曼认为,偶然获得大量意外之财的人可能会购买耐用消费品,但购买耐用消费品可视为该年的一项投资,该项投资以后各年提供的服务才看成是消费。因为可以合理地假定偶然的小额的暂时收入会表现为储蓄的增加,而现实的消费保持不变。

从长期来看,弗里德曼认为,持久收入和持久消费之间存在着固定的比率,即

$$C_p = kY_p \ (0 < k < 1)$$

式中 k 为长期平均消费倾向,它依赖于利息率、消费者偏好、消费者总物质财产等因素而变动。弗里德曼还假定所有不同收入水平的家庭都有一样的 k 值。这意味着穷人和富人的持久收入都以相同的比例来储蓄。这个假定虽然违背日常的事实,但储蓄是为了供应将来的消费,所以决定它们的持久收入的长时期内,持久收入的绝对水平虽然悬殊很大,但会提取相同的比例作为储蓄。

持久收入消费函数强调了消费者未来收入与消费之间的关系。但由于人们可以动用预期到的未来的收益,因而在一定时期内的现期支出可以大大超过现期收入(见图 10-8 所示)。

在图 10-8 中,$C_p = kY_p$ 是持久消费函数曲线。假如 Y 代表经济增长顶峰时的国民收入,根据持久消费函数理论,此时期的现实收入 Y 必然大于相应的持久收入 Y_p。由持久收入决定的持久消费为 C_p,按照暂时收入的边际消费倾向为零的假定,暂时收入不会增加消费支出,所以现实的消费 $C = C_p$,这时 P 点

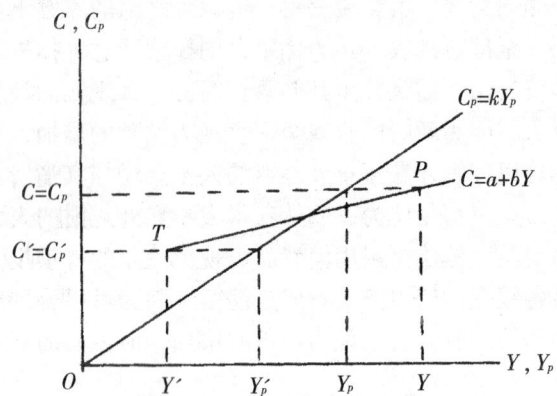

图 10-8 持久消费函数与现实消费函数

就代表了短期消费函数在经济增长顶峰时期的收入与其相应的消费,在这里 $C_p/Y_p > C/Y$,即现实的平均消费倾向小于持久的平均消费倾向。图中 Y' 代表经济萧条时的国民收入,此时现实的收入 Y' 小于持久收入 Y_p',在这里持久收入 Y_p' 决定的持久消费 C_p' 等于现实的消费 C'。因为按照假定,意外的损失只减少储蓄不会减少消费支出,T 点代表了短期消费函数在经济萧条时期的收入与其相应的消费,在这里 $C_p'/Y_p' > C'/Y'$,即现期的平均消费倾向大于持久的平均消费倾向。由此可见,消费行为在长期中和短期中是不相同的。

四、影响消费的非收入因素

前面所介绍的各种消费函数多为假定其它条件不变,仅考察消费和储蓄与收入的关系。实际上除收入以外,还有很多影响消费的因素。

(1)市场利率。市场利率的高低会影响到货币的时间价值,改变家庭支出在现在和将来之间的最佳配置。传统的经济学认为，在可支配收入既定的条件下，较高的利率可以诱导更多的储蓄，减少消费。但实际上市场利率的改变既可以引起总消费的增加也可能引起总消费的减少。如果储蓄的目的是为了延迟目前的消费而在将来获得更多的消费，高利率会诱导更多的储蓄，储蓄率与市场利率成正比，称为利率的替代效应；但是高利率会增加个人将来的收入，增加将来的消费，因此它又反过来增加现在的消费，减少现在的储蓄，这称为利率的收入效应。所以市场利率会产生两种方向相反的效应。一般来说，对于消费倾向较高的低收入家庭，替代效应大于收入效应，储蓄随利率同方向变化；而对于消费倾向较低的高收入家庭，收入效应大于替代效应，储蓄随利率呈反方向变化。就全社会来说，总效应的正负和大小难以预料。大多数经济学家认为，由于正反两种效应同时发生，相互抵消，因此总的来说，市场利率对消费和储蓄的影响是比较小的。

(2) 价格预期。对于整个物价水平的变动趋势，人们会作出自己的预期。如果消费者预期物价水平会迅速上升，就会超前购买，把实际收入中的较大部分用于当前消费；反之如果预期物价会下跌，就会导致当期实际消费支出向后延迟。

(3) 货币幻觉。如果物价水平与收入水平同比例变化，实际购买力不变，消费倾向和储蓄倾向也应该不变。但由于存在货币幻觉，人们会作出不同的反应。有些人只看到物价水平上升，觉得自己比较贫困，从而减少自己的消费，而忽视了收入水平也相应提高了。另一些人则对收入水平提高特别敏感，而忽视物价水平提高的事实，觉得自己比较富有，从而增加自己的消费。这种对货币的幻觉，往往对物价、工资的变动起推波助澜的作用。

(4) 收入分配。通常认为，低收入者平均消费倾向较高，高收入者平均消费倾向较低，两者呈反向变动。因而总的来说，分配公平有利于提高平均消费倾向，降低平均储蓄倾向，为此主张累进所得税，增加社会保险，以调整分配结构，提高有效需求。但分配结构的调整，主要影响平均消费倾向，而贫富之间边际消费倾向的差距，远大于平均消费倾向，这就使收入分配调整的效果未必那么显著。

(5) 金融资产。如果两个家庭收入水平相同，但一个拥有大量的现金、存款、债券和股票等金融资产，另一个却什么也没有。那以前一个家庭储蓄愿望不强，平均消费倾向较高，而后一个家庭会觉得自己比较贫穷，会加强储蓄，平均消费倾向较低。

此外，人口增长率、人口的年龄结构、消费结构、风俗习惯等也会对消费产生影响。

尽管影响消费的因素很多，但一般认为决定消费支出最重要的因素是可支配收入水平，时期越长，收入水平的决定作用越明显，库兹涅茨的长期消费函数证明了这一点。反之，时期越短，非收入因素的作用越明显，斯密西斯的短期消费函数证明了这一点。经验研究表明，边际消费倾向在短期内会出现负值，或者大于1，这种违背 $0 < MPC < 1$ 的现象，正是非收入因素的作用。

第三节 投资理论

一、决定投资的因素

投资也称为资本形成，它表示在一定时期内资本存量的增加。投资与资本这两个概念并不相同，投资是一个流量概念，而资本是一个存量概念。宏观经济理论中的投资不同于日常我们所说的投资。日常生活中的投资概念如购买土地、证券或其它财产所有权，不能视为投资，因为它并未增加实际资本存量，从而也不增加产品和劳务的产出，而只是财产的转移。对于能够使资本存量增加和维持的投资称为实际投资,而对于购买证券的投资行为则称为金融投资。经济学上一般所指的投资就是指实际投资。

决定投资的因素包括四种:利率、预期利润率、预期的通货膨胀率以及折旧。

(一)利率

利率越低,投资量越大。企业有时以贷款进行投资,有时以自有资金进行投资,无论用什么方式为投资筹资,利率都是机会成本的一部分。为贷款支付的利息是明显成本,但自有资金可以按现行利率借给其他企业,因此,用自有资金投资所放弃的利息就是投资的机会成本。利率越低,任何一项投资的机会成本也就越低。在低利率时,某些无利可图的投资当利率降低时也就会变得有利。

(二)预期利润率

投资项目的预期利润率越高,投资量越大。厂商在进行投资时,必然要计算其净收益,而这种净收益取决于总收益和成本,在成本一定的前提下,就取决于其生产产品和提供劳务的预期价格和所占领的市场份额。如果预期的净收益越高,引起这种净收益的投资也就更有利,厂商也就越愿意投资。

(三)预期通货膨胀率

预期的通货膨胀率越高,投资量越大。预期的通货膨胀率越高,所引起的预期的未来净收益越大。因而在利率既定的条件下,投资也就越有利,预期通货膨胀率对投资的影响与利率相反。这两种因素对企业投资决策的相反影响使得投资取决于实际利率。实际利率是利率减通货膨胀率,实际利率水平越低,投资水平越高。

(四)折旧

折旧是现有资本设备的损耗,资本设备的存量越多,这些资本设备年代越长,资本的损耗量也就越大,耗损的资本一般需要重置，因此折旧的资本量越大，用于更换这些资本的投资量也就越大。净投资和折旧之和为总投资，所以折旧量越大，投资也就越多。

二、资本的边际效率曲线与投资的边际效率曲线

资本的边际效率（Marginal Efficiency of Capital）是凯恩斯首先使用的概念，根据他的定义，资本的边际效率是指资本品的供给价格等于该资本品各年预期收益的贴现值时的贴现率或折扣率。

以 C_K 表示重置成本，即资本品的供给价格，r 表示资本的边际效率，R_1、R_2、R_3、$\cdots$、R_n 分别代表第一年、第二年……第 n 年的预期收益，则按上述定义有：

$$C_K = \frac{R_1}{(1+r)} + \frac{R_2}{(1+r)^2} + \frac{R_3}{(1+r)^3} + \cdots + \frac{R_n}{(1+r)^n}$$

例如，一台机器设备成本为 10 000 元，寿命为 20 年，每年可得到的净收益（扣除营运成本）为 1000 元，则：

$$10\ 000 = \frac{1000}{(1+r)} + \frac{1000}{(1+r)^2} + \frac{1000}{(1+r)^3} + \cdots + \frac{1000}{(1+r)^{20}}$$

由此可计算出 $r = 6\%$。

由资本边际效率的公式可以清楚地看出，资本的边际效率的高低主要取决于资本品的重置成本和资本的各年预期收益。资本的边际效率与资本品的重置成本呈反向变动关系，而与未来收益则呈正向变动关系。所以资本收益的下降和资本品价格的上涨都会降低资本的边际效率。

西方经济学家认为，资本的边际效率曲线就是投资的需求曲线。下面用图 10-9 加以说明。

在图 10-9 中，横轴表示投资量，纵轴表示资本的边际效率 r 和利息率 i。由于随着投资量的增加，资本的边际效率一般是

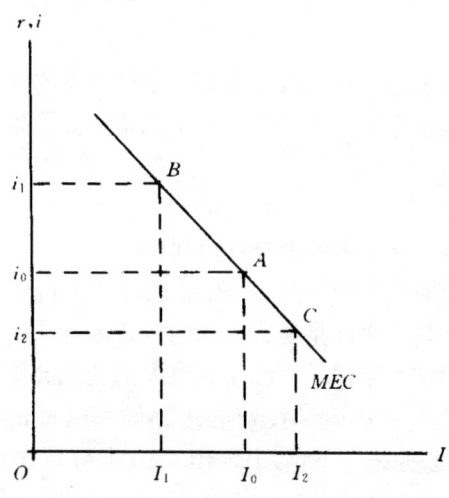

图 10-9 资本的边际效率曲线和投资需求曲线

递减的,所以资本的边际效率曲线是向右下方倾斜的。资本的边际效率曲线表示与每一投资水平相对应的资本边际效率。由于厂商根据资本的边际效率与利息率的比较来作出投资决策,在图中资本边际效率曲线上的 A 点表示,当利息率为 i_0 时,厂商应选择的最优投资量为 I_0,只有这样才能使资本的边际效率与利息率相等。因为,如果厂商选择的投资量小于 I_0,那么资本边际效率就大于利息率 i_0,厂商就会继续增加投资量,直到资本的边际效率下降到与利息率 i_0 相等的水平上。相反,如果厂商选择的投资量大于 I_0,那么资本的边际效率就小于利息率 i_0,厂商就会减少投资量,直到资本的边际效率上升到与利息率 i_0 相等为止。所以,只有最佳投资量 I_0 才是使资本的边际效率上升到与利率相等的投资量。依此类推,在资本的边际效率曲线上的 B 点和 C 点表示当利息率为 i_1 和 i_2 时,厂商选择的最佳投资量应该分别为 I_1 和 I_2,才能使得资本的边际效率分别与利息率 i_1

和 i_2 相等。由此可见，资本的边际效率曲线就是投资的需求曲线。

投资的需求曲线就是表示在其它条件不变的情况下，每一利率水平的最佳投资量。于是投资量是利息率的函数，投资函数的形式为

$$I = I(i)$$

其中 I 与 i 分别表示投资量和利息率。

但在上面对资本边际效率 MEC 曲线的分析中，没有考虑资本品价格的变化，也就是说，上面的分析暗含一个假定，即资本品的价格是固定不变的。实际上利息率的变化会使资本品的价格发生变化，这样就产生了投资的边际效率（Marginal Efficiency of Investment）曲线。下面用图 10 – 10 来分析投资的边际效率 MEI 曲线。

在图 10 – 10 中，假定当利息率为 10% 时，企业只进行固定资产重置，而没有任何新投资。这时，经济中对资本品的需求正好维持资本品的价格不发生变化，MEC 曲线与 MEI 曲线在利率为 10% 处相交。现再假定利息率下降为 6%，厂商必定要新增加投资额到 I_0，才能使资本的边际效率与 6% 的利息率相等。投资额的增加会使资本品需求增加和资本品价格上升，使得资本品成本上升，从而使得所有投资水平上的资本边际效率下降，即资本边际效率曲线向下旋转，形成图中的投资边际效率 MEI 曲线。其结果是在 6% 的利息率水平及其引起的资本品价格上升的条件下，实际的投资水平限制在 I_1 的水平，也就是说，I_1 的投资水平恰好使得投资的边际效率与利息率 6% 相等。这样，投资的边际效率 MEI 曲线就成了投资的需求曲线。而且在图中，当利息率为 5% 时，则 I_2 的投资水平恰好使得投资的边际效率与 5% 的利息率相等。显然利息率越小，资本品的成本越大，MEI 曲线和 MEC 曲线之间的水平距离也就越大。

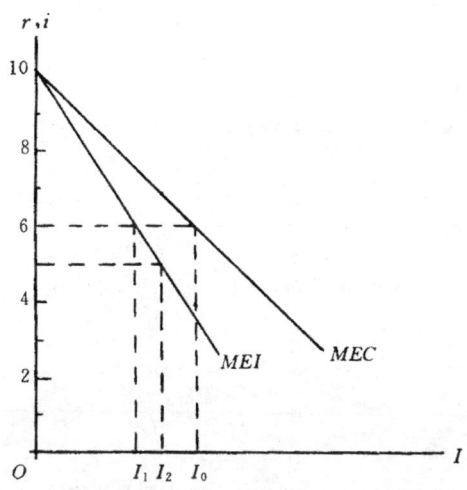

图 10-10 *MEC* 曲线与 *MEI* 曲线

如果考虑利息率水平的变化所引起的资本品价格的变化,那么更准确地说,投资的边际效率 *MEI* 曲线才是投资的需求曲线。

运用投资边际效率曲线来分析利息率与投资量之间的关系时,不仅要注意到沿着投资边际效率曲线的移动,而且要注意到它的位移。如图 10-11 所示,曲线向右上方移动,表示投资需求的扩张,例如在相同的利率上,投资量从 I_1 扩大到 I_2;曲线向左下方移动,表示投资需求的萎缩,例如在相同的利率 i_1 上,投资量从原来的 I_1 减少为 I_3。

沿着同一条投资边际效率曲线的移动,说明由于利息率的变化而引起的投资量的变化(这种情况并未改变曲线的函数式),投资边际效率曲线的位置移动,说明的是由于利息率之外诸因素的变化(这种情况就会改变曲线的函数式,既涉及到曲线的截距,又涉及到曲线斜率的改变)。引起投资边际效率曲线位移的

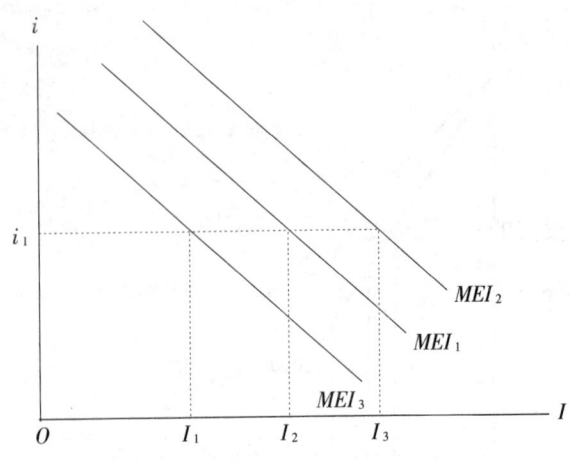

图 10-11 投资边际效率曲线的移动

因素有:

(1) 经济形势的变化。曲线向右上方移动,说明经济状况趋于高涨,在相同的利率条件下,会吸引更多的投资额,很多企业受繁荣的经济前景的影响,预期投资的净收益率会上升,会考虑多投资以扩大生产能力。曲线向左移动,一般说明经济出现萧条,企业对前景的悲观导致投资量减少。所以企业对前景的估计是造成投资量增减的一个重要变量。美国耶鲁大学教授詹姆斯·托宾提出了一个确定投资函数的方法,即企业的市场价值(股票市价)除以企业的资本价格,这个比值以 q 表示,所以也称托宾 q 值。投资与 q 值是正相关关系,它说明企业的市场价值对投资有明显的影响,企业的市场价值越高,投资者认为预期的收益越好,或手中的股票会升值,就愿意多投资;反之,则少投资。

(2) 风险。风险也是决定投资量的重要因素。一般来说,企业所要求的投资收益率应当大于现行的银行利息率,这是因为银行利息率几乎是无风险的报酬率,而投资是有风险的。不同的企业对风险的评价不同,因此各企业的投资量不同。

(3) 税收政策。政府为刺激投资,有时实行投资额减免税,也就是一定比例的投资额可以在税前列支(如税前还贷),就会使曲线向右移动,反之,曲线向左移动。

三、投资的类型及决定

投资分为企业固定资产投资、住宅投资和存货投资,实际利率的变动对这些投资都有重要的影响,但这类投资除了受实际利率的影响外,还受其它因素的影响。下面分别分析各类投资的决定。

(一) 企业固定资产投资的决定

企业固定投资包括企业购买的厂房、机器设备和建筑物以及折旧。企业固定资产投资的决定不仅取决于进行投资的成本(实际利率),而且取决于产量水平。说明企业固定资产投资与产量之间的关系是加速原理。关于加速原理将在经济周期理论中详细分析。

(二) 住宅投资的决定

住宅投资指居民购买住房的支出。住房作为资产具有寿命期长的特点,因而在任何一年内的住房投资一般只是现存住房存量很小的一部分(在美国约占3%)。决定住房投资的因素主要有:

(1) 实际利率。住房投资是一项长期投资,实际利率高低对住房投资影响很大,与其它投资一样,住房投资也与实际利率呈反方向变动。但影响住房投资的主要是长期利率。正因为住房投资对长期抵押贷款利率的变动十分敏感,所以,货币政策对住房投资的影响比其他投资要大得多。

(2) 原有住房的价格。指原有住房的买卖价格与租金,住房投资与原有住房价格同方向变动。

(3) 资产选择。资产选择取决于各种形式资产的风险与收益,如果不考虑风险问题,则取决于各种形式资产的相对收益率。如果住房收益率相对于其他资产的收益率增加,住房投资就会增加;反之,住房投资就会减少。

(4) 建筑业的时滞。这种时滞指从进行了住房投资到新住房建成之间的时间间隔,在美国一般为1年以内。建筑业时滞的存在对住房投资有两种影响。第一,住房投资不取决于现期的住房价格,而取决于未来预期的住房价格。这说明,在住房投资的决定中,预期的作用是重要的;第二,由于建筑时滞,进行住房投资时要考虑到投资与收益之间的时差。

(三) 企业存货投资的决定

存货投资在投资支出中也占有重要的地位。存货投资有三种基本类型:一是生产准备过程中原材料的积累;二是生产过程中半成品的积累;三是最终产品的积累。这三种类型的库存积累构成总的存货投资。

厂商在原材料方面的存货积累是为了节约生产中的成本。一般来说,企业不可能每天购买一天所需要的原材料,因为这样做成本较高,为了节约成本,在企业中存放一定数量的原材料是必要的,这样可以节约时间、通信和运输成本。同时有了原材料存货,企业就不必害怕因原材料供应断档而造成停产。

企业存货投资理论更多的是关心产品存货投资的情况。企业的最终产品存货要花费成本,如占用资金的利息成本、占用仓库的租金或折旧成本等。企业需要产品存货投资的原因,一是使企业的生产稳定地保持在一定的水平上,二是保证销售并稳定地占有市场,从而避免产品脱销。一个企业合理的存货投资规模取决于企业对存货投资的收益和存货投资的成本之间的比较,如果存货投资的收益大于其成本,厂商就会扩大其存货投资;相反,如果存货投资的收益小于其成本,厂商就会减少其存货投资规模。

复习思考题

1. 简述凯恩斯宏观经济理论的要点。
2. 简述新古典宏观经济理论的基础与政策主张。
3. 假定消费函数为 $C = 120 + 0.75Y_d$（Y_d 为个人可支配收入），当 $Y_d = 100$ 时，计算平均消费倾向、平均储蓄倾向、边际消费倾向和边际储蓄倾向。
4. 假定消费函数为 $C = 100 + 0.80Y_d$，计算收支相抵的可支配收入水平。
5. 凯恩斯、弗里德曼和杜生贝的消费函数有什么区别?
6. 资本的边际效率曲线和投资的边际效率曲线存在什么关系?
7. 假定某消费者上月的可支配收入是 2500 美元，他取出储蓄 500 美元，使其消费支出达到 3000 美元。该消费者本月的可支配收入是 2800 美元，他仍取出 200 美元储蓄，使其消费支出保持在 3000 美元的水平。请计算该消费者上月和本月的平均消费倾向，以及边际消费倾向。

第十一章 国民收入决定理论

凯恩斯关于国民收入决定的理论,是凯恩斯整个宏观经济分析的核心。为了使关键总量之间的关系更加清晰,凯恩斯从最简单的情况开始分析,暂不考虑货币利率,仅从产品市场的总供求来研究国民收入如何决定,通常将这种不考虑货币利率的国民收入决定理论,称作为简单的凯恩斯模型。

第一节 国民收入均衡

当总需求等于总供给时,国民收入就实现了均衡。根据第九章国民收入循环流量模型以及总供给和总需求的概念,来分析国民收入均衡的条件。

一、两部门经济下的国民收入均衡

在包括居民与厂商的两部门经济中,总需求分为居民的消费需求与厂商的投资需求,用 AD 表示,同样以 C 表示消费,以 I 表示投资,则有

$$AD = C + I$$

以 AS 代表总供给,以 C 表示消费,以 S 表示储蓄,则有

$$AS = C + S$$

因国民收入均衡的条件是总需求等于总供给,即

$$AD = AS$$

或

$$C + I = C + S$$

如果两边同时减去 C,则可以写成

$$I = S$$

可见,在两部门经济中,国民收入均衡的条件也就是投资等于储蓄。换言之,投资等于储蓄时的国民收入就是均衡的国民收入。

为什么只有总需求等于总供给,或者说投资等于储蓄时,国民收入才能实现均衡呢?现就总需求与总供给不相等时的情况加以分析。

如果总需求大于总供给,表明社会上供给不足,产品供不应求,价格必然上升,生产必然扩大,就业率上升,从而国民收入增加,虽然生产资源得到较充分利用,但通货膨胀率将上升。所以

$$AD > AS$$

或
$$I > S$$

国民收入增加,通货膨胀率将上升。

如果总需求小于总供给,表示社会上需求不足,产品卖不出去,价格必然下降,生产必然收缩,就业率下降,从而国民收入减少。由于生产资源有一部分被闲置,会出现经济萧条。所以,

$$AD < AS$$

或
$$I < S$$

国民收入减少,出现经济萧条。

只有当 $AD = AS$ 时,或者说 $I = S$ 时,国民收入才既不减少也不增加,从而处于均衡状态。

二、三部门经济下的国民收入均衡

在三部门经济中,总需求不仅包括居民的消费需求与厂商的投资需求,而且还包括政府的需求,政府的支出可以用政府购买或支出来代表,所以

$$总需求 = 消费 + 投资 + 政府支出$$

如果以 G 表示政府支出,则上式可写成

$$AD = C + I + G$$

三部门经济中的总供给除了居民供给的各种生产要素外，还有政府的供给。政府的供给是指政府为整个社会生产提供的基础设施、立法、国防等公共产品，政府由于提供了这些公共产品而得到相应的收入，即税收。所以政府的供给由税收来代表。于是有

$$总供给 = 消费 + 储蓄 + 税收$$

如果以 T 代表政府的税收，则上式可写为

$$AS = C + S + T$$

三部门经济中国民收入均衡的条件仍然是总需求等于总供给，即

$$AD = AS$$

或

$$I + G = S + T$$

如果两边不相等，经济又会出现上面所述的经济萧条或膨胀状态。

但是一国经济中，储蓄和投资并不是同时发生的。同时，政府收入与支出也不一定是平衡相等的。所以，如果储蓄与投资不等时，政府可以通过调节政府收入和政府支出来达到总需求与总供给的平衡。这就为政府通过宏观经济政策调节经济提供了理论依据。

例如，一国经济 $S > I$ 时，政府可以通过减少税收或增加政府支出或双管齐下的办法来使经济的总需求与总供给达到平衡。反之，如果 $S < I$，政府可以通过增加税收或减少支出来使经济的总需求与总供给达到平衡。

三、四部门经济下的国民收入均衡

在四部门经济中，总需求不仅包括居民的消费需求、厂商的投资需求与政府的购买需求，而且还包括国外的需求。国外的需

求对国内来说就是出口,所以可以用出口来代表国外的需求。于是有

$$总需求 = 消费 + 投资 + 政府支出 + 出口$$

如果以 X 表示出口,则上式可写为

$$AD = C + I + G + X$$

四部门经济中的总供给,除了居民供给的各种生产要素和政府的供给外,还有国外的供给。国外的供给对国内来说就是进口,所以可以用进口来代表国外的供给。于是有

$$总供给 = 消费 + 储蓄 + 政府税收 + 进口$$

如果以 M 表示进口,则上式可写为

$$AS = C + S + T + M$$

四部门经济中国民收入均衡的条件仍然是总需求等于总供给,即

$$AD = AS$$

或

$$I + G + X = S + T + M$$

同样,如果上式成立,意味着经济达到均衡,一国的经济资源得到充分利用,社会实现充分就业,无经济危机或通货膨胀。

但如果经济中的总需求与总供给不平衡,经济就会出现波动,成为经济萧条或膨胀的根源。如果 $AD > AS$,将产生通货膨胀;而如果 $AD < AS$,将产生经济萧条。这时为了平衡经济中的总供给和总需求,政府可以采取宏观财政政策与宏观货币政策来调节总供给或总需求,使经济达到平衡或朝政府所需要的目标发展。

四部门经济是比较接近现实的经济模式,因此,是研究现代市场经济体制国家国民收入循环和决定的较好模式框架。

第二节　国民收入的决定及变动

在国民收入均衡的分析中，我们已经知道，国民收入是由社会产品的总供给和总需求决定的，但是具体怎样决定，未加讨论，现分析国民收入决定的方法及其变动。为简化论述，假定所有物品和劳务的价格是固定的，即经济变量的变化都是实物量的变化。

一、国民收入的决定

西方经济学研究国民收入决定问题的方法有两种，一种是储蓄投资分析法，另一种是消费投资分析法。

（一）储蓄投资分析法

储蓄投资分析法是通过储蓄与投资之间的关系来研究国民收入的决定。这一分析方法假定投资是不变的，即其中没有包括引致投资，所以它和国民收入的变化没有必然联系，因此投资曲线是一条与横轴平行的水平线。在三部门经济中的政府支出从长期来看与国民收入成正比，但在短期内，二者却可能成反比，这与政府的有效需求管理政策密切相关。因此在讨论均衡收入的决定时，政府支出 G 一般也被假定为外生变量，即由政府的行政和立法机构决定，从而是独立于收入水平的政策变量，它在数值上为一常量，其几何图形也为平行于横轴的一条水平线。在四部门经济中的出口同私人企业的投资和政府购买一样，是对国民收入的一种注入，它增大总需求，从而提高产量和就业水平，因此出口是总需求的一个组成部分。但出口产品和劳务的购买者是外国人，因此出口增加国内收入但不增加国内供给。影响出口的因素很多，其绝大部分取决于国外，与本国收入水平关系极小，因此在均衡国民收入决定分析时,也将其看成为一个外生变量,并且视为一个常量,它是一条平行于横轴的水平线。如图 11-1 所示。

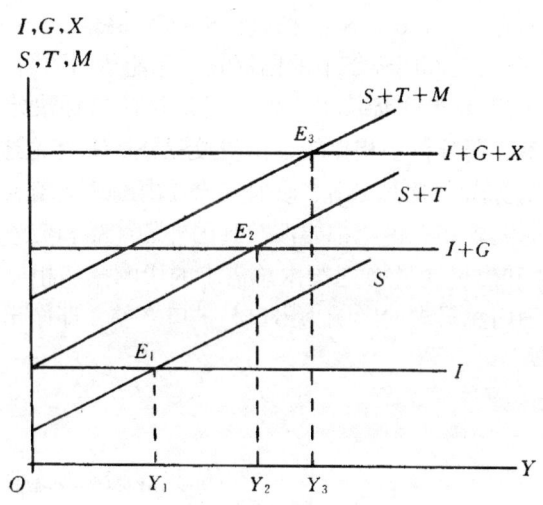

图 11-1 储蓄投资法决定国民收入

在图 11-1 中,横轴代表国民收入,纵轴代表投资、储蓄、政府支出、政府税收、进口和出口。E_1 点为两部门经济下投资恰好等于储蓄的均衡点,这时的国民收入为 Y_1;E_2 点为三部门经济下投资加政府支出恰好等于储蓄加税收的均衡点,这时均衡的国民收入为 Y_2;E_3 点为四部门经济下投资加政府支出加出口恰好等于储蓄加政府税收加进口的均衡点,这时均衡的国民收入为 Y_3。

从图 11-1 中可以看出,在三部门经济下,均衡点 E_2 的左方,$I+G>S+T$,这时意味着总需求大于总供给,产品会出现供不应求,企业必然扩大生产,从而使国民收入增加到 Y_2,形成国民收入扩张的趋势。

而在均衡点 E_2 的右边,$I+G<S+T$,这时意味着总需求小于总供给,部分产品销售不出去,企业必然要缩小生产,从而使国民收入出现收缩的趋势,向均衡的位置 Y_2 移动。

所以只有当 $I+G=S+T$,即 $S+T$ 曲线与 $I+G$ 曲线相交于 E_2 点时,三部门经济下的国民收入才能达到均衡。

(二) 消费投资分析法

与储蓄投资分析法相比较,消费投资分析法的优点在于考虑了包括消费支出、投资支出、政府支出在内的总支出。在四部门经济中,总需求和总供给都要涉及到国外的产品和劳务,由于进口变量 M 和出口变量 X 对国内总需求的影响截然相反,所以对外贸易对国内总需求的影响为出口与进口之差,即净出口($X-M$)。

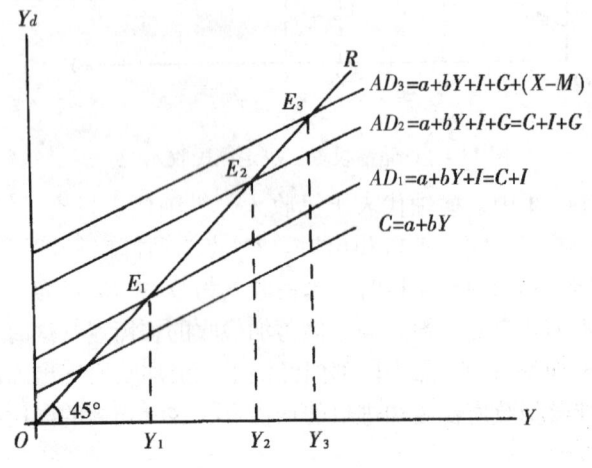

图 11-2 消费投资法决定国民收入

消费为国民收入的函数,随着国民收入的增加而增加。与前面一样,我们假定投资、政府支出和净出口为一个常量。可用图

11-2来说明消费投资分析法如何决定国民收入。

在图11-2中,横轴代表国民收入,纵轴代表总需求,OR为45°线,在OR线上的所有点,表示国民收入的总需求等于总供给。如果为两部门经济,那么$AD_1 = C + I$,这时均衡的国民收入为Y_1;如果国民经济为三部门的话,$AD_2 = C + I + G$,在图中E_2点为总需求恰好等于总供给的均衡点,在E_2点下的国民收入Y_2就是三部门经济下的均衡国民收入。如果国民经济为四部门的话,总需求$AD_3 = C + I + G + (X - M)$,在图中$E_3$点为总需求恰好等于总供给的均衡点,在$E_3$点下的国民收入$Y_3$就是四部门经济下的均衡国民收入。

从图11-2中可以看出,在三部门经济下,其均衡点E_2的左边,总需求大于总供给,这时产品供不应求,形成国民收入扩张的趋势,从而国民收入会逐渐增加,向均衡国民收入Y_2的位置移动。而在均衡点E_2的右边,总供给大于总需求,这时产品供过于求,形成国民收入收缩的趋势,从而国民收入会逐渐减少,向均衡的国民收入Y_3的位置移动。

所以,只有在总需求等于总供给时的国民收入才是均衡的国民收入。

(三)储蓄投资分析法与消费投资分析法的一致性

在分析国民收入决定方法时的储蓄投资分析法和消费投资分析法是一致的。现以三部门经济为例,将两张图合并成一张图,见图11-3所示。

在图11-3中,当国民收入为Y_2时,$S + T$曲线与$I + G$曲线相交于E_1点,同时$AD_2 = C + I + G$曲线与OR线相交于E_2点。如果国民收入水平大于Y_2或小于Y_2,就不可能出现总供给$(C + S + T)$等于总需求$(C + I + G)$的情况。当然,应当补充说明一点,无论是根据储蓄投资分析法,还是根据消费投资分析法决定的国民收入水平,都只是说明国民收入水平的决

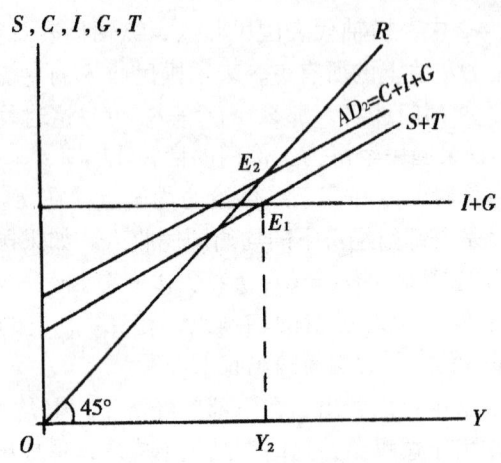

图 11-3 储蓄投资法与消费投资法的一致性

定,但这时的国民收入水平并不一定能实现充分就业,这时的国民收入均衡并不一定是充分就业的国民收入均衡。因此,切不可把国民收入均衡水平的决定理解为充分就业的国民收入均衡的决定。关于充分就业的国民收入均衡的决定留在下面讨论。

二、国民收入的变动及调节

从上面的分析可以看出,在总需求函数中,投资和政府支出的需求是不受国民收入影响的,而总需求又是国民收入的函数,那么在总需求函数中

$$Y_d = C + I + G$$
$$= a + I + G + bY$$

这时 a、I、G 为常数,b 为参数(即边际消费倾向),总需求为国民收入的函数,此模型被称为凯恩斯需求模型。

在国民收入中,一定时期内的消费倾向也是比较固定的,那

么，总需求的大小将取决于投资需求和政府支出的情况。总需求的增加，如果形成均衡，实际上是对国民收入注入一种扩张力量，引起国民收入同方向变动，而总需求的减少也将意味着对国民收入是一种收缩力量，引起国民收入的减少。

因此，在三部门经济下，要增加国民收入就要增加注入，即增加投资、政府支出；反之，要减少国民收入就要减少注入，即减少投资和政府支出。即总需求的增加可以刺激国民收入的增加，这一结论成为宏观经济政策调节的依据。

根据这一原理，当国民收入不均衡时，政府可以采用宏观经济政策对经济进行调节。以三部门经济为例来说明国民收入的变

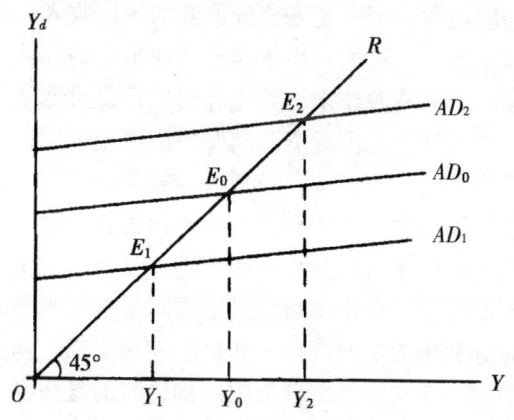

图 11-4　国民收入变动及调节

动及其调节，见图 11-4 所示。

在图 11-4 中，横轴代表国民收入，纵轴表示总需求，OR 为 45°线，代表总需求恰好等于总供给。如果总需求曲线为 AD_0，它与 OR 线相交于 E_0 点，这时均衡的国民收入为 Y_0。如果注入增加（如投资或政府支出增加），使总需求曲线移到 AD_2，它与 OR 线相交于 E_2 点，这时均衡的国民收入为 Y_2。这

意味着总需求的增加,使国民收入也相应增加。反之,如果注入减少(如投资或政府支出减少),使总需求曲线移动到 AD_1,这时均衡的国民收入为 Y_1,国民收入与 Y_0 相比已经降低。

三、充分就业的国民收入与均衡的国民收入

总供给价格与总需求价格相等时,决定有效需求。由于有效需求是储蓄与投资均衡,在有效需求下国民收入也达到均衡,同时也决定了社会总就业量的多少。因此我们可以说,有效需求决定国民收入量与就业量。

从前面的分析可以看出,在总供给和总需求相等的有效需求点上的均衡国民收入不一定是充分就业的国民收入。在有效需求决定下的国民收入,可能是小于充分就业水平的,从而还有失业存在,社会的闲置资源还未得到充分利用;也可能是等于充分就业水平的,从而社会的闲置资源刚好得到充分利用;还可能是大于充分就业水平的,即经济中出现过度需求。

当均衡的国民收入小于充分就业的国民收入时,尽管国民收入是均衡的,但由于这时的有效需求小于充分就业的有效需求,社会仍有失业存在,总需求与总供给之间虽然是平衡的,但由于存在着未充分利用的生产资源,如果总需求增加,均衡的国民收入还可以增加。在宏观经济分析中,称这时的经济存在通货紧缩的缺口。

另一方面,当均衡的国民收入大于充分就业的国民收入时,尽管国民收入是均衡的。但由于这时的有效需求大于充分就业时的有效需求,从而闲置的生产资源有限,总需求增加,总供给无法增加,国民收入的总供给与总需求无法达到均衡。这时经济中存在过度需求,总需求与总供给之间的差距,宏观经济分析中称为通货膨胀的缺口(如图 11-5 所示)。

在图 11-5 中,横轴表示国民收入 Y,纵轴表示总需求,

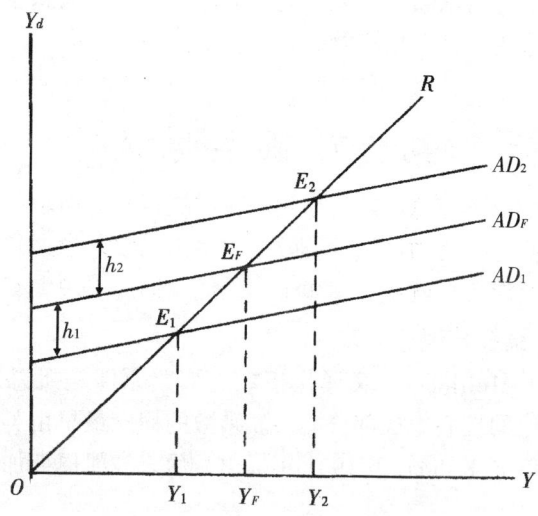

图 11-5　国民收入与充分就业的缺口关系

OR 线表示总供给等于总需求。如果充分就业的国民收入为 Y_F，当总需求为 AD_F（即有效需求也为 AD_F）时，在 E_F 均衡点，既是均衡的国民收入点，又是充分就业的国民收入点。假如实际总需求为 AD_1，那么均衡的国民收入为 Y_1，由于总需求还未达到充分就业水平，如果再增加总需求，均衡的国民收入可以增加，这种情况称为有效需求不足。由于有效需求不足，经济存在紧缩缺口，在图中 AD_F 与 AD_1 的垂直距离 h_1 为通货紧缩缺口。在通货紧缩的情况下，生产资源不能充分利用，失业必然存在，这时解决的办法是刺激总需求的增加，也就是提高有效需求，从而增加国民收入。

而如果实际总需求为 AD_2，由于有效需求超过了充分就业时的有效需求，可利用的生产资源有限，总供给无法增加到 Y_2，过度需求造成的通货膨胀缺口为 AD_F 与 AD_2 之间的垂直距离 h_2。

因此,如果总需求超过了充分就业的总需求,增加总需求,乘数无法发挥作用,其后果只能引起通货膨胀。

第三节 乘数原理

一、投资乘数

(一) 乘数的概念

乘数(Multiplier)又译作倍数。乘数原理是凯恩斯国民收入决定理论的核心组成部分之一。乘数的概念最早由英国经济学家卡恩(R.F.Kahn)于1931年提出,后来被凯恩斯加以利用和完善。

所谓乘数,是指增加自发总需求,在国民经济重新达到均衡状态的时候,由此引起的国民收入增加量并不仅限于自发的总需求,而是为初始总需求增加量的若干倍。如果以 ΔAD 代表自发总需求增加量,以 ΔY 代表国民收入增加量,以 K 代表乘数,则可以用下列公式来表达乘数的概念

$$K = \frac{\Delta Y}{\Delta AD}$$

在现实经济中,乘数大于1,这是因为国民经济各部门之间是相互联系的。自发总需求的增加首先会使国民收入等量增加,这种国民收入的增加中必然有一部分用于支出,从而使总需求又一次增加,这种总需求的增加又会使国民收入再增加。这种总需求与国民收入的增加会不断地进行下去,形成一种连锁反应,最终使国民收入的增加数倍于最初自发总需求的增加。当然,如果是自发总需求减少,也同样会有乘数作用,从而使最终国民收入的减少数倍于最初自发总需求的减少。因此,西方经济学家将乘

数视为一把"双刃剑"。

(二)投资乘数的作用过程及其简单的乘数公式

投资乘数为国民收入总的增加量与初始投资增加量之比。但投资乘数的大小,依赖于投资后边际消费倾向的大小。边际消费倾向愈大,则投资乘数也越大;反之,则越小。

我们以某部门初始增加 100 万元投资,其边际消费倾向 0.8 为例,说明投资乘数的作用过程,如表 11-1 所示。

表 11-1 乘数的作用过程   单位:万元

初始投资增量 $\Delta I = 100$	本期收入增量 = ΔY	收入增量引起的消费增量 ΔC	收入增量引起的储蓄增量 ΔS
第一轮	100	80	20
第二轮	80	64	16
第三轮	64	51.2	12.8
第四轮	51.2	40.96	10.24
…	…	…	…
合计	500	400	100

在表 11-1 中,每一轮的边际消费倾向为 0.8,边际储蓄倾向为 0.2,在初始投资增加 100 万元的情况下,第一轮的国民收入增加 100 万元,消费增量为 80 万元,储蓄增量为 20 万元;第二轮消费为 64 万元,储蓄为 16 万元,……如此循环下去,最终国民收入增加为 500 万元。

如果 ΔY 为最终收入增加量,ΔI 为最初投资的增加量,b 为边际消费倾向,且 $0 < b < 1$,那么

$$\Delta Y = \Delta I + \Delta I \times b + (\Delta I \times b) \times b + \cdots + \Delta I \times b^{n-1}$$
$$= \Delta I \times (1 + b + b^2 + \cdots + b^{n-1})$$
$$= \Delta I \times \frac{1 - b^n}{1 - b}$$

当 $n \to \infty$ 时,$b^n \to 0$(因 $0 < b < 1$),故

$$\Delta Y = \Delta I \times \frac{1}{1-b} = \frac{\Delta I}{1-b}$$

在上例中,$\Delta I = 100$ 万元,$b = 0.8$,这时

$$\Delta Y = \frac{100}{1-0.8} = 500 \text{(万元)}$$

从公式 $\Delta Y = \frac{\Delta I}{1-b}$ 中,我们可以看出,投资乘数

$$K_I = \frac{\Delta Y}{\Delta I} = \frac{1}{1-b}$$

因为 $b = \frac{\Delta C}{\Delta Y}$,$b' = \frac{\Delta S}{\Delta Y}$,且 $b + b' = 1$

所以

$$K_I = \frac{1}{1 - \frac{\Delta C}{\Delta Y}} = \frac{1}{\frac{\Delta S}{\Delta Y}} = \frac{1}{b'}$$

由此可见,乘数是 1 减去边际消费倾向后的倒数,或者说是边际储蓄倾向的倒数。乘数与边际消费倾向呈正向关系,与边际储蓄倾向成反比。

投资乘数对国民收入的影响见图 11-6 所示。

在图 11-6 中,原来的国民收入为 Y_0,其均衡点为 E_0。图(a)表示储蓄加税收与投资加政府支出的均衡,图(b)表示总需求与总供给的均衡,如果边际储蓄倾向为 0.25,新增加 100 万元的投资,将使均衡点从 E_0 移到 E_1,国民收入由 Y_0 上升到 Y_1,新增加的国民收入为 400 万元。用投资乘数公式也可以算出 $\Delta Y = \frac{\Delta I}{1-b} = \frac{\Delta I}{b'} = \frac{100}{0.25} = 400$(万元)。

(三)投资乘数作用的限制条件

从理论上讲,投资需求的增加引起总需求的增加,从而整个国民收入比初始需求成倍增加可以实现。但在现实的经济运行

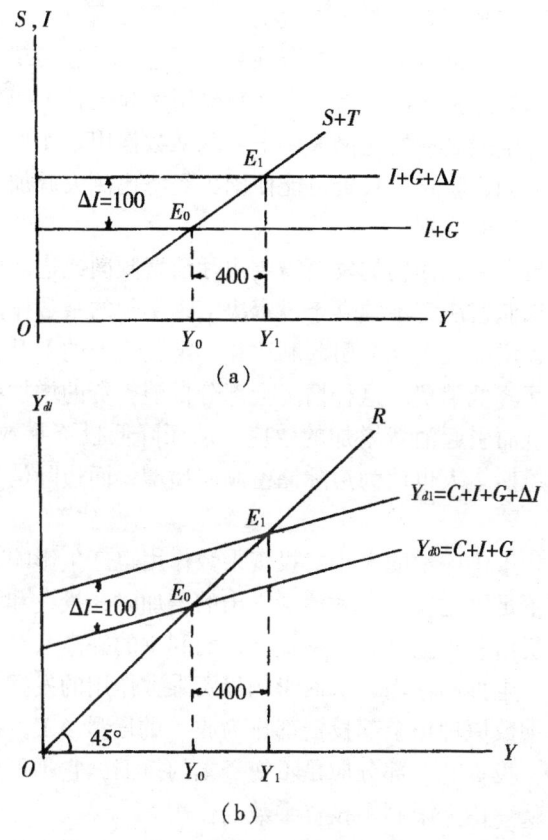

图 11-6 投资的乘数作用

中,它的作用却受到一些限制,并有一些缺陷,主要表现在以下方面。

(1) 投资乘数作用假设投资后的每一轮循环无限进行下去,这就要求与投资部门相联系的其他各部门都存在着足以容纳新增投资需求的资源,其中也包括劳动力资源。在短期内其假设可能成立,但在长期内并不一定存在着闲置的生产资源,如果循环中的某一个环节被打破(包括制度或组织原因的阻力),那么整个循环过程就无法进行下去,投资乘数作用也就无法实现。

(2)如果经济比例正常,由乘数作用引起的各生产部门的扩大,可能产生强制性的比例失调来实现乘数作用,而如果国民经济本身已失调,盲目的投资可能使国民经济比例失调加剧,最终影响投资乘数的实现。

(3)投资乘数作用的发挥需要边际消费倾向或边际储蓄倾向稳定。如果储蓄决定不独立于投资决定,实际的乘数作用就会降低。比如,增加投资就会引起利率在一定程度上的上升,结果是鼓励储蓄而降低消费。这种情况会部分抵消投资的增加引起的收入增加,进而引起消费增加的效应,从而降低投资乘数的作用。实际上凯恩斯本人也认为边际储蓄倾向递增,而边际消费倾向是递减的。

(4)货币供应量的大小对投资乘数作用也产生影响,如在货币供应量不足以适应投资和消费支出的增加时,投资和消费的增加就会使货币需求上升和利率提高,而利率的提高又会对以后的投资意愿产生抑制作用,从而影响投资乘数作用的发挥。

(5)乘数原理把全部投资都作为收入的增量ΔY,在实际经济运行中,投资有一部分应是不变资本的折旧,它不形成国民收入,这也从理论上限制了投资乘数的作用。

(6)如果在投资品生产部门中增加的收入是用来偿还债务或用来购买外国物品,那么投资乘数就要缩小。

此外政府的税收和政府的购买、生产和消费的时滞也都会对投资乘数作用的发挥产生影响。

二、预算乘数

预算乘数包括政府支出乘数、赋税乘数和平衡乘数。

(一) 政府支出乘数

政府支出乘数是指政府支出能使国民收入增加的倍数。我们暂时撇开税收引进政府支出这个变量,并假定政府支出是由政府当局或立法机构决定的外生变量。政府支出乘数实际上就是政府赤字预算乘数,因为在这里不考虑预算平衡问题,只考虑政府支出问题。在此,可以把政府的任何支出都看作是政府的投资,即 $G = I$。

以 K_G 表示政府支出乘数

$$K_G = \frac{\Delta Y}{\Delta G} = \frac{1}{1 - \frac{\Delta C}{\Delta Y}}$$

其道理与投资乘数一样,由 b 代表 $\frac{\Delta C}{\Delta Y}$,即 MPC,故

$$K_G = \frac{1}{1-b}$$

(二) 简单的赋税乘数

赋税乘数是指政府增加或减少税收所引起的国民收入减少或增加的倍数。由于税收增加,国民收入减少;税收减少,则国民收入增加,所以赋税乘数是负值。此外,税收既可以假定为外生变量,为一个给定不变的数值,即税收总额不随国民收入的变化而变化;税收也可假定为内生变量即随收入的变化而同方向变化,税率假定为 t。不同假定下的赋税乘数计算方法不一样。下面首先分析税收总额固定下的简单赋税乘数。

以 K_T 代表赋税乘数,ΔT 表示赋税变动额,则

$$K_T = \frac{\Delta Y}{\Delta T}$$

根据投资乘数理论,并把消费支出看作是投资,则

$$\frac{\Delta Y}{\Delta C} = \frac{1}{1-b}$$

$$\Delta Y = \frac{\Delta C}{1-b}$$

根据消费增量与赋税增量的关系，赋税额变动后的消费变动额的绝对值应为赋税变动额乘以边际消费倾向

$$\Delta C = -b \cdot \Delta T$$

$$\Delta T = -\frac{\Delta C}{b}$$

故

$$K_T = \frac{\Delta Y}{\Delta T} = \frac{\frac{\Delta C}{1-b}}{-\frac{\Delta C}{b}} = -\frac{b}{1-b}$$

为什么赋税乘数 $K_T = \frac{-b}{1-b}$，而政府支出乘数为 $K_G = \frac{1}{1-b}$？这是因为政府支出增加 100 万元，在边际消费倾向为 0.8 的情况下，通过连续带动消费品的需求和生产，由此导致的收入增量之和 $\Delta Y = 100 + 80 + 64 + \cdots = 500$（万元）。但是在税收增加 $\Delta T = 100$ 万元的情况下，人们的可支配收入减少 100 万元，由于假定边际消费倾向 $b = 0.8$，即每 100 万元收入用于消费支出 80 万元，因此，人们因纳税减少的 100 万元的收入在不纳税的情况下会用于消费开支的是 80 万元（100×0.8）。换言之，100 万元收入中有 20 万元是作为储蓄在收入流中漏出了，即不再引致消费的连续增加，这意味着因纳税增加 100 万元引起的收入减少累计之和是 $\Delta Y = 80 + 64 + 51.2 + \cdots = 400$（万元）。

另外从乘数值来思考，我们已知，所谓乘数效应指的是任何需求因素的变化连续带动的消费开支和消费品生产所发生的变化，乘数之值总是等于 $\frac{1}{1-b}$，但因税额为 T 的收入实际上用于消费的只有 bT，所以在计算税收乘数效应时，这里的被乘数是 $b\Delta T$（而不是 ΔT），即 $\Delta Y = \frac{-1}{1-b} \times b\Delta T = \frac{-b}{1-b}\Delta T$。

(三) 平衡预算乘数

假如政府为了减少失业或其它任何原因(如增加转移支付)而决定增加政府支出,同时增加这笔支出所需资金来自增加税收,政府这一措施能否增加国民收入,乘数值又将如何呢?

在前面分析中,政府增加 ΔG 的支出,引起国民收入增加 $\Delta Y_G = \frac{1}{1-b}\Delta G$,增加赋税 ΔT 所引起的国民收入减少 $\Delta Y_T = \frac{b}{1-b}\Delta T$,因此,政府的这一政策措施的净结果为

$$\begin{aligned}\Delta Y &= \Delta Y_G + \Delta Y_T \\ &= \frac{1}{1-b}\Delta G - \frac{b}{1-b}\Delta T \\ &= \left(\frac{1}{1-b} - \frac{b}{1-b}\right)\Delta G \quad (\Delta T = \Delta G) \\ &= \frac{1-b}{1-b}\Delta G \\ &= \Delta G\end{aligned}$$

由此可见,政府上述措施将导致国民收入的增加,增加的数额等于政府开支增加的数额,因而平衡预算乘数 K_B 为1。即:

$$K_B = K_G + K_T = \frac{1}{1-b} + \left(-\frac{b}{1-b}\right) = 1$$

(四) 税收随收入变化的赋税乘数

前面分析的税收是在模型以外外生的固定不变的常数,即税收不随国民收入的变化而变化。现在假设税收是内生变量,即随收入的变化而同方向变化,为简化分析,假定税收函数是线性的,$T = T_0 + tY$ $(0 < t < 1)$,其中 T_0 是不随收入变化而变化的税收,t 称为边际税收倾向,或简称边际税率,指收入增量引致的税收增量的比率 $\Delta T / \Delta Y$。

已知:$C = a + bY_d$ (其中 $Y_d = Y - T$,$T = T_0 + tY$)

均衡条件为:$C + S + T = Y = C + I + G$

$$Y = C + I + G$$
$$= a + b[Y - (T_0 + tY)] + I + G$$
$$= a - bT_0 + b(1-t)Y + I + G$$

求解上式得：
$$Y = \frac{1}{1-b(1-t)}[a - bT_0 + I + G]$$

上式说明，括号中的 a，bT_0，I 和 G 四项中任何一项发生变化（其余各项不变），由此引起的变化 ΔY 等于括号内变动数值的 $\frac{1}{1-b(1-t)}$ 倍。由此可知：

$$K_I = K_G = \frac{1}{1-b(1-t)}$$

（K_I 和 K_G 分别是投资乘数和政府支出乘数）。

赋税乘数：$K_T = \frac{\Delta Y}{\Delta T} = -\frac{b}{1-b(1-t)}$

由此可见，考虑税收随国民收入的变化而变化的情况后，乘数的作用会变小。

将税收作为内生变量的平稳预算乘数不等于 1，而是 $\frac{1-b}{1-b(1-t)}$。

$$\Delta Y = \frac{\Delta G}{1-b(1-t)} \quad \text{或} \quad K_G = \frac{\Delta Y}{\Delta G} = \frac{1}{1-b(1-t)}$$

$$\Delta Y = \frac{-b\Delta T}{1-b(1-t)} \quad \text{或} \quad K_T = \frac{\Delta Y}{\Delta T} = \frac{-b}{1-b(1-t)}$$

故：$K_B = K_G + K_T = \frac{1}{1-b(1-t)} + \frac{-b}{1-b(1-t)} = \frac{1-b}{1-b(1-t)}$

（五）政府转移支付乘数

政府的转移支付是无偿提供给家庭的，故相当于政府将税收的一部分返还给家庭，因而被视为一种负税。它对总需求及总收入的影响类似于税收,只是从两种不同方向影响总支出。所以,对税收的分析也适用于转移支付。

通过接受转移支付,家庭增加了可支配收入,从而将按边际消费倾向所决定的比例,扩大消费支出和总需求。由于转移支付不依存于收入变动,所以它同样会通过消费支出的变动产生乘数效应,且乘数值与税收乘数方向相反,数值相同,若以 K_R 表示转移支付乘数

$$K_R = \frac{\Delta Y}{\Delta TR} = \frac{b}{1-b}$$

式中 ΔTR 表示增加的转移支付。

既然转移支付可以视为负税,那么,如果同时存在一个独立于收入变动的赋税和转移支付,它们就可以相互抵消。若以净税收 T 表示赋税与转移支付的差额,即 $T = TA - TR$(式中 TA 表示实际上征收的税收,TR 表示转移支付),则可用净税额的变动反映税收和转移支付的变动及对收入的影响。如 $TA > TR$,则 $T > 0$,T 将通过税收乘数倍数降低均衡收入;反之,若 $TA < TR$,则 $T < 0$,将通过税收乘数引起收入倍数扩张。以上所说的税收 T 都是税收净额。

三、外贸乘数

在四部门的开放经济中,总需求除消费、投资、政府支出外,还有出口,因为出口也是对国内产品的需求,所以如果只有出口而没有进口的国民经济均衡要求是

$$Y = C + I + G + X$$

然而在现实经济中有出口必然有进口,由于进口是对国外产品的需求,是对国外的支出,因此是一种漏出。既然考虑出口又考虑进口,国民经济的均衡要求是

$$Y = C + I + G + (X - M)$$

如果 $X-M$ 是正数，表示出口大于进口，如果是负数，就是出口小于进口。出口的扩大可看成是投资的扩大，国民收入会以乘数的作用扩大；进口的扩大可看成是储蓄的扩大，国民收入会以乘数的作用减少。现在分析将进口和出口结合起来对国民收入的影响。

消费是国民收入的函数，投资、政府支出和出口假定不依存于国民收入变化，而进口是国民收入的函数，且有

$$M = M_0 + mY$$

式中 M_0 表示与国民收入无关的进口量，即起码的进口量，m 表示边际进口倾向，即每增加单位国民收入所增加的进口量。则总供给等于总需求的均衡等式可写为

$$Y = a + bY_d + I + G + X - (M_0 + mY)$$

假定 T 为常数，且 $Y_d = Y - T$，移项后得

$$Y - bY + mY = a - bT + I + G + X - M_0$$

$$Y(1 - b + m) = a - bT + I + G + X - M_0$$

$$Y = \frac{a - bT + I + G + X - M_0}{1 - b + m}$$

上式中分子的任一项数值变动，均将按乘数原理导致国民收入倍数变动。假定增加出口 ΔX，则国民总收入为：

$$Y + \Delta Y = \frac{a - bT + I + G + X - M_0}{1 - b + m} + \frac{\Delta X}{1 - b + m}$$

$$\Delta Y = \frac{1}{1 - b + m} \Delta X$$

出口乘数 $K_X = \dfrac{\Delta Y}{\Delta X} = \dfrac{1}{1 - b + m}$

外贸乘数不同于投资乘数，在外贸乘数中，分母不仅有 $(1-b)$ 的边际储蓄倾向，而且要加上边际进口倾向。这说明，由于进口因素的影响，投资乘数转化为外贸乘数，会使乘数值变小，乘数作用降低。而且边际进口倾向越大，边际消费倾向越

小，乘数的作用越有限。例如边际消费倾向为 0.75，边际储蓄倾向为 0.25，若无进口因素的影响，投资乘数为 4（即 $\frac{1}{1-0.75}=4$），现在考虑进口因素，假定边际进口倾向为 0.25，那么出口乘数为 2（即 $\frac{1}{1-0.75+0.25}=2$），可见考虑进口因素后，乘数作用减弱。

在 $Y=\frac{a-bT+I+G+X-M_0}{1-b-m}$ 式子里，边际税额的变动 ΔT，将导致均衡国民收入的减少量等于 $\frac{b\Delta T}{1-b+m}$，在这种情况下，平衡预算乘数（$\Delta T=\Delta G$）不是等于 1，而是等于 $\frac{1-b}{1-b+m}$。

$\Delta Y=\frac{\Delta G}{1-b+m}$　　　或 $\frac{\Delta Y}{\Delta G}=\frac{1}{1-b+m}$

$\Delta Y=\frac{-b\Delta T}{1-b+m}$　　或 $\frac{\Delta Y}{\Delta T}=\frac{-b}{1-b+m}$

故　$K_B=\frac{\Delta Y}{\Delta G}+\frac{\Delta Y}{\Delta T}=\frac{1}{1-b+m}+\frac{-b}{1-b+m}=\frac{1-b}{1-b+m}$

在考虑税收变化的情况下，

$C=a+bY_d$（其中 $Y_d=Y-T$，$T=T_0+tY$）

$M=M_0+mY$

均衡的国民收入：

$Y=C+I+G+(X-M)$

$\quad=a+b(Y-T_0-tY)+I+G+X-M_0-mY$

移项后得：

$Y[1-b(1-t)+m]=a-bT_0+I+G+X-M_0$

$\quad Y=\frac{a-bT_0+I+G+X-M_0}{1-b(1-t)+m}$

上式中分子的任一项数值变动，均将按乘数原理导致国民收入倍数变动。假定出口增加 ΔX，其余各项不变，则国民收入为：

$$Y + \Delta Y = \frac{a - bT_0 + I + G + X - M_0}{1 - b(1-t) + m} + \frac{\Delta X}{1 - b(1-t) + m}$$

$$\Delta Y = \frac{\Delta X}{1 - b(1-t) + m}$$

出口乘数

$$K_X = \frac{\Delta Y}{\Delta X} = \frac{1}{1 - b(1-t) + m}$$

$$= \frac{1}{1 - b + bt + m}$$

例如，边际出口倾向为 0.75，边际进口倾向为 0.25，在无税收变动的影响，出口乘数为 2，现在假定边际税率为 0.2，则出口乘数为 1.54。

即 $$\frac{1}{1 - 0.75(1-0.2) + 0.25} = 1.54$$

可见考虑税收变动的因素后，乘数作用进一步减弱。

复习思考题

1. 在三部门经济中，消费函数为 $C = 40 + 0.8Y_d$（其中 Y_d 为个人可支配收入），税收函数 $TA = 5 + 0.25Y$，转移支付 $TR = 10$，投资支出 $I = 20$，政府支出为 10，请求出均衡的国民收入。

2. 设有下列简单的凯恩斯模型：$Y = C + I + G + (X - M)$；$C = 30 + 0.8Y_d$；$G = 50$；$TA = 20 + 0.2Y$；$I = 50 + 0.1Y$；$X = 28$；$M = 25 + 0.01Y$；$TR = 50$。计算均衡的国民收入、可支配收入、消费、投资、税收及投资乘数。

3. 在四部门经济中，如果实际的国民收入是 1200 亿美元，充分就业的国民收入为 1500 亿美元，在边际消费倾向为 0.70，边际进口倾向为 0.10 的条件下，通货紧缩的缺口是多少？

4. 假如政府减税带来同样数量的可支配收入增加，在边际消费倾向为75%的条件下，减税100万元可使国民收入增加多少？

5. 在四部门经济中，假定边际消费倾向为0.80，边际进口倾向为0.20，投资增加100亿美元最终可导致国民收入增加多少？

6. 假定边际消费倾向为60%，政府同时增加40万美元的支出和税收，国民收入有无变化？若有，将如何变化？

7. 图示并说明为什么刺激消费能增加国民收入？

8. 在四部门经济中，国民收入必须在 $I=S$，$G=T$，$X=M$ 的条件下才能形成均衡吗？为什么？

第十二章　货币供求原理

第一节　货币的供给

一、货币的定义与计量

社会发展已从物物交换到所有商品之间的交换都以货币为媒介的货币信用经济阶段。在现代经济中，货币又逐渐成为经济社会中最主要的交易和支付手段，所以，货币从产生开始，其形式和定义的内涵就随社会经济的发展而不断地发展变化。

（一）狭义的货币

从货币的功能来看，货币是在现代经济中担任交换媒介（或支付手段）、价值标准（计价单位）、价值储藏和延期支付标准的角色。然而在信用制度发达的国家，信用工具或流动资产种类繁多，各具有一定程度的"货币性"，究竟哪一类或哪一组合信用工具，才被看成是货币，仍是经济学家辩论的问题，至今仍未定论。一般来说，货币必须是人们在交易和支付中普遍接受的物品，这是最基本的前提。在普遍接受的前提下，人们一般又以流动性为标准将货币进行分类。这里的流动性，是指其与商品和劳务相交换的便利程度，也就是某种金融资产转化为现金或现实购买力的能力。一种媒介物流动性的高低依赖于：①价格的稳定性和可预计性；②买进和卖出的难易程度；③买卖的交易成本。由此，人们把货币分类成 M_1，M_2，M_3，M_4 等等。

M_1 被称为狭义的货币，包括：公众手边持有的现金通货（Currency）（硬币和纸币）和活期存款（Demand deposit），活期存款是指存款人可以随时不用通知就能够变为通货的银行存款。

活期存款账户可以开支票。以 C 代表现金通货，以 D_d 代表活期存款，则

$$M_1 = C + D_d$$

现金通货是人们在日常生活中使用的由中央银行印制发行的纸币和硬币，这是国家强制使用的流动性最高的法定货币。除此之外，人们又可经常以活期存款签发各种支票直接进行商品交换或清偿到期债务，因而活期存款与现金具有完全相同的作用。所以，在货币分类中，一般将 C 和 D_d 都归为狭义的货币 M_1 中。

M_1 也被作为货币的基本定义。这是因为，首先，货币的主要功能毕竟是交易媒介或支付手段，价值储藏是其次要的功能。比如，在物价上涨时期，货币的价值储藏功能往往被其它实物资产所代替，但其交易媒介和支付手段的功能则不受影响。其次，M_1 的交易成本比其它任何定义的货币都要低。比如，储蓄存款一般需要转化为现金才能用于购买；定期存款之类的"准货币"，必须首先转化为 M_1 之后，才具备交易媒介和支付手段的功能。这种转换，必然耗费人力、时间等资源，而且若要提前转化为 M_1，还要蒙受一定的利息损失，从而更加提高了交易成本。第三，无论货币定义怎样扩大，M_1 总是构成所有货币定义的主要部分。

(二) 广义的货币

在流动性基础上考虑到货币的储藏功能以及宏观货币政策的操作等，西方国家在计量货币供给量时还采用外延较宽的货币概念，并称之为广义的货币。

M.弗里德曼认为，货币乃"购买力的暂栖所"，若以 M_1 定义货币供给，未免失之过偏，根本无法反映货币供给的确切范围。鉴于商业银行的储蓄存款以及各类定期存款，既有储藏功能，又有相当高的流动性，因此，应把它们与 M_1 一起定义为

M_2,即:
$$M_2 = M_1 + D_s + D_t$$
$$= C + D_d + D_s + D_t$$

式中,D_s 代表银行储蓄存款(Saving deposit),它是指有利息而且(在技术上)不能随时提取的存款(实际上由于竞争激烈,随时可变为通货);D_t 代表银行各类定期存款(Time deposit),它是指有利息、有固定到期时间的银行存款。时间可以是几个月到几年。虽然可以提前提取,但要收取罚金。D_s 和 D_t 虽然不能直接开出支票,但是一般通知银行后便可马上变为现钞或开出支票,具有相当高的流动性。

至此,M_1 和 M_2 所定义的货币供给还是仅仅强调了商业银行在决定货币供给中的决定性作用。其实,在现代社会中,非商业银行金融机构,诸如各种专业银行、储蓄机构等等,发展十分迅速,它们虽然不能像商业银行一样接受和创造活期存款。但同样可以接受储蓄和定期存款,因此,美国经济学家托宾等人认为,上述非商业银行金融机构的存款同商业银行的储蓄和定期存款并无区别,它们不仅具有同样的货币性质,而且相互之间还有着高度的替代性,同样发挥信用创造的作用。因此,货币供给定义的范围应继续扩大到 M_3,即:
$$M_3 = M_2 + D_n$$
式中 D_n 代表非商业银行金融机构的各种负债。

沿着货币定义的思路,在现代经济社会中,除了 M_3 的各种存款外,还有不少金融或信用工具都具有相当程度的流动性和货币性,例如,政府和企业发行的短期债券,互助基金股份,人寿保险公司保单等。当持有它们的公司或个人急需货币时,它们完全可以在金融证券市场上顺利、迅速地兑现。这些流动资产也具有相当高的流动性,与狭义货币 M_1 相比,它们之间只存在便利程度上,而非本质上的区别。这样,货币定义和供给又应该扩大

为 M_4，即

$$M_4 = M_3 + L$$

式中 L 即代表可即期兑现的短期性流动资产。

以这种流动性或货币性的序列来定义货币供应,我们能否划出货币或非货币的界线?其实,没有一条泾渭分明的界线,因为只要划出界线来,就总有某些与定义中的货币十分接近的金融资产被排除在货币定义之外,而且符合某一货币定义的金融工具随金融创新而不断被创造出来,许多金融工具的市场条件被逐步开发而具有了较过去更大的流动便利性。由于所有的金融资产都具有一定的流动性和货币功能,所以,到 20 世纪 70 年代末,一些经济学家尝试计算一种"加权货币总量",其前提便是:每种流动资产都具有一定的货币性,但它们的货币性程度又不同。例如,现金通货可认为具有 100% 的货币性,而定期存款可假定只有 40% 的货币性,这样,以各种流动性资产的货币性作为权数,并求出加权总和,即得到一种"加权货币总量"作为货币当局调控的货币供应量的依据。当今的货币当局,也注意到各层次的货币定义与国民经济的不同层面有着密切程度不同的联系,并在执行货币政策时,综合考虑各层次的货币供应。

上面介绍了狭义的货币和广义的货币,为了进一步对货币的特征有所了解,还要说明两个问题。

第一,支票存款是货币,但支票不是货币。如果我们用支票购买商品,是因为我们在银行的账户上有存款。开支票只是将我们在银行的存款余额转移到商家,这种转移并没有改变现有的货币量,它只是简单地从一个人转移给另一个人(或厂商)。支票本身并不是货币,它的作用只是命令银行改变不同账户上的存款余额。

第二,信用卡不是货币。信用卡就是一种身份证卡,但它可以使你在购买商品时借钱,以后再偿还,当一个人用信用卡购买商品时，就是以自己的名义借钱，用信用卡支付就等于先由信用卡公司替你付账，然后你再支付给信用卡公司。在需要向信用卡公司支付时，支票账户上必须有钱，这就说明信用卡不是货币。信用卡公司愿意先为你支付是因为你银行账户上有钱。这种银行账户上的钱才是货币。

二、银行、信用与存款准备金制度

（一）银行系统

银行在西方国家分为中央银行（Central Bank）和商业银行（Commercial Bank）。

中央银行是国家银行，它借助各种政策工具，执行国家的货币金融政策，而不是在资金融通中牟利。中央银行的名称在各国不同，如英国称英格兰银行，美国称联邦储备银行，中国称人民银行。

中央银行的业务主要有如下三种：一是垄断本国货币的发行，是货币发行银行；二是以负债方式接受存款机构（包括商业银行和非商业银行金融机构）缴存的存款准备金，以垫款或票据贴现方式对存款机构发放贷款，为各金融机构办理相互的票据交换和结算业务，并为各方面提供金融信息咨询，是银行的银行；三是代理国库，就是经办政府的收支，管理国家的外汇，制定和推行国家的金融政策，是国家政府的银行。

中央银行通过其业务和信息了解并预测社会货币总供求及经济发展形势，再通过调控基础货币（即准备金和现金通货的总和），在货币供给的数量上满足国家的宏观政策需要。

商业银行的性质和企业一样，是企业化的银行。它主要办理存款、放款和结算业务，并从中获取利润。各国商业银行的组成情况不同，有的国家是许多大小不同，但在法律上都是独立的商业银行，有的国家则是只有几家大商业银行，各个商业银行又有许多支行,形成一套独立的体系。

(二) 信用与金融市场

信用在社会经济中起着十分重要的作用。信用有很多种,对人来说,说话算数,言行一致,是个人信用;对公司、企业来说,遵守合同,按时按质按量交货,及时清偿债务,是商业信用;对银行来说,随时支付债务存款,按期清偿债权债务,是银行信用。通常银行信用被看作是社会经济生活中最可靠、最高级的信用。

从事信用工具买卖的场所称为金融市场(Financial Market)。它分为货币市场(Money Market)和资本市场(Capital Market)。货币市场从事短期信用工具的买卖,是短期信用工具与货币相交换的市场。这些短期信用工具有:国库券(Treasury Bill),即政府发行的短期债券;可转让的定期存单(Negotiable Certificate of Deposit),即由银行发行的一种债券;银行承兑汇票(Banker's Acceptance),即由私人或公司所签发的而以某承兑银行为付款人的定期汇票;商业票据(Commercial Draft),即由公司发行的短期单据。货币市场的参与者主要有:政府主管国库的机构,它通过国库券的出售获得短期资金,以应急需;中央银行,它在此市场从事公开市场业务,调节货币供给量和利息率;商业银行,在此市场调整所需要的准备金数量;其它金融机构,如各类保险公司、信托公司在此市场从事其资金的运营与筹措。资本市场是从事长期信用工具买卖的场所。长期信用工具是借贷期限在一年以上的信用工具,如公债、公司债券、股票以及房地产抵押单(Mortgage)。

(三) 存款准备金制度

商业银行办理存款和放款业务,其放款的主要来源是它所吸收的存款,而自有资本总是有限的。银行每天开门营业时,既有大量储户提取存款,也有大量储户存入款项,但是银行根本无法准确预测哪天储户存款多,还是取款多,因此,为了应付储户取款而必须有一定数量的存款(在中央银行)和现金(在银行库房)作为准备金。但是,商业银行不能也不必把吸收来的全部存款作为准备金,若是这样,商业银行便毫无利润可言。况且,每天营业中,一部分储户提取现款的同时,另一部分储户又会来存款,如此每天的存款就可以应付每天至少一部分取款。所以,在正常情况下,银行的准备金只占其存款总额的一定比例,这个比例称为存款准备金率。

现代西方国家一方面为了维护银行信用,防止商业银行因挤兑风潮而倒闭,另一方面也为了控制银行贷款的速度和规模,从而控制货币供应量,中央银行代理国家执行存款准备金制度,对商业银行和非商业银行金融机构所吸收的存款,规定必备的准备金,称为法定准备金。以 r_d 表示法定准备金比率,若 $r_d = 10\%$,则表示某银行每吸收 100 万元的存款,必须有 10 万元存入中央银行的账户。中央银行要求商业银行必须经常持有最低的法定准备金,如低于这一最低限额,就要受到处罚,因而商业银行等金融机构总留一些超额准备金,以避免准备金低于法定准备金。另外,在实际经营中,银行或者出于信用安全考虑,或者考虑资金的最佳运用,要寻找合适的贷款对象或投资机会,对于所吸收的存款,除了留足法定准备金外,也常持有部分超额准备金(Excess Reserve),假若超额准备金率 e 为 3%,r_d 为 10%,则上例中实际上该银行 100 万元存款留有 13 万元的总准备金。

三、银行创造货币的机制

(一)银行创造货币的过程

在银行业务较发达的国家里,大部分交易不是用现金(即现金通货)而是用支票来进行的,因而大部分货币是由银行体系的支票账户余额组成,依赖这些账户,银行体系提供记账和根据账户持有者的通知向他人或企业转账的服务。银行只经营少量的现金,大量的资金转移则通过商业银行在中央银行的准备金来完成。比如,当甲公司需要支付乙公司货款时,甲通常开出支票给其开户银行 A,银行 A 便减少甲在其账户上的余额,并把这笔钱以减少在中央银行的准备金的方式通过清算后转付给乙公司的开户银行 B,乙公司在 B 银行账户上增加的金额就是 A 银行在中央银行的准备金减少的数额。

至此,我们可以通过资产负债平衡表更明白地看出银行、政府及公众、企业之间的关系,如表 12-1。

表 12-1 银行、中央银行、政府及个人(企业)之间的关系

公众(企业)		银　　行		中央银行		政　　府	
资产	负债	资产	负债	资产	负债	资产	负债
现金 存款 债券	 贷款	 债券 准备金 超额准备金 贷款	存款	现金 债券 准备金 超额准备金			债券

平衡表上,资产是个人或企业等拥有的财产,负债是欠其他人的债务。比如,存款是个人、企业的资产,但这是银行欠个人、企业的债务;准备金是商业银行存在中央银行的资产,同时是中央银行的债务。现金是指银行以外的由公众、企业持有的,中央银行发行的纸币和硬币,所以,现金既是公众的资产,又是中央银行的负债。表中所列项目至少出现两次,因为某一项目是甲方的资产,必是乙方的负债。

在平衡表中,根据货币供给的定义,存款项目应包括所有的储蓄机构接受的支票存款和在中央银行的准备金。银行则包括商业银行和非商业银行金融机构,如储蓄机构、贷款机构、人寿保

险公司等。

平衡表中最下端的"贷款"是指银行提供给公众、企业的信用资产。因此,银行除了通过支票转账提供支付手段以外,还起到了另一个更重要的作用——金融中介,即银行从公众、企业手中吸收存款,然后把吸收的存款大部分作为贷款资金向其他公众或企业放贷。

在部分准备金制度下,当中央银行新增一笔通货 1000 万元进入商业银行后,这意味着整个银行体系将增加 1000 万元的新存款和 1000 万元的准备金 (ΔR)。假定银行存款只有可签发支票的活期存款(以 D_d 表示),而没有新增定期存款,同时假定法定准备金率为 10%。现在中央银行增加货币 1000 万元向甲公司购进国库券,则甲将 1000 万元存入 A 银行,由这笔初始存款和存款准备金($\Delta R = 1000$ 万元)所引起的存款创造过程如表 12 - 2 所示。

表 12 - 2　银行存款创造过程　　　　　　　单位:万元

银行	新增存款 (ΔD_d)	新增准备金 (ΔR)	新增银行贷款
A	1000(甲)	100	900(乙)
B	900(乙)	90	810(丙)
C	810(丙)	81	729(丁)
D	729(丁)	72.9	646.1(戊)
E	…	…	…
总计	10000	1000	9000

首先,A 行在收到甲公司存入的 1000 万元以后,在部分存款准备金制度下,A 行留存 100 万元作为法定准备金,其余 900 万元可贷给乙公司,乙公司将它得到的 900 万元可存入 B 行,这意味着甲公司存入 A 行的最初 1000 万元,派生出了 B 行的乙公司账户上 900 万元存款,称为派生存款,即由贷款引起的存款。B 行在新增 900 万元派生存款后,留足法定准备金 90 万元,可

贷给丙公司810万元,丙公司又将此810万元存入C行,C行留下81万元法定准备金,又可贷出729万元给丁公司,由此派生出D行的729万元存款。如此,存款—贷款—再存款—再贷款……每一轮贷款金额及其派生存款都比上一轮递减10%,即是留出的法定准备金,最后减为零,存款创造过程才告完结。整个银行体系新增的存款总额为 ΔD_d,总计为1亿元,其中1000万元是最初甲公司存入A行的初始存款,9000万元则是银行新增贷款引起的派生存款,分别存入B、C、D……各银行的存款账户中。新增存款总额计算如下:

$$\Delta D_d = 1000 \left[1 + (1-10\%) + (1-10\%)^2 + (1-10\%)^3 + \cdots + (1-10\%)^{n-1}\right]$$
$$= 1000 \times \frac{1}{1-(1-10\%)}$$
$$= 1000 \times \frac{1}{10\%}$$
$$= 10000$$

以 ΔD_d 代表活期存款供应增量;ΔR 表示活期存款上的初始存款增量,也即是银行体系内新增的存款准备金之和;r_d 表示法定准备金率。则上式可表示为

$$\Delta D_d = \Delta R \left[1 + (1-r_d) + (1-r_d)^2 + (1-r_d)^3 + \cdots + (1-r_d)^{n-1}\right]$$
$$= \Delta R \cdot \frac{1}{1-(1-r_d)}$$
$$= \frac{1}{r_d} \cdot \Delta R$$

(二)简单的货币乘数

银行创造货币的能力并不意味着银行可以创造出无限的货币。银行所能创造出的货币量取决于准备金的多少与法定准备金率,在上面的例子中,法定准备金率为10%,银行存款就增加

了准备金水平的 10 倍。在准备金变动与存款变动之间存在一种重要的关系,这种关系就是货币乘数。

简单的货币乘数(Simple money multiplier)是准备金变动量所引起的存款量增加的倍数。其公式为:

$$简单的货币乘数 = \frac{存款变动量}{准备金变动量}$$

如用 K_r 表示简单的货币乘数,则根据前面的分析,有

$$K_r = \frac{\Delta D_d}{\Delta R} = \frac{1}{r_d}$$

由此可见简单的货币乘数是法定的准备金率的倒数。因此,若活期存款上的初始存款增量和准备金水平 ΔR 一定,则银行法定准备金率越低,简单货币乘数越大,创造的货币越多,反之,创造的货币就越少。上例中,当 $\Delta R = 1000$ 万元时,在 $r_d = 10\%$ 时,则 $\Delta D_d = 10000$ 万元,若 $r_d = 20\%$,则 $\Delta D_d = 5000$ 万元。

现实中的货币乘数由于两个原因与简单货币乘数不同。第一个原因是,在现实中并不是所有银行进行的贷款都能以准备金的形式再回到银行。某些贷款以流通中通货的形式留在银行体系之外。这种某些贷款从银行体系中漏出的倾向称为现金漏损。现金漏损使现实货币乘数小于简单货币乘数。第二个原因是银行只有法定准备金,而未持有超额准备金,在现实中,银行很可能持有超额准备金,持有超额准备金就会使现实货币乘数小于简单货币乘数。

(三) 现实中的货币乘数

在前面我们假设公众所有的收入都存入银行体系。事实上公众不会将其所有的收入都存入银行,通常他们会将其部分收入以现金方式保存在家中。这一现象在银行制度不太发达的国家尤为普遍。如果公众不愿将其全部收入存入银行,换言之,如他们习

惯地将存款提出一部分作为现金来使用，则银行体系面对现金漏损的问题，从而乘数也必然受到影响。

在详细讨论现实的货币乘数之前，我们简要地讨论货币存量和基础货币存量（见图 12-1）之间的关系。在图的顶端是基础货币存量，在图的底端是货币存量，它们由货币乘数联系在一起。货币乘数是货币存量对基础货币存量的比率。

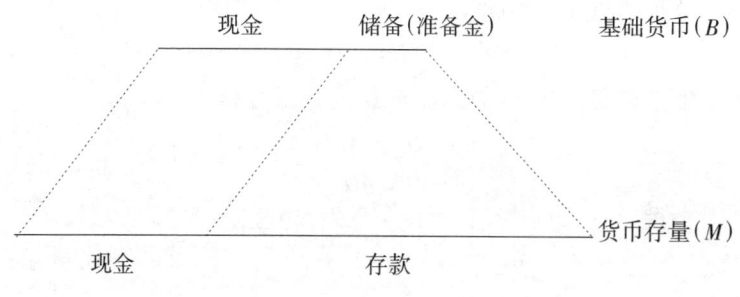

图 12-1 货币乘数

下面为分析方便，首先，以 M_1 表示狭义货币，M_2 表示较广义的货币，B 表示基础货币，r_d 表示法定准备金率，R 表示商业银行存入中央银行的现金准备，C 表示公众所持的现金通货，即流通银行体系以外的现钞，D 表示商业银行的各种存款之和，D_d 表示商业银行的活期存款，n 表示商业银行活期存款在存款总量中所占比重，q 表示 C 对 D 的比率，即存款漏损率。

根据货币的定义，M_1 和 M_2 可写成

$$M_1 = C + D_d \tag{1}$$

$$M_2 = C + D \tag{2}$$

其次，基础货币的定义为：

$$B = C + R \tag{3}$$

基础货币（Monetary Base）又称强力货币（High Powered Money）是商业银行存于中央银行的准备金以及流通于银行体系

外的现金通货的总和。在中央银行看来，基础货币的组成部分都可由金融当局直接控制。从商业银行的观点而言，基础货币代表了为应付中央银行法定准备金率及存款人提现（即现金漏损）所需的现金储备的总和。由于这些数量构成了存款与货币量扩大与收缩的基础，因此称为基础货币或强力货币。

商业银行存于中央银行的准备金，为各种存款按照法定准备金率计算的总和，因此

$$R = r_d D \tag{4}$$

根据定义，D_d 与 D，C 与 D 的关系可写成

$$D_d = nD \tag{5}$$

$$C = qD \tag{6}$$

现将（4）式和（6）式代入（3）式得：

$$B = r_d D + qD = D(r_d + q) \tag{7}$$

将（5）式和（6）式代入（1）式得：

$$M_1 = qD + nD = (n+q)D \tag{8}$$

从（7）式和（8）式可求得狭义货币量变动（ΔM_1）对基础货币量变动（ΔB）的比率：

$$\frac{\Delta M_1}{\Delta B} = \frac{n+q}{r_d + q} \tag{9}$$

$\dfrac{\Delta M_1}{\Delta B}$ 为狭义货币量的乘数，即每一元基础货币的增减所引起的狭义货币量的增减。将此乘数称为狭义的货币乘数 K_{m1}，则

$$K_{m1} = \frac{n+q}{r_d + q} \tag{10}$$

从（2）、（3）、（6）式可得：

$$\frac{\Delta M_2}{\Delta B} = \frac{1+q}{r_d + q} \tag{11}$$

$\dfrac{\Delta M_2}{\Delta B}$ 为 M_2 的乘数,即广义货币量变动对基础货币量变动的比率,将此乘数称为广义货币乘数 K_{m2},则

$$K_{m2} = \frac{1+q}{r_d + q} \tag{12}$$

上面所分析的三个乘数,是部分准备金下商业银行共同的特征。对于这些乘数,我们要注意以下问题。

第一,在本节中我们解释了商业银行放款的增减如何引起存款的累积增加的过程,这不过是为简化论述而作的假设。事实上,银行任何增减资产的行为(如贴现、证券投资)都能引起存款的增加或减少。不过这种增减并非针对个别银行,而是对整个银行体系而言。实际的银行家,往往认为银行先有存款,才有贷款和投资。这只是从个别银行着眼所下的结论,从整个银行体系而言,任何银行的放款和投资都可创造存款。

第二,乘数与 r_d 和 q 呈反向变动关系,即准备金率及现金漏损率越小,乘数越大,反之亦然。但式(10)和(12)的两种乘数,q 出现于分子和分母中,表面上不易断定乘数与 q 成反比,我们可用简单的数学证明货币乘数的确与 q 呈反向变动关系。

假定 q 值增加,如果乘数与 q 呈反向变动关系,则新乘数必较旧乘数值为低。现设 q 增加为 q',换言之,即 $q' > q$,则式(12)的乘数 K_{m2} 与新乘数的差异为

$$\frac{1+q}{r_d+q} - \frac{1+q'}{r_d+q'} = \frac{(q'-q)(1-r_d)}{(r_d+q)(r_d+q')} > 0$$

因此,旧乘数大于新乘数。同样,式(10)的乘数 K_{m1} 也与 q 呈反向变动关系。总之,现金漏损率越大,那么存款或货币乘数越小;反之,则存款或货币乘数的数值越大。

第三,在正常情况下,r_d 和 q 都是数值很小的分数,分母 r

$+q<1$,而且 $n>r$,所以三个乘数都大于 1。换言之,基础货币每一元的增减,都可引致一元以上存款和货币的增减,因此存款与货币的累积扩张与收缩的过程,也称为倍数扩张与收缩的过程。但值得注意的是,上面两个乘数公式都是指扩张与收缩可能的极限数值。实际上,商业银行的准备金率虽不能小于 r_d,但法律上并未规定不能大于 r_d,所以,如果银行体系的实际准备金率由于种种原因大于法定准备金率时,则上述各乘数的实际数值会低于其理论数值。

第四,r_d 与 q 的数值越大,则乘数的数值越小,这一关系适用于扩张过程,也适用于紧缩过程。换言之,乘数的绝对值与 r_d 和 q 成反比。在紧缩过程中,原来的准备金率越高,则准备金损失对银行的影响越小,存款紧缩的需要程度也相应减少。原来的现金漏损率越高,则在紧缩过程中公众以现金向银行清偿借款的可能性也越大,这就可多少弥补储备的损失。注意,现金的漏损率 q 不仅包括国内的现金漏损率,而且也包括银行的现金流向国外的国际现金漏损率。

第二节 货币的需求

货币需求是指社会各部门(包括个人、企业、事业单位、政府)在既定的国民收入分配范围内能够和愿意以货币形式持有资产而形成的对货币的需求。货币需求量是指在特定的时间和空间范围内(通常指某国、某年)社会各部门能够和愿意持有货币的总和。或者说是在一定时期内商品生产和流通对货币的客观需求量。

一、传统的货币数量论

大约从 17 世纪开始,西方经济学家就对货币需求的数量问题进行了探索研究,现代流行较广的传统货币数量论是美国经济学家费雪(I.Fisher)所提出的交易方程式(Equation of Exchange)和英国经济学家马歇尔(A.Marshall)与庇古(A.C.Pigou)的剑桥方程式(The Cambridge Equation)。

费雪交易方程式为

$$MV = PQ$$

式中,M 是指货币供给量,是中央银行投入流通过程并充当流通媒介的货币量,是商品的售卖者对货币的需求(PQ)与商品购买者供给的货币(MV)从不平衡达到平衡时应有的货币量。

式中,V 是货币流通速度,指货币总量在一年中周转的次数。例如,1973 年美国货币供给量(M)约为 2850 亿美元,以货币计算的国民总产值(GNP)约为 14200 亿美元,则当年的货币流通速度

$$V = \frac{\text{GNP}}{M} = \frac{14200}{2850} = 5 \text{(次/年)}$$

即每单位货币在一年中大约使用 5 次。

式中,P 是一般物价水平,即每单位商品的平均价格。Q 代表一定时期的社会商品交易量。

费雪认为,决定 V 的因素,如金融制度、个人的习惯、财富及对未来收入和商品价格的变动的预测等,在短期内可视为固定不变,在长期内不受 M 的影响,因此可在方程中视为常量。

决定 Q 的因素,如社会技术状况和资源开发、利用程度,专业化分工程度,商业信心,消费者的欲望和嗜好等,从长期看取决于非货币因素,不随 M 变化,因此,在方程中也可假定不

变。

在 $MV = PQ$ 中，货币的需求是从商品供给者的角度来下定义的，费雪的观点也可表达为 $M_d = \dfrac{PQ}{V}$。在费雪货币数量方程中，决定人们对货币需求的因素事实上就是决定货币流通速度的因素。它假定货币的职能就是流通手段。又由于它假定 M 的变化不会引起 V 和 Q 的变化，所以，货币在宏观经济中的惟一作用是决定一般物价水平的高低，两者同方向同比例变化。

庇古在 1917 年发表的《货币的价值》中提出货币的价值决定于货币数量，并根据货币余额说表达出货币余额方程式或称剑桥方程式，即

$$M = kY$$

式中 Y 表示国民收入；k 表示人们要求持有的货币余额在国民收入中所占的比例；M 是人们要求持有的货币余额，或叫货币需求。

货币余额说认为，人们持有货币不仅在于使其单纯满足当前的交易需要，而且还可以便利未来的交易。人们总是将收入的一部分以货币余额的方式保持在手中，以便利未来的交易。因此，货币余额说强调的是个人对货币的需求。

"交易方程式"和"剑桥方程式"是传统的货币数量论的两种表达形式。前者着重于货币的交换媒介作用；后者则引入人们持有货币的动机，认为收入和支出并非同时进行，人们需要身边保存一定的货币，以便日常交易所用，但货币本身仍然是被用作交换的媒介。两者从不同的角度阐述了如下相同的论点。

（1）货币本身并没有执行贮藏手段的职能，其惟一的职能是作为交换的媒介。

（2）国民收入的实物量完全由非货币因素决定，货币对于各种经济变量的实物量的决定不起任何积极的作用。

(3) 货币供给量的大小只决定产品价格的绝对水平。

(4) 假定在短期内货币流通速度 V 和实际国民收入 Y 为既定的常数，货币供给的变动引起价格绝对水平 P 的同比例变动。

在剑桥方程式中，k 同样被视为常量，如果将 k 作为货币流通速度的倒数，即 $k=\frac{1}{V}$，而且因 $Y=PQ$，若同样令 Q 为不变的充分就业产量，则剑桥方程式 $M=kY$ 可改写为

$$M = \frac{1}{V} \cdot PQ$$

即 $MV=PQ$，也就是费雪方程的表达式，说明此时二者并无实质性差别。

但是，在短期的经济周期中，k、V 和 Y 都是波动变化的。在经济膨胀时期，企业界对经济前景的乐观心理将促使他们争先恐后地大举投资，由此造成货币流通速度加快，引起名义货币支出相应增加，导致生产扩张，价格上扬。而如果企业家对前景看淡，心理悲观，投资减少，而对货币的需求急剧减少，货币流通速度迅速下降，货币信用危机和经济萧条在所难免。马歇尔在试图解释 19 世纪发生的经济萧条和金融恐慌时，便非常强调 k 值的易变性。所以，凯恩斯主义认为，长期均衡的货币数量说，虽然理论逻辑上完美，但毫无实际操作性。在短期中，由于货币流通速度的可变性，货币当局选择货币管理才是明智之举。

二、凯恩斯灵活偏好说与货币需求函数

人们对货币需求的机会成本是利息收入，因为货币保留在身边不能生息，但之所以身边要保存货币，凯恩斯认为人们主要出于三种动机，即交易动机、预防动机和投机动机。

（一）交易动机

交易动机（Transactions Motive）是指人们为了交易的目的而保留的一部分货币。如日常支出费用、小额现金周转。这些货

币保留的多少，取决于收入高低或交易现金额的大小，一般高收入家庭或大企业保留的货币多些，反之，则其货币需求量少些。因此，为交易动机而保留的货币额是收入的递增函数。

（二）预防动机

预防动机（Precautionary Motive）是指人们为了应付意外事件而保留的部分货币。如企业会有临时性的未曾预料的开支、赊销款被推迟收回等，家庭也会遇到某些意外的事情，因此，需要保留一部分货币以备万一之用。因预防动机而需求的货币额也是收入的递增函数，但它还与利息率的高低有关，利息率越高，为预防起见而保留的货币自然减少；反之，则增多。

（三）投机动机

投机动机（Speculative Motive）是指人们权衡风险与回报而进行资产选择的动机。比如，当债券价格较高时，人们将持币观望，希望等债券价格下跌时，乘机购买；有时高回报的投资需要立即兑现，如此等等，促使人们手中常常也保留部分现金通货，以免错过时机。投机动机的货币需求与利息率的高低一般是呈反方向变化的，即货币利率越高，为投机而保留的货币越少；反之，则越多。

出于上述三种动机，凯恩斯认为货币需求函数应记为

$$M_d = L_t(Y) + L_s(i)$$

式中，M_d 为货币需求量；L_t、L_s 代表函数符号；Y 为国民收入水平；i 为利息率水平；$L_t(Y)$ 代表主要与收入呈正相关关系的交易动机和预防动机而对货币的需求；$L_s(i)$ 代表主要与利息率呈负相关关系的投机动机对货币的需求。

凯恩斯主义的追随者托宾进一步认为，$L_t(Y)$ 不仅随收入 Y 变动，并且随利息率 i 变动，利息率越高，人们越是愿意把一部分 $L_t(Y)$ 转化为可获利的资产 $L_s(i)$，因此，上式可合并为

$$M_d = f(Y, i)$$

式中 f 为函数符号。

与传统的货币数量论相比,凯恩斯主义的货币需求函数有其显著的特点。

(1) 它引进了投机性货币需求,并认为这一需求受未来利息率不确定性的影响,从而把利息率变量引入货币需求函数中。凯恩斯这一"革命"为中央银行运用利息率杠杆调节货币供应量提供了理论依据。

(2) 凯恩斯还把货币需求量与名义国民收入和市场利息率联系在一起,否定了传统货币数量论者关于货币数量直接决定商品价格的论点,使货币成为促进宏观经济发展的重要因素。这种联系是政府通过收入政策和利息率政策调控货币供应量及调节宏观经济的依据。

三、弗里德曼的货币需求函数

弗里德曼在1956年发表的《货币数量说:重新表述》一文中认为,"货币数量说原是货币需求的理论,而不是产出、名义国民收入或价格水平的理论"。此后,他进行了大量的经验材料研究工作,以验证他提出的一些理论或假说。

弗里德曼把货币定义为"购买力的栖息所",把实证研究中货币的范围扩大到广义的 M_2,认为货币的职能不仅包括剑桥方程式中的交易媒介,而且还是价值贮藏的手段,与人们持有其他生息资产一起,通过资产选择决定其对货币的需求。因而他提出了另一种货币需求函数模型

$$M_d = f\left(Y_P, W, r_m, r_b, r_e, \frac{1}{P}\cdot\frac{dP}{dt}, U\right)\cdot P$$

式中,M_d 为名义货币需求,f 是函数符号;Y_P 代表恒常收入,W 代表人力资本占非人力资本的比率;r_m 为存款利率,r_b 为预

期公债收益率，r_e 为预期股票收益率，$\frac{1}{P}\frac{\mathrm{d}P}{\mathrm{d}t}$ 为预期物价变动率；U 代表其它随机变量；P 代表一般物价水平。

把上式两边同除以 P，则得

$$\frac{M_d}{P} = f\left(Y_P, \ W, \ r_m, \ r_b, \ r_e, \ \frac{1}{P}\cdot\frac{\mathrm{d}P}{\mathrm{d}t}, \ U\right)$$

式中，$\frac{M_d}{P}$ 即为实际货币需求量。

在影响货币需求量的诸多因素中，弗里德曼把它们划分为三组：

第一组，恒常收入 Y_P 和财富结构 W。Y_P 来源于总财富，它是构成总财富的各种资产的预期的贴现值总和。在其它条件不变的情况下，收入越多，货币需求越多。人力资本收益（W）是影响货币需求的又一因素，一个人的总财富是人力资本和非人力资本之和。在总财富中，人力资本比重愈大，创造的收入愈多，从而对货币的需求量就越大；反之亦然。因此，Y_P 和 W 与 M_d 呈同方向变化。

第二组，各种资产的预期收益和机会成本，包括 r_m，r_b，r_e 和 $\frac{1}{P}\cdot\frac{\mathrm{d}P}{\mathrm{d}t}$ 四项。r_m，r_b，r_e 是三种不同金融资产的预期收益率。一般地，存款、债券、股票等资产的收益越高，持有货币的机会成本越大，所以人们对货币需求量就越少。$\frac{1}{P}\cdot\frac{\mathrm{d}P}{\mathrm{d}t}$ 是物价变动因素对货币需求量的影响。一般说来，物价上涨，意味着货币贬值，通货膨胀，持有货币意味着损失，人们就会尽快将货币用于消费或变成其它财富，反之，人们则愿意持有货币，以满足流动性偏好。可见，这一组自变量与货币需求量是呈反方向变化的。

第三组，各种随机变量 U。它包括社会富裕程度、取得信贷的难易程度，社会支付体系的状况等等。

弗里德曼尽管在其函数中列举了众多影响因素，但非常强调恒常收入的主导作用。他认为，在激烈的市场竞争中，r_m，r_b，r_e 受市场利息率影响的作用不大，$r_b - r_m$，$r_e - r_m$，$r_b - r_e$ 的差幅会很小，因而三者完全可以用市场名义利息率（r）来代替。又因为市场名义利率等于实际利息率（i）加预期物价变动率（$\frac{1}{P} \cdot \frac{dP}{dt}$），即

$$r = i + \frac{1}{P} \cdot \frac{dP}{dt}$$

但因为 r 本身也就包含（$\frac{1}{P} \cdot \frac{dP}{dt}$），因此，上述弗里德曼函数可简化为

$$\frac{M_d}{P} = f(Y_p, r)$$

这一简化的弗里德曼货币需求函数似乎同凯恩斯的货币需求函数 $M_d = f(Y, i)$ 基本相同，尤其是自变量十分相似，但其实二者存在着很大差别，主要表现在以下三点：

（1）二者的侧重点不同。凯恩斯的货币需求函数十分重视利息率的主导作用，认为利息率的变动将直接影响就业和国民收入的变动，最终会影响货币需求量。而弗里德曼则强调恒常收入的主导作用，认为利息率对货币需求的影响微不足道，他经过实证分析得出结论：利息率每升高（或降低）1%，货币需求量将减少（或增加）0.15%，而收入每增加1%，人们平均持有货币量将增加1.8%。

（2）由于上述的分歧，导致了凯恩斯主义和货币主义在货币政策传导变量选择上的不同，前者认为应是利息率，而后者坚持是货币供应量。

（3）凯恩斯主义认为货币需求受未来利息率变动不确定性的影响，因而不稳定，货币政策应"相机行事"。而货币主义认为，

货币需求量是稳定的,可预测的,因而认为货币政策惟一有效的措施是控制货币供应量的增长率,使之与经济增长率大致相适应,即是实行所谓"单一规则"的货币政策。

第三节 货币均衡与利息率的决定

一、货币均衡

所谓货币均衡,是从某一时期来看,货币供给量 M_s 与货币需求量 M_d 在动态上保持一致的现象,但这不能机械地理解为 M_s 与 M_d 绝对相等。事实上,货币供应量对于货币需求量具有一定的弹性或适应性,也叫做货币容纳量弹性。因为货币资产、金融资产和实物资产之间具有相互替代性,货币流通速度也有自动调节功能,从而使得货币供应量可以在一定幅度内偏离货币需求量而不致于引起货币贬值,物价上涨。比如,在一定范围内,当 $M_s > M_d$ 时,首先会引起公众持币量的增加,消费倾向上升,但由于商品供给量限制,不可能使公众的消费愿望都得到满足,于是造成部分人持币待购或购买其它金融资产,如股票、债券或者存款,前者引起货币流通速度减慢,后者使购买力分流,从而使名义货币供应与实际货币需求基本相适应。

货币均衡也不能简单地理解为货币供给与货币需求自身相适应,它还必须与社会总供给和社会总需求的经济均衡相联系来分析。社会总供给是指在一定时期内一国实际提供的可供销售的产品和劳务的总和,社会总需求是指在同一时期内该国实际发生的有支付能力的需求总和。从理论上讲,社会总供给决定货币总需求,货币总需求决定货币总供给,由货币总供给形成有支付能力的社会总需求,如图 12-2 所示。所以,货币均衡与经济均衡具有内在的统一性。

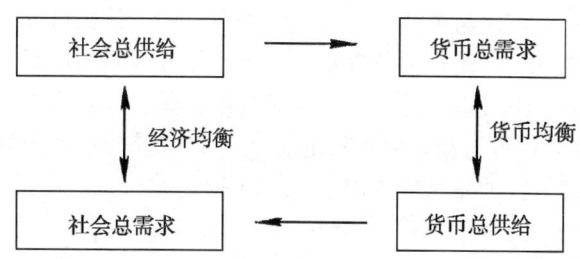

图 12-2 货币供求均衡与经济总供求均衡的关系

但是，货币需求量是一个由社会总供给决定的内生变量，而社会总需求既是内生变量，又是外生变量，具有相对独立性，因此，货币均衡与经济均衡并不一定一致，货币供求失衡，将会导致社会总供求失衡。货币均衡是实现社会总供求平衡的前提条件，而社会总供求平衡又是货币均衡的形态。

由于综合物价水平取决于社会总供给与社会总需求的对比关系，故可利用综合物价水平的变动来判断货币是否均衡。如果物价基本稳定（比如物价指数在3%以内），说明货币均衡；如果物价指数过高（如3%以上），则说明货币供求失衡。

二、均衡利息率的决定

均衡利息率是指在货币供给、收入水平既定的条件下，人们的货币需求等于货币供给时的利息率。人们出于交易动机和预防动机而持有货币量是从货币执行交换媒介或支付手段的职能来说的，而对货币的投机需求则是从货币执行价值贮藏手段这一职能来说的。货币作为支付工具和价值贮藏手段，具有支付的灵活性或流动性，而利息又是放弃货币的这种灵活性（或流动性）的报酬。因此，凯恩斯把人们对于货币的需求称为"灵活偏好"（Liquidity Preference）或"流动性偏好"，把货币需求曲线称为

"灵活偏好曲线"。

根据货币需求与灵活偏好之间的关系,由灵活偏好支配的货币需求曲线 M_d 应该是一条自左上方向右下方倾斜的曲线。因为货币供给额由中央银行控制,而与利息率无关,故货币供给曲线(M)表现为一条与利息率平行的直线,其位置处在政府政策性决定的数量上,如图 12-3 所示。

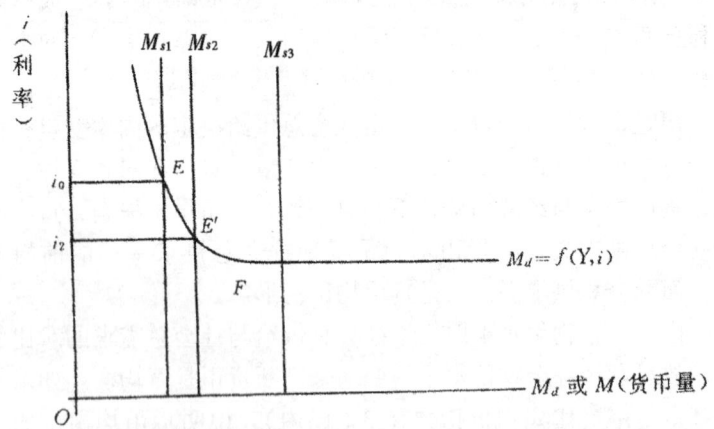

图 12-3 货币市场均衡与利息率的决定

从图 12-3 可以看出,当货币需求函数不变时,货币供给额的增加,会降低利息率;反之,减少货币供给额将提高利息率。均衡利息率即是货币需求曲线(灵活偏好曲线)和货币供给曲线的相交点,这时公众自愿持有的货币额恰好等于既定的货币供给额。当货币供给量为 M_{s1} 时,M_d 与 M_{s1} 交于 E,均衡利息率为 i_0;当货币供给量增为 M_{s2} 时,M_d 与 M_{s2} 相交于 E',均衡利息率下降为 i_2。利息率为什么会下降到 i_2?因为当货币供给增加到 M_{s2} 后,增多的货币将进入人们手中,若利息率仍为 i_0,人们会发现他们实际持有的货币额已超过他们在 i_0 利息率下愿意持有的货币额，于是人们将把一部分货币换成存款、债券、股票或其它实物资产，从而对货币需求减少，导致利息率下降，一直到人们愿意持有的货币额恰好等于货币供给量 M_{s2}，利息率为 i_2 时达到均衡。再者，若货币供给量由 M_{s2} 减少到 M_{s1}，情形恰好相反，均衡利息率将上升到 i_0。

但是，货币供给的增加促使利息率下降也是有限度的，如图 12-3 所示，当货币供给量扩大到 F 点以后，需求曲线变成一条与利息率无关的水平线。这表明，当利息率下降到相当低的水平后，人们将不再存款或购买债券等。因为这时的人们认为，存款利息率回报太低，不值得放弃持币的灵活性；由于债券价格与利息率成反比关系（债券价格 = $\dfrac{债券收益}{利息率}$），故当利息率极低时，人们认为此时债券价格已高到极点，若这时买进，则极有可能造成因债券价格下跌而带来的较大损失。所以，公众手边无论有多少货币也会以货币形式持有，这样的货币需求即是完全富于弹性。如果货币供给曲线与灵活偏好曲线已相交于货币需求完全富于弹性的范围（如图 12-3 中 F 点之右的范围），则不论货币供给量如何增加，利息率都将不再下降（如图 12-3 中 M_{s3} 所示）。这种货币供给虽增加，但不能促使利息率降低的现象，被称为"凯恩斯陷阱"（Keynesian Trap）。

如果人们的灵活偏好较前增强，则灵活偏好曲线（货币需求曲线）将会向上移动，见图 12-4 所示。

那么，当 M_d 上移至 M_{d1} 时，在货币供给量不变的情况下（如同为 M_{s1}），均衡利息率将从 i_0 提高到 i_1。反之，如果人们的灵活偏好较前减弱，则灵活偏好曲线 M_d 会下移到 M_{d2}（如图 12-4 所示），从而均衡利息率降低为 i_2。

复习思考题

1. 已知一国有下列货币数据，计算狭义的货币 M_1、基础货

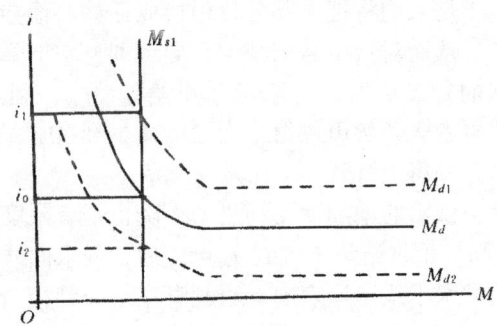

图 12-4 灵活偏好变动对利息率的影响

币、中央银行的资产及政府的负债。

流通中的纸币和铸币	150
商业银行拥有的纸币和铸币	20
商业银行的活期存款	200
商业银行发放的贷款	1200
商业银行在中央银行的存款	80
中央银行持有的政府债券	230
中央银行拥有的外汇资产	10

2. 已知法定准备金率为 20%,商业银行自愿保持 5% 的超额准备金。若这个商业银行接受 100 万元存款,由此创造的银行货币是多少?存款乘数是多少?

3. 根据凯恩斯货币学派理论,假定货币供给为 350 亿美元,货币需求函数为 $M_d = 400 - 1000i$,投资边际效率函数为 $I = 250 - 1000i$,储蓄函数为 $s = -400 + 0.20Y$,计算均衡的国民收入水平。

4. 凯恩斯学派和货币学派的货币理论有什么联系和区别?

5. 已知货币供给为 500 亿美元,交易余额和预防余额为 350 亿美元,投机余额函数为 $L_s(i) = 400 - 1000i$

(1) 求均衡利息率水平。

(2) 假定其余条件不变,货币供给由 500 亿美元减少为 450 亿美元,均衡利息率有什么变化?

(3) 假定货币供给仍为 500 亿美元,交易余额和预防余额不变,而投机余额函数变为 $L_s(i) = 400 - 800i$,均衡利息率又如何变化?

第十三章 宏观经济政策

第一节 宏观经济政策的目标

宏观经济政策是指西方国家政府依据某些经济理论,有意识、有计划地运用一定的政策工具,调节控制宏观经济的运行,以达到一定的经济及社会目标。从西方国家宏观调控的实践来看,这些目标一般包括充分就业、经济增长、物价稳定和国际收支平衡四项。

一、充分就业

充分就业的概念不是没有失业,而是指消除"非自愿失业",允许存在自愿失业和摩擦性失业(或叫自然失业)现象。根据统计,"二战"后的美国,自然失业率在3%左右。"二战"结束后,鉴于20世纪30年代世界经济大危机导致了严重的失业,英、美两国率先以法律的形式规定:谋求充分就业是政府的责任。如1946年,美国国会通过"就业法案","责成政府""采用一切符合国家政策要求……的实际手段……对所有愿意并且正在寻找工作的人提供有效的就业机会(包括自我雇佣),以促进最大限度的就业,生产和购买力"。劳动者失业,不仅是社会资源的浪费,而且可能引发社会的不安定,因为,失业者没有工作机会,便失去维持生活的正当来源。因此,作为政府,从经济发展,社会稳定和文明进步的各方面考虑,都应当把"充分就业"作为宏观调控的一个目标。

二、经济增长

经济增长是指一国生产的商品和劳务总量的增加,即国内生产总值(GDP)的增加。更准确的计量,应考虑到人口的增加和物价水平的变动因素,经济增长的指标应该是一定时期内实际人均国内生产总值的增加。人们生活水平要求不断提高,社会经济就必须相应增长。经济增长的理论也表明,由于人口(劳动力)的自然增长和劳动生产率的提高,必须有必要的经济增长才能保持充分就业,即经济增长与充分就业两项目标是内在统一的。另一方面,"二战"以后,世界处于冷战期间,西方国家面对前苏联社会主义国家经济高速增长的挑战,从20世纪60年代初,经济增长已成为西方国家宏观调控的又一目标。

三、物价稳定

物价稳定指的是综合价格水平的平稳。如果物价不断上涨,则由于人们的心理预期、成本推进等因素将引起工资和物价的相互促进,螺旋上升,导致通货膨胀,引起社会各阶层收入、投资和就业的不稳定;如果物价不断下跌,则投资收益不断下降,而且因本币币值上升,出口受阻,贸易逆差增大,导致国际收支的失衡。因此,20世纪60年代末,尤其1973~1975年,西方国家的"滞胀"使政府普遍把稳定物价、抑制通货膨胀作为头号经济大事。

四、国际收支平衡

国际收支平衡是指一国在一定时期内对外发生的各种收入总额和支出总额的平衡。在开放经济中,一国国际收支失衡不仅是对整个国民经济宏观均衡的局部破坏,从而导致国内总供给和总需求之间的失衡,影响国内的经济增长,而且,大量顺差将使本币坚挺，吸引大量国际资本流入，从而增加了货币存量。顺差将使出口受阻。大量逆差，则由于进口过量，本国经济发展受损，导致失业增加；由于本国外汇储备下降，本币贬值；而资本大量外流，国际清偿能力不足，甚至引发债务危机。20世纪80年代，墨西哥、巴西等南美国家就是因为国际收支的巨额逆差，造成债务清偿危机，国内通货膨胀剧升。日本在20世纪50年代至70年代，也曾经多次因国际收支出现逆差，政府被迫采取紧缩措施而造成经济危机。

第二节 宏观财政政策

财政政策是指一个国家为实现一定目标而对政府财政预算作出的决定，通过决策实施对偏离潜在均衡国民收入增长的趋势、就业、国际收支、经济周期性波动等起到调节稳定作用。财政政策是凯恩斯主义所十分强调倡导的宏观需求管理政策，主要有以下几个方面的内容。

一、财政收入和支出

（一）政府的财政收入

政府的财政收入主要来自各种税收，大体可分为财产税、所得税和货物税。财产税是对不动产如房地产，即土地和土地上的建筑物等所征收的税。当财产作为遗产转交下一代时，征收遗产税；当财产作为礼物赠予别人时，征收馈赠税。所得税是对个人和公司的收入征收的税，如个人的工薪收入和股票、债券、存款等资产的收入税，公司的利润税。因为财产税和所得税是由纳税人负担而不能转嫁给别人，因此又称直接税。这种直接税一般是累进性质，也称累进税，即财产和收入越多，边际税率累进地提高。例如,在20世纪80年代里根政府税收改革以前,美国个人所得税率从最低的11%到最高的50%共分成十几个档次。第三类税收是对生产、流通和消费等各个环节的货物征税,如营业税、消费税或增值税。对于这种税,原来的纳税人——生产商和销售商通常采取提高售价的形式,因而至少把一部分税收负担转嫁给了最终消费者。所以,货物税又称为间接税,它通常按固定不变的税率征税,故亦称比例税。比例税具有累退税的性质,因为从纳税人的负担来看,富人收入中纳税的份额显然大大低于穷人收入中的份额。

(二)政府的财政支出

财政支出一般包括政府购买和政府转移支付两大类。政府购买指政府对商品和劳务的购买,包括举办公共工程、购买军需品、机关办公用品等。政府转移支付包括社会保障、社会福利支出、政府对农业的补贴以及支付公债利息。

(三)政府的预算平衡与公债

政府当年的税收和支出之间的差额叫做预算余额。它可以是正数、负数或零。预算余额为零叫做预算平衡(Balanced Budget),为正数叫做预算盈余(Budget Surplus),为负数叫做预算赤字(Budget deficit)。如果政府增加支出而没有相应地增加税收,或者减少税收而没有相应地减少支出,这种做法叫做赤字财政(Deficit financed)。

当政府发生预算赤字时,可以通过两种方法弥补:一是增发货币,即政府向中央银行(政府的银行)借钱,中央银行用增发货币的方法支付这笔款项。这种方法容易引发通货膨胀。二是向公众借钱。政府向公众借钱的方式是出售国库券(Treasury bill)和政府债券(Government bond)。国库券是一种短期的债务凭证,通常为1个月、3个月或6个月,国库券的售价低于面值,两者之间的差额就是国库券的利息。政府债券的偿还期较长,有的长达20年，购买政府债券以后可以定期获得利息收入。

二、积极的宏观财政政策

凯恩斯主义认为，政府通过财政收入和支出这一经济杠杆，可以有效地调控国民收入。在宏观经济运行中，源于凯恩斯三大基本心理规律，通常会造成人们意愿的储蓄大于意愿的投资，导致有效需求不足，国民收入处于小于充分就业的均衡状态。这时，政府应采取扩张性的财政政策，即增加支出，减少税收以便刺激总需求的扩大。增加政府开支，一方面可直接增加总需求，另一方面又刺激了私人消费与投资，间接增加了总需求。减少政府税收（包括退税和免税）也起到扩大总需求的作用，因为减少个人所得税，可以使个人有更多的可支配收入，从而增加消费；减少公司所得税，可以刺激公司的投资。减少间接税也会刺激消费与投资。因而，增加政府支出和减少税收，都会使国民收入在乘数原理的作用下数倍扩大，从而实现充分就业的国民收入均衡。

在经济膨胀时期，存在过度需求，会引起通货膨胀，这时，政府应采取紧缩性的财政政策，即减少支出，增加税收以便缩减总需求，抑制通货膨胀。减少政府支出，一方面直接减少了总需求，另一方面，抑制了私人消费与投资，间接减少了总需求。增加政府税收也可以缩小总需求，因为增加个人所得税无疑减少了个人可支配收入，从而减少了消费；增加公司所得税可以减少公司的投资；增加间接税对消费、投资也起到了抑制作用。减少政府支出，增加税收将使国民收入在乘数原理作用下大幅度收缩，从而抑制经济的膨胀。

西方经济学家把上述财政政策的运用称为"逆对经济风向行事"的积极的财政政策，就是政府要密切注视经济的变动趋势，预测未来的经济发展，对可能出现的经济衰退，在其年度预算中增加政府支出及减税的措施，借以刺激、扩大总需求，使经济不会严重萧条而引起失业；反之，如果预测社会经济发展过热，可能产生通货膨胀，政府将实行紧缩性财政政策，缩减开支或增税，从而抑制总需求。这样便实现既无失业又无通货膨胀的稳定增长。例如，1964年美国通过减税，实现了充分就业，并且物价稳定。1965年以后，由于越南战争的影响，美国经济过热，为了抑制通货膨胀，美国政府又采取了增加税收的政策。

三、自动稳定器

政府财政收支的运用对宏观经济运行有着直接和间接的重大作用。另外，由于财政制度本身的特点，财政支出和税收政策还具有某种自动调节经济的灵活性，这种灵活性对需求管理起到自动配合的作用，有助于经济的稳定。西方经济学家把这种能起自动配合作用的财政政策称为"自动稳定器"（Automatic Stabilizer）。"二战"以后，发达国家周期性经济危机仍然存在，但同战前相比，特别是同1929~1933年世界经济危机相比较，波动幅度大为减小，衰退和萧条持续时间也大大缩短。而较普遍的看法，认为这是由于两种力量作用的结果，一是西方国家政府有意识地实行"逆对经济风向"调整政府收支，运用所谓的"相机抉择"（Discretionary）的积极财政政策；二是财政制度本身的自动稳定器作用。这种自动稳定器作用主要有以下三种。

（一）税收的自动变化

个人和公司所得税都有一定的起征点与固定的税率。在经济萧条时期，国民生产总值下降，个人和公司收入或利润都减少了，符合纳税规定的也减少了，在纳税人和公司中应交的税额也减少了，这样税收便自动减少，从而抑制了消费与投资的减少，有助于维持总需求。在经济高涨时期，随着生产扩大，就业增加，个人或公司的收入普遍增加，自然符合纳税的增多了，在纳税中，应交的份额也多了，税收就会自动增加，特别是在实行累进税的情况下，税收的增长率往往超过国民收入的增长率。税收的增加意味着公众可支配收入的减少，企业再投资的缩减，因而起到遏制总需求扩张和经济过热的作用。

(二) 政府的转移支付

同税收一样，政府对失业救济金等各种福利的发放也有一定的标准。它发放的多少主要取决于失业人数的多少和居民的收入状况。在萧条阶段，随着失业人数增多，政府失业救济金等福利支出也就自动增加了，这种政府转移支付的增多有利于抑制消费的减少。反之，在经济膨胀时期，失业人数减少，失业救济金等的发放就会自动减少，从而有利于抑制消费的增加。

(三) 农产品价格维持

这实际上是政府财政补贴这一转移支付的形式。政府根据制定的农产品维持法案把农产品价格维持在某一价格水平上。一般在萧条时期，农产品价格也下跌，政府将收购剩余农产品，提高其价格到法定水平，同时增加农场主的收入，维持他们既定的收入与消费水平。在膨胀时期，农产品价格上升，政府抛出农产品，增加供给，压低其价格，这样既可以抑制农场主收入和消费的过度增加，又可稳定农产品的价格，防止通货膨胀。

四、供给学派的财政政策

供给学派认为，在决定供给的各种因素中，税收是最重要和最有效的。人们从事劳动或进行投资，是为了取得扣除各种税收后的纯收入。只有当纯收入增加时，他们才增加生产，因此税率，特别是边际税率（指对增加一单位收入所征收的税率）对个人和企业的经济行为具有重要的影响。

在供给学派看来，战后美国税率尽管多次降低，但仍偏高，而且社会保险税在不断增加，通货膨胀在不断提高人们的纳税等级。高税率，特别是累进税制的高税率大大削弱了美国经济的活力。如高税率造成美国的储蓄率和投资率下降，革新和创造发明减少，逃税避税盛行，地下经济兴旺。要扭转这种局面，只有减税，减税可以刺激投资、消费，从而增加总需求。

凯恩斯主义者也曾多次强调过减税，但他们与供给学派主张的减税有一个重要的区别，即前者重视的是削减平均税率以增加低收入阶层的消费需求，后者重视的是削减边际税率以增加高收入阶层的储蓄和投资的供给。在供给学派看来，富人的储蓄和投资能力比穷人大得多，所以要多减富人的税，要降低最高税率，取消劳动收入和非劳动收入的税率差别，这样才能诱使富人储蓄和投资。供给学派并不讳言这样做会加深贫富不均，但他们强调，这样做的最终结果，不仅可以使富人更富，而且可以使穷人增加就业机会和收入，到头来对大家对社会都有好处。

减税会不会进一步扩大财政赤字呢？供给学派的回答是乐观的。其理论依据就是拉弗曲线。拉弗（Arther Laffer）认为，决定税收总额的因素，不只是税率的高低，还要看课税基础即国民收入的大小，而国民收入的大小又受税率高低的影响。高税率挫伤人们储蓄、投资和工作的积极性，因而会降低国民收入，低税率鼓励人们储蓄、投资和工作的积极性，因而会提高国民收入，这种关系可以用公式表示为：

$$T = tY$$

税率 t 从两方面影响税收总额：它的直接影响是，在国民收入 Y 保持不变时，税率的变动与税收同方向变动；它的间接影响是，通过上述税率从供给方面影响国民收入，进而影响税收，这时税率与税收的变动方向相反。至于哪一个方面的影响大，是问题的关键。

下面用图 13-1（a）表示税率与国民收入的关系，图 13-1（b）表示税率与税收的关系。

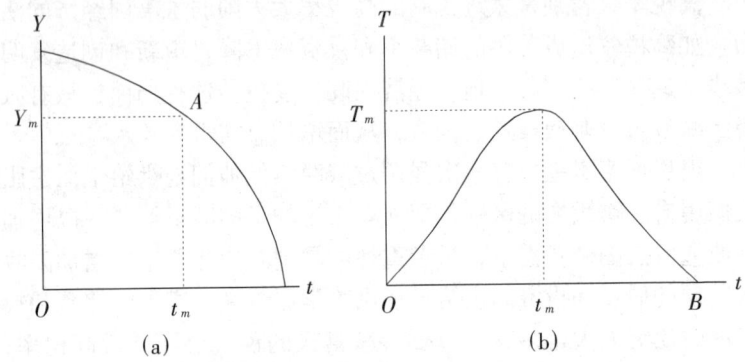

图 13-1 税收与国民收入的关系

图 13-1 (b) 横轴代表税率,纵轴代表税收 T,曲线 OAB 是拉弗曲线。它表示从零点开始,政府税收随税率的提高而增加。当税率达到 t_m 时,税收达到最高税 T_m,超过 t_m 之后,税率的增加会使政府税收减少。当税率达到 B 点即100%时,税收为零。因为这时人们的全部收入都要用于纳税,没有人再愿意工作,当然也就无税可收。拉弗曲线表示,第一,税率和税收并不总是同方向变动;第二,存在使税收达到最大的最优税率 t_m;第三,超过最优税率点 t_m 后,提高税率会减少税收,这就是所谓的税率禁区。当税率进入禁区以后,只有减税才能增加税收。

那么最优税率怎么决定呢?图 13-1 (a) 表示了从供给方面对国民收入的影响。图中横轴表示税率,纵轴表示国民收入 Y,因为税收等于税率和国民收入的乘积,所以曲线下相应的矩形面积为税收总额。当税率为 t_m 时,税收为 OY_mAt_m。这时国民收入的税率弹性为1,即税率提高的百分比与国民收入减少的百分比一样。在 t_m 的左边,国民收入的利率弹性小于1,提高税率能增加税收;在 t_m 的右边,国民收入的税率弹性大于1,提高税率会减少税收。所以 t_m 是使税收最大的税率。

在财政政策上,供给学派一方面主张大规模减税;另一方面主张削减社会福利支出。他们声称,削减社会福利支出的目的不是为了弥补因减税而造成的政府收入减少,而是为了减少政府对经济的干预,充分发挥市场机制的作用。在他们看来,政府的一切支出都具有排挤私人生产性支出的性质,而且政府用钱不会比人们用自己的钱更有效率。

五、财政政策运用中的问题

财政政策在运用中往往会遇到许多问题。

首先,不同的政策会遇到不同阶层和集团的关注。比如,增税往往会受到普遍的非议;减少政府购买(尤其是减少政府军事支出)会遇到有关垄断势力的反对;削减转移支付则会受到一般居民及其同情者的反对;增加公共工程会被认为是与民争利而受到某些集团的反对。

其次,有些执行起来比较容易的政策,又不一定能收到预期的效果。例如,减税容易做到,但在萧条时期,人们不一定会把减税增加的收入用于增加开支;转移支付的增加也有同样的情况。

再次,任何财政政策都有一个"时滞(Time Lag)问题。因为任何一项措施,从提出方案,议会讨论,总统批准到最后执行都有一个过程,短则几个月,长则数年。然而在这段时间之后,经济形势也许已发生了意想不到的变化,从而使最终通过的方案执行后失去应有的效果,甚至产生相反的作用。比如,在经济萧条时,意欲刺激有效需求而提出的增支减税方案,到两年后才最后通过,这时经济可能已经复苏,此时实施已通过的扩张性财政政策将促使经济急速地膨胀,加剧经济的波动,甚至引起通货膨胀。

最后,财政政策的实施要受到政治因素的影响。比如,在大选之前，无论经济形势如何，总统也不愿批准增加税收或减少政府转移支付之类易于引起选民反对或不满的政策措施；在国际形势比较紧张时，不管经济形势怎样，也不会减少军事开支。所有这些问题，都会抵消宏观财政政策的部分作用，这也是财政政策的局限性。

第三节 宏观货币政策

一、宏观货币政策的含义

宏观货币政策是指一个国家通过中央银行运用其政策工具，调节货币供给量和利息率，以影响宏观经济活动水平趋向既定目标的经济政策。

与财政政策相比，对货币政策的认识和使用要早得多。在20世纪30年代世界经济大危机之前，货币政策的主要目标是维护金本位制，保证适度的信贷、货币流通，以及限制过度的危机，防止过度投机引起的金融恐慌和经济危机等。30年代的凯恩斯革命探索到经济大萧条的真正原因在于有效需求不足，认为传统的货币政策起不到复苏和稳定经济增长的作用，主张运用财政政策来刺激经济增长，"熨平"经济周期性的波动。

但是，现代货币政策通常被当作是宏观财政政策的有效配合，它同样分担着宏观经济调控涉及的各种任务，包括充分就业与经济稳定增长等。同时，中央银行在制定货币政策时还同样要考虑自己的传统目标，如保护金融体系，防止大规模的银行倒闭和金融恐慌，稳定利息率，防止利息率的大幅度波动。所以，中央银行业务的操作被认为是一项技术性很强的工作，它既要在短期内使货币和信贷供应适应社会经济发展的需要，以免在商品的生产和消费过程中发生日常的和难以预料的资金紧张,又要在较长的时期内不削弱其合理控制货币和信贷的能力。

二、宏观货币政策的工具

为了达到国家宏观调控和中央银行本身的传统目标,中央银行通常在了解、分析和预测总体经济形势和金融形势的基础上,巧妙地运用以下三项政策工具。

(一) 公开市场业务

公开市场业务(Open Market Operations)是指中央银行在证券市场买进或卖出政府债券,通过扩大或缩小商业银行存款准备金,导致货币供应量的增减和利率的变化,最终影响生产、就业和物价水平。这是当代西方国家特别是美国实施货币政策的最主要工具。在经济衰退,需要刺激时,中央银行放松银根,在证券市场上买进财政部门发行的政府债券,这一行动首先增加银行系统的基础货币(包括银行的存款准备金和公众手持现金),通过银行系统的存款创造,导致货币供应量的多倍扩大。与此同时,债券因需求增加而价格上升,货币因供应量多倍扩大而利息率下跌,甚至有显著下降,由此促进投资和消费的增加,在乘数和加速原理的作用下,生产多倍增长,就业增加,同时也伴随着物价的上涨。反之,在经济扩张时期,为了防止通货膨胀,中央银行将采取紧缩银根的政策,这时便在证券市场上卖出政府债券,收回货币,使基础货币减少,同样通过存款乘数和存款创造的作用,导致货币供应量的多倍减少和利息率上升,投资和消费的缩减。

(二) 贴现率政策

中央银行将钱借给商业银行,这种贷款称为贴现。贷款要付利息,其利率就是贴现率。贴现率政策(Discount Rate Policy)是指中央银行变动贴现率以调节货币供给量和利率,间接影响投资和消费需求，调控宏观经济的政策，一般做法是：

在经济萧条时期，为刺激经济，减少失业，中央银行将降低对商业银行的贴现率，包括放宽贴现条件，从而增加商业银行向中央银行的借款，由此增加商业银行的准备金，扩大信贷放款，并通过银行创造存款货币的作用，多倍扩大货币供应量，降低利息率。同时，随着中央银行贴现率的降低，商业银行的利息率也随之降低，诱导工商企业和消费者对货币需求的增加，投资和消费扩大，通过乘数和加速作用，多倍扩大总需求，从而促使经济的复苏。

在经济高涨时期，为防止通货膨胀上升，中央银行将提高贴现率，包括紧缩贴现条件，这样商业银行将减少向中央银行的借款，商业银行的准备金减少，信用放款将减缩，货币供给量将大幅度缩减，利息率上升。同时，随着中央银行贴现率的提高，商业银行的利息率也将随之提高，由此导致企业投资和公众消费的减少，在乘数和加速作用下，有效地遏制总需求，抑制经济的过度膨胀。

(三) 存款准备金制度

存款准备金制度（Reserve Rate Policy）是指银行在吸收存款的同时，必须把一小部分转存中央银行应付日常支付清算，其余部分才可放款的制度。商业银行存款创造的多少，与法定准备金率成反比，因此，中央银行就可以通过变更法定准备金率来影响货币供给量和利息率。

在经济萧条时期，中央银行降低法定准备金率，扩大了存款乘数，使商业银行创造出更多的存款，从而增加货币供给量，降低利息率，诱导投资、消费和国民收入的上升。

在经济高涨时期，提高法定准备金率，从而缩小了货币乘数，降低了商业银行存款创造的能力，同时使原先有着超额准备金的银行在中央银行的超额准备金缩减或消失。这样，货币供应量减少,利率上升,促使投资、消费和国民收入的下降。

三、宏观货币政策的辅助性措施

中央银行执行国家宏观调控的货币政策除了采用以上三项政策工具外,还有几项辅助性的配合措施,以使政策行为更加有效。

(一)道义上的劝告

道义上的劝告(Moral Suasion)又称"打招呼",意指中央银行对商业银行在信贷、投资等方面应采取的措施给以指导或告诫,以取得商业银行的配合。这不是强制性的行政手段,也没有法律效力,但对商业银行的行动有一定的约束、影响作用。比如,在经济扩张时期,中央银行可以劝说商业银行更为谨慎地实施其信贷政策,而放款人也很可能会把这一劝告看作是经济形势向某个方向变化的可靠信息。

(二)垫头规定

垫头规定(Margin Requirements),即规定购买有价证券必须付出的"垫头"。如美国国会根据1934年的《证券交易法》授权联邦储备系统按照情况规定证券经纪人、银行及其他贷款者对股票交易中的购买者必须支付一定比例的现金,这就是必须支付的"垫头"。如果规定垫头为50%,则买进证券时,买者必须拿出50%的现款,其余50%才可以向经纪人借款支付。利用这项措施,中央银行既可限制证券市场的过度投机,又可控制金融市场的活动,调节货币供给量和利率,调控宏观经济。一般在萧条时期,降低垫头规定,放松信用,从而增加货币供给量,降低利息率;在高涨时期,提高垫头规定,紧缩信用,从而减少货币供给量,提高利息率。

(三)消费信贷

消费信贷(Consumption Credit)是指中央银行规定消费者

购买耐用消费品分期付款的条件。一般规定应付现款的最低比率和付清货款的最长期限,以此鼓励或限制消费,调节信贷流向,间接影响总需求。

(四) 房地产信贷管制

房地产信贷管制 (Control of Real Estate Credit) 不仅对房地产开发起着重大的影响作用,而且对调节总需求十分有力。比如,在经济萧条时期,减少购买房地产即期付出的现款,并延长付清余款的年限可以刺激人们用抵押贷款来购买楼宇等,从而刺激房地产、建筑业的发展,也带动了钢材、水泥、化工玻璃等相关行业的发展,有力地扩大了总需求。反之,则起到紧缩需求的作用。

(五) 规定利息率上限

规定利息率上限 (Interest Rate Ceilings) 是为了控制商业银行对定期存款所支付的最高利息率,这有利于减少定期存款,使存款更多地转向于易于控制的债券和短期、活期存款。

四、宏观货币政策的局限性

凯恩斯主义认为,货币政策的作用是有限的,因而他们重视的是财政政策。而事实上,两种政策都有各自的局限性。

首先,根据灵活偏好理论,利息率的降低总有一个限度,超过这个限度,货币供给量无论如何增加也不会降低利息率。况且,即使在陷入"凯恩斯陷阱"之前,货币供给量的增加,也不一定会降低利息率,有时甚至还会提高利息率。因为,货币供给增加,人们往往预期通货膨胀率将上升,这时,购买房屋、土地、耐用消费品比购买债券和存款更有利于保值、增值,人们对货币的需求也增多,这样,利息率有可能随货币供给的增加而升高。

其次,货币政策作用的大小还会受到许多因素的影响。比如，在萧条时期，尽管中央银行采取鼓励贷款的政策，但因商业银行此时不愿承担贷款的过大风险，不一定愿意放贷，而工商企业考虑到投资的边际效益递减的趋势，若对经济前景失去信心的话，也不愿意多贷款，增加投资。这样增加货币供给、降低利息率的政策将难以奏效。在经济高涨时期，尽管中央银行采取限制贷款的政策，但因利息率偏高，商业银行可能仍愿意多放款，而企业对经济前景看好，也愿意多贷，增加投资，因而很难减少货币供给量。再如公开市场业务，在萧条时期，中央银行企图买进债券，增加货币供给，而公众不一定卖掉债券，因为此时的债券回报相对较高，而且风险小，特别是政府公债，收益可靠。反之，在膨胀时期，经济一片繁荣，公众看好工商企业投资，认为较高风险，可以获得更好的回报，因而也不一定购买此时被认为是低风险、低回报的债券。如此一来，中央银行的公开市场业务也不一定马上奏效，加上货币政策本身的时延也会影响到效应问题。有关经验表明，货币政策对国民收入的最大影响发生在政策实施后的一年到两年之间，因为它要通过利率和投资的变化才最终影响到国民收入。

最后，国际金融市场的变化和其它政策措施的影响，也会影响到货币政策的效果。

第四节　宏观财政政策与货币政策的协调

一、财政政策与货币政策的相互信用：挤出效应

当政府通过扩张性财政政策使国民收入增加时，同时会使利率上升，从而可能影响企业投资的扩大，产生挤出效应。所谓挤出效应（Crowding Out effect）是指政府购买增加使利率上升从

而导致投资减少的后果。这就是说,政府购买增加挤出了私人投资。

如图13-2(a)所示,货币供给为不变的M_{s0},假定政府购买增加使实际国民收入增加,从而使实际的货币需求曲线从M_{d0}向右移到M_{d1}。在货币供给不变时,实际货币需求增加使利率从i_0上升到i_1。在图13-2(b)中,利率的上升使投资减少。这样,由政府购买增加引起自发需求增加从而引起了投资减少,又反过来使自发需求减少,这种现象就是挤出效应。

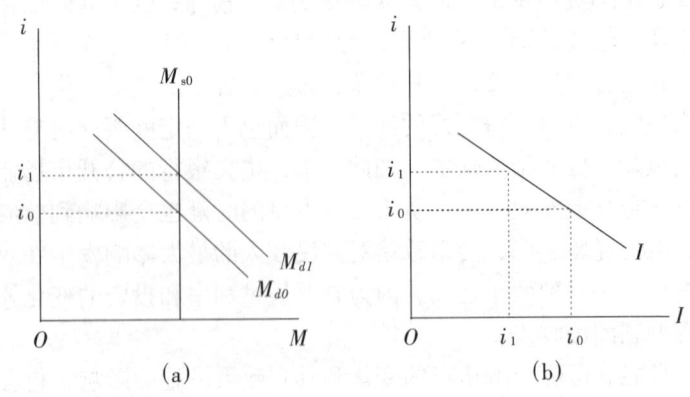

图13-2 投资边际效率曲线的移动

挤出效应可能是部分的,也可能是完全的。当投资的减少小于政府购买的增加时,就是部分挤出效应。这是正常情况,在这种情况下,政府购买的增加可以增加实际国民收入,但不如没有挤出效应时大。或者说,在存在挤出效应的情况下,自发支出的乘数效应小于没有挤出效应时的乘数效应。

如果投资的减少等于最初的政府购买量,就是完全的挤出效应。完全挤出效应的条件是,实际货币需求的小量变动会引起利率大幅度变动,而且利率的变动会引起更大的投资变动。虽然在现实中，完全的挤出效应并不存在，但这种特例可以说明财政政策与货币政策相互作用的重要性。

二、"相机抉择"的政策搭配

西方经济学家认为，在进行国民经济调节时，政府应采取哪项政策，采用哪些具体措施或者怎样对不同的政策手段进行搭配使用，并没有固定不变的模式，重要的是政府应"逆对经济风向"，根据不同的情况，机动灵活地决定和选择某项或某几项政策措施进行调节，使各项措施有效地配合，成为首尾一贯的宏观经济政策，达到宏观调控的各项目标，这就是所谓"相机抉择"的政策协调。一般认为有以下几种可能的搭配。

（一）松松搭配

当总需求不足时，把扩张性财政政策与扩张性货币政策相配合，在增加政府支出和减少税收的同时，增加货币供给，降低利息率，从而更有效地刺激总需求的增加。

（二）紧紧搭配

如果出现了通货膨胀，则应同时采用紧缩性的财政政策和紧缩性的货币政策，在减少政府支出和增加税收的同时，减少货币供给，提高利率，以更有效地减少总需求。

（三）松紧配合

如果政府要刺激总需求而又要谨防通货膨胀的恶化，则要把扩张性的财政政策与紧缩性的货币政策结合起来，利用财政政策扩大总需求，同时用货币政策抑制通货膨胀；也可以把扩张性的货币政策同紧缩性的财政政策结合起来，以便既可以降低利息率刺激投资，又可以减少政府支出以稳定物价。

另外，各项政策措施配合使用时，还要看经济形势及发展趋势，根据萧条或膨胀发展的不同程度而定。在经济发生严重衰退时，就不能运用作用缓慢的政策，而要运用作用较猛烈的政策，如扩大政府支出、由政府举办公共工程等；在经济开始出现衰退的苗头时，不能用作用力太强的政策，而要采用一些温和的刺激政策，比如有计划地在金融市场上收购债券，以便缓慢地增加货币供给量，降低利息率。在通货膨胀严重时，应采取强烈的紧缩措施，如中央银行提高法定准备金率，紧缩银根；有效地控制、缩小政府支出。在通货膨胀率较低时，应采取较缓和的紧缩性措施。

复习思考题

1. 宏观经济政策的目标有哪些？
2. 宏观财政政策的理论依据是什么？
3. 自动稳定器为什么能稳定经济？
4. 如何根据经济的变化实施积极的财政政策？
5. 宏观货币政策的理论依据是什么？
6. 中央银行怎样通过公开市场业务影响货币供给量？

第十四章 国民经济总体均衡

前面讨论的国民收入决定理论只是简单的凯恩斯模型,实际上是商品市场的均衡。在讨论了财政收支、货币供求以及宏观经济政策以后,如果再加上劳动力市场,就可以研究国民经济的总体均衡。本章首先讨论商品市场与货币市场同时均衡时修正的凯恩斯模型,然后引入劳动力市场,讨论商品市场、货币市场和劳动力市场同时均衡时完整的凯恩斯模型,最后讨论凯恩斯主义者综合当代各学派的观点所形成的总需求—总供给模型。

第一节 商品市场与货币市场的均衡

经济中存在着两种市场,即商品市场和货币市场。无论是商品市场还是货币市场,都与利率和收入水平密切相关。但在研究商品市场时,往往假定利率既定,主要研究均衡收入水平如何决定;在研究货币市场时,又往往假定收入既定,主要研究均衡利率水平如何决定。显然商品市场决定的收入水平不一定是货币市场既定的收入水平,而货币市场决定的利率水平也不一定是商品市场既定的利率水平,这就往往导致两个市场的不均衡。为此,英国经济学家希克斯和美国经济学家汉森采用一般均衡分析法,对商品市场和货币市场的同时均衡问题作了分析,提出了 $IS-LM$ 分析方法,称为修正的凯恩斯模型。

$IS-LM$ 模型的基本内容及其内在联系如图 14-1 所示。

在图 14-1 中,货币供给 M 与货币的需求 L 共同决定了货币市场的均衡($M=L$),货币供给由货币政策决定。投资 I 与

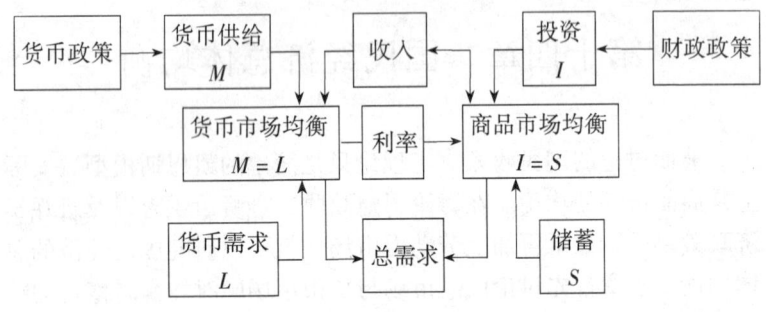

图 14–1　IS–LM 模型

储蓄 S 共同决定了商品市场的均衡，投资由财政政策决定。货币市场决定的利率影响商品市场，商品市场决定的收入影响货币市场，两个市场的同时均衡决定了总需求。

一、IS 曲线：商品市场的均衡

所谓 IS 曲线，就是投资储蓄曲线，I 表示投资，S 表示储蓄，它是用来表示国民经济商品市场的均衡曲线，反映储蓄等于投资的条件下，利率和国民收入之间的关系。

（一）IS 曲线的形成

从前面的分析中，我们可以得出如下三点结论。

（1）投资量是利率的递减函数。也就是说，利率水平越高，投资量就越少；反之，利率水平越低，投资量就越多。用公式表示为

$$I = I_0 - d \cdot i$$

式中 I 表示投资函数，I_0 表示自发投资支出，指利率为零时厂商的投资支出，d 表示投资的利率弹性，即利率每增减 1% 时投资量的变动程度。

（2）储蓄是国民收入的函数，一般来说，两者呈正向变动关

系。用公式表示为

$$S = -a + (1-b)Y$$

式中 a 为自发性消费支出，b 为边际消费倾向，Y 为国民收入。

（3）国民经济的总均衡要求漏出量与注入量相等。如果除了储蓄这个漏出量外再没有其它漏出量，除了投资这个注入量外再没有其它注入量，那么就要求投资量等于储蓄量。均衡条件用公式表示为

$$I = S$$

由以上三个结论可以推出商品市场达到均衡状态（总供给等于总需求或储蓄等于投资）时，利率与国民收入之间的函数关系，由于

$$I_0 - d \cdot i = -a + (1-b)Y$$

得

$$Y = \frac{1}{1-b} \times (a + I_0 - d \cdot i)$$

或

$$Y = \frac{a + I_0}{1-b} - \frac{d}{1-b}i$$

从该等式中我们可以看出，如果国民经济是均衡的，即在投资等于储蓄的条件下，利率与国民收入呈反比关系，即利率越高，国民收入越少，因为投资量小；反之，利率越低，国民收入越多，因为投资量大。根据上述分析，下面运用数学例子和图形来说明 IS 曲线的由来，如图14-2所示。

在图14-2（a）中，纵轴表示利率，横轴表示投资量，投资曲线向右下方倾斜，此曲线也是投资边际效率曲线。假定该曲线的函数表达式为

$$I = 100 - 25i$$

即当利率为0时，投资量为100亿元（自发投资），当利率为3%时，投资量为25亿元，利率为2%时，投资量为50亿元。

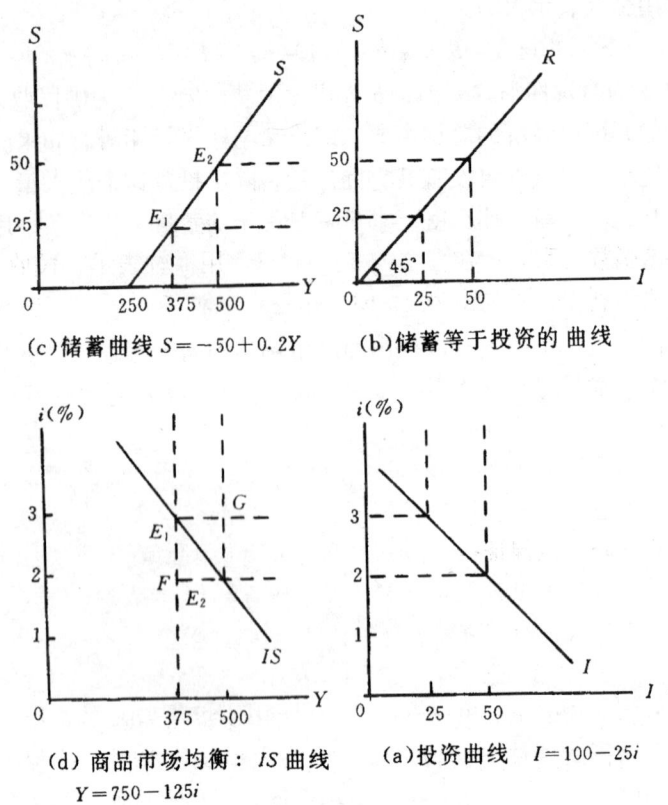

图 14-2 IS 曲线的推导

在图 14-2（b）中，横轴表示投资量，纵轴表示储蓄量，既然国民经济均衡要求储蓄量与投资量相等，因此，OR 线呈 $45°$，即储蓄与投资相等的直线。

在图 14-2（c）中，横轴表示国民收入，纵轴表示储蓄，储蓄曲线向右上方倾斜，因为储蓄是国民收入的函数，且呈正向变动关系，假定该曲线的函数表达式为

$$S = -50 + 0.2Y$$

即当国民收入为零时,储蓄为 – 50,储蓄的起点为国民收入 Y = 250 亿元,边际储蓄倾向为 0.2,且乘数值为 $K = 1/(1-b)$ = $1/(1-0.8) = 5$。

根据投资函数和储蓄函数可以得到国民收入与利率的函数关系为

$$Y = 750 - 125i$$

该函数关系表示在图 14 – 2 (d) 中,用横轴表示国民收入,纵轴表示利率,当利率为 2% 时,国民收入为 500 亿元,当利率为 3% 时,国民收入为 375 亿元。可见 IS 曲线是一条向右下方倾斜的曲线,该曲线的斜率为 $d/(1-b)$。

从图 14 – 2 还可以看出,利率下降,投资量上升;于是要求储蓄量也上升,以保证投资量与储蓄量相等;储蓄量上升,说明国民收入也增加了。反之,利率上升,投资量下降;于是储蓄量也必然下降,以保证投资量与储蓄量相等的国民经济均衡;储蓄量下降,说明国民收入也下降了。

从本例中还可以看出投资乘数的作用,当利率从 3% 下降到 2% 时,引起投资量从 25 亿元增加到 50 亿元,增加了 25 亿元,25 亿元的投资导致国民收入从 375 亿元上升到 500 亿元,增加了 125 亿元(25 亿元×5 = 125 亿元)。如果利率上升,情况则相反。

(二) IS 曲线以外点的性质

为了进一步理解 IS 曲线,现在分析 IS 曲线以外的点,即不均衡点的性质。

从图 14 – 2 可以看出,当利率为 3% 时,国民收入为 375 亿元,当利率下降为 2% 时,国民收入为 500 亿元,E_1 点和 E_2 点都位于 IS 曲线上,商品市场处于均衡状态。但 14 – 2 (d) 中的 G 点是 IS 曲线以外右上方的一个点,它是利率为 3% 和国民收入为 500 亿元配合的点。G 点虽然与 E_1 点同处于一个利率水平上，但是却处于不同的收入水平，G 点的收入水平 500 亿元大于 E_1 点的收入水平 375 亿元，显然 G 点不是储蓄等于投资的国民经济均衡点。从图 14-2（c）中可以看出，在国民收入为 500 亿元时，储蓄为 50 亿元，而从图 14-2（a）中可以看出，利率为 3% 时，投资为 25 亿元，此时储蓄大于投资。同样可以推出 IS 曲线右边所有的点都是储蓄大于投资的点，即 $S > I$。

再看图 14-2（d）中的 F 点，它是 IS 曲线左下方的一个点，是利率为 2% 和国民收入为 375 亿元配合的点。F 点虽与 E_2 点同处于一个利率水平上，但 F 点的国民收入为 375 亿元，小于 E_2 点的国民收入 500 亿元，显然 F 点也不是储蓄等于投资的国民经济均衡点。从图 14-2（c）中可以看出，在国民收入为 375 亿元时，储蓄为 25 亿元，而从图 14-2（a）中可以看出，在利率为 2% 时，投资为 50 亿元，此时，投资大于储蓄。同样可以推出 IS 曲线左边所有的点都是投资大于储蓄的点，即 $I > S$。

当一国出现利率与收入水平的配合，不同于 IS 曲线上的配合，经济会自动回归到 IS 曲线的配合点。当 $S > I$ 时，存货增加，导致厂商削减生产，直到存货量降低到正常水平，使国民收入减少到均衡国民收入时为止。反之，当 $I > S$ 时，需求过剩，存货低于正常水平，将使厂商增加生产，增加存货，使国民收入增加到均衡国民收入为止，即增加到 $I = S$ 时为止。

（三）IS 曲线的位置移动

IS 曲线的位置也会移动，即向右边移动，或向左边移动。根据

$$Y = \frac{a + I_0}{1 - b} - \frac{d}{1 - b} i$$

可以看出，影响 IS 曲线位置移动的因素有：

（1）边际消费倾向的改变。边际消费倾向变大时，乘数也变

大,相同数量的注入量会产生更多的国民收入,同时也意味着相同的利率水平会产生更多的国民收入,IS 曲线向右上方移动;反之,IS 曲线向左下方移动。

(2) 注入量与漏出量的变化。上式假定只有一对注入和漏出,即投资和储蓄,而现实的经济还有两对注入和漏出,即政府支出和税收,出口和进口。注入量增加或漏出量减少使 IS 曲线向右上方移动;注入量减少或漏出量增加会使 IS 曲线向左下方移动。

二、LM 曲线:货币市场的均衡

所谓 LM 曲线,就是灵活偏好——货币数量曲线。灵活偏好指的是货币需求;货币数量指的是货币供给。LM 曲线是用来表示货币市场需求等于供给(均衡)时实际的国民收入与利率结合的曲线。它反映在货币供给等于货币需求的条件下,利率与国民收入之间的关系。

(一) LM 曲线的形成

根据第十一章的分析,我们已得出如下结论:

(1) 利率与货币的投机需求成反比关系。利率越高,人们手持的现金就越少;反之,利率越低,人们手持的现金就越多。

(2) 货币的交易需求为国民收入的函数。国民收入越大,交易性货币需求越多,反之,国民收入越小,交易性货币需求越少。货币的交易需求与国民收入呈正向变动关系。

因此,货币的需求可用公式表示为

$$M_d = L_t(Y) + L_s(i)$$

式中 M_d 表示货币的需求,Y 为国民收入,i 为利率。

(3) 货币的总供给量由政府决定,在一定时期内为既定的常数,货币的总供给必须与货币总需求相等,因此货币的总供给等于货币的交易需求与货币的投机需求之和。用公式表示为

$$\overline{M}_s = M_d = L_t(Y) + L_s(i)$$

下面用图 14-3 来说明 LM 曲线的由来。

在图 14-3（a）中，横轴代表货币的投机需求量，纵轴代表利率水平，利率与货币投机需求量成反比关系，因此货币投机需求曲线向右下方倾斜，为分析方便，假定货币投机需求函数为

$$M_L = 100 - 20i$$

这里 M_L 表示货币的投机需求。当利率为 2% 时，货币投机需求量为 60 亿元，当利率为 3% 时，货币投机需求量为 40 亿元。

在图 14-3（b）中，横轴表示货币的投机需求，纵轴表示货币的交易需求（M_t），假定货币总供给量为常数，$\overline{M}_s = 120$ 亿元。可见，货币交易需求量就是 120 亿元减去货币投机需求量。因此该图中的曲线就是货币的总供给曲线。

在图 14-3（c）中，横轴表示国民收入，纵轴表示货币的交易需求量。货币的交易需求量为国民收入的函数，假定为

$$M_t = 0.25Y$$

式中 M_t 为货币的交易需求。当国民收入为 240 亿元时，货币的交易需求量为 60 亿元，当国民收入为 320 亿元时，货币的交易需求量为 80 亿元。图中的 M_t 曲线叫交易需求曲线。

最后，在图 14-3（d）中，横轴表示国民收入，纵轴表示利率水平，该图说明了货币市场均衡条件下国民收入和利率之间的关系。当利率为 2% 时，国民收入为 240 亿元，当利率为 3% 时，国民收入为 320 亿元。由此可见，要保持货币市场均衡，较低的利率总是与较小的国民收入相联系，较高的利率总是与较大的国民收入相联系，国民收入与利率成正比关系。图 14-3（d）中的曲线就是 LM 曲线，它是向右上方倾斜的。

LM 曲线的函数可以推导如下：因 $\overline{M}_s = (M_L + M_t) = 120$（亿元），$M_L = 100 - 20i$，$M_t = 0.25Y$，故

$$100 - 20i + 0.25Y = 120$$

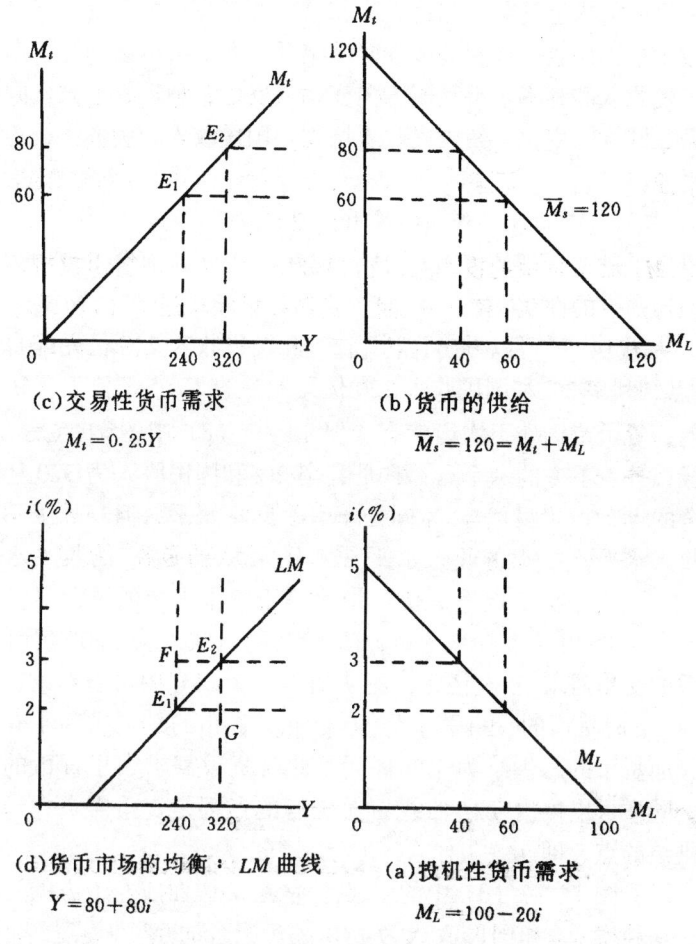

图 14-3 　LM 曲线的推导

移项后得

$$Y = 80 + 80i$$

图 14-3 和例子说明，利率下降会引起货币投机需求上升；

货币投机需求上升会引起货币交易需求的减少；由于货币交易需求减少，国民收入也因此减少，结果反映在货币市场均衡状态下的国民收入和利率水平呈同方向变动。反之，利率的上升也同样会通过同样的变化，使国民收入增加，国民收入和利率也成正比关系。

(二) LM 曲线以外点的性质

为了进一步理解 LM 曲线，现在分析 LM 曲线以外的点，即不均衡点的性质。

从图 14-3 可以看出，利率 2% 和国民收入 240 亿元配合的 E_1 点、利率 3% 和国民收入 320 亿元配合的 E_2 点都位于 LM 曲线上，货币市场处于均衡状态。但 14-3（d）中的 G 点是 LM 曲线以外右下方的一个点，它是利率 2% 和国民收入为 320 亿元配合的点，G 点虽然与 E_1 同处于一个利率水平，但却处于不同的收入水平，G 点的收入水平 320 亿元大于 E_1 点的收入水平 240 亿元，显然 G 点不是货币供给等于货币需求的国民经济均衡点。从图 14-3（c）中可以看出在国民收入为 320 亿元时，货币的交易需求为 80 亿元，而从图 14-3（a）中可以看出，利率为 2% 时货币的投机需求为 60 亿元，货币的总需求为 140 亿元，而货币的总供给为 120 亿元，此时货币需求大于货币的供给。同样可以推出 LM 曲线右边所有的点都是货币需求大于货币供给的点，即 $L > M$。

再看图 14-3（d）中的 F 点，它是 LM 曲线左上方的一个点，是利率 3% 和国民收入为 240 亿元配合的点。F 点虽与 E_2 点同处于一个利率水平上，但 F 点的国民收入 240 亿元小于 E_2 点的国民收入 320 亿元，显然 F 点也不是货币的供给等于货币需求的国民经济均衡点。从图 14-3（c）中可以看出，在国民收入为 240 亿元时，货币的交易需求为 60 亿元，而从图 14-3（a）中可以看出，在利率为 3% 时，投机的货币需求量为 40 亿元，因此货币的总需求量为100亿元，而货币的总供给为120亿元，此时货币供给大于货币的需求。同样可以推出 LM 曲线左边所有的点都是货币供给大于货币需求的点，即 $M > L$。

货币市场发生失衡后，也可以恢复均衡。当 $L > M$ 时，利率水平低于均衡利率，人们会增加货币的持有，减少金融资产的数量，迫使其价格下降，利率上升，人们又减少货币的持有量，直到 G 点上升到 LM 曲线上，达到均衡状态时为止。反之，当 $L < M$ 时，情况相反。总之，货币市场的不均衡状态将会促使利率和收入水平趋于其均衡值。

(三) LM 曲线的移动

LM 曲线的位置也会移动。影响 LM 曲线移动的因素主要有：

(1) 货币供给量的变动。如果货币的总供给量上升，则 LM 曲线会向右下方移动；如果货币的总供给量下降，则 LM 曲线会向左上方移动。这里有两种情况：一是物价水平不变，货币供给量增加。这种变动反映了在相同利率下会产生更多的国民收入。因为利率保持不变，货币的投机需求也保持不变，货币供给量的增加，结果使交易货币需求量增加，货币交易数量增加意味着国民收入增加。二是物价水平下降（上升），货币供给量不变。在这种情况下，相同的实物交易需要更少（多）的货币，相当于交易需求的货币量增加（减少），这样使 LM 曲线向右下方（左上方）移动。

(2) 货币投机需求或交易需求的改变。如果在相同的利率水平上，货币的投机需求增加，或者在相同的国民收入水平上，货币的交易需求增加，LM 曲线会朝左上方移动；反之，则朝右下方移动。

三、商品市场和货币市场的同时均衡：IS – LM 模型

(一) 商品市场与货币市场的同时均衡

在前面的分析中指出，在 IS 曲线上任一利率与收入的组合都满足商品市场上储蓄等于投资这一均衡条件，LM 曲线上任一利率与收入的组合也都满足货币市场上货币供求相等这一均衡条件，为了找到能够使两个市场同时达到均衡的利率与收入组合，可以将图 14 – 2（d）和图 14 – 3（d）合并在一起，就可以得到商品市场和货币市场同时均衡的图形，见图 14 – 4 所示。

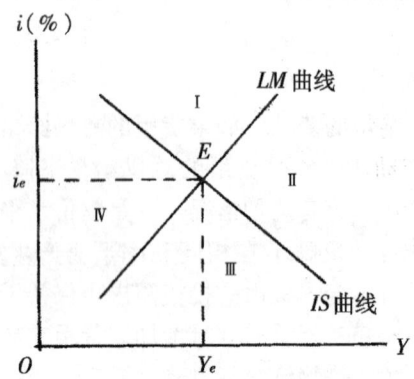

图 14 – 4 商品市场和货币市场同时均衡

在图 14 – 4 中，商品市场和货币市场的同时均衡点，是 IS 曲线和 LM 曲线相交的 E 点，相应的利率和国民收入分别为 i_e 和 Y_e。E 点表明现有的货币数量所对应的利率刚好吸收相应的投资量来决定均衡的国民收入。Y_e 和 i_e 分别指商品市场上的投资等于储蓄、而同时在货币市场上货币的需求等于货币的供给时的国民收入和利率。除 E 点以外，图中的任何一点都不能实现两种市场的均衡。

如果我们把图 14-4 分成四个区域。根据前面的分析，在 IS 曲线的右方 $I < S$，在 IS 曲线的左方 $I > S$；在 LM 曲线的右方 $L > M$，在 LM 曲线的左方 $L < M$，故有：

区域Ⅰ：$I < S$　$L < M$
区域Ⅱ：$I < S$　$L > M$
区域Ⅲ：$I > S$　$L > M$
区域Ⅳ：$I > S$　$L < M$
在 E 点：$I = S$　$L = M$

假定收入和利率的组合不在均衡点上，那么国民收入和利率的一系列变动，将使非均衡点达到均衡点。

（二）商品市场和货币市场均衡的变动

当决定 IS 曲线或 LM 曲线的因素发生变动时，IS 曲线和 LM 曲线就会相应变动，商品市场和货币市场同时均衡的利率和收入也会随之变动。

1. IS 曲线的移动

在 LM 曲线不变的情况下，由于某种原因（如政府支出变化、投资需求变动等）使 IS 曲线向右移动，然后，通过乘数的作用，使收入成倍的变动。但由于货币市场的约束，收入变动的幅度小于简单凯恩斯模型，如图 14-5 所示。

在图 14-5 中，原来的均衡点为 E_1，当 IS 曲线由 IS_1 移到 IS_2 时，如果利率 i_1 不变，则通过乘数作用，Y_1 会增加到 Y_2'，但由于收入增加会给货币市场带来提高利率的压力（因为 E_2' 位于 LM 曲线的右方，货币需求大于货币的供给），如果利率不上升，商品市场和货币市场就不能同时均衡，于是利率由 i_1 提高到 i_2，从而限制了投资的增加，也就限制了收入的增加，使 Y_1 只能增加到 Y_2，$Y_2 < Y_2'$。

2. LM 曲线的移动

在 IS 曲线不变的情况下，当货币市场的供给发生变动时，

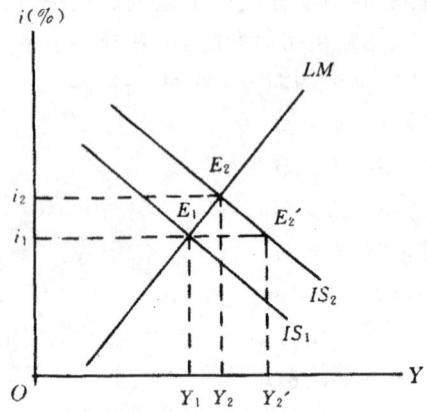

图 14-5 IS 曲线的移动

会使 LM 曲线发生变动,从而使收入发生相应的变动。但收入变动的幅度也要小于考虑商品市场的变动幅度,见图 14-6 所示。

在图 14-6 中,原来的均衡点为 E_1,当 LM_1 增加到 LM_2 时,利率也会从 i_1 下降到 i_2。利率的下降会刺激投资的增加,从而使收入增加,进而使货币的交易需求增加,但利率的下降也会刺激货币的投机需求。当货币供给既定时,货币投机需求的增加将限制货币交易需求的增加。因为在货币流通速度相对稳定的情况下,收入本应按增加的货币交易需求等比例增长,即从 Y_1 增加到 Y_3。但 $\overline{M_s} = M_t + M_L$,由于货币投机需求增加,就减少了交易需求增加的幅度,从而减少了收入增加的幅度,Y_1 只增加到 Y_2,显然 $Y_2 < Y_3$。

3. IS 曲线与 LM 曲线同时移动

IS 曲线和 LM 曲线同时发生移动时,两者可能同向移动,也可能反向移动,移动的幅度可能相同,也可能不同,下面分三

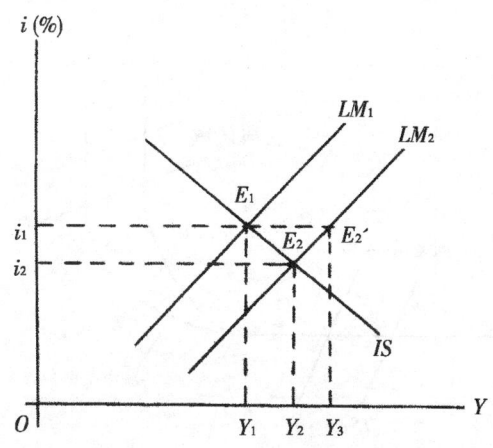

图 14-6 LM 曲线的移动

种情况分析，见图 14-7 所示。

（1）凯恩斯区域。IS-LM 模型中的 LM 曲线，在低收入、低利率水平时是一条水平线，具有完全弹性。这时如果运用财政政策将 IS_1 右移到 IS_2，会提高收入水平，但利率不变。如果运用货币政策，将 LM_1 右移到 LM_2，则收入和利率不变。这说明，在经济萧条的低收入阶段，财政政策有效，而货币政策无效。这比较符合凯恩斯的有效需求不足和低于充分就业的理论，故称 LM 曲线的水平区域为凯恩斯区域或萧条区域，又因这个阶段的利率很低，货币的投机需求无限大，而称为"凯恩斯陷阱"。

（2）古典区域。LM 曲线在高收入、高利率水平时，是垂直线，完全无弹性。利率很高，使货币的投机需求为零。这时，如果运用财政政策，将 IS_4 右移到 IS_5，则收入不变，反而提高了利率。这说明在经济繁荣的高收入阶段，财政政策无效，而货币政策有效。这比较符合古典理论和以古典理论为基础的货币主义

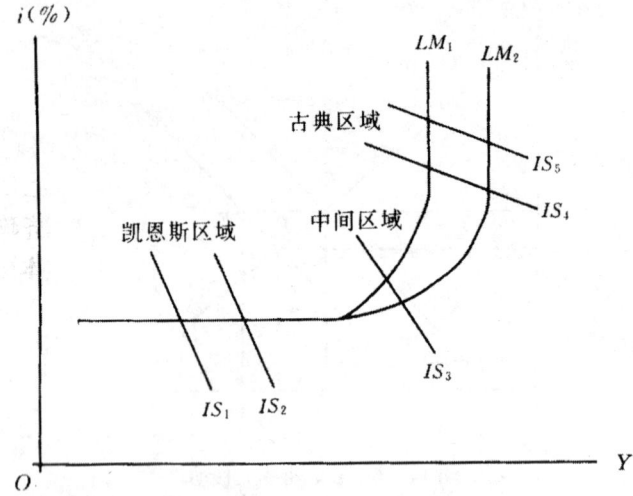

图 14-7 IS 曲线与 LM 曲线同时移动

者的关于经济经常处于充分就业状态的观点。故称 LM 曲线的垂直区域为古典区域。

(3) 中间区域。在 LM 曲线的凯恩斯区域与古典区域之间有一个中间区域。这时无论右移 IS 曲线还是 LM 曲线,都能在不同程度上提高收入或降低利率,因此财政政策和货币政策都有效。当然越靠近凯恩斯区域,财政政策越有效,而越靠近古典区域,货币政策越有效。

第二节 商品市场、货币市场与对外均衡

一、对外均衡曲线

(一) 对外均衡曲线的推导

对外均衡 (External Equilibrium) 又称国际收支均衡 (Balance of Payments Equilibrium),它是指一国国际收支处于既没有盈余,又没有赤字的状态。

如果以 BP 表示国际收支,那么对外均衡的条件是

$$BP = 0$$

在包括国际市场在内的四部门经济里

总需求 = 消费 + 投资 + 政府支出 + 出口

总供给 = 消费 + 储蓄 + 政府税收 + 进口

这里仅考虑了商品的进出口,而没有考虑国际间资本的流动。如果考虑国际间资本流动,则

总需求 = 消费 + 投资 + 政府支出 + 出口 + 外国在本国的投资 + 本国在外国的投资收益

如用 I_D 表示外国在本国的投资,它与国内私人总投资 I、国内消费 C 和政府支出 G 一样,意味着对本国商品和劳务的需求,因此列入总需求;用 R_D 表示本国在外国投资的收益,它同样意味着对本国商品和劳务的需求,因此也应列入总需求。

总供给 = 消费 + 储蓄 + 政府税收 + 进口 + 本国在外国的投资
+ 外国在本国投资的收益

用 I_F 表示本国在外国的投资,R_F 表示外国在本国的投资收益,它与国内生产要素供给的报酬性质相同,作为生产要素供给的报酬,应列入总供给。

总供给等于总需求应有

$$C + I + G + X + I_D + R_D = C + S + T + M + I_F + R_F$$

假定 $I = S$，$G = T$，则有

$$(X - M) = (I_F - I_D) + (R_F - R_D)$$

用 F 表示净出口，即 $F = X - M$，用 K 表示资本流动差额，即 $K = (I_F - I_D) + (R_F - R_D)$，这样 $BP = F - K$，要使 $BP = 0$，则必须使 $F = K$。

假定不考虑汇率的变化，进口是国民收入的递增函数，净出口额 F 就是国民收入 Y 的递减函数，即国民收入越多，净出口额越小。

在资本方面，资本流入额是利率的递增函数，而资本流出额是利率的递减函数。

下面用图来说明对外均衡曲线 EE 曲线的由来。见图 14 – 8 所示。

图 14 – 8（a）表示利息与资本净流出的关系，K 曲线表示资本净流出曲线，由于资本净流出是利率的递减函数，所以当利率为 2% 时，资本净流出额为 80 亿元，而当利率为 3% 时，资本净流出额为 60 亿元。资本净流出函数为

$$K = 120 - 20i$$

图 14 – 8（b）表示净出口与资本净流出额相等，OR 线表示净出口与资本净流出额相等的曲线。

图 14 – 8（c）表示国民收入与净出口的关系，F 线表示出口曲线。由于净出口额是国民收入的递减函数，所以，要使净出口额为 80 亿元，国民收入必须相应地达到 100 亿元。净出口函数为

$$F = 100 - 0.2Y$$

根据 $F = K$，可以得到国民收入与利率关系的函数为

$$Y = -100 + 100i$$

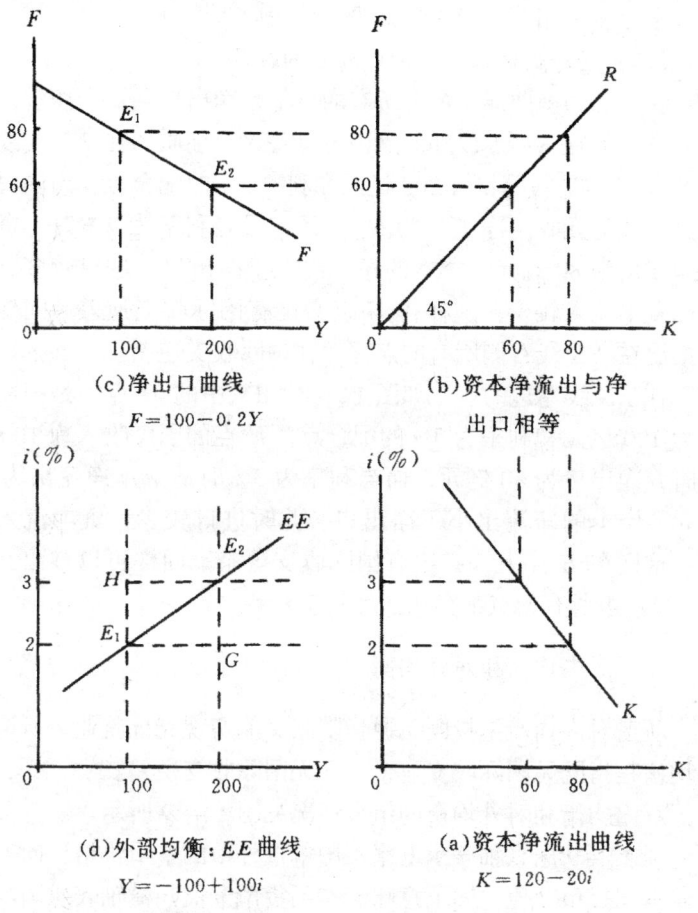

图 14-8　EE 曲线的推导

图 14-8（d）反映了国民收入与利率的关系,当利率为 2% 时,国民收入为 100 亿元,当利率为 3% 时,国民收入为 200 亿元。可见 EE 曲线是向右上方倾斜的曲线。从图中可以看出,利率上升,资本净流出减少,于是要求净出口减少,以保证净出口

与资本净流出相等,净出口减少,国民收入上升。

(二) 对外均衡曲线 EE 以外点的性质

在对外均衡曲线 EE 上所有的点都是净出口和资本净流出相等的点,但在 EE 点以外的点则不具备这个性质。在 EE 曲线右边的 G 点,是国民收入 200 亿元和利率 2% 的配合点。当国民收入为 200 亿元时,净出口为 60 亿元,但当利率为 2% 时,资本的净流出为 80 亿元,资本的净流出大于净出口,进口较多,或者说资本流入较少,这样在 G 点必定有国际收支逆差。同样可以推出在 EE 线右侧所有的点都存在国际收支逆差。

在 EE 线左边的点,如图 14-8(d)中的 H 点,是国民收入为 100 亿元和利率为 3% 的配合点。H 点的国民收入为 100 亿元时,净出口为 80 亿元,而当利率为 3% 时的资本净流出为 60 亿元。资本的净流出小于净出口,此时进口较少,资本流入较多,这样在 H 点上,必定有国际收支盈余。同样可以推出,在 EE 线左边所有的点都存在国际收支顺差。

二、对内均衡和对外均衡

所谓对内均衡是指既无通货膨胀又能实现充分就业。所谓对外均衡是指既无国际收支盈余,又无国际收支逆差。

对内均衡和对外均衡的组合情况见图 14-9 所示。

图 14-9 用纵轴表示汇率,即单位外币的本币价格,向上意味着本国货币贬值,向下意味着本国货币升值。横轴表示国内支出,即消费、投资和政府支出。EE 表示外部均衡,IE 表示内部均衡。根据前面的分析,外部均衡线向右上方倾斜,且在 EE 线右边有国际收支逆差,而在 EE 线左边有国际收支顺差。

IE 线表示汇率和导致对内均衡的国内支出的各种组合,IE 线向右下方倾斜,是因为更低的汇率(本币升值)恶化了该国的国际收支,并且更低的汇率必须与更大的国内支出相适应,以维

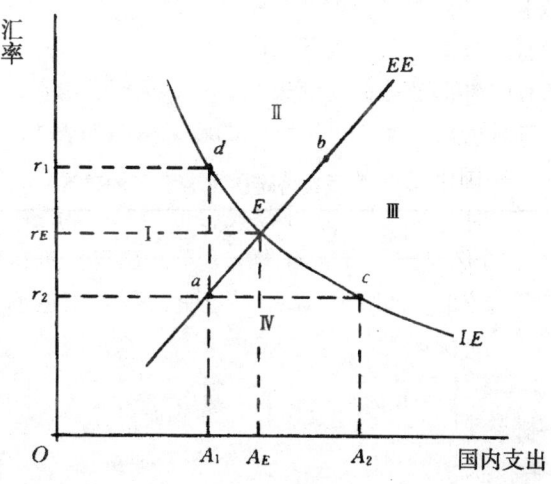

图 14-9 对内均衡和对外均衡

持对内均衡。如果国内支出很高,如图中 A_2 点,出口就会很低,这时以国内货币表示的价格就很高,不利于出口,从而减少外汇收入和国民收入。事实上 c 点位于 EE 线的右边,有大量的国际收支逆差,因为巨大的国内支出只有靠大量的净进口来维持。而在 d 点,国内支出很小,因此充分就业只有靠汇率贬值到 r_1 来维持,这又会产生大量的净出口,从而造成大量的国际收支顺差。图中的 a 点是低汇率和较小的国内支出结合,必然出现失业,而 b 点高汇率和较大的国内支出结合,必然出现通货膨胀,所以 IE 线的右方有通货膨胀的压力,IE 线的左方有失业的压力。

图中只有 E 点是 IE 线与 EE 线相交的点,此时既实现了对内均衡又实现了对外均衡。E 点以外任何区域,经济都会处于失衡状态。

区域 I:外部顺差,内部失业

区域Ⅱ：外部顺差，内部通胀
区域Ⅲ：外部逆差，内部通胀
区域Ⅳ：外部逆差，内部失业

要使内外同时均衡，可以采取的政策措施如表 14-1。

表 14-1 国民经济走向 E 点采取的政策

情 况	财政政策	货币政策	汇率政策
Ⅰ.外部顺差 内部失业	扩张	扩张	升值*
Ⅱ.外部顺差 内部通胀	紧缩*	紧缩*	升值
Ⅲ.外部逆差 内部通胀	紧缩	紧缩	贬值*
Ⅳ.外部逆差 内部失业	扩张*	扩张*	贬值

* 指根据情况而定。

在表 14-1 中，货币升值指以外币计算出口价格上升，出口减少，而以本币计算的进口价格下降，进口增加。出口减少和进口增加将导致国内失业率上升，物价下降。而货币贬值指以外币计算的出口价格下降，出口增加，而以本币计算的进口价格上升，进口减少。出口增加和进口减少，将导致国内失业率下降，物价上涨。

三、商品市场、货币市场和对外均衡

如果不采取货币升值和贬值的办法，仅采用财政政策和货币政策也可以实现对内均衡和对外均衡。

为分析汇率不变条件下怎样采取财政政策和货币政策同时实

现内外均衡，采用 $IS-LM$ 分析工具。现分析第Ⅳ种情况，即外部逆差和内部失业，其它三种情况分析过程相同。图 14-10 表示外部逆差和内部失业。

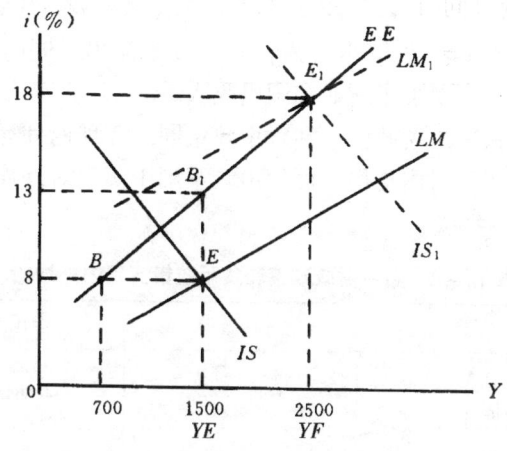

图 14-10 外部逆差和内部失业走向内外均衡

在图 14-10 中，IS 曲线与 LM 曲线相交于 E 点，但 EE 曲线不相交于 E 点，即国内经济在利率为 8%，$Y_E=1500$ 亿元时处于均衡状态（存在失业），但该国面临国际收支逆差，因为 E 点在 EE 曲线 B 点的右边。即外部均衡要求国民收入为 700 亿元，利率为 8%（EE 线上的 B 点）。由于 $Y_E=1500$，因而该国国际收支逆差等于过量的国民收入 800 亿元（1500-700）乘以边际进口倾向，假定边际进口倾向 $m=0.15$，该国的国际收支逆差为 $800×0.15=120$ 亿元，当 $Y_E=1500$ 亿元时，为使该国达到国际收支均衡状态，利率应当为 $i=13\%$（EE 曲线上的 B_1 点），以使资本流入增加 120 亿元，或使资本流出减少 120 亿元。

从存在失业和国际收支逆差的国内经济均衡点 E 开始，该国采用扩张性财政政策使 IS 曲线右移至 IS_1，利用紧缩的货币

政策使 LM 曲线左移至 LM_1,以达到充分就业下的国民收入水平 $Y_F = 2500$ 亿元,这时 IS_1 和 LM_1 在利率 $i = 18\%$, $Y_F = 2500$ 亿元时与无变化的 EE 曲线相交于图中的 E_1 点。在这种情况下,为使该国实现内外均衡,必须将利率从 8% 提高到 18%,而不是 13%,以吸引资本流入,减少资本流出,同时采取扩张性的财政政策也增加了就业和国民收入。

一般在只采用财政政策和货币政策同时实现内外均衡时,财政政策用于实现对内均衡,而货币政策用于实现对外均衡。其政策配合如表 14 – 2。

表 14 – 2 利用财政政策和货币政策实现内外均衡

情况	财政政策	货币政策
Ⅰ.外部顺差 内部失业	扩张	扩张*
Ⅱ.外部顺差 内部通胀	紧缩*	扩张
Ⅲ.外部逆差 内部通胀	紧缩*	紧缩
Ⅳ.外部逆差 内部失业	扩张	紧缩*

* 指根据情况而定。

第三节 完整的凯恩斯模型

到目前为止,我们一直假定价格水平不变。简单的凯恩斯模型是在既定价格和利率水平下研究商品市场收入水平的决定,货币供求模型是在既定的价格和收入水平下研究货币市场利率水平的决定，修正的凯恩斯模型也是在价格水平既定的条件下，研究商品市场、货币市场收入利率水平的同时决定。现在引入价格水平，就需要研究劳动市场的就业，以便同时决定收入、利率、价格的均衡水平。研究商品市场、货币市场、劳动力市场的同时均衡，称为完整的凯恩斯模型。

一、劳动力市场的均衡

（一）古典学说的工资弹性

在完全竞争的条件下，劳动力的供给和需求同时决定工资水平，因此古典的劳动力市场理论认为，均衡的实际工资水平可以自由上下移动，具有完全弹性，因而市场机制可以自动维持充分就业状态。如果劳动力市场暂时出现任何非自愿性失业等经济性失业，就可以通过降低名义工资，恢复充分就业。因为：①降低名义工资，因而降低实际工资，产品成本就会下降，产品价格也会下降，从而销售量增加，企业利润增加，就会雇佣较多的工人，直到充分就业。②工资和价格下降，意味着既定的实际货币供给增加，利率下降，投资增加，也会消除经济性失业。③货币工资和产品价格下降，使货币更加值钱，公众会感到更加富有，因而增加消费需求，接着总需求将扩大，直到充分就业为止，通称庇古效应（Pigou Effect）。

（二）凯恩斯主义的工资刚性

凯恩斯主义者认为，工人或工会与雇主谈判的只是名义工资，因此劳动力供求决定的是名义工资而不是实际工资的函数。见图 14-11 所示，N_F 为充分就业量，当劳动力的需求为 N_{d0}，劳动力的供给为 N_{s0} 时，决定均衡的名义工资为 W_0，就业量为 N_0。

当劳动力的需求由于生产和价格下降而移到 N_{d1} 时，均衡工

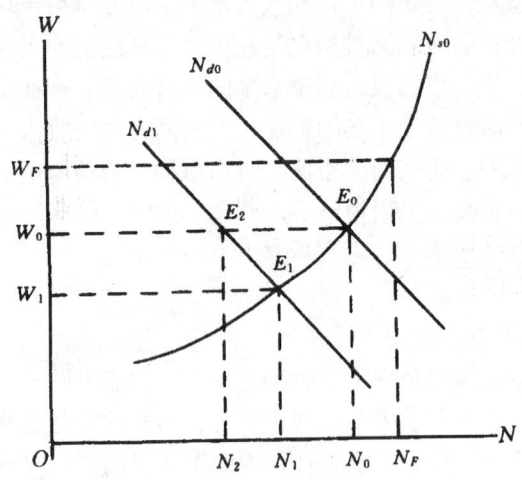

图 14-11 凯恩斯主义非充分就业均衡

资并不会下降到 W_1，因为降低工资会遭到工人或工会的反对，工资只能上不能下，这叫工资刚性（Wage Rigidity）。在工资具有刚性的情况下，均衡点将会脱离劳动力供给曲线 N_{s0}，下降的劳动力需求曲线 N_{d1} 将与原来的工资水平 W_0 相交于 E_2，此时劳动力的就业量为 N_2。这也是未充分就业点，$N_2 N_F$ 为非自愿失业等经济性失业。

即使名义工资能够下降，企业能够增加生产，但名义工资的下降也减少了消费需求，企业增加的产量由于购买力不足而销售困难，因而不得不降低产品价格。如果名义工资与产品价格同时下降，意味着实际工资变化不大，也不可能消除非自愿的经济性失业。

凯恩斯主义理论认为，要实现充分就业，就必须提高物价水平，使劳动力需求曲线上移，从而提高名义工资，尽管物价水平和名义工资同时提高，实际工资变化不大，但由于工人存在货币幻觉，误认为名义工资增加就是收入增加，因而增加劳动力供给，直到充分就业为止。

二、商品市场、货币市场、劳动力市场均衡

将劳动力市场充分就业所确定的价格水平引入 $IS-LM$ 模型，就可以得到一个包括收入、利率、价格、就业同时达到均衡的完整的凯恩斯模型。用函数表示为：

（1）商品市场：

储蓄函数：$\dfrac{S}{P} = S\left(\dfrac{Y}{P}\right)$

投资函数：$\dfrac{I}{P} = I(i)$

均衡条件：$\dfrac{S}{P} = \dfrac{I}{P}$

（2）货币市场：

货币需求函数：$\dfrac{M_d}{P} = L_t\left(\dfrac{Y}{P}\right) + L_s(i)$

货币供给：$\dfrac{M_s}{P}$

均衡条件：$\dfrac{M_d}{P} = \dfrac{M_s}{P}$

（3）劳动力市场：

生产函数：$\dfrac{Y}{P} = f(N)$

劳动力需求函数：$N_d = N_d\left(\dfrac{W}{P}\right)$

劳动力供给函数：$N_s = N_s\left(\dfrac{W}{P}\right)$

均衡条件：$\dfrac{Y}{P} = \left(\dfrac{Y}{P}\right)_F$

增加劳动力市场的充分就业均衡以后，见图 14–12 所示，图 14–12（a）为劳动力的供给和需求决定的充分就业量 N_F，

图 14-12（b）为充分就业量决定的充分就业的收入水平 $(\frac{Y}{P})_F$，$(\frac{Y}{P})_F$ 线为充分就业的国民收入线。

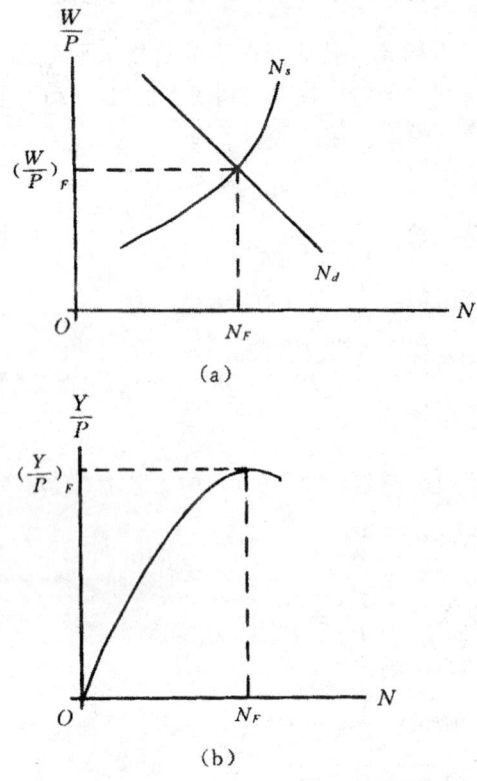

图 14-12 充分就业收入线

通过求解上列公式，可以得到惟一的一组收入、利率、就业量、价格水平的均衡解，它表明商品市场、货币市场、劳动市场同时达到均衡；即储蓄投资相等，货币供求相等，劳动供求相等，且等于充分就业。从图形上看，它就是 $\frac{IS}{P}$、$\frac{LM}{P}$ 和 $\left(\frac{Y}{P}\right)_F$ 曲线的交点，如图 14-13 中的 E 点所示。

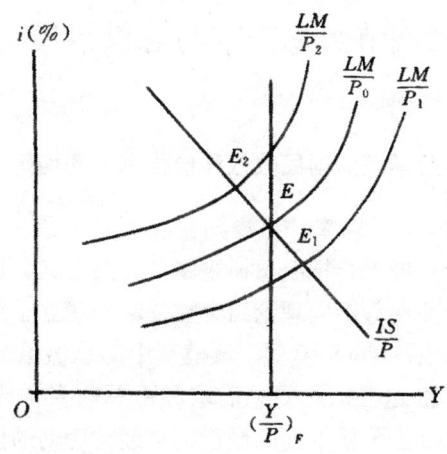

图 14-13　商品市场、货币市场、劳动力市场同时均衡

商品市场和货币市场的均衡都非常困难，再加上劳动力市场均衡更加困难。但是通过经济政策和市场机制，可以使其走向均衡。

如果 $\frac{IS}{P}$ 曲线与 $\frac{LM}{P}$ 曲线相交于 E_1 点，表示商品市场和货币市场所决定的收入水平超过充分就业的收入水平，势必导致物价上涨。随着物价上涨，$\frac{LM}{P_1}$ 曲线会逐渐移至 $\frac{LM}{P_0}$，回到充分就业的均衡。反之，如果 $\frac{IS}{P}$ 曲线与 $\frac{LM}{P}$ 曲线相交于 E 点左边的 E_2 点，表示商品市场和货币市场同时均衡所决定的收入水平低于充分就业水平，物价便会下跌。随着物价下跌，$\frac{LM}{P_2}$ 曲线会逐渐右移至

$\frac{LM}{P_0}$，也会达到充分就业均衡。

第四节 总需求与总供给模型

一、凯恩斯学派的国民收入和价格水平的均衡

20世纪80年代以来，凯恩斯主义者在凯恩斯总需求函数、总供给函数的基础上，把凯恩斯主义、古典主义、货币主义、供给学派、理性预期等不同理论结合在一起，建立了总需求与总供给模型，又称 $AD-AS$ 模型。该模型中的总供给与总需求与凯恩斯模型中由总支出构成的总需求和由总收入构成的总供给不同，它放弃了过去价格不变的假设，将经常变动的价格水平与收入水平联系起来，研究总供求的平衡。

（一）总需求曲线

$AD-AS$ 模型中的总需求曲线 AD 表示，在其它条件不变的情况下，全社会的总需求量与物价水平的关系，它可以直接从商品市场和货币市场均衡模型中推导出来。见图14－14所示。

图14－14（a）中，IS 曲线一般不受物价水平的影响，因此不同物价水平的 LM 曲线，就能确定不同的收入利率组合，当物价水平为 P_0 时，LM 曲线与 IS 曲线相交于 E_0，确定的实际收入水平为3800亿元，当物价水平下降50%时，在名义货币供给既定为500亿元时，实际货币供给增加到1000亿元，利率从10%下降为5%，投资增加，实际国民收入从3800亿元增加到4700亿元；反之如果价格水平上升100%，在名义货币供给500亿元时，实际货币供给减少50%，为250亿元，从而利率水平从10%提高到15%，投资下降，实际收入水平从3800亿元减

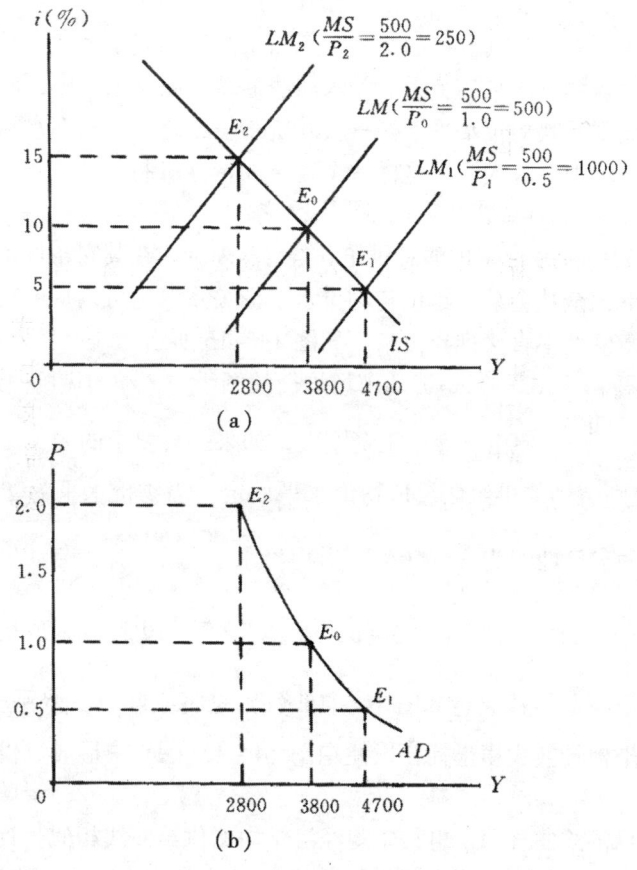

图 14-14 AD 曲线的推导

少为 2800 亿元。如果以横轴表示实际收入水平,纵轴表示价格水平,就可以得到一条向右下方倾斜的 AD 曲线,如图 14-14 (b) 所示。如果既定的货币供给量增加或减少,则 AD 曲线会右移或左移。

值得注意的是,总需求曲线 AD 与微观经济分析中的需求

曲线 D 形状相似,实际上两者的内涵不同,需求曲线表示特定产品的需求量与其价格的关系,总需求曲线则表示全社会总需求量与一般物价水平的关系。需求曲线简单反映需求法则,而总需求曲线则反映物价水平下降→实际货币供给增加→利率水平下降→投资增加→收入增加这样一个复杂的传导机制。

(二) 总供给曲线

$AD-AS$ 模型中的总供给曲线 AS 表示,在其它条件不变的情况下,全社会总供给量与物价水平的关系。它可以从劳动力市场均衡模型中直接推导出来。如图 14-15 所示。

图 14-15 (a) 是劳动市场均衡的图示。劳动的供给曲线 $N_s = N_s(\frac{W}{P})$,但由于存在工资刚性,如果工会要求的名义工资为 W_0,则劳动的供给曲线依物价水平而定。当物价水平为 P_1 时,劳动的供给曲线为 $\frac{W_0}{P_1}ABN_s$,当物价水平为 P_2 时,劳动供给曲线为 $\frac{W_0}{P_2}CDN_s$。图 14-15 (b) 为生产函数,生产收入取决于劳动市场确定的就业量。图 14-15 (c) 是将实际收入水平 ($\frac{Y}{P}$) 从纵坐标转换成横坐标,以便在图 14-15 (d) 中形成总供给曲线。

总供给曲线 AS 也与微观经济学中的供给曲线相似,具有正斜率,但其内涵不同。总供给曲线也不是简单地反映供给法则,而是表示全社会总供给量与一般物价水平的关系。它反映的是物价水平上升→实际工资水平下降→利润上升→就业水平上升→实际收入水平上升这样一个复杂的传导过程。

但是,对于总供给曲线的形状存在不同的看法。古典理论和新古典理论认为,市场机制能够自动维持充分就业,总供给曲线是一条垂直于横轴的垂直线,总需求的变动只影响物价水平,不

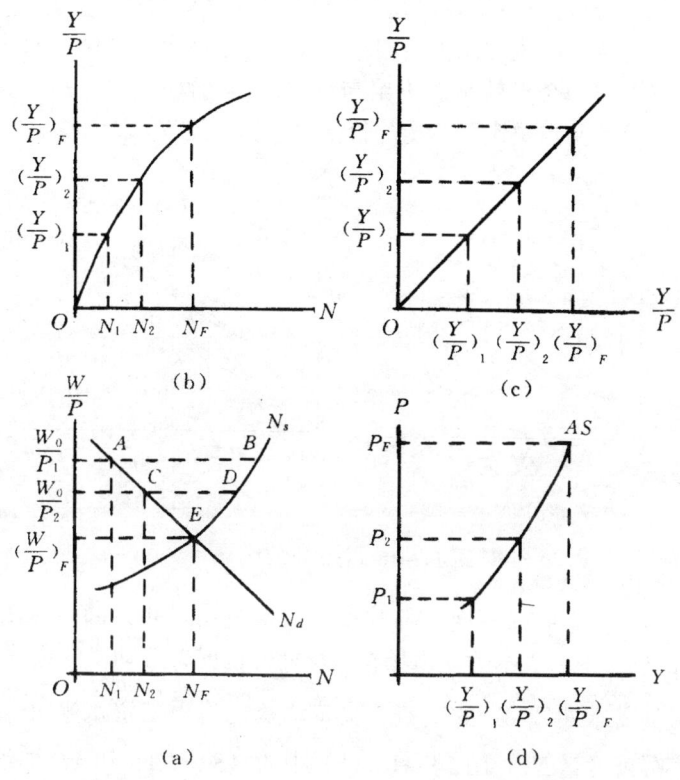

图 14-15　AS 曲线的推导

影响实际产量水平。货币主义认为，经济会经常处于接近于充分就业的状态，因而总供给曲线是陡峭的，产量水平的任何增加，都会导致物价水平的更大增加。凯恩斯认为，短期内的总供给曲线是平坦的。在未充分就业以前，提高总需求只会增加产量水平，不会提高价格水平。在充分就业以后，增加总需求只会提高价格水平，不会增加产量，因而总供给曲线呈倒 L 型。

(三) 凯恩斯学派的国民收入和价格水平的均衡

将总供给曲线和总供给曲线放在同一坐标上，总供给曲线和总需求曲线的交点就是总供给与总需求的均衡点。如图 14-16 所示，该均衡点决定了均衡的价格水平和国民收入。

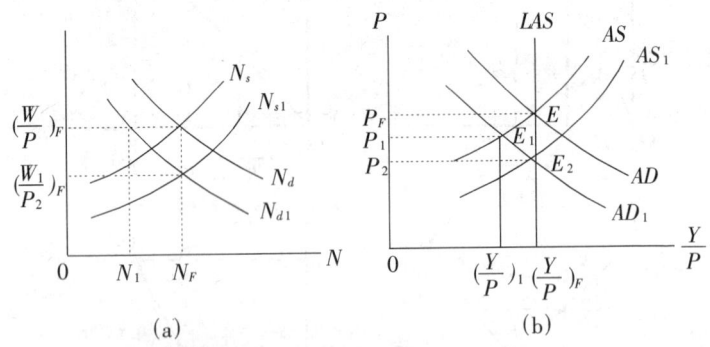

图 14-16 总供求的均衡

凯恩斯学派的短期均衡和长期均衡是相互联系的。在图 14-16（a）中，表示劳动市场长期均衡的情况，劳动供给曲线 N_s 和劳动需求曲线 N_d 的交点，决定均衡的货币工资水平 $(\frac{W}{P})_F$ 和充分就业量 N_F。图 14-16（b）中的 AS、LAS 和 AD 曲线分别表示短期的总供给曲线、长期的总供给曲线和总需求曲线。假定经济处于长期均衡状态，AS、LAS 和 AD 三条曲线相交于 E 点，形成均衡的价格水平 P_F 和充分就业的国民收入 $(\frac{Y}{P})_F$。

从凯恩斯学派总供给曲线的推导过程可知，充分就业的就业量 N_F 和充分就业的国民收入相对应，前者按一定的生产函数生产后者。劳动供给曲线 N_s 和均衡价格水平相联系，劳动者根据后者确定前者的位置。就业量 N_F、价格水平 P_F 和国民收入 $(\frac{Y}{P})_F$ 的均衡，是一种长期均衡。

假定由于某种原因,如投资减少或货币供给量收缩,使总需求曲线 AD 向左移向 AD_1。新的总需求曲线 AD_1 和原来的总供给曲线 AS 相交于 E_1 点,形成了较低的价格水平 P_1 和较低的国民收入 $(\frac{Y}{P})_1$。显然,E_1 点所表示的短期均衡是小于充分就业的均衡,经济发生一定程度的衰退或萧条。由于在短期内货币工资率 $(\frac{W}{P})_F$ 一定,价格水平的下降意味着实际工资率的提高,厂商将减少对劳动的总需求,使劳动需求曲线由 N_d 向左移向 N_{d1},形成了小于充分就业的就业量 N_1。价格水平 P_1、国民收入 $(\frac{Y}{P})_1$ 和就业量 N_1 的均衡,是一种短期的均衡。

但是,短期的均衡不会持续地进行下去。一旦劳动合约期满,厂商和劳动者在签订新合约时,将降低货币工资率,使实际工资恢复到以前的水平。从图形上看,劳动者因价格水平从 P_F 下降到 P_1 而改变了对价格的预期,形成了新的劳动供给曲线 N_{s1}。新的劳动供给曲线 N_{s1} 与劳动的需求曲线 N_{d1} 相交,形成了较低的货币工资率 W_1,使现在的实际工资率 $(\frac{W_1}{P_2})_F$ 相当于以前的实际工资率 $(\frac{W}{P})_F$。在这里,劳动需求曲线和劳动的供给曲线之所以会发生移动,是因为它们在图 14–16 (a) 中表示货币工资率 W 和劳动量 N 的关系,而它们实际上都取决于实际工资率。在价格水平为 P_F 的情况下,劳动需求曲线和供给曲线分别确定了各自的位置 N_d 和 N_s。当价格水平从 P_F 下降到 P_1 以后,实际货币工资率发生了变化,在图像上表示货币工资率和国民收入之间关系的劳动需求曲线势必发生移动。劳动总需求曲线在短期内可以调整而移向 N_{d1},劳动供给在长期内才能调整移向 N_{s1}。

从凯恩斯主义的总供给曲线推导可知,相对于劳动需求曲线

和供给曲线分别从 N_d 和 N_s 移到 N_{d1} 和 N_{s1}，总供给曲线将从 AS 移向 AS_1，AS_1 和 AD_1 的交点，形成均衡的价格水平 P_2 和充分就业的国民收入 $(\frac{Y}{P})_F$，经济又处于长期均衡中。

相反，如果最初的总需求曲线不是向左而是向右移动导致高涨的出现，根据同样的分析方法可知，总供给曲线会向左移动形成长期的均衡。

上述分析表明，在经济发生萧条或高涨的情况下，经济本身会自行调整以恢复长期的均衡，因此政府应采取财政政策和货币政策来使总需求曲线恢复原来的位置或阻止总需求曲线的移动。

二、货币学派的国民收入与价格水平的均衡

在凯恩斯看来，总供给曲线在短期内比较平缓地趋于上升，当国民收入达到充分就业的水平以后，总供给曲线才呈现垂直状态。按照凯恩斯的看法，总供给曲线在短期内所以平缓地趋于上升，是因为工资和价格刚性，即在短期内不会迅速地变化以导致劳动和商品供给量和需求量的均衡。货币主义认为凯恩斯过于强调工资和价格的刚性。在货币主义看来，在自由竞争的条件下，工资和价格具有足够的弹性以实现劳动和商品供给量与需求量的均衡。因此，如果短期的总供给曲线不像长期的总供给曲线那样是垂直的，也会在充分就业的国民收入水平上呈陡直状态。如图14-17所示。

此外，凯恩斯认为，总需求曲线是向右下方倾斜的，导致总需求曲线移动的因素可以有很多种，如政府的支出、政府的税收、货币供给量等。货币学派也认为总需求曲线是向右下方倾斜的曲线，但导致总需求曲线移动的因素是货币供给量。

将货币学派的总供给曲线和总需求曲线结合在一起，可以得到图 14-17 的图像。从图中可以看出，当总供给曲线和总需求

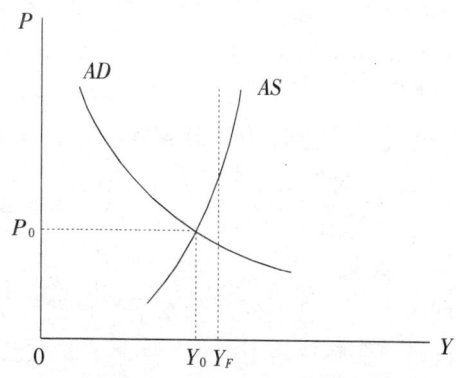

图 14-17 货币学派的总供求均衡

曲线相交时,形成均衡的国民收入 Y_0 和均衡的价格 P_0。

货币学派反对凯恩斯学派利用财政政策和货币政策调节总需求以影响国民收入的做法。按照货币学派的分析,当政府采取扩张性的经济政策使总需求曲线向右移动时,由于总供给曲线比较陡直,总需求的增加不会带来多少国民收入的增加,只会引起价格水平的上升。

货币学派主张采取自由放任的政策,减少对经济的干预。认为政府应该实行事先规定的政策规则来保护经济的稳定。例如政府可以实行固定不变的简单货币规则,使货币数量的增长适应经济的增长,从而免除因政府的干预所造成的经济不稳定。

三、理性预期学派的国民收入和价格水平的均衡

理性预期假说通过卢卡斯等人的系统表述和应用分析,逐渐发展了一套新的宏观经济模型,又称为新古典宏观经济模型。

(一)卢卡斯总供给方程

卢卡斯认为,人们的预期对经济行为产生重大的影响,从整体和长期来看,人们的预期是合乎理性的。即预期值与未来实际

值是一致的,这样,卢卡斯就在传统的总供给曲线中加入一个预期变量。于是,卢卡斯总供给方程为:

$$Y_t = Y + \beta (P_t - P_t^e)$$

式中 Y_t 为现期产量,Y 为充分就业时的产量水平,P_t 为实际价格,P_t^e 是 $t-1$ 时期对 t 时期的价格预期,β 是产量对价格变动的反应程度(即弹性,可以作为一个既定的外生变量)。卢卡斯方程表明,如果预期价格与实际价格一致,即 $P_t = P_t^e$ 时,实际产量就等于充分就业的产量水平(自然产量率),$Y_t = Y$;如果预期价格与实际价格不一致,实际产量就会背离自然产量率。具体来说,如果 $P_t > P_t^e$,经济将处于过热状态,产量和就业增加;如果 $P_t < P_t^e$,经济将处于衰退状态,产量和就业减少。

卢卡斯总供给方程从一个完全崭新的角度解释了现实世界所存在的经济波动:过热和衰退。由于每一个厂商都只知道自己生产的产品能售出的价格 P_t,而对整个经济中的其他价格不能及时掌握,由于这种信息的不充分,使得生产厂商的实际产量不是过多就是过少,因而整个经济就会出现一轮又一轮的衰退和过热的循环。自由市场本身虽然可以通过价格不停的变化来传递供给与需求的信息,以使经济最后达到均衡状态,但经济一旦进入衰退,在商品市场上厂商需要一定的时间去重新安排生产,在劳动力市场上供求双方也需要一定时间去寻找最佳工作岗位和工作人选,因而经济恢复过程是较缓慢的。

(二)存在理性预期的总需求—总供给模型

理性预期假设下的 $AD-AS$ 模型可以用以下方程组来表示:

$$\begin{cases} Y_{dt} = \alpha - rP_t & (1) \\ Y_{st} = Y + \beta (P_t - P_t^e) & (2) \\ Y_{dt} = Y_{st} & (3) \end{cases}$$

(1) 式代表 t 时期的总需求函数，α 是政策或其它外部因素可以改变的参数，r 是总需求的价格弹性。总需求 Y_{dt} 是价格水平 P_t 的函数，即价格水平越高，需求量越小，价格越低，需求量越大。(2) 式代表 t 时期总供给函数，即卢卡斯供给方程。(3) 式是均衡条件，即总需求与总供给相等。

在这个模型中产量与价格如何决定呢？卢卡斯认为，总需求曲线的位置受许多外生变量的影响，其中有些可以预期，如政府按常规行事的财政政策与货币政策，有些则不可预期，如政治与自然因素的突变，以及政府采取一些临时性政策。同样，政府行为对生产者预期有较大影响。因此，在预期合乎理性时，如果政府按常规实施财政政策和货币政策时，产出将达到自然产出率。经济中受影响的仅仅是价格。换言之，从较长时期来看，由于人们具有理性预期能力，凯恩斯学派需求管理将是无用的，这种政策干预结果并不是增加了产量与就业，而是引起了通货膨胀；而且当政府政策是随机变动时，又会引起产出和就业时而增加或时而减少，加剧经济的不稳定。

(三) 理性预期与卢卡斯批评

理性预期学派问世前，经济政策制订者主要是以凯恩斯主义理论为基础构造计量经济模型，这种预期模式实质上是以过去为基础。卢卡斯在 1976 年发表了一篇具有划时代意义的论文《关于使用计量经济方法进行政策评估的批评》。他认为，现有计量经济模型"模拟原则上不能对可供选择的经济政策的实际结果提供任何有用的信息"，因为以与现在不相干的过去为基础去预测未来的模型，根本上是无用的，这就是著名的"卢卡斯批评"。

卢卡斯认为，凯恩斯主义的宏观计量经济模型虽然考虑到公众的预期对经济总量的重大影响，但是这些模型使用的是根据以前的资料作出的预期（又称适应性预期），所以模型中的任何一个特定变量的预期值通常都只是根据该变量过去的预期误差而取定的，而且在一定时期内它们之间的相互关系是不变的，同市场条件和政策的变动也都没有什么联系。卢卡斯强调，根据理性预期假说，人们会根据经济环境的变化来调整自己的经济行为，人们会积极地去搜集与自己的利益有关的信息，并加以分析利用。当然，理性人在尽可能寻找信息过程中，也有信息不充分现象，而且在对信息的处理反应过程中也会犯错误。但是他们一旦发现出错，就会及时纠正，因而不会犯系统性错误。在这种前提下，政府的一切政策都会被人们所发觉而作出相应的反应。任何政策都是"只能暂时瞒过所有的人或永远瞒过个别人，而决不能永远瞒过所有的人"，这是卢卡斯的名言，也是理性预期理论的精髓所在。

卢卡斯批评在经济政策的分析上有着重要的应用。按照凯恩斯学派的观点，总供给曲线在短期内是不变的，因而只要利用经济政策来移动总需求曲线，就可以调整国民收入，达到预期的决策目标。但是现实的经济生活中，居民和厂商是理性的，他会随着经济政策的变化调整自己的活动方式，从而可能造成经济政策的失效。如图 14-18 所示。

在图 14-18 中，假设总供给曲线 AS 和总需求曲线 AD 在 E_0 相交，形成均衡的价格水平 P_0 和均衡的国民收入水平 Y_0。为了提高国民收入水平，政府采取扩大货币供给量等扩张性经济政策，使总需求曲线从 AD 移动 AD_1。假如居民和厂商对政府的经济政策没有作出反应，国民收入将从 Y_0 增加到 Y_1，政府达到了预期的目标。但是按照卢卡斯的供给方程，当居民和厂商觉察到货币供给量增加的时候，他们往往根据以往的经验判断将会发生通货膨胀，即预期的物价水平 P_t^e 会上升，从而导致 (P_t - P_t^e) 值减小，总供给曲线将会向左移动。如果总供给曲线从 AS 移到 AS_1，那么扩张性的经济政策没有导致国民收入的增加，而仅仅导致价格水平的上升。

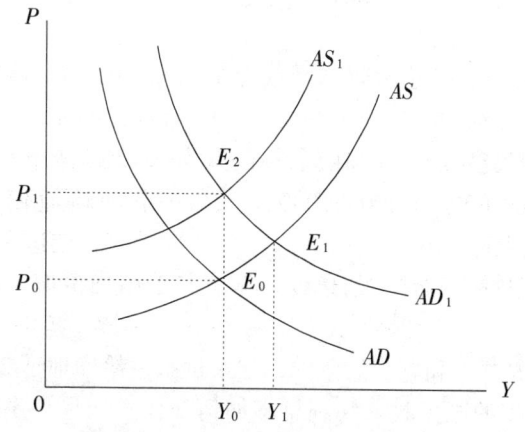

图 14-18 理性预期导致政策失效

(四) 理性预期学派的政策主张

理性预期学派对政府的经济政策提出了下述建议:

第一,居民和厂商是有理性的,他们会对政府的经济政策作出合理的反应,从而有可能造成政府政策的失效。另外,工资和价格是有弹性的,它们能发生变化以使市场的供给和需求处于均衡状态,市场机制是有效的。因此,政府应该减少对经济的干预,发挥市场机制的调节作用。

第二,政府应少使用经济政策去干预经济,但政府不可能不使用经济政策去干预经济。如果政府使用公众无法预料到的经济政策,在短期内是能够发挥作用的。但是,在公众对经济政策产生理性预期后,经济政策的作用就消失了。更为严重的是,在政府使用公众无法预料的经济政策的过程中,公众由于得到错误的信息而作出错误的反应,从而造成经济的不稳定。因此,政府应该保持政策的连续性,并公开所使用的经济政策,使公众的经济活动方式能与之相协调,从而达到稳定经济的目标。

复习思考题

1. 已知投资的边际效率函数为 $I = 50 - 1000i$,储蓄函数 $S = -60 + 0.2Y$,求 IS 曲线的方程。

2. 假定交易余额和预防余额函数为 $L_t(i) = 0.2Y$,投机余额函数 $L_s(Y) = 400 - 1000i$,货币供给为 380,求 LM 曲线的方程。

3. 根据题 1 和题 2 的条件,作图并求出均衡的国民收入和利息率水平。

4. 根据题 1 和题 2 的条件,如果货币供给增加了 20,即 $M_s = 400$,均衡的国民收入和利息率如何变化?如果自发投资增加了 30,即投资的边际效率函数为 $I = 80 - 1000i$,均衡收入和利息率又如何变化?

5. 已知 IS 曲线的方程式为 $Y = 100 - 120i$,LM 曲线的方程式为 $Y = 80 + 80i$,EE 曲线的方程式为 $Y = 60 + 100i$,充分就业的国民收入为 100。请问能否同时实现内外均衡?如不能,在不变动汇率的情况下,采取什么措施实现内外同时均衡(作图说明)?

6. 图示并说明在外部顺差,内部通胀的情况下应采取什么样的财政政策和货币政策同时实现内外均衡?

7. 影响总供求均衡的因素有哪些?

8. 完整的凯恩斯模型与简单的凯恩斯模型有什么区别和联系?

第十五章 通货膨胀理论

现代经济生活中,人人都感觉到了价格上涨的影响,通货膨胀成为一种普遍的社会经济问题,尤其是20世纪70年代以来,西方各国普遍出现滞胀现象,使西方经济学家更加重视对通货膨胀的研究。通货膨胀理论也是现代宏观经济学的重要内容之一。现代宏观经济学包括静态理论和动态理论。前面的国民收入决定理论、货币供求理论都属于静态理论,通货膨胀理论、经济周期理论和经济增长理论属于动态理论。本章首先介绍通货膨胀理论。本章的内容主要有通货膨胀的定义、测度指标、种类、经济影响、危害、成因、失业与通货膨胀,以及反通货膨胀的对策。

第一节 通货膨胀的含义

一、通货膨胀的定义

通货膨胀(Inflation)是经济过程中的综合性病症。大多数西方经济学家认为,通货膨胀是指物价水平的一贯的和相当程度的上升。换句话说,也就是物价水平表现为以不同形式出现的持续、普遍的上涨。这个定义包括三方面的内涵:①价格是一贯的、持续不断地上涨。尽管经济过程中,价格变动是经常发生的,有时上升,有时下降,但在通货膨胀时期,价格表现出持续的上升趋势。②价格表现为普遍地上涨。同一时间内,某些商品价格可能上升,另一些商品价格可能下降,但在通货膨胀病症下,价格表现为普遍的、总体的上升,即物价总水平的上涨。③

通货膨胀是物价以不同形式出现的上涨。

二、通货膨胀的测度指标

衡量通货膨胀是否出现，以及程度如何，通常使用价格指数的变动来测度，也就是消费者价格指数（Consumer Price Index，简称CPI）、生产者价格指数（Producer Price Index，简称PPI）和国内生产总值指数（GDP Deflator），其中，用得最广泛的是消费者价格指数。

（一）消费者价格指数

CPI表示居民购买一篮子消费品和劳务的平均价格变化指数。这一篮子内包括的主要大类有食物、衣服、住房、燃料、交通和医疗等。CPI的计算公式如下

$$\text{CPI} = \frac{\sum_{j=1}^{n} P_{j,t} \cdot Q_{j,o}}{\sum_{j=1}^{n} P_{j,o} \cdot Q_{j,o}} \times 100$$

公式中，j表示第j种商品或劳务；n表示在被调查对象的消费品篮子中所包含的商品与劳务的种类；t表示所测定的年份；P表示某个商品或劳务的价格水平；Q表示消费者所消费的商品与劳务的数量。

CPI是以基期的消费量为权重计算的价格平均指数。随着时间的推移，居民会发现有些商品的价格可能比另一些商品的价格上升得快，他们将用价格上升较少的某些替代性商品来代替价格上升较多的一些商品，结果居民可能调整其消费品篮子中的商品构成。基于这一原因，各国在统计CPI时往往每隔一定时期对居民的消费构成进行调整。美国劳工统计局编制CPI时，每隔10年作一次调整。

（二）生产者价格指数

PPI也称批发价格指数WPI（Wholesale Price Index），它衡

量不同时期代表性商品批发价格水平的变化程度与趋势，也即表示厂商购买的有代表性的商品平均价格变化的指数。WPI 的计算方法与 CPI 的相似，仍然采用基期销售数量作为权数，其计算公式为

$$\text{WPI} = \frac{\sum_{j=1}^{n} P_{j,t} \cdot Q_{j,o}}{\sum_{j=1}^{n} P_{j,o} \cdot Q_{j,o}} \times 100$$

在美国，纳入 WPI（或 PPI）计算的商品大约有 3400 种。WPI 的计算不包括各种劳务，大多是农产品、原料、机器、设备等中间产品。

（三）国内生产总值折实指数

GDP 折实指数（GDP deflator），反映不同时期社会全部商品和劳务的价格水平变化的指数，也就是名义 GDP 与实际 GDP 的比率。其计算公式为

$$P_{\text{GDP}} = \frac{\sum_{j=1}^{n} P_{j,t} \cdot Q_{j,t}}{\sum_{j=1}^{n} P_{j,o} \cdot Q_{j,t}} \times 100$$

公式中，P_{GDP} 为 GDP 折实指数；n 为 GDP 所包含的商品和劳务数量。P_{GDP} 的计算以现期的产量作为权数。

三种价格指数有不同的适用范围和对象。如果分析通货膨胀对居民和厂商的影响可分别采用 CPI 和 WPI；如果分析全社会价格总水平的变化，则可使用 GDP 折实指数。

三、通货膨胀的类型

通货膨胀像一种疾病，有不同严重程度，因而，将它们划分为温和的、急剧的和超级的三种类型。这三种类型的通货膨胀并不存在十分明确的界限，但它们却有着质的区别。

(一) 温和的通货膨胀

温和的通货膨胀（Moderate inflation）出现在价格缓慢上升的时期，可以将它划归为一位数的通货膨胀，即年通货膨胀率低于10%。大多数工业化国家的通货膨胀属于这种类型，如20世纪60年代的美国、德国等。在温和而稳定的通货膨胀条件下，由于相对价格变化不明显，实际利率不会太低，人们对通货膨胀的预期比较稳定，因而人们不会抢购商品，并愿意用名义货币来订立契约，社会的效率损失是有限的。

(二) 急剧的通货膨胀

急剧的通货膨胀（Galloping inflation）指年通货膨胀率在二位数以上的时期，即价格指数年上升率高于10%。如20世纪70年代的美国、法国、英国、意大利发生了二位数的通货膨胀，80年代的以色列及许多拉美国家都出现了100%以上的通货膨胀率。

一旦发生了急剧的通货膨胀，便会出现严重的经济扭曲现象。大多数契约按照价格指数或采用一种外国货币作为指数来订立和进行调整；金融市场消失了，资金依靠定量分配，而不是靠利率杠杆来配置；人们囤积商品，购买房屋以便保值。

(三) 超级通货膨胀

超级通货膨胀（Hyper inflation），指年通货膨胀率接近或者大于三位数的通货膨胀。超级通货膨胀对经济和社会产生极大的破坏作用。德国魏玛共和国时期，从1922年1月到1923年11月，价格指数从百分之百上升到百分之一万亿；第二次世界大战后的中国、匈牙利也发生了类似的情况。如果说急剧的通货膨胀，经济还能存活下来，那么超级通货膨胀，往往不能持久，通常会导致货币改革或严重的经济崩溃。

第二节 通货膨胀的影响

通货膨胀对社会经济产生深刻的多方面影响,以致在西方国家的民意测验中,时常发现通货膨胀是头号经济大敌。通货膨胀首先是对收入和财富产生再分配效应,同时还对生产、就业和经济增长产生影响。

一、通货膨胀对收入分配的影响

通货膨胀将使货币收入增加速度低于物价水平上升速度的那部分人受害,因为他们的实际收入减少了;相反,另一些人却因货币收入增加快于物价上升速度而得益。

(一) 通货膨胀与货币工资率的变动

就大多数人而言,工资收入几乎构成他们的总收入,工资率的向上调整滞后于物价上升,他们是通货膨胀的受害者。那些未参加工会的工人,其工资率是由竞争性的供给和需求状况决定的,货币工资率的高低随劳工市场的松紧程度而呈反方向变化,但一般都有某种程度的滞后;那些参加了工会的工人,如果劳资合同规定了不变的货币工资率,那么货币工资率的增长将在合同期的若干年内落后于价格的上涨,滞后的时间甚至可能更长一些,实际工资下降。即使劳资合同附加规定货币工资率可以随物价指数调整,货币工资率在较短时间内仍落后于价格的上涨,只不过工人的损失会减轻一些;白领工人和教员等固定收入者的薪水增加落后于物价上涨的时间向来是特别长的。受通货膨胀打击最厉害的是靠领取退休金和老年社会保险金生活的那部分人所组成的阶层,因为他们所得到的退休金和保险金收入几乎是固定不变的。尽管自1972年起,美国政府规定社会保险金将随物价指数进行调整,一定程度上减少了这个阶层的收入损失,但在通货膨胀中,仍会减少他们的实际收入。

(二) 通货膨胀与利率和租金的调整

通货膨胀在债权人和债务人、出租人和承租人之间进行收入再分配,债务人和承租人得利,而债权人和出租人受损。因为合同期内利率和租金是固定的,除非通货膨胀已被准确地预计到,并且在合同条款中包括了相应的补偿额。但是,通货膨胀通常未被预计到,或未能准确预计到。在固定利率和租金条件下,通货膨胀减少了债权人和出租人的实际利息和租金收入,这一减少的实际收入,恰好是对债务人和承租人实际利息和租金支出的节约。所以,在通货膨胀时期,会发生收入从债权人和出租人到债务人和承租人的再分配。通货膨胀后,利率将会调整,但仍有时间滞后问题,利率调整的时滞与借贷资本市场的松紧成反比;租金的调整也有时滞,与利率的调整情况相似。调整的时滞性,就意味着收入的再分配。

(三) 通货膨胀与利润的变动

通货膨胀对取得利润收入的个人或企业的影响,视市场条件而定。在需求不足或完全竞争的市场条件下,企业是价格的接受者,此时,商品价格的上升速度可能慢于成本的增加速度,企业将受到损失。反之,在过度需求或非完全竞争的市场条件下,企业是价格的制定者,加之工人货币工资率调整的滞后性,企业对商品的定价,将有利于利润收入者,商品价格的上升速度将快于成本的增加速度,企业利润增加。

二、通货膨胀对财富分配的影响

居民的财富可分为两类:一类是货币资产,即金额固定的资产,如现金、存款、债券等,这部分资产(本金和利息),无论现在或将来,都是一笔固定的货币数量;另一类为实质资产,即价格可变的资产，如土地、房屋、汽车、机器设备等，它们都按现行价格出售，因而价格是变化的。居民的债务却只有货币负债一种形式，如借款、房产抵押贷款、汽车抵押贷款、耐用消费品的分期付款等，居民偿还这些债务是按原来的本金数额加商定的利息率付款的，因而金额也是固定的。居民的财富净值是其资产与债务的差额。

在通货膨胀中，居民是受益还是受害，取决于他的资产中货币资产、实质资产的结构及其债务情况。下面我们先看三种类型居民户的资产负债表。

表15-1 通货膨胀对资产净值为负数的居民户的影响　（单位：美元）

资　　产			负债与资产净值		
	通胀前的状况	通胀后的状况		通胀前的状况	通胀后的状况
货币资产	100	50	货币负债	3500	1750
实质资产	2900	2900	资产净值	-500	+1200
合　计	3000	2950	合　计	3000	2950

表15-2 通货膨胀对中等资产净值的居民户的影响　（单位：美元）

资　　产			负债与资产净值		
	通胀前的状况	通胀后的状况		通胀前的状况	通胀后的状况
货币资产	1000	500	货币负债	10000	5000
实质资产	14000	14000	资产净值	+5000	+9500
合　计	15000	14500	合　计	15000	14500

表15-3 通货膨胀对高额资产净值的居民户的影响　　（单位：美元）

资产			负债与资产净值		
	通胀前的状况	通胀后的状况		通胀前的状况	通胀后的状况
货币资产	30000	15000	货币负债	15000	7500
实质资产	70000	70000	资产净值	+85000	+77500
合　计	100000	85000	合　计	100000	85000

假定通货膨胀率达100%，一方面，价格水平上涨一倍，实质资产的价格与物价水平同比例上涨，那么，实质资产的实际价值保持不变；另一方面，在物价水平上涨一倍的条件下，货币资产和负债的实际价值则都减少了一半。

表15-1、表15-2和表15-3表明，由于发生了通货膨胀，每一类居民户的资产和负债都进行了调整。资产净值为负数的居民户的实际资产净值从-500美元增加到1 200美元；实际资产净值增加了1 700美元；中等资产净值的居民户实际资产净值也从5 000美元增加到9 500美元，实际资产净值增加了4500美元；而高额资产净值的居民户的实际资产净值，则从85 000美元下降到77 500美元，实际资产净值减少了7 500美元。

由此可见：①在通货膨胀过程中，实质资产的实际价值没有发生变化，货币资产的实际价值会下降，在资产构成中，货币资产所占的比重越大，居民受通货膨胀的损害就越大。②由于货币负债是按金额偿还的，债务的实际价值会随物价上升而减少，居民负债越多，从通货膨胀中得益就越多。③随通货膨胀的发生，财富便从净货币债权人（货币资产大于货币负债者）向净货币债务人的手里转移，净货币债权人受损，而净货币债务人受益。这就是20世纪70年代激起了巨大的房屋建筑热的原因，一方面房屋等实质资产可在通货膨胀中保值，另一方面可望通过通货膨胀减少房屋抵押贷款的实际负担。

如果把所有的居民户加起来作为一个集团,他们则处于净债权人的地位,其债权表现在银行存款、政府债券和公司债券上,而政府和企业则处于净债务人的地位,因而通货膨胀使得巨额财富从居民手里转移到了政府和企业手中。总的来说,居民作为一个集团,是通货膨胀的受害者。

以上这种财富的再分配必须包含一个重要的前提条件,即所发生的通货膨胀是未被预计到的。一旦通货膨胀持续下去,而且变得可以预见,市场开始与之相适应,通货膨胀的补偿费就会在合同中出现,利率就会进行调整,财富就不会再有较大规模的再分配。这种利率的调整,在20世纪80年代的美国、欧洲各国、巴西等国家的合同里都可见到。但是,通货膨胀的准确预计是很困难的。

三、通货膨胀对产量、就业和经济增长的影响

(一)通货膨胀对短期产量和就业的影响

许多经济学家认为,现实的生产量低于可能的产出量水平,温和的或缓慢上升的通货膨胀有刺激产量和就业增加的作用。但这里,仍然是以未被预计到的通货膨胀作为前提条件。在未被预计到的通货膨胀的情况下,工资、利息和租金的调整滞后于价格上升速度,于是实际工资率、利率和租金的减少导致企业的利润增加,成为企业增雇工人和扩大产量以获取更多利润的动力,因而,产量和就业都增加了。即使是可以料想到,而未被准确预计到的通货膨胀至少也有一种暂时性的扩大就业和产量的效应。

但是,如果通货膨胀持续下去,工资、利息和租金对物价的滞后现象不会拖得很久,一旦通货膨胀被预计到,它们的调整在所难免。这种调整只要在合同中反映出来,企业的生产成本就将与物价同步增长,就业和产量的扩大就失去了动力。可见,通货

膨胀刺激生产和就业的扩大，最多只能是在初期，是短暂的。

在短期中，通货膨胀与产量和就业之间的关系是模棱两可的。从供给与需求曲线来看，总需求曲线的一次向右移动可以带来较高的产量和较高的价格水平（或通货膨胀）；但是一次供给冲击，向左移动总供给曲线（因成本增加）却可能导致较高的价格（通货膨胀）和较低的产量水平。

（二）通货膨胀对长期经济增长率的影响

现代宏观经济学认为，在长期中，价格与产量之间不存在必然的联系，通货膨胀与经济增长之间没有直接的关系。长期经济增长率有赖于资本积累率，假设工资、利息和租金在通货膨胀期间并不像过去那样落后于物价的增长，那么资本积累率的增长就成为不可能，通货膨胀促进经济长期增长的结论就站不住脚。二次大战后，主要工业化国家的发展提供了实证的依据，通货膨胀率最低的联邦德国却是经济增长率最高的国家之一；而通货膨胀率最高的日本，经济增长率最高；英国是通货膨胀率最高的，而经济增长率却是最低的国家之一。所以，通货膨胀率与实际国民生产总值的增长率没有什么明确的一致性。

四、通货膨胀的危害

在分析了通货膨胀对收入、财富和产量的影响后，下面接着分析通货膨胀的危害，这些危害主要表现在以下方面。

（1）通货膨胀增加了经济环境的不确定性（如价格波动、价格信息的失真），扭曲了资源的配置，进而对经济发展产生消极的影响。另外，更多的资源和时间将用于通货膨胀的预测与对策，用于投机事业，也会浪费资源和扭曲社会资源的配置。

（2）持续变动、无法预期的通货膨胀必然使人们对货币产生不信任，从而在经济活动中放弃使用货币。如人们大量购买实物资产来减少他们的货币持有量，从以货币为媒介的交易向直接的易货交易转变,实际上是放弃了货币工具的经济效率。超级型的通货膨胀可能会导致一国货币制度和政府的崩溃,历史上的德国便是一个典型例子。

(3)通货膨胀对国际收支产生不利的影响。因为当某国的通货膨胀率高于其他国家时,其在世界市场上的产品价格会提高,这将削弱该国商品在国际市场的竞争力,从而产生或增加国际收支逆差。

总之,未预计到的迅速的通货膨胀是破坏性的;对于能预计到的通货膨胀其利与弊的判断也是不确定的。因此,许多经济学家认为维持物价稳定或控制通货膨胀是政府主要的政策目标。

第三节 通货膨胀的成因

通货膨胀的成因很多,有需求拉动方面的原因,有成本推动的原因,也有结构方面的原因,现分别加以分析。

一、需求拉动的通货膨胀

凯恩斯主义者、货币主义者和理性预期学派都认为,需求拉动的通货膨胀(Demand-Pull Inflation)的实质在于,过多的货币支出追逐有限的物品供给。

当社会经济接近充分就业的国民收入水平时,总需求的过度增长和继续增长对最终产品产生过度的需求。同时,对最终产品需求的增加又导致对生产要素需求的增加。于是,最终产品和生产要素的价格都趋于上升,从而带来了通货膨胀。这种通货膨胀的原因在需求一方,故称为需求拉动的通货膨胀。

$AS-AD$ 框架可用来说明需求拉动通货膨胀的过程,见图 15-1 所示。图中需要注意的是总供给曲线 AS 并不发生移动,且当国民收入接近充分就业水平时，AS 曲线变得十分陡直（几乎成为一条垂直线）。假设经济在 AS 和 AD 曲线的交点 E 上，位于初始均衡状态，对应 E 点的价格水平为纵轴上的 P；接着，出现了支出（总需求）的扩大，把 AD 曲线推向右边，经济的均衡点从 E 移到了 E′，在这一较高的需求水平，价格已从 P 上升到 P′，这个过程继续下去，需求拉动的通货膨胀便发生了。

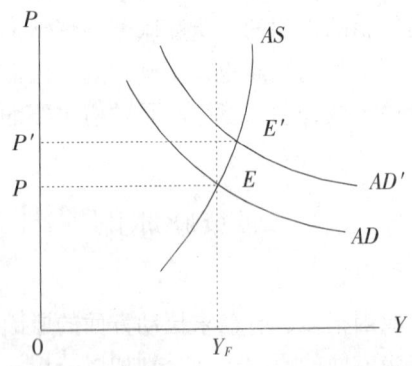

图 15-1　当太多的支出追逐太少的物品的时候就出现需求拉动通货膨胀

总需求的扩大或 AD 曲线向右移动，源于实际因素（包括政府支出和税收变动等）及货币因素（货币供应量的变动）。用 IS-LM 模型来看，实际因素使 IS 曲线移动，货币因素使 LM 曲线移动，如果 IS 和 LM 曲线的组合发生了变动，也将使 AD 曲线产生相应地移动。所以，需求拉动通货膨胀可相应分为由实际因素引起的和由货币因素引起的两部分。

（一）由实际因素引起的需求拉动通货膨胀

可能引起 IS 曲线向右移动的各种因素包括：政府支出增加而税收无变动、税收减少而政府支出无变动、储蓄函数的下降、出口函数的上升、进口函数的下降以及投资边际效率或投资函的向上或向右移动。IS 曲线的向右移动，使 AD 曲线也向右移动，从而发生了由实际因素引起的需求拉动的通货膨胀。

如果引起变动的实际因素继续发生变化，使 IS 曲线持续向右移动，那么，还可得出更多新的向右移动的 AD 曲线，还会有更高的上升的均衡价格 P，这就表现为一种持续的通货膨胀。

当然，这种价格的上升并非永无止境，假定名义货币供应量是固定的，一旦利率水平上升到使闲置的现金余额被用完时，那么就没有追加的货币能被用来引起充分就业产量水平上更高的价格水平，价格的上升就会结束。

（二）由货币因素引起的需求拉动通货膨胀

货币因素方面，货币需求量的减少或货币供给量的增加，都会使 LM 曲线向右移动，但货币供给量的影响更为重要，如果货币供给量增加，则 LM 曲线会向右移动，从而总需求曲线会向右移动，产生需求拉动的通货膨胀。

如果货币供应量一次又一次地增加而引起的 LM 曲线一次又一次向右移动，将导致物价水平一次又一次地上升。

对于引起需求拉动通货膨胀的具体原因，经济学界颇有争议，在现实中，也许是实际因素，也许是货币因素，也许两者兼有。总之，需求拉动通货膨胀表现为过度的需求引起了物价水平的上升。

二、成本推动的通货膨胀

成本推动的通货膨胀（Cost – Push Inflation）又被称为供给型通货膨胀，它是指由于产品成本上升而引起的通货膨胀。在图 15 – 2 中，总供给曲线 AS 向上移动，是由于成本增加所致。假设开始时，AS 曲线与 AD 曲线相交确定了均衡点 E，对应的均衡价格为 P；随着成本增加，AS 曲线向左移至 AS'，当引起总需求的因素不变时，AD 曲线不发生移动，AS' 与 AD 相交，决

定了新的均衡点 E' 和与之相对应的均衡价格 P'，P' 比 P 上升了。结果，国民收入下降了，未能实现充分就业，但价格却被向上推动了。如果 AS 曲线移动的幅度足够大，我们便得到所谓的供给冲击，当上升的成本使 AS 曲线沿需求曲线向左移动时，产量可能急剧下降。

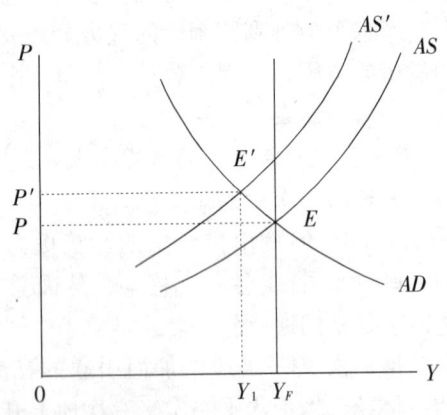

图 15-2 成本推动使价格上升

成本推动的通货膨胀又主要分为工资推动的通货膨胀、利润推动的通货膨胀和进口成本推动的通货膨胀。

(一) 工资推动的通货膨胀

工资推动通货膨胀（Wage-Push Inflation），是指因工资率增长快于劳动生产率增长，导致单位产品成本增加，而引起的物价上涨。发生工资推动的通货膨胀要具备以下两个条件。

(1) 劳动力市场是不完全竞争的市场。因为在完全竞争的劳动市场中，工资率取决于劳动供给和需求的变动而上升或下降，而劳动供给和需求的变动又依赖于对最终产品的总需求的变动。如果工资率由于某种原因上升了，尽管劳动供给会增加，但由于工资成本上升，产品价格上涨，产品的需求将会减少，结果使劳动力的需求减少，出现劳动的过剩，这将促使工资率下降到原来的水平。所以，在完全竞争的劳动市场中，不存在工资率的过快增长和工资推动的通货膨胀。现实的情况是，劳动力市场由于工会的存在，是一个不完全竞争的市场，当工会无节制地要求提高工资时，产品成本上升，在利润不变的条件下，导致产品价格的上升。

（2）货币工资率的增长超过劳动生产率的增长。如果货币工资率的增长慢于或等于劳动生产率的增长，那么，单位产品所含的劳动成本并不会增加。只有在货币工资率增长超过平均劳动生产率增长的条件下，单位产品的工资成本才会上升，从而才可能导致物价上涨。

工会是导致劳动力市场不完全竞争的原因，但是否意味着劳动力完全工会化才是产生工资推动所必需的条件呢？不然，在现实经济中并非所有的工人都参加了工会，工会会员和非工会会员都是劳动力的来源。况且，工会会员提高工资率的要求能否实现，还部分取决于最终产品的需求价格弹性。在垄断竞争条件下，企业之间存在着竞争，他们的产品相对来说有较高的价格弹性，如果个别厂商试图用提高价格的方法去弥补工资成本的上升，他的销售量必然减少，在这种情况下，工资的增加将带来就业的减少。如果工会想要有效地防止失业，它就难以要求提高工资。但是，在寡头垄断条件下，一个行业只有少数几个厂商，他们在一定程度上能够控制市场，因而他们的产品相对来说缺乏价格弹性。这样，寡头垄断行业里，工会有可能既要求提高工资率又不会带来失业。正是由于这个原因，工会工人工资的增长往往发生于寡头垄断行业，然后，通过"示范"作用，影响到其他的行业中去，从而全面推动工资成本的增加，引起工资推动的通货膨胀。所以，完全工会化并非工资推动的通货膨胀的必要条件，只要经济中有一部分劳动力是组织起来的（工会化），那么就可能发生工资推动的通货膨胀。

对于工资推动通货膨胀的过程,应该说是一复杂的历史和现实。许多研究表明,在经济繁荣时期,由于产品和劳动力的需求增大,非工会工人的工资率有时最先上升,而且上升的幅度最大,因为长期劳动合同使得工会会员的工资不能及时得到调整。工会在通货膨胀加速的时候阻碍货币工资率迅速上升,在通货膨胀减速的时候使货币工资率居高难下;尤其是劳动合同期限为3年的工会,是使通货膨胀具有惯性的一个主要原因。另外,在失业期间,非工会工人的工资也是趋向上升的,这也许是对工会工人工资率调整的一个反映。

(二)利润推动的通货膨胀

利润推动的通货膨胀(Profit – Push Inflation),是指企业利润增长过快而引起通货膨胀。商品和劳务销售的不完全竞争市场的存在是利润推动通货膨胀的前提条件。寡头垄断的市场条件下,同行业只有几个或一个厂商,他们有操纵市场价格的能力,当工资率增加或原材料价格上升时,他们趁机提高利润率,使产品价格以大于工资、原料等成本增长的速度上涨,以便赚取较多的利润。当这个行业的产品价格上升通过提高别的行业的成本影响到其他行业,或者通过"示范"作用波及到其他行业时,价格的提高得以推广,便形成了利润推动的通货膨胀。

不过,厂商在制定价格时,并非越高越好,他们也会全面考虑,如果价格过高造成总销售量减少,他们的利润总量就可能减少,这与厂商的利润最大化原则相违背。因此,某些经济学家认为,在供给引起的通货膨胀方面,更有可能是工资增长所致。

(三)进口成本推动的通货膨胀

进口成本推动的通货膨胀(Import Cost – Push Inflation),是指由于某些进口物品价格提高而引起国内企业产品成本上升带来的通货膨胀。在开放经济条件下,某些行业的生产投入有相当部分来自进口的物品,那么,进口物品的价格上升将提高这些行业的成本,从而提高这些行业的产品售价,当这些行业价格的上升波及整个经济时,便形成了进口成本推动的通货膨胀。这些进口物品主要有石油和其它初级产品。20世纪70年代初石油输出国组织提高石油价格对西方各国价格水平提高的影响便是一个典型例子,类似的成本推动在1978～1980年间也出现过。

许多经济学家认为,实际的通货膨胀过程,极少可能只是由需求拉动或者成本推动的,大多数通货膨胀的发生实际上包含了需求和供给两方面因素的共同作用,即所谓的混合推动的通货膨胀。这种通货膨胀的开始,可能首先是需求方面拉动引起的,也可能开始于成本方面的供给推动。

三、结构性通货膨胀

成本变动和需求变动对价格的影响,不仅发生在总体情况下,而且也发生在个别商品或单个部门的情况下。如果社会经济中,个别商品或经济部门之间发展不平衡,呈现结构上的无序性时,尽管经济的总供求处于均衡状态,个别关键性的商品或者个别经济部门的成本变动或者需求变动也可能引发通货膨胀。这就是所谓的结构性通货膨胀。由于市场的不完全性,在市场的操纵性压力下,工资和价格呈向下的刚性和向上的弹性,即工资水平和价格水平只会在上升的方向上变动,而难以在下降的方向上变动。另外,由于结构上的无序性,生产要素缺乏完全的流动性。在这样的情况下,个别商品或者个别部门的供求不平衡或成本扩张,将会扩散为整个经济的通货膨胀。

结构性通货膨胀理论最早由美国经济学家C.舒尔茨提出。在他看来,造成结构性通货膨胀有三个主要原因:①工资和价格缺乏向下的弹性;②资源缺乏流动性(不能从需求下降的部门流向需求扩张的部门);③短期中出现需求在部门之间的大规模转移。他在对美国物价水平变动的研究中发现，经济中有许多部门，当需求增长时，工资和价格具有向上的弹性，但需求下降时，工资和价格却缺乏向下的弹性，由此引起物价水平的上升。

20世纪60年代后，美国经济学家P.斯特里坦(P.Streeten)和W.鲍莫尔（W.Baumol），把长期通货膨胀趋势与结构因素联系起来，之后，G.梅纳德(G.Maynard)和W.V.里克格姆(W.V.Ryckeghen)严谨地陈述了这一设想(假说)，并以经济合作与发展组织（OECD）国家的实践加以检验，形成了完整的结构性通货膨胀理论。长期通货膨胀的趋势取决于四个因素的相互作用，这四个因素有的属于技术上的，也有的属于行为上的，它们制约着市场机制运行。这四个因素是：①工业（进步）部门和服务（保守）部门的生产率不同；②工业部门和服务部门的货币工资增长率保持一致；③两个部门产出的价格弹性和收入弹性有差别；④价格和工资的下降是刚性的。

结构性通货膨胀模型的特征是，假设经济活动可分为两个部门：工业（进步）部门和服务（保守）部门。在整个经济发展过程中，工业和服务部门的劳动生产率不同增长中（假设服务部门劳动生产率增长较为缓慢），货币工资增长率相同，那么，必然给服务部门带来长期持续的成本压力。因为这个部门的厂商采取成本加成的定价原则（在上升的单位劳动成本上加上固定的利润来确定价格水平），所以，这种成本压力给整个经济带来了成本推进的通货膨胀。因此，结构性通货膨胀隐含着这两个部门供给价格的相对变化，相对于工业部门的供给价格来说，服务部门的供给价格是上升的。简言之，结构性通货膨胀假设服务部门的产品收入需求弹性较大而需求价格弹性较小。

20世纪70年代，J.托宾和J.希克斯（J.Hicks）提出了劳动供给理论。希克斯把经济分为扩展性部门和非扩展性部门。在扩展部门处于繁荣阶段时，非扩展部门产品的需求转向扩展部门的产品,推动扩展部门的生产向生产能力的充分利用边界移动。扩展部门在增加生产时必然支付更高的工资和物质成本,从而推动扩展部门产品价格上升。同时由于价格和工资的向下刚性,虽然非扩展部门需求下降,但工资和价格却不能随之下降,并且每当扩展部门工资水平上升,非扩展部门的工人就感到"不公平",而要求其工资向扩展部门看齐。在经济衰退阶段,部门的工资水平并不随之下降,反而由于"攀比"而接近于繁荣阶段的上升程度。结果整个经济的一般价格水平推向上升。托宾则提出了另一种解释,他从产业结构和劳动就业结构的不对称变动解释了通货膨胀。他认为,由于各种因素,新兴产业和旧有产业在劳动力市场上处于很不相同的地位。由于技术要求不同或劳动力流动不完全性,新兴产业有很多空缺职位,而旧有产业则存在劳动力的过剩,因此,劳动力市场上空位和失业同时并存。在前者,将有较快的工资率上升;而后者,也因为缺乏工资向下的刚性,并由于"公平"原则,要求向前者看齐。结果,通货膨胀不可避免。希克斯、托宾理论的关键假设是统一的工资增长率。

在解释结构性通货膨胀方面,还有比较有名的斯堪的纳维亚模型,其创立者是高斯塔、福克斯和沃德滋,他们建立了三人小组(EFO)的小型开放经济的通货膨胀模型,这里不再作介绍。

总之,结构性通货膨胀理论的核心是:假设进步部门和保守部门的货币工资增长率相同,而劳动生产率的增长速度不同。扩展部门(进步部门)和开放经济部门的劳动生产率增长一般要快于非扩展部门(静态或保守部门)和非开放经济部门。由于工资决定的"攀比原则"和"公平原则",所有部门的工资增长率都是一致的,因此,当劳动生产率增长快的部门提高工资时,劳动生产率增长慢的部门要求向前者看齐,从而导致全社会的工资增长超过劳动生产率的增长,引起通货膨胀。

第四节 失业与通货膨胀的关系

20世纪60年代初期,西方出现了一种全新的分析通货膨胀的理论,即菲利普斯曲线理论,它反映了失业与通货膨胀之间的一种经验关系。70年代之后,自然失业率理论占据了上风。现代西方经济学界把菲利普斯曲线视为关于失业与通货膨胀关系问题上的短期理论,将自然失业率理论视为长期理论。下面我们先来介绍失业的有关内容。

一、失业

(一)失业及其影响

失业是现代社会的一个主要问题,失业被定义为劳动者没有能够就业。衡量失业(或就业)时通常使用失业率这一概念。失业率是指失业人数与劳动力数量的比率。假设用 u 表示失业率,用 U_N 表示失业人数,用 L 表示劳动力的数量,那么 $u = U_N/L$。

失业对经济产生重要影响。第一,失业造成了社会资源的浪费。阿瑟·奥肯(Arthur M. OKun)根据美国的经验数据发现,如果失业率下降1个百分点,总是伴随着GDP增长3个百分点和产出缺口减少3个百分点,产出缺口指实际的GDP和潜在的GDP之间的缺口。这条著名的奥肯定律(Okun Law)描述了实际产出增长与失业率变化之间的关系,成为当今宏观经济学中最可靠的经验规律之一。根据奥肯定律,失业严重的时期,实际国民生产总值低于潜在水平,高失业伴随着高水平的生产损失或者生产停顿。据萨缪尔森统计,按1984年不变价格计算,美国1930年至1939年的大萧条时期,高失业(平均失业率为

18.2%)的经济浪费使 GNP 损失了 21 000 亿美元,相当于该时期平均年 GNP 的 34%;1975 年至 1984 年的停滞时期(平均失业率为 7.6%),GNP 损失达 11 500 亿美元,相当于该时期年平均 GNP 的 35%。

第二,失业除了造成经济上的浪费外,还会产生社会的、人身的和心理上的影响。失业破坏人的身体和精神的健康,出现较多的心脏病、酗酒和自杀。据 M. 哈维·希伦博士估计,在美国持续六年以上的失业,失业率每上升一个百分点会导致 37 000 人过早地死亡。失业对社会治安的压力也是很大的。

(二)失业的类型

按失业者是否愿意分为自愿失业和非自愿失业。自愿失业是指劳动者虽然有工作机会,但因不愿意接受现行的工资率而发生的失业;非自愿失业是指劳动者愿意接受现行的工资率,但仍找不到工作而发生的失业。失业一般是指非自愿失业。

按失业的原因,失业(非自愿失业)分为摩擦性失业、结构性失业、寻找性失业和需求不足的失业。

摩擦性失业(Frictional Unemployment),是劳动者的正常流动所发生的失业。例如,人们从学校毕业或搬迁到新的城市要寻找工作;人们离开原来的工作(职业)以后,还需要一段时间寻找新的工作;老年人退休后,青年人由于缺乏经验等原因不能马上补充老年人留下的空缺。所有这些流动都需要时间,一部分人将滞留在失业队伍里。西方经济学家认为摩擦性失业是不可避免的。

结构性失业(Structural Unemployment),是指经济结构变化而发生的失业,它是工人的供求不一致时产生的。例如,由于科学技术的进步,有的部门兴起了而有的部门却走向衰落,从旧部门剩余出来的劳动力,不一定能适应新兴部门的技术要求,因而出现一部分人失业;地区经济发展的不平衡,有的地区发展迅速，有的地区发展缓慢，由于地理位置的限制，落后地区的剩余劳力不能迅速或完全流动到发展迅速的地区，因而出现失业。

寻找性失业（Search Unemployment），指劳动者本来可以找到工作，但为了找到更好的工作而暂不就业所发生的失业。寻找性失业主要有两种情况：①某人本可以找到一个简单技术的工作，但他自认为受过教育和训练，需要找一个技术性强的工作，因此他不愿就业而滞留在失业队伍中，以期找到合适的工作；②某人本可找到一份合适的工作，但由于该工作报酬低于其它同类行业，故而不愿就业且准备到其它同类行业寻找工作。

可见，寻找性失业是介乎于自愿失业和非自愿失业之间的一种失业，同时又是介乎于摩擦性失业和结构性失业之间的失业。从失业者本来可以找到工作的意义上讲，它属于自愿失业；但从没能找到他应该胜任的工作的意义上说，它又属于非自愿失业。若失业者在一段较短的时间里找到了合适的工作，寻找性失业属于劳动力的正常流动，因而它是摩擦性失业；若长期找不到工作，说明由于经济结构的变化已没有足够的合适他们的工作，此时，它就成为了结构性失业。

需求不足的失业（Demand Deficiency Unemployment），是指由于社会总需求不足而带来的失业。凯恩斯把这种失业解释为是由于有效需求不足造成的非自愿失业。20世纪30年代西方各国经济大危机期间所发生的失业，就是一种典型的需求不足的失业。

20世纪60年代货币主义学派提出了自然失业的概念。自愿失业、摩擦性失业和结构性失业的总和被称为自然失业。这一总和在劳动力总数中的比率称为自然失业率。费尔普斯和弗里德曼认为，自然失业率是一种在没有货币因素干扰下，也即在价格水平保持稳定条件下，让劳动力市场自发供求力量发挥作用时存在的失业率。

(三)解决失业的方法

不同的失业采取不同的解决方法。需求不足的失业可采用扩张性的宏观财政和货币政策来解决。如政府可以通过增加政府支出、减少税收和增加货币供应量来刺激总需求,从而增加生产,提高就业水平。

自然失业,如摩擦性失业和结构性失业,即使在劳动市场处于均衡状态时也可能发生,宏观的财政和货币政策不能缓和它们,而应采用一种所谓的人力政策。人力政策包括:提供职业培训,以适应技术性要求更高的工作;改进劳动市场的服务,提供就业信息;反对就业歧视,如通过立法消除在就业过程中的种族歧视、宗教歧视和性别歧视等。

二、通货膨胀与失业的关系:菲利浦斯曲线

(一)菲利浦斯曲线

前面分析了通货膨胀和实际国民生产总值之间的关系,但是随着实际国民生产总值的波动,失业也会波动。因此,还应该分析通货膨胀与失业之间的关系,这就是菲利浦斯曲线。

1958年,英国伦敦经济学院的经济学家菲利浦斯(A. W. Phillips)在一篇题为《1861~1957年英国的失业与货币工资变动率之间的关系》的文章中提出了著名的菲利浦斯曲线。菲利浦斯曲线表明了失业率与通货膨胀率之间的负相关关系。在英国1861~1957年间存在这种关系。美国经济学家P.萨缪尔森和罗伯特·索洛也证明了菲利浦斯曲线适用于美国。

菲利浦斯曲线的中心思想是,在其他条件不变的情况下,失业率越高,通货膨胀率越低。失业率和通货膨胀率之间存在反向变动关系。

如图15-3所示。在图15-3中,横轴 u 代表失业率,纵轴 $\Delta P/P$ 代表通货膨胀率,PC 为菲利浦斯曲线。PC 向左下方

倾斜，表示通货膨胀率与失业率之间呈反方向变动。在 A 点，通货膨胀率为 10%，失业率为 4%，在 B 点通货膨胀率为 8%，失业率为 6%，通货膨胀率下降时，失业率上升了。

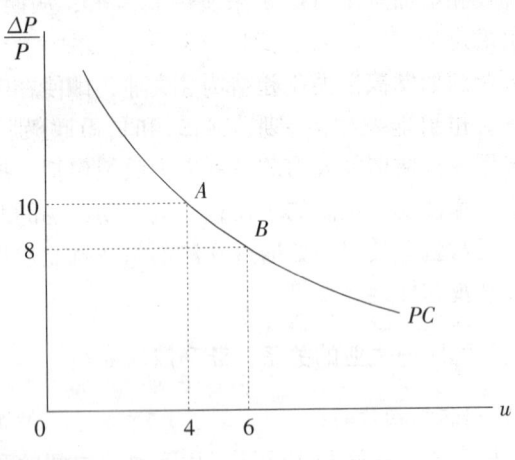

图 15-3　菲利浦斯曲线

菲利浦斯原来的思想是失业率表示了经济中总需求压力的状态。当失业率较低时，实际国民生产总值大于其生产能力，出现了瓶颈状态，对劳动的需求增加，劳动短缺，货币工资率上升，货币工资率上升引起成本增加，短期总供给曲线向左上方移动，通货膨胀加剧。当失业率较高时，实际国民生产总值低于其生产能力，劳动过剩，货币工资率下降，通货膨胀下降。

在 20 世纪 60 年代初期，菲利浦斯曲线成为宏观经济学的一个中心内容。在宏观经济政策的制订中，菲利浦斯曲线也得到了广泛重视。一般认为，菲利浦斯曲线为政策选择提供了一个根据；是以较高的通货膨胀水平为代价来换取较低的失业水平呢？还是以较高的失业水平来换取较低的通货膨胀水平？菲利浦斯曲线上不同失业率与通货膨胀率的组合点，给决策者提供了不同的政策选择。

(二) 货币主义学派对菲利浦斯曲线的重新解释

早在20世纪60年代,货币主义学派对菲利浦斯曲线关于失业与通货膨胀的替换关系提出了质疑:①菲利浦斯曲线所反映的替换关系是稳定的吗?②通货膨胀与失业之间的替换假说长期存在吗?③菲利浦斯曲线上点的选择是否会影响曲线本身的位置?M.弗里德曼和E.S.费尔浦斯(E.S.Phelps)分别发表论文,批评了以前的经济学家在对菲利浦斯曲线作出解释时,忽略了通货膨胀预期的作用,从而提出了自然失业率理论,把菲利浦斯曲线区分为短期与长期之不同。短期菲利浦斯曲线具有不变的通货膨胀预期,通货膨胀率与失业率之间仍然是负斜率关系;长期菲利浦斯曲线是位于所谓"自然"失业率上的垂直线。

1. 短期菲利浦斯曲线的移动

在了解菲利浦斯曲线移动时,首先要了解货币学派所应用的两个概念,即自然失业率和预期通货膨胀率。前面已讲到过,自然失业率是在没有货币因素干扰情况下,由市场自发供求力量决定的均衡状态的失业率,从长期来看,自然失业率相当稳定(可认为保持不变)。预期通货膨胀率是指人们根据以往的通货膨胀对将来一段时间内所发生的通货膨胀率的预期值,它往往在各种契约和价格中体现出来,即内化于经济中的通货膨胀率。在长期中,预期的通货膨胀率是不稳定的,在受到需求或者供给冲击的情况下,实际通货膨胀率会与预期值产生差距,从而改变下一次的预期值。如美国在20世纪60年代初的预期通货膨胀率为1%,而到了70年代初却变成了5%。

在考虑到通货膨胀预期影响的情况下,菲利浦斯曲线的函数可表达为:

$$\pi = f(u) + \pi^*$$

式中 π 为通货膨胀率,u 为失业率,π^* 为通货膨胀率的预期值。据此，可得出以下结论：①可供选择的预期通货膨胀率对应于可供选择的菲利浦斯曲线，即不同的预期通货膨胀率有着不同的菲利浦斯曲线。②预期通货膨胀率的变动会使菲利浦斯曲线发生移动，预期通货膨胀率上升会使菲利浦斯曲线向右移动，反之，预期通货膨胀率的下降会使菲利浦斯曲线向左方（原点）移动。西方经济学家认为，短期菲利浦斯曲线的移动，一般具有向右上方移动的趋势。

图 15-4 说明了预期通货膨胀率的变动是如何引起菲利浦斯曲线向右上方移动的。为此，先来分析一个"膨胀周期"的移动，而后以此类推，便可得出一系列的菲利浦斯曲线。

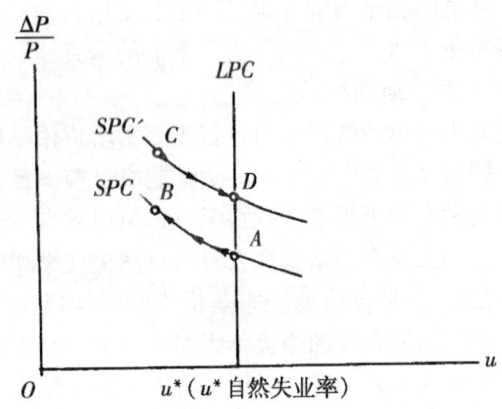

图 15-4 冲击怎样使菲利普斯曲线变动

在第一阶段，失业处于自然率水平，经济位于开始的短期菲利浦斯曲线（SPC）上，如图 15-4 中的 A 点。

在第二阶段，由于扩张性的财政和货币政策，经济开始繁荣，产量增加，货币工资和价格也有所上升。这时工人和雇主都会产生货币幻觉，工人把货币工资的提高看成是实际工资的提高，愿意增加劳动供给；雇主把价格的上升看成是自己产品的相对价格的上升，从而增加对工人的雇佣。最终使产量增加，就业增加，失业率（尤其摩擦性失业）降低，经济沿着短期菲利浦斯曲线（SPC）向左上方变动，通货膨胀率上升，如由 A 点到 B 点的变动所示。

在第三阶段，人们看到通货膨胀率已经上升，他们就开始预期较高的通货膨胀率，较高的通货膨胀率很快就构成了预期和合同中的内在部分，预期的通货膨胀率提高了。结果是，短期菲利浦斯曲线向上移动，如图 15-4 中的 SPC 移到了 SPC′。即使 C 点的失业率与 B 点的失业率相同，C 点的通货膨胀率却更高了一些。

在第四阶段，经济繁荣不会永远持续下去，政府对螺旋上升的通货膨胀率越来越担心，从而采取紧缩性政策，经济增长放慢了速度，失业率回到自然失业率水平，通货膨胀率也下降到了 D 点，通货膨胀率的上升势头暂时停了下来。这样，即使 D 点的失业率与 A 点相同，D 点的通货膨胀率也会比 A 点高。当从 A 点到 D 点的时候，预期的通货膨胀率也已经上升了。

如果经济进行下一个周期的循环，再次采用扩张性政策，其起点将是更高的短期菲利浦斯曲线 SPC′ 的 D 点。由此下去，短期菲利浦斯曲线将是一族向上移动的曲线群（SPC″、SPC‴等等）。

短期中，菲利浦斯曲线所表明的失业率与通货膨胀率之间的替换关系依然存在，只不过，同以前相比，要想降低通货膨胀率，必须以更高的失业率为代价；反之，要想降低失业率，也必须以更高的通货膨胀率为代价。

2. 长期菲利浦斯曲线的垂直化

通过前面的分析，我们知道，只要实际失业率水平偏离自然失业率时，通货膨胀率就将趋于改变。例如，假定自然失业率为 6%，而要维持小于 6% 的实际失业率（比如 4%），由于预期通货膨胀率的提高，实际通货膨胀率将年复一年地上升，第一年可能是6%，第二年可能为7%，第三年可能为8%。这一螺旋式的上升何为尽头呢？根据自然失业率理论，直到实际失业率回复到自然失业率水平时，这一通货膨胀的趋势才会停止。因此，在长期中，与稳定的通货膨胀率相适应的惟一失业率水平为自然失业率。长期菲利浦斯曲线成为一条位于自然失业率水平上的垂直线，如图15-4中的垂直线 AD 所示。

长期菲利浦斯曲线 LPC 的垂直化表明，在长期（如6年或10年以上），失业率与通货膨胀率之间不存在替换关系，如果政府企图降低失业率，而采用扩张性的政策时，从长期来看不仅没有降低失业率，反而增加了通货膨胀率，失业与通货膨胀并存，即所谓的"滞胀"现象。

(三) 理性预期的菲利浦斯曲线

理性预期学派对菲利浦斯曲线的解释又比弗里德曼和费尔普斯进了一步。理性预期学派认为，菲利浦斯曲线所表示的失业与通货膨胀之间的关系不仅在长期中不存在，而且在短期中也不存在，其原因在于预期不是适应性的，而是理性的。

当预期是理性预期时，人们所作出的预期与经济学家所作出的预期相同，这样，预期的通货膨胀率与以后实际发生的通货膨胀率总是一致的，不会出现适应性预期所说的短期内实际通货膨胀率高于预期通货膨胀率的情况。所以，在短期内通货膨胀也就没有降低实际工资率、刺激生产的作用。厂商和居民都可以作出理性的物价水平预期，从而以这种预期为基础签订工资合约。例如，他们预期下一年的通货膨胀率为6%，这种预期是充分了解各种有关经济理论与信息的基础之上作出来的，从而也就是合乎理性的。以后实际发生的通货膨胀率也是6%。通货膨胀并没有降低实际工资率，也不会刺激企业增加生产，这就和可预期的通货膨胀下的情况一样。这样，通货膨胀与失业之间即使在短期也不存在交替关系，增加货币供给以通货膨胀为代价并不能降低失业率。失业率是自然失业率，无论短期还是长期菲利浦斯曲线都是一条垂直线，其位置在自然失业率时。随着自然失业率的上升，这条垂直的菲利浦斯曲线向右移动，这种移动与通货膨胀率无关，取决于劳动市场的流动等影响自然失业率的因素。

第五节 反通货膨胀的对策

控制通货膨胀已经成为各国政府的主要政策目标之一。但是，由于引发通货膨胀的因素不相同，反通货膨胀并不存在普遍适用的模式，只可能是相机抉择。

一、紧缩性财政政策和货币政策

紧缩性的财政与货币政策是对付需求拉动的通货膨胀的传统方法。

紧缩性的财政政策主要包括减少政府支出和增加税收，它在对付由实际因素引起的需求拉动通货膨胀方面较为有效。政府支出包括公共消费和公共投资，它们是总需求的组成部分，削减政府支出，等于直接减少总需求。增加个人所得税可以减少家庭的可支配收入，从而降低他们的开支；增加公司所得税，可以减少投资需求和个人消费支出。

紧缩性货币政策被认为是对付由货币因素引起的需求拉动通货膨胀的较好办法。紧缩性货币政策的基本作用在于增大信贷成本和减少信贷可供量，对需求拉动的通货膨胀无疑是一个彻底地打击，尤其是对付投资需求拉动的通货膨胀收效迅速。

需要注意的是，利用紧缩性财政和货币政策抑制通货膨胀，必须确定通货膨胀是起因于需求拉动，并且该国经济已处于充分就业。现实的情况是，需求拉动的通货膨胀有时在实现充分就业前就可能已经出现，这种情况下，如果实行紧缩性政策，特别是紧缩性的货币政策，虽能使通货膨胀率降低，但将以经济停滞和失业为代价。

二、收入政策

如果一国的通货膨胀是由成本推动形成，或由成本推动与需求拉动混合而成，则紧缩性政策就显得无力，只能诉诸于直接管制的收入政策。

收入政策的主要内容为控制工资与物价、以避免工会任意要求提高工资，增加生产成本；控制垄断企业哄抬物价；同时政府配合外贸政策，降低关税，以使进口品价格降低，从而缓和物价上涨的压力。

但是，一些西方经济学家也反对实行收入政策。其主要理由为：①管制是否有效，值得怀疑。②纵使有效，亦仅是权宜之计，绝非长期解决通货膨胀问题的根本之道，况且，一旦放松管制，物价可能产生大幅度的反弹。③管制使价格体系扭曲，导致资源配置不当，形成稀缺资源的浪费，损害经济增长。事实上，至今为止，西方各国在寻求有效而持久的收入政策的努力仍然是劳而无功的。

收入政策方面，值得一提的是，西方一些经济学家提出了"TIP"（基于税收的收入政策），试图利用价格制度，用微观经济的动力去达到宏观经济的目标。其主要办法是通过给予工资或价格上升缓慢的人们以补贴，并且对扩大通货膨胀的人们进行征税，来促使通货膨胀发生逆转，这种方法可称之为用财政政策的胡萝卜加大棒来遏制通货膨胀。

三、指数化

紧缩性政策和收入政策旨在追求物价的稳定，而指数化政策则在于减少物价上涨的影响。指数化（indexing）是在合约内把支付与物价水平联系起来的一种技术。20世纪70年代，通货膨胀率相对较高的国家，纷纷使用指数化的办法。指数化包括债券指数化、税收指数化和工资指数化。

（一）债券指数化

政府和公司发行指数化的债券，债券的名义利率（i）包含一个固定的实际利率（r_0）和实际通货膨胀率（π），以使储蓄者的利益不受非预期通货膨胀率变动的影响。债券指数化的同时，相应地银行存款也实行指数化。

（二）税收指数化

税收指数化的目的，在于使纳税额的变化同因通货膨胀而造成的、非主观愿望所要求的变化分开。征税的最初目的在于调节收入分配、鼓励投资等。许多国家个人所得税是按名义收入累进计征的，资本收入者缴纳的税收也是按名义资本收入计征的，通货膨胀的结果将把个人纳税者推到更高的纳税档次，加重了纳税者的负担；资本收入者也将由于名义收入的增加而缴纳更多的税收。实际上个人收入者和资本收入者收入的增加是对通货膨胀所造成损害的一种补偿，非主观性的税收增加，减少了收入者的实际收入，不利于个人收入者，同时也将严重打击了资本收入者的投资行为，损害经济增长，有违于征税的目的。税收指数化可在某种程度上缓解这些矛盾。但在实际操作上，税收指数化又有许多困难，如会加重财政预算的不平衡，对通货膨胀可能产生加速的影响，因此，应用这一政策应谨慎为之。

（三）工资指数化

工资指数化就是使劳动者的货币收入同通货膨胀指数挂钩，

随通货膨胀率的增长而增加,以减少劳动收入购买力的不稳定性,保护劳动者的利益,但这种政策也可能加速通货膨胀。

名义价值指数化,有助于减少通货膨胀的影响,然而在实际中指数化方法也带来了不利影响。因为指数化的目的是让人们能够应付通货膨胀,而不是为了制止它的发生、发展,指数化更容易发生通货膨胀。因此,进入20世纪80年代后,一些国家实行的稳定计划中,都减少或取消了工资、金融票据和汇率的指数化。

四、其他政策

(一) 结构改革

对产业结构、商品市场结构和劳动市场结构进行改革,有助于抑制结构性通货膨胀。特别对于发展中国家普遍存在产业结构的"瓶颈"现象,不能单纯应用紧缩性政策,因为它在抑制通货膨胀的同时,也会损害瓶颈产业部门,而应通过经济政策和行政手段,改善投资结构,鼓励瓶颈部门的发展,促进整个经济的发展,抑制结构性通货膨胀。

(二) 货币改革

对于抑制恶性通货膨胀,仅靠前述的各项政策远不能奏效,政府必须实行货币改革,大刀阔斧地减少货币供给量,同时辅之以其它的政治、经济措施。

总之,通货膨胀是一种综合性的经济现象,治理通货膨胀也必须多种手段相互配合、综合控制,否则难以收到成效。

复习思考题

1. 通货膨胀的原因是什么?
2. 通货膨胀对社会经济有哪些影响?
3. 失业的原因是什么?

4. 治理通货膨胀的措施有哪些?
5. 利用菲利浦斯曲线调控经济有哪些利弊?

第十六章 经济周期理论

自 1825 年英国首先爆发生产过剩的经济危机以来，资本主义经济就在繁荣与萧条交替的经济波动中发展，每隔 10 年左右就会出现一次这样的危机。这种经济周期性波动引起了西方经济学家的关注，对这种经济波动的各种描述和解释的就是经济周期理论。本章介绍经济周期理论的主要内容。

第一节 经济周期的定义及其特征

一、经济周期的定义

经济周期（Business Cycle）是指以商业经济活动为主的国民经济活动周而复始波动的一种形式。其波动具有一定的规律，而不是随机波动。一个经济周期表现为四个阶段：即扩张阶段、衰退阶段、紧缩阶段和复苏阶段，其经济活动也表现为繁荣、衰退、萧条和复苏四种现象。

美国经济学家萨缪尔森对资本主义经济发展作了这样的描述："经济情况从来不是静止不动的。在繁荣之后可能是恐慌或崩溃，经济扩张让位于衰退，国民生产总值、就业和实际收入下降，出现通货紧缩、利润下降、工人失业。当下降到最低点以后，复苏开始出现。复苏可以慢，也可以快，也可能是不彻底的，或者它可能如此强有力以致于导致一场新的繁荣。新的繁荣可能代表着需求旺盛、工作机会多和生活水平上升的一段长时期持续的高涨时期。或者它也可能代表着价格和投机的迅速的膨胀性的急剧上升,接着而至的却是另一次萧条。这种产出、价格、利率和就业的上升和下降的运动构成了经济周期。"由此可见,在经济学家解释经济周期的含义时强调了三点:①经济周期是经济中不可避免的波动现象。②经济周期的中心是国民收入的波动,这种波动引起了价格、利率和就业等的波动,所以研究经济周期的关键是研究国民收入波动的规律与根源。③虽然每次经济周期并不完全相同,但它们有共同之点,即每个周期都是繁荣与萧条的交替。

二、经济周期阶段的特征

经济周期为各阶段连续的一个过程,但其各阶段都有自己的特点。

(1) 扩张阶段:这是国民收入与经济活动高于正常水平的阶段。其特征为社会有效需求持续增长,产品销售旺盛,存货减少,与此相应的是企业投资活跃。随着投资的增长,就业率不断提高,失业减少,生产资源得到充分利用。与此同时,由于有效需求的增长以及对劳动和其它生产要素需求的增加,一般商品的物价水平、工资率和利率逐渐上涨。一般来说,生产要素的价格上涨通常在物价上涨之后,因此并不会减少生产者的利润。换言之,通货膨胀一般先从产品开始,生产要素价格的上升引起的成本上升,可通过产品价格转嫁出去。因此,在扩张阶段,生产者通常能达到自己预期的目的,社会充满乐观气氛。扩张阶段的最高点为顶峰,这时就业与产量水平达到最高,但股票与商品的价格开始下跌,存货水平提高,公众的情绪开始由乐观转为悲观,接着而来的就是衰退阶段。

(2) 衰退阶段:指经济活动从扩张的高峰向下跌落的阶段。其特征为投资减少,生产下降,失业率上升,社会收入水平和有效需求也随之下降。同时由于市场疲软,大量产品积压,导致一般商品物价下跌。而物价下跌并不能刺激消费增加，整个社会普遍出现生产过剩，企业利润急剧下降，同时一些企业开始停产、歇业或倒闭。随着衰退的不断加深，经济活动便进入收缩阶段。

（3）收缩阶段：这一阶段也可以说是衰退的持续发展时期，国民收入与经济活动低于正常水平。其特征为：投资急剧下降，直至处于低水平的停滞状态。生产活动持续萎缩，物价继续下跌，失业率持续维持在最高点。企业利润低下，甚至亏损，更多的厂商破产倒闭。整个社会充满悲观情绪，因而厂商不愿冒险投资。与此同时，银行及其它金融机构出现大量资金过剩，利率也达到最低点。在紧缩阶段，整个经济动荡不安，社会也不稳定，往往诱发政治和社会危机。紧缩的最低点称为谷底，这时就业与产量跌至最低，但股票与商品价格开始回升，存货减少，公众的情绪由悲观逐渐转为乐观，投资需求也缓慢回升，经济逐步进入复苏阶段。

（4）复苏阶段：指经济从谷底开始向上回升的时期。其主要特征为机器设备开始更新和替换，就业率、收入及消费开始上升。由于投资增加，带动生产扩大，企业利润提高，风险投资开始出现。随着需求的增加，生产不断扩大，闲置的生产资源开始逐步得到利用，经济恢复到一定水平后，经济增长速度加快，于是又进入下一个扩张时期。

三、经济周期波动的形式及衡量

（一）经济周期阶段的判断

经济周期中国民经济的波动是与时间相联系的，它由上升（复苏）、顶峰（繁荣）、下降（衰退）、谷底（萧条）四个部分组成，见图 16-1 所示。

判断经济周期处于什么阶段，通常根据国民收入（或 GNP）的变化来确定。图 16-1 中横轴表示时间，纵轴表示国民收入，

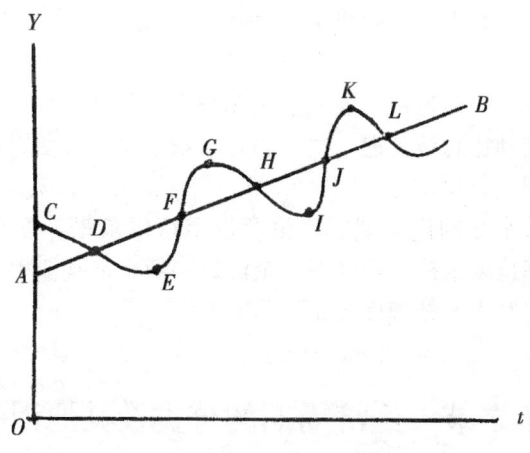

图 16-1 经济周期波动阶段

AB 为国民收入的长期回归直线,它反映了国民收入的长期变动趋势,而 $CDEFGHIJKL$ 代表实际国民收入围绕长期国民收入变动趋势而上下波动的情况。趋势线以上为繁荣区域,趋势线以下为萧条区域。具体来说,E、I 为谷底,G、K 为顶峰,$G—H$ 为衰退、$H—I$ 为萧条,$I—J$ 为复苏,$J—K$ 为繁荣。顶峰或谷底与回归直线的距离,称为振幅,振幅越大,经济活动的波动也就越大。从一个阶段的某一点到另一个同一阶段的同一点的长度称为经济周期长度。

(二)国民经济活动的具体形式

经济周期中各种经济活动的变化,并不是同时进行的,其振幅也不一样。国民经济各种活动的波动,在经济周期中各有其特点。经济活动中几个经济指标在经济周期中变动的具体形式为:

国民收入(或国民生产总值)是国民经济综合运动的结果,它的波动为经济周期的主导,即代表经济周期基本总波动形式。

工业和制造业的波动一般与经济周期波动时间一致,但其波动幅度一般比基本波动幅度大，即经济周期波动通常从制造业、工业开始。

农业及农产品价格一般波动幅度较小，而且带有滞后性，即农业生产波动比总波动迟一些。同时，农业生产波动周期一般比基本波动周期要长。

此外，企业生产利润、价格、货币总供求量，以及流通速度、短期利息率、就业量等与基本波动一致，但企业生产利润的波动幅度比基本波动幅度大。

第二节　经济周期的分类及其原因

一、经济周期的分类

西方经济学家根据经济周期的时间长短把经济周期分为中周期、短周期和长周期。

最初，经济学家所注意的并不是整个周期，而是衰退阶段所呈现出来的危机或恐慌，他们大都把危机作为一种独立的事件来加以研究。1860年，法国经济学家朱格拉（C. Juglar）在他的《论法国、英国和美国的商业危机及其发生周期》一书中提出，危机或恐慌并不是一种独立的现象，而是经济社会不断面临的三个连续阶段中的一个，这三个阶段是繁荣、危机与清算，这三个阶段反复出现形成周期现象，平均每一周期是 9~10 年，这就是中周期。因为它是由朱格拉提出来的，所以又称为"朱格拉周期"。

1923年，美国经济学家基钦（J. Kitchin）在《经济因素中的周期与倾向》一文中根据美国和英国的详细资料指出，经济周期实际上有大周期（Major Cycle）与小周期（Minor Cycle）两种。小周期平均长度约为40个月,大周期则是小周期的总和,一个大周期包括两个或三个小周期。因此,在他看来,经济周期是一种平均长度为40个月的周期。这就是短周期,因为它是由基钦提出来的,所以又称为"基钦周期"。

1925年,苏联经济学家康德拉耶夫(Nikolai D. Kondratieff)在《经济生活中的长期波动》一书中,根据美国、英国、法国100多年内的批发物价指数、利息率、工资率、对外贸易量、煤铁产量与消耗量等的变动,认为有一种较长的循环,其长度平均为50年左右。他指出,从18世纪末以来,存在三个长周期:第一个周期,从1789~1849年,上升部分25年,下降部分35年,共60年;第二个周期,从1849~1896年,上升部分24年,下降部分23年,共47年;第三个周期,从1896年起,上升部分24年,1920年以后是下降趋势。这种50年左右的长周期也称为"康德拉耶夫周期"。

熊彼特在1939年出版的《经济周期》第一卷中,把这三种周期进行了综合,认为每一个长周期包括六个中周期,每一个中周期包括三个短周期,其中短周期约为40个月,中周期约为9~10年,长周期为48~60年等。他以各个时期的"创新"为标志,划分了三个长周期:第一个周期,从18世纪80年代到1842年,是"产业革命时期";第二个周期,从1842~1897年是"蒸气和钢铁时期";第三个周期,从1897年到20世纪末他提出自己的理论时,是"电气、化学和汽车时期"。

此外,库兹涅茨在1930年出版的《生产和价格的长期运动》一书中,研究了美国、英国、德国、法国、比利时等国从18世纪初叶到20世纪初叶60种工农业主要产品的产量和35种工农业主要产品的价格变动的时间序列资料。他剔除了其间短周期与中周期的变动,着重分析了有关数列的长期消长过程,提出了在主要资本主义国家存在着长度从15年到25年不等,而平均长度为20年的长周期。这种周期与人口增长引起的建筑业增长与衰退高度相关，是由建筑业的周期性变动引起的。而且，在这些国家，产量增长呈现出递减的趋势。这种长周期被称为"库兹涅茨周期"。这种长周期理论在第二次世界大战以后曾受到相当的重视。

二、经济周期波动的原因

经济周期是资本主义经济发展过程的客观现象，经济学家们并不满足于对这一现象的描述和对经济统计资料的整理，他们提出了许多理论来解释经济周期的原因。其中主要的理论是：

(一) 纯货币理论

纯货币理论（Pure monetary Theory）的主要代表人物是英国经济学家霍特里（R.G.Hawtrey），这种理论认为，经济周期纯粹是一种货币现象，货币数量的增减是经济发生波动的惟一原因。经济周期是银行体系交替扩张和紧缩信用所造成的。当银行体系降低利息率，放松信贷时就会引起生产的扩张与收入的增加，这又会进一步促进信用扩张。但信用不能无限地扩大。当高涨阶段后期银行体系被迫紧缩信用时，就会引起生产下降，危机爆发，并继之出现累积性的衰退。

(二) 投资过度理论

投资过度理论（Over-Investment Theory）强调了经济周期的根源在于生产资料的生产过多，而不是消费不足所引起的消费品的供给大于需求。投资过度论认为，投资的增加形成繁荣。投资的增加首先引起对投资品需求的增加以及投资品价格的上升，这样就更加刺激了投资的增加，形成了繁荣。在这一过程中，因为需求与价格的增加都首先表现在资本品上，因此投资也主要是影响生产资本品的产业，而生产消费的产业没有得到重视，这种生产结构的失衡最终会引起萧条，而使经济发生波动。投资过度论又可分为货币投资过度论与非货币过度论。货币投资过度论以奥地利经济学家哈耶克（F.A.Hayok）和密基斯（L.W.Mises）为代表，他们用货币因素来说明生产结构的失衡及由此所引起的经济波动。非货币投资过度论以瑞典经济学家卡塞尔（G.Cassel）等为代表，他们用新发明、新发现、新市场的开辟等因素来说明生产结构的失衡及由此所引起的经济波动。

（三）消费不足理论

消费不足理论（Under–Consumption Theory）是一种历史悠久的理论，它把经济周期中危机阶段的出现以及生产过剩的原因归结为消费的不足。这种理论早期的代表人物是马尔萨斯和西斯蒙第，近代的代表人物是英国经济学家霍布森（J.A.Hobson）。他认为，经济中出现萧条是因为对消费品的需求赶不上消费品的增长，而这种消费不足的根源又在于国民收入分配不平均造成的富人储蓄过度，所以解决的办法则是实行收入分配均等化的政策。

（四）心理理论

心理理论强调心理预期对经济周期各个阶段形成的决定作用，主要代表人物是庇古和凯恩斯。他们认为，当任何一种原因刺激了投资活动引起经济高涨后，资本家对未来的乐观预期一般总超过合理的经济考虑下应有的程度，这就导致过多的投资，形成繁荣，而在这种过度乐观的情绪所造成的错误被觉察以后，又变成不合理的过度悲观预期，由此导致萧条。凯恩斯认为，萧条的产生是由于资本边际效率的突然崩溃，而造成这种崩溃的正是资本家对未来悲观的预期。

（五）创新理论

熊彼特用创新理论来解释经济周期。他认为，经济周期是正常的，是创新所引起的对旧均衡的破坏和向新均衡的过渡。社会正是在这种旧均衡的破坏和新均衡的形成中前进的。由创新所引起的经济周期的过程是：创新为创新者带来了超额利润，引起其他企业的仿效，形成创新浪潮，创新浪潮的形成引起对银行信用和生产资料需求的增长，导致经济高涨，形成繁荣。随着创新的普及，超额利润消失，对银行信用和生产资料的需求减少，引起经济收缩，形成萧条，直至另一次创新出现，经济再次繁荣。

熊彼特根据这种理论解释了长周期、中周期与短周期。他认为，不同的创新要求把新事物引入经济的时间长度是不相同的，有些创新需要相当长的时间才能实现，有些只需较短的时间。不同的创新对经济影响的程度和范围也有所不同，有些影响大，有些影响小；有些涉及范围广，有些涉及范围有限。重大的技术创新对经济周期有长期的影响，从而形成长周期；中等创新所引起的经济繁荣及随之而来的衰退而形成中周期；而影响较小和实现时间较短的创新，则是短周期的根源。

此外，还有太阳黑子理论和政治周期理论也被用来解释经济周期产生的原因。

第三节 加速原理

上面所讲的乘数原理说明了投资的变动对国民收入的影响，那么反过来，收入的变动对投资会有什么影响？西方经济学家认为，投资与收入的影响是相互的，即不仅投资会影响收入，而且收入也会影响投资。加速原理正是要研究收入的变动与投资变动之间的关系，即要说明收入的变动如何引起投资的变动。

一、加速原理的基本内容

加速原理是指收入的增加将引起消费的增加，但要增加消费品的数量，资本的数量必须相应增加，因此收入的增加必将引起投资的增加。

(一) 加速原理的几个相关概念

(1) 资本产量比率。资本产量比率 (Capital Output Ratio) 是指生产一单位产量所需要的资本量,如用公式表示则是

$$资本产量比率 = \frac{资本量}{产量}$$

(2) 加速系数。加速系数 (Accelerator) 是指增加一单位产量所需要增加的资本量。如用公式表示则是

$$加速系数 = \frac{资本增量}{产量增量} = \frac{投资}{产量增量}$$

(3) 净投资。净投资 (Net Investment) 是指新增加的投资,它取决于收入的变动情况。

(4) 重置投资。重置投资 (Replacement Investment) 是指用以补偿所损耗的资本设备的投资,它取决于原有资本的数量、使用年限及其构成。净投资加重置投资就是总投资。一般来说,总投资最小是等于零,因为一个企业投资最小时为本期不购买任何机器设备。

(二) 加速原理举例

为便于理解加速原理,先看一个假设企业的例子。假定该企业资本产量比率为 10,重置资本每年为 300 万元,则该企业 8 年中的产量、资本量、净投资、总投资之间的关系见表 16-1 所示,并可以根据该表来说明加速原理的含义。

表 16-1 加速原理举例　　单位：万件，万元

年度	年产量	资本量	净投资	重置投资	总投资
1	600	6000	0	300	300
2	600	6000	0	300	300
3	600	6000	0	300	300
4	900	9000	3000	300	3300
5	1200	12000	3000	300	3300
6	1500	15000	3000	300	3300
7	1500	15000	0	300	300
8	1470	14700	-300	300	0

从表 16-1 中可以看出，第 1 年到第 3 年生产维持原规模不变，每年仅有 300 万元的重置投资，没有净投资，总投资也保持不变。第 4 年到第 6 年生产逐年增加，而各年总投资增加的情况不同。在第 4 年中，生产比第 3 年增加了 50%，资本量也增加了 50%，总投资增加了 10 倍；第 5 年生产比第 4 年增加了 33.3%，资本量也增加了 33.3%，而总投资没有增加；第 6 年生产比第 5 年增加了 25%，资本量增加了 25%，而总投资仍未增加。第 7 年生产维持原有规模，这时仅有 300 万元的重置资本，没有净投资，总投资比第 6 年减少了近 91%。第 8 年生产减少，比第 7 年减少了 2%，但总投资减少了 100%，也就是说第 8 年总投资为零。

从上面的例子可以看出加速原理的含义是：

（1）根据加速原理，投资并不是产量（或收入）的绝对量的函数，而是产量（或收入）变动率的函数。这就是说，投资的变动取决于产量（或收入）的变动率，而不是产量变动的绝对量。

（2）投资率的变动幅度大于产量（或收入）的变动幅度，在开始时，产量的轻微增长，引起总投资率有大幅度的增长。在该例中，当第4年的产量比第3年增长50%时，总投资增加了10倍，而在最后，产量微小的下降引起总投资有较大幅度的下降，如在第8年，产量比第7年下降了仅2%，但总投资却减少了100%。这就是加速的含义：即当产量（或收入）增长时，投资是加速增长的；当产量（或收入）停止增长或下降时，投资是加速减少的。

（3）要使投资增长率不致于下降，产量（或收入）就必须按一定比率连续增长。如果产量（或收入）的增长率放慢了，投资增长率就会停止或下降。这意味着，即使产量（或收入）的绝对量并未减少，而只是相对地放慢了增长速度，也可能引起经济衰退。

（4）加速原理必须在没有生产资源闲置的条件下才能起作用。如果企业开工不足，机器设备处于闲置的条件下，那么当收入增长后，企业不必添置新的机器设备，只需要动用闲置的机器设备就行了，加速原理就不会起作用。

二、乘数与加速系数的结合

西方经济学家认为，投资与收入之间的作用是相互的，因此只有将两者结合起来，才能说明收入、消费和投资之间的关系。美国经济学家汉森和萨缪尔森对此问题作了较为系统的论述，他们提出的乘数与加速系数相互作用的方程式为

$$Y_t = a + bY_{t-1} + I_0 + \alpha(C_t - C_{t-1})$$

这里 Y_t 表示 t 时期的国民收入，a 为自发消费，I_0 为自发投资，Y_{t-1} 表示前一时期的国民收入，b 为边际消费倾向，C_t 为 t 时期的现期消费，C_{t-1} 为前一时期的消费，α 为加速系数。

上述方程式是由下列四个方程式而来的：

$$Y_t = C_t + I_t \tag{1}$$
$$C_t = a + bY_{t-1} \tag{2}$$
$$I_t = I_0 + I_i \tag{3}$$
$$I_i = \alpha(C_t - C_{t-1}) \tag{4}$$

方程式（2）说明现期消费是由自发消费和前一时期的收入水平及边际消费倾向决定的。方程式（3）说明现期投资是由自发投资和引致投资所决定。方程式（4）说明引致投资由现期消费与前期消费之差和加速系数决定（在前面介绍加速原理时说明现期投资是由更新投资和现期国民收入与前期国民收入之差而引起的投资变化所决定的，两种说明各有其用途，这里着重说明国民收入是由投资与消费两种因素决定的，所以采用消费指标而不用国民收入指标）。将方程式（4）代入方程式（3），再将方程式（2）和（3）代入方程式（1）就得到了前面的乘数与加速系数结合的方程式。

根据上述模型，可以举一个例子来说明乘数原理与加速原理的相互作用。

假定：　$b = 0.5$

　　　　$\alpha = 1$

　　　　$a = 500$ 万元

　　　　$I_0 = 1000$ 万元

每年的国民收入均可按上述模式计算而得：

年度 2：$3000 = 500 + 0.5 \times 1500 + 1000 + 1 \times (1250 - 500)$

年度 3：$3750 = 500 + 0.5 \times 3000 + 1000 + 1 \times (2000 - 1250)$

年度 4：$3750 = 500 + 0.5 \times 3750 + 1000 + 1 \times (2375 - 2000)$

年度 5：$3375 = 500 + 0.5 \times 3750 + 1000 + 1 \times (2375 - 2375)$

其余以此类推，列表 16-2 所示。

表 16-2　乘数原理与加速原理相互作用说明　　　单位：万元

年度	消费			投资			国民收入 $Y_t = C_t + I_t$	现期国民收入比上年 ±%
	自发消费 a	引致消费 bY_{t-1}	小计 $C_0 + bY_{t-1}$	自发投资 I_0	引致投资 $a(C_t - C_{t-1})$	小计 $a + I_i$		
1	500	—	500	1000	—	1000	1500	—
2	500	750	1250	1000	750	1750	3000	100.0
3	500	1500	2000	1000	750	1750	3750	25.0
4	500	1875	2375	1000	375	1375	3750	0
5	500	1875	2375	1000	0	1000	3375	-10.0
6	500	1687	2187	1000	-187	813	3000	-11.1
7	500	1500	2000	1000	-187	812	2812	6.3
8	500	1406	1906	1000	-94	906	2812	0
9	500	1406	1906	1000	0	1000	2906	3.3
10	500	1453	1953	1000	47	1047	3000	3.2
11	500	1500	2000	1000	47	1047	3047	1.7
12	500	1523	2023	1000	23	1023	3046	0
13	500	1523	2023	1000	0	1000	3023	-0.1

仅仅考虑乘数原理而不考虑加速原理，国民收入会在乘数的作用下线性上升，现在考虑了加速原理，国民收入就出现了波动。表中出现了两次国民收入高峰，第3、4年和第11年，如果以第1年作为低谷的话，也出现过两次国民收入低谷，另一次是第7、8年。该例子说明，投资增加或减少会使生产以乘数方式改变，即国民收入与投资的变化量乘以支出乘数的数额同方向变化，而国民收入的增加或减少会使投资量更大的波动并与国民收入同方向变化。于是投资影响国民收入，国民收入影响投资，互

为因果，一旦国民收入增长速度减慢、停滞或下降，就会使投资量发生更大比例的下降；而投资量的大幅度下降，又会使国民收入以乘数的方式下降。这样，国民经济就会处于一种恶性循环之中，造成严重的通货紧缩缺口。国民经济紧缩到一定的程度，由于技术进步、更新活动增加等原因，会使投资量增加，生产回升，结果使加速原理发挥这样的作用，净投资和总投资都增加，使国民收入又以乘数的方式上升，国民收入上升的结果会使投资量以更大的比例上升。可见乘数原理和加速原理是互为作用的。这种作用也说明经济周期为什么会发生。

假定自发投资为一固定的量，那么如果靠经济本身的力量自行调节，就会自发地形成经济周期。当然即使靠经济本身的力量进行调节，经济周期的扩张与收缩也并不是无限的。经济周期有其上限与下限。经济周期的上限是指产量或收入无论如何都不会超越的界限，它取决于社会已达到的技术水平和一切生产资源可以被利用的程度。在既定的技术条件下，如果社会上一切可利用的资源都得到了利用，经济就不再扩张。经济周期的下限指产量（或收入）无论如何收缩都不会越过的界限，它是由总投资的特点和加速作用的局限性所决定的。从总投资来说，无论企业或社会，最少投资时期为本期不购买任何机器设备，即总投资不会为负数，最少是零，所以经济的收缩有一个最低限度。从加速原理上来看，加速原理必须在企业没有生产资源闲置的条件下才能起作用。如果企业开工不足，加速原理就不起作用了。但这时乘数还起作用，而且还存在消费，这样经济收缩到一定程度就会停止收缩，一旦收入不再继续下降，重置投资的乘数作用就会使收入逐渐回升。

根据上述情况，政府有必要对经济进行调节，以维持长期的经济稳定。西方经济学家认为，在政府调节经济时，可以从三个方面入手。

(1) 可以调节投资。上述的波动情况是在自发投资固定不变的情况下发生的。如果政府及时改变政府支出或采取影响私人投资的政策,可以使经济的变动比较接近政府的意图。

(2) 可以影响加速系数。假定不考虑收益递减问题,加速系数与资本产量比率的数值是一样的,所以政府采取措施影响加速系数就是影响资本产量比率。这就是说,政府应通过适当的政策来提高劳动生产率,提高投资的经济效果。

(3) 可以影响边际消费倾向,通过适当的政策,影响人们的消费在收入增量中的比例,从而影响下一期的收入。

复习思考题

1. 经济周期的类型有哪几种?
2. 乘数原理和加速原理的交织作用如何形成经济周期?

第十七章 经济增长理论

凯恩斯《通论》的发表，标志着西方经济学家对短期的国民收入和就业理论的研究进入了一个新的阶段。同时，西方经济学家还将凯恩斯短期静态的理论扩展为长期动态的理论，形成了经济增长理论。自 20 世纪 30 年代以来，西方经济学家提出了多种经济增长理论，其中最基本的理论是哈罗德－多马经济增长理论和新古典经济增长理论。本章将介绍这两种现代经济增长理论。

第一节 经济增长的特点

一、经济增长的含义

经济增长是指一个国家或地区在一定时期内（通常为一年）产品和劳务的增加。通常以国民生产总值、国民收入及其人均值或增长率来表示。美国经济学家库兹涅茨也给经济增长下了一个定义，他认为：一个国家的经济增长，可以定义为给居民提供种类日益繁多的经济产品的能力长期上升，这种不断增长的能力是建立在先进技术以及所需要的制度和思想意识的相应调整的基础上的。

库兹涅茨经济增长的定义包括了三方面的含义：①经济增长的表现就是商品总供给量的不断增加，即国民生产总值或国民收入的增加。②技术进步是实现经济增长的必要条件。即在影响经济增长的各种因素中，技术是最关键的，先进的技术是经济增长的源泉。③经济增长的充分条件是制度与意识形态的相应调整。

技术进步只是为经济增长提供了一种潜在的生产能力，要使这种能力转变为现实，就必须有与之相适应的社会制度和意识形态，即社会制度与思想意识要能促进经济增长，技术才会被运用，商品的总供给才会增加。

现代经济增长标志着一个特定的经济时代，表现出多种特征。根据库兹涅茨的总结，这些特征是：①按人口计算的产量的高增长率和人口的高增长率。②生产率的高速增长，既包括劳动生产率也包括生产要素，生产率的提高正是技术进步的标志与结果，它使得一定量的投入获得了愈来愈多的产出。③经济结构的迅速变革，主要包括产业结构的变化、就业结构的变化、消费结构的变化等。④社会结构和意识形态的迅速变化。如文化教育、宗教信仰、城市化等，这种变化是整个现代化过程的组成部分。⑤增长是世界性的，但全世界的增长又不平衡，发展中国家的经济水平远远落后于现代技术的潜力可能达到的最低水平。

二、经济增长的衡量

在衡量经济增长时，无论是对国民生产总值、国民收入还是对人均国民生产总值、人均国民收入进行衡量，都应采取不变价格计算，以便把物价变动的影响从国民生产总值或国民收入的数值中扣除。

在消除了物价变动的影响后，可按下列公式来计算年平均增长率

$$Y_t = Y_1(1+r)^n$$

或

$$r = \sqrt[n]{\frac{Y_t}{Y_1}} - 1$$

或

$$\lg(1+r) = \frac{\lg Y_t - \lg Y_1}{n}$$

式中 Y_t 代表最后一年的国民生产总值，Y_1 代表第 1 年的实际

国民生产总值，r 代表年平均增长率，n 代表年份。

值得注意的是，这样计算的年平均增长率取决于第 1 年和第 n 年的实际国民生产总值，与其它年份的实际国民生产总值无关。因此开始年份和最后一个年份的选择十分重要，如果从萧条年份开始，而以高涨年份结束，那么计算出来的年平均增长率将会偏高。反之，如果从高涨年份开始，而以萧条年份结束，那么计算出来的年平均增长率将是偏低的。所以选择开始的年份和最后一个年份时，应当使二者处于经济周期的同一阶段。

三、经济增长的源泉

经济增长是总产量即总供给的增长，因此，可以从生产函数来研究经济增长的源泉。生产函数的表达为

$$Y = Af(K, L)$$

式中 Y 表示总产量，K 代表资本的投入量，L 代表劳动的投入量，A 代表技术状态。上式说明总产量 Y 取决于资本投入量、劳动投入量与技术状态，即经济增长的源泉是资本、劳动和技术，而且还可以用产量的增长率（即经济增长率）来进一步分析资本、劳动和技术对经济增长的贡献

$$\frac{\Delta Y}{Y} = \alpha \frac{\Delta K}{K} + (1 - \alpha) \frac{\Delta L}{L} + \frac{\Delta A}{A}$$

式中，$\frac{\Delta Y}{Y}$ 为产量增长率，α 为资本在产出中的贡献，$(1-\alpha)$ 为劳动在资本中的贡献，$\frac{\Delta K}{K}$ 为资本投入增长率，$\frac{\Delta L}{L}$ 为劳动投入增长率，$\frac{\Delta A}{A}$ 为技术进步率。上式表明，资本对经济增长的影响包括资本对生产贡献份额的大小及资本投入增长率；劳动对经济增长的影响包括劳动在生产中的贡献份额大小及劳动投入增长率；技术的影响则取决于技术进步率。

在上式中的资本一般指物质资本,如厂房、设备、存货等。人力资本也是资本的一个部分,并且对经济增长十分重要,但因难以估算,故而未加考虑。劳动一般用劳动力的数量或劳动时间来表示。劳动与资本之间具有替代关系,资本不足时可用劳动来替代,劳动不足时可增加资本来弥补,这意味着,在不同的经济中,劳动的重要程度有差异。技术进步包括知识的进展(如发明创造)、资源的重新配置、规模经济和管理水平的提高,技术进步可以使同样数量的生产要素的投入提供更多的产品或劳务。

四、经济增长的特点

作为现代西方经济学的一个分支,经济增长理论具有区别于其它经济理论的特点。

(1)现代经济增长理论区别于传统经济理论,将重点放在研究经济稳定增长的长期条件,也就是长期内如何实现低失业率、低通货膨胀率以及适当的经济增长率这一目标。它不再只是强调资本主义市场机制充分利用资源的可能性,而是限于讨论资本主义长期发展的自然趋势。它注重研究如何控制各种经济总量,使其满足稳定增长的条件,因而强调人为控制长期经济增长的可能性。这样现代经济增长理论建立了各自的数学模型,用模型的方法表示有关经济总量之间的相互联系,因此现代经济增长理论,就是各种不同的经济增长模型,以及对这些模型所作的解释。

(2)经济增长理论也不同于经济周期的理论。经济周期理论着重研究一定时期内国民经济的扩张和收缩,然而在这一时期内,生产能力被假定是不变的。这样经济波动就被解释为由于生产要素利用程度的不同而产生的。如在萧条时期,工厂开工不足,机器设备得不到有效利用,同时产生过高的失业率,而在繁荣时期,闲置的生产能力被完全利用后,产量就无法增加。因此,西方经济学家认为,经济扩张是经济周期的组成部分,是短期性增长，而经济增长则是长期性经济活动，关系到实际生产能力的提高。

（3）经济增长理论不同于经济发展理论。经济发展不仅意味着产品和劳务的增长，还意味着随着产出的增加而出现的产出与收入的结构变化和社会文化等方面的进步。可见经济增长的内涵较窄，是一个偏重于数量的概念，而经济发展内涵较广，它不等于经济增长但包括经济增长，是一个既包括数量又包括质量的概念。经济增长是手段，是经济发展的前提和必要条件，也是经济发展的目的。一般来说，没有经济增长就没有经济发展，但有经济增长不一定就有经济发展，如果为追求高速经济增长而造成空气污染、环境破坏，致使人们生活质量下降，这样的经济增长就是不可取的，就不是经济发展。

第二节 经济增长模型

经济增长理论实际上就是研究影响经济增长的因素如何作用于经济增长。从经济增长理论的内容来看，研究影响经济增长的因素与经济增长之间的相互联系，探讨经济稳定增长的途径，正是通过建立各种经济模型来进行的。

一、哈罗德-多马经济增长模型

在各种经济增长模型中建立最早而且对当代影响最大的是英国经济学家哈罗德（R.Harrod）与美国经济学家多马（E.Domar）各自建立的经济增长模型。由于二者在形式上极为相似，所以通称为哈罗德-多马模型。此模型以凯恩斯的储蓄投资分析为基础，将凯恩斯理论长期化和动态化。

(一) 哈罗德经济增长模型的基本公式

哈罗德增长模型有如下一些假定：①社会的全部产品具有同质性，即全社会只生产一种产品，这种产品既可当作投资品也可当作消费品。②全社会用于生产的只有两种生产要素，即劳动和资本。③规模报酬不变，即如果资本和劳动同比例增加一倍，产量也增加一倍。④资本与劳动的比率不变，从而资本与产量的比率也不变。⑤不存在技术进步，资本存量没有折旧。

哈罗德经济增长模型的基本公式是

$$G = \frac{s}{k}$$

式中 G 表示经济增长率，也就是实际国民收入增长率，s 表示储蓄率，即储蓄在实际国民收入中所占的比例，以 k 表示资本产量比率，即投资与产量增量之比，即加速系数。由于

$$G = \frac{\Delta Y}{Y}$$

$$k = \frac{I}{\Delta Y}$$

$$s = \frac{S}{Y}$$

所以

$$\frac{\Delta Y}{Y} = \frac{S}{Y} \Big/ \frac{I}{\Delta Y}$$

$$\frac{\Delta Y}{Y} \cdot \frac{I}{\Delta Y} = \frac{S}{Y}$$

$$\frac{I}{Y} = \frac{S}{Y}$$

$$I = S$$

这就是凯恩斯提出的储蓄等于投资的公式，可见 $G = s/k$ 与公式 $I = S$ 是一致的。

(二) 多马经济增长模型的基本公式

多马的出发点与哈罗德相同，只是表达方法不同。以 σ 表示资本生产率，即每增加单位投资所增加的收入或产量，亦即加速系数的倒数，同样以 s 表示储蓄率，则多马的基本公式是

$$G = s\sigma$$

由于

$$\sigma = \frac{\Delta Y}{I}$$

$$s = \frac{S}{Y}$$

所以

$$\frac{\Delta Y}{Y} = \frac{S}{Y} \cdot \frac{\Delta Y}{I}$$

$$\frac{\Delta Y}{Y} = \frac{\Delta Y}{Y} \cdot \frac{S}{I}$$

$$\frac{S}{I} = 1$$

$$S = I$$

这仍然是凯恩斯的储蓄等于投资的公式。由此可见，多马模型和哈罗德模型基本相同。

现代西方经济学家一般采用这样的公式来表达哈罗德－多马经济增长模型：

$$G = \frac{s}{k} = s\sigma$$

(三) 哈罗德－多马经济增长模型的含义

首先，哈罗德－多马经济增长模型说明了经济长期稳定增长的条件是储蓄等于投资。凯恩斯用储蓄等于投资说明国民收入短期均衡的条件，哈罗德、多马则将之长期化，用来说明长期均衡条件，在长期中经济增长率就由储蓄率决定，如果 G 的值能保

证 $S = I$，则经济增长是稳定的。

其次，由于储蓄率与资本生产率共同决定经济增长率，这样既可在资本生产率既定的条件下，通过改变储蓄率的办法来改变经济增长率，又可在储蓄率不变的前提下，用改变资本生产率的办法来使经济增长率发生变动。

例如，在 $G = \dfrac{s}{k} = s\sigma$ 公式中，如果 $\sigma = 0.2$（即每增加单位投资可增加 0.2 单位的产量），或 $k = 5$（即每增加 1 单位产量需增加 5 单位资本），$s = 0.25$（即储蓄占收入的 25%），那么，$G = \dfrac{0.25}{5} = 0.2 \times 0.25 = 0.05$，即经济增长率为 5%。

如果将经济增长率由 5% 提高到 8%，有两种方法：

（1）在资本生产率不变的情况下，提高储蓄率。由 $G = s\sigma$ 得

$$0.08 = s \times 0.2$$

$$s = \dfrac{0.08}{0.2} = 0.4 = 40\%$$

即储蓄率提高为 40%。

（2）在储蓄率不变的情况下，将资本生产率提高，由 $G = s\sigma$ 得

$$0.08 = 0.25 \times \sigma$$

$$\sigma = \dfrac{0.08}{0.25} = 32\%$$

即资本生产率由 25% 提高为 32%。

再次，哈罗德－多马模型强调了加速原理的作用，即上期收入对本期投资的影响。这可从模型中推出。因为

$$k = \dfrac{I}{\Delta Y}$$

$$I = k \cdot \Delta Y$$

此式为加速模型，k 为加速系数。从这点上看，哈罗德经济模型的含义就是：如果本期的储蓄率足以吸收上期产量增加所引致的投资，经济可以持续增长。

多马模型则强调了投资的双重性，即投资不仅影响总需求，而且影响总供给，也就是说，当本期储蓄全部转化为投资时，会提高下期生产能力，从而增加总供给。

投资增加对总供给的影响可表述为

$$\Delta Y_Q = \sigma \cdot I$$

式中的 ΔY_Q 为社会增加的生产潜力（潜在产量的增加），I 代表净投资。整个公式说明，净投资与资本生产率的乘积（$\sigma \cdot I$）就是投资对总供给的影响。

投资增加对总需求的影响可表述为

$$\Delta Y_D = \Delta I \cdot \frac{1}{MPS}$$

式中 ΔY_D 为社会总需求的增加，MPS 为边际储蓄倾向，$\frac{1}{MPS}$ 为投资乘数。

要实现充分就业的稳定增长，必须使投资增加所引起的总供给增加和总需求增加相等，即

$$\Delta Y_Q = \Delta Y_D$$

即

$$\sigma \cdot I = \Delta I \cdot \frac{1}{MPS}$$

$$\frac{\Delta I}{I} = \sigma \cdot MPS$$

左边为投资增长率，如果净投资增长率和资本生产率与边际储蓄倾向的乘积相等，则经济可实现稳定增长。

（四）保证增长率、自然增长率与实际增长率

哈罗德提出了保证增长率、自然增长率的概念，并与实际增长率进行了比较分析。

保证增长率也指均衡增长率,即投资等于储蓄的增长率,因为一定的储蓄水平限定了投资,所以这一增长率反映了储蓄水平对增长的约束。

现假定消费倾向 $\frac{C}{Y}=0.75$,资本生产率 $\sigma=0.2$,年增长率 G 为 5%。第一期产量或收入为 100。现列表如 17-1 所示。

表 17-1 均衡经济增长率

时期	G	Y_D	C	$S=I$	ΔY	ΔC	$\Delta S=\Delta I$
t	5%	100	75	25	5	3.75	1.25
$t+1$	5%	105	78.75	26.25	5.25	3.94	1.31
$t+2$	5%	110.25	82.69	27.56	5.51	4.13	1.38
$t+3$	5%	115.76	86.82	28.94	5.79	4.34	1.45

表中各期的产量或收入是用下列公式计算出来的

$$Y_{t+1} = Y_t + (I_t \cdot \sigma)$$

其中 $G=5\%$ 就是均衡增长率。上表计算考虑了投资增加引起生产能力增加时经济稳定增长的条件。在这种情况下不但每年要有净投资(I_t),而且净投资必须逐年增加,如 t 年的净投资为 25,增加的潜在生产量(ΔY)为 5(即 25×0.2)。因此 $t+1$ 时期的 Y 应增至 105(即 $100+5$),投资增加到 26.25,净投资 1.25。当 $\sigma=0.2$ 时,净投资增加导致的收入增加为 5($\Delta Y=1.25\times\frac{1}{0.25}=5$)。收入的增加导致吸收了由于生产能力扩大所增加的产量,使 $t+1$ 时期的总需求与总供给达到平衡。以下以此类推。在 σ 和 s 不变的情况下,只要每期的储蓄量都转化为投资,那么每期的投资 I_t 都会使资本存量按一固定比例增加,同时国民收入或产量按同一比率增加,而 Y 的增加又会使 I 按同一比例增加,这样既能实现经济增长,又能使每一期的需求与供给达到平衡。

有保证的增长率可由下式表示

$$G_W = \frac{S_W}{K_W}$$

式中 S_W 表示合意的储蓄率,K_W 表示合意的投资与产量比率。

自然增长率,指长期中人口增长和技术进步允许达到的最大增长率,也就是潜在增长率。又叫社会最适宜的增长率。它是既能适应劳动力增长和技术进步,又能实现充分就业的增长率,它由最适宜的储蓄率与合意的投资与产量比率决定,即

$$G_n = \frac{S_0}{K_W}$$

式中 G_n 表示自然增长率,S_0 表示最适宜的储蓄率。

实际增长率指实际形成的增长率,它由实际储蓄率(S_t)和实际投资产量比率(K_t)所决定

$$G_t = \frac{S_t}{K_t}$$

式中 G_t 表示实际增长率。

哈罗德认为,在长期中实现经济稳定增长的条件是实际增长率、有保证的增长率与自然增长率相一致,即

$$G_t = G_W = G_n$$

然而实际上这三种增长率往往不一致,这会导致经济中的波动。

如果实际增长率与保证增长率不一致,其结果是引起经济中的短期波动。

其一,实际增长率大于保证增长率($G_t > G_W$)。在这种情况下,或者是 $S_t > S_W$,或者是 $K_t < K_W$,其结果都会引起累积性扩张,出现通货膨胀。如果 $S_t > S_W$,即实际储蓄率高于合意

的储蓄率,这时个人或厂商都将减少储蓄,以使储蓄率达到合意的水平,储蓄的减少将使消费和投资增加,从而刺激经济扩张。如果是 $K_t < K_W$,即实际的投资产量比率小于合意的投资产量比率,则企业会增加投资,使实际的投资产量水平达到合意的水平,其结果也会刺激经济扩张。

其二,实际增长率小于有保证的增长率($G_t < G_W$),在这种情况下,或者是 $S_t < S_W$,或者是 $K_t > K_W$,其结果都会引起经济累积性收缩,出现失业。如果是 $S_t < S_W$,实际储蓄率低于合意的储蓄率,这时个人或厂商将会增加储蓄,以使储蓄率达到合意的水平,储蓄增加,消费或投资减少,从而引起经济衰退。如果 $K_t > K_W$,实际的资本产量比率大于合意的投资产量比率,则厂商为了使实际的投资产量比率达到合意的水平也会减少投资,其结果出现衰退。

如果保证增长率与自然增长率不一致,便会导致经济的长期波动。

其一,保证增长率大于自然增长率($G_W > G_n$),经济会趋于长期停滞。因为 G_n 是增长的上限,当 $G_W > G_n$ 时,出现劳动力短缺,工资上升,从而投资与产量减少,经济停滞。

其二,保证增长率小于自然增长率($G_W < G_n$),经济会趋于长期繁荣。因为这时劳动力未被充分利用,工资低、利润高,会刺激厂商投资生产,从而刺激经济长期繁荣。

经济中,要使 $G_t = G_W$ 已相当不易,还要使它们等于 G_n 则更难。因为决定这三种增长率的因素各不相同,并没有一种内在力量使它们保持一致,因此经济增长是不稳定的。由此可见,哈罗德的长期经济稳定增长的途径也很难实现。

二、新古典经济增长模型

早在 1956 年,索洛和斯旺(T.Swan)就分别提出了新古典经济增长模型，后来英国经济学家米德（J.Meade）又对新古典经济增长理论作了系统的表述。新古典经济增长理论中，既有凯恩斯经济学的成分，又有凯恩斯以前的传统经济学的成分，这是它的理论特征。

（一）新古典经济增长模型的假设

新古典经济增长模型同哈罗德－多马经济增长模型的主要区别，反映在新古典经济增长模型的两个假定上。

（1）假定有资本和劳动两个生产要素，但这两个生产要素是能够互相替代的。资本与劳动能够以可变的比例组合。而在哈罗德－多马经济增长模型的假定中，资本和劳动是按固定比例组合的。

根据新古典经济增长模型的这一假定，既然资本和劳动可以按不同的比例进行组合，一定量的资本可以吸引不同数量的劳动，那么资本产量比率、资本生产率也是可变的，即一定的资本量同较多的劳动力相结合，资本生产率就较高，反之，一定量的资本量同较少的劳动力相结合，资本生产率就较低。这一点也与哈罗德－多马经济增长模型不同，因为哈罗德－多马经济增长模型从资本和劳动的固定比例出发，假定资本产量比率既定不变，而在既定不变的资本产量比率下，经济增长率与储蓄率呈同方向变化。

（2）假定任何时候，资本和劳动这两个生产要素都可以得到充分利用。而哈罗德－多马经济增长模型则不包含这一个假定。根据新古典经济增长模型的解释，既然资本和劳动之间的比例是可变的，而一切经济活动又是在完全竞争的市场条件下进行，那么一切被投入的生产要素都可以得到充分利用，不存在生产要素的闲置问题。

由于新古典经济增长模型假定资本和劳动这两个生产要素可以得到充分利用，所以对于哈罗德－多马经济增长模型来说，有意义的实际增长率与可能增长率之间的背离状态,对新古典经济增长模型就失去了意义,因为在新古典增长模型中,实际增长率就是可能的增长率。

除了上述两个与哈罗德-多马经济增长模型不同的假定外,新古典经济增长模型也假定:(1)社会的全部产品具有同质性,即全社会只生产一种产品;(2)不考虑技术进步。

(二)新古典经济增长模型的基本公式

新古典经济增长模型从供给出发,把劳动的增长视为经济增长的决定因素。这一模型的出发点就是柯布-道格拉斯生产函数:

$$Y = AK^{\alpha}L^{1-\alpha}$$

产量的增加取决于资本投入量的增加和劳动投入量的增加

$$\Delta Y = f(\Delta K, \Delta L)$$

要说明资本和劳动增加对产量的影响,可以计算它们各自的贡献。根据假定,全部产品是由劳动和资本生产出来的,因此它们在全部产品中贡献的大小由各自的边际生产力和投入量决定,故有

$$Y = MPP_K \cdot K + MPP_L \cdot L$$

由此可以推出

$$\Delta Y = MPP_K \cdot \Delta K + MPP_L \cdot \Delta L$$

经济增长率公式可写为

$$G = \frac{\Delta Y}{Y} = \frac{MPP_K}{Y} \cdot \Delta K + \frac{MPP_L}{Y} \cdot \Delta L$$

$$G = \frac{MPP_K \cdot K}{Y} \cdot \frac{\Delta K}{K} + \frac{MPP_L \cdot L}{Y} \cdot \frac{\Delta L}{L}$$

式中 $\frac{MPP_K \cdot K}{Y}$ 是资本在总产量中所作的贡献,称资本的产量份额,也就是柯布-道格拉斯生产函数中的 α,$\frac{MPP_L \cdot L}{Y}$ 是劳动在

总产量中所作的贡献，称劳动的产量份额，也就是柯布－道格拉斯生产函数中的 $(1-\alpha)$，故有

$$G = \alpha \cdot \frac{\Delta K}{K} + (1-\alpha)\frac{\Delta L}{L}$$

这就是新古典经济增长模型的基本公式。它表明，经济增长率取决于资本的产量份额 α、劳动的产量份额 $(1-\alpha)$、资本增长率 $\frac{\Delta K}{K}$ 以及劳动增长率 $\frac{\Delta L}{L}$。

(三) 新古典经济增长模型的含义

根据新古典经济增长模型，只要资本的边际产品 MPP_K 大于零，如果平均每个工人使用的资本增长率为正数，平均每人的收入增长率也就是正数。同时考虑到劳动力的增长，假定每个新工人所使用的资本量与现有工人（老工人）所使用的资本量相等，那么为了使新工人得到同样多的资本装备，就必须从现期收入中抽出一部分作为新工人的资本装备，于是平均每人的消费水平就会受到影响。这就是说，如果劳动力人数增加得越多，越迅速，经济中要求追加的投资量就越大，平均每人的消费水平就越难以提高，假如把一定的经济增长率来作为目标，那么或者应当控制劳动力人数的增长率，或者应当提高资本生产率，否则就只有降低平均的消费水平。

第三节　技术进步与经济增长

一、技术进步的含义

前面对经济增长的分析，都没有考虑技术进步对经济增长的作用。因此收入的增长，只能来源于劳动投入和资本投入的增加。实际上，技术进步也同劳动的投入和资本的投入一样，是促

进经济增长的重要因素。

技术进步是指新知识创造、新技术发明在社会生产中推广运用和组织管理的改善，导致劳动力和资本效率的提高。就是说，技术进步使劳动和资本这两种生产要素任一给定的投入量所生产的产量比以前增加，或者说，生产既定数量的产品所需投入量比以前减少。如图 17–1 所示。

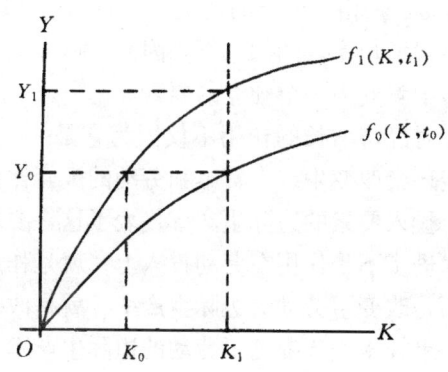

图 17–1　技术进步使产量曲线上移

在图 17–1 中，横轴表示资本投入（或者总投入），纵轴表示产出或者收入，$f_0(K, t_0)$ 为技术进步前的产量曲线，$f_1(K, t_1)$ 为技术进步后的产量曲线。从图中我们可以看出，同样是 K_0 的投入，技术进步前的生产量 Y_0 小于技术进步后的产量 Y_1；同样是生产 Y_0 数量的产品，而技术进步前的投入量 K_1 大于技术进步后的投入量 K_0。由此可见技术进步在经济增长中的作用。

二、技术进步与经济增长

新古典经济增长模型不同于哈罗德－多马经济增长模型。新古典经济增长模型认为技术进步不仅会改变资本产量比率，并将其作为一个独立的变量加在经济增长模型中。

新古典经济增长模型中包含了技术进步的增长模型

$$\frac{\Delta Y}{Y} = \lambda + \alpha\frac{\Delta K}{K} + \beta\frac{\Delta L}{L}$$

式中 λ 代表技术进步对国民收入增长率的影响,λ 往往表示一种时间趋势,$\lambda = A(t)$,这里 t 代表时间。含有技术增长的模型,实际上认为在 α、β 相对稳定的情况下,技术进步是国民收入增长率与投入要素增长率之间的差额。因而在形式上技术进步在新古典增长模型中就变为一个独立的要素。

技术进步对经济增长的作用不仅因为它是一个重要的源泉,而且技术进步还会改变生产中资本和劳动的配合比例。根据边际生产率理论,投入要素的边际生产率代表了这一要素对产出的贡献,由于技术进步不是作用在劳动投入上,就是作用在资本投入上,因而它不是改变了劳动的边际生产率,就是改变了资本的边际生产率。如果技术进步提高了劳动的边际生产率,也就提高了工资率,反之,它将提高利润率。含有中性技术进步的生产函数可写成

$$Y = A(t)f(K, L)$$

式中 $A(t)$ 为技术进步的作用,如 $A(t) = \mathrm{d}t$。增长模型为

$$\frac{\mathrm{d}Y}{Y} = \mathrm{d}t + \alpha\frac{\mathrm{d}K}{K} + \beta\frac{\mathrm{d}L}{L}$$

整理后得

$$Y = Ae^t K^\alpha L^\beta$$

这就是含有技术进步 Ae^t 的柯布-道格拉斯生产函数。这里的技术进步为中性的技术进步,即技术进步既不是节约资本型的,也不是节约劳动型的,而是中性的。凡是使资本和劳动的边际生产率同时提高,在生产过程中资本和劳动的比例不变,同量的资本和劳动将生产出更多的产品量,并使国民收入中工资与利

润的比重不变。这样的技术进步称为中性的技术进步。

三、经济增长因素的计量

新古典经济增长模型将技术进步作为促进经济增长的独立因素，索洛和肯德里克等人根据新古典增长模型估算了技术进步对国民收入增长所作的贡献。

索洛对美国1949~1990年40年间美国国民收入增长因素进行了分析，在这一时期国民收入的增长率为216%，而劳动投入和资本投入的增长率分别为54%和102%。根据资料统计，在国民收入中工资收入和利润收入分别占2/3和1/3，应用新古典增长模型，技术进步就是国民收入增长率与要素投入增长率之差：

$$\lambda = 216\% - \frac{1}{3} \times 102\% - \frac{2}{3} \times 54\%$$
$$= 146\%$$

这样技术进步在这40年间的增长率为146%，每年递增0.95%，按索洛的计算，技术进步对经济增长的贡献为67.59%（即146/216），而要素投入的贡献只占32.41%，可见技术进步对经济增长的重要作用。

肯德里克对美国战后生产率的提高即技术进步进行了大量分析研究，他不仅将生产率的分析应用在国民收入的增长上，而且进一步对各个不同部门的生产率进行了分析比较，以说明各部门生产率增长的不同和经济结构的转变。

肯德里克在计量技术进步时，采用了全要素生产率的概念。他认为劳动生产率和资本生产率只是单个要素投入生产力的度量，是部分要素生产率，而部分要素生产率不能全面反映总投入要素的生产率。因为各种生产要素是可以相互替代的。由于不同行业技术特点不同，部分要素生产率也不能成为行业间比较技术进步的依据，为了求出全要素生产率，首先要求出综合要素投入,也就是将各种投入要素加总。加总的权数,肯德里克采用基期资本和劳动的分配份额。

按成本法统计的基期国民收入为

$$Y_0 = W_0 L_0 + r_0 K_0$$

式中 W_0、r_0 分别为基期工资率和利润率,再将国民收入和要素投入指数化,以基期为1,这样,用下列公式可计算出各年全要素生产率指数

$$LP_t = \frac{\dfrac{Y_t}{Y_0}}{W_0 \dfrac{L_t}{L_0} + r_0 \dfrac{K_t}{K_0}} = \frac{Y_t}{W_0 \dfrac{Y_0}{L_0} L_t + r_0 \dfrac{Y_0}{K_0} K_t}$$

LP_t 为 t 年全要素生产率指数,记 $\beta_0 = W_0 \dfrac{Y_0}{L_0}$,$\alpha_0 = r_0 \dfrac{Y_0}{K_0}$ 为基期要素收入份额或产出弹性,这样全要素生产率可以写成

$$LP_t = \frac{Y_t}{\alpha_0 K_t + \beta_0 L_t}$$

全要素生产率的含义是:因为技术进步或体现在劳动的边际生产力上或体现在资本的边际生产力上,因而也就体现在各自的弹性上。如果以基期弹性为权数($\alpha + \beta = 1$),那么每年由于技术进步而引起的要素边际生产力的变化,必然会反映在全要素上来。

据肯德里克计算,1948～1966年间美国国内私营经济领域实际总产量年平均增长率为4%,其中全要素投入每年增长1.5%,全要素生产率每年平均增长2.5%,其中劳动生产率每年增长3%,资本产出率每年增长0.4%。从中可以看出生产率提高的重大作用。

复习思考题

1. 经济增长的含义是什么?

2. 经济增长的源泉是什么？
3. 哈－多模型的经济含义是什么？
4. 新古典增长模型的经济含义是什么？

附录 复习思考题答案(计算部分)

第二章

5. 解:(1) $Q_d = 10\,000 \times (12 - 2P) = 120\,000 - 20\,000P$

$Q_s = 1\,000 \times 20P = 20\,000P$

(2)(略)

(3)(略)

(4) $Q_d = Q_s$ 得 $Q = 60\,000$,$P = 3$

(5) 该均衡状态是稳定的。因为价格高于均衡价格 3 元将会出现供给过剩,价格低于 3 元将会出现需求过剩,只有在 3 元的均衡价格上,供给和需求正好相等。

6. 解:(1)(略)

(2) $Q_{d1} = Q_{s1}$ 得 $Q = 90\,000$,$P = 2.5$

7. 解:(1) 征收销售税使每一销售者供给曲线和市场供给曲线向上移动,移动的垂直距离为 2 美元。新的均衡价格为 4 美元,新的均衡数量为 40 000 单位。

(2) 尽管政府向销售者征税,但消费者负担了税收。在征税后,消费者购买每单位商品要支付 4 美元,而不是征税前的 3 美元,并且仅消费 40 000 单位商品。销售者出售每单位商品收到 4 美元,但仅能留下 2 美元(剩下的 2 美元上交政府),因此在 2 美元的税额中,消费者和销售者各支付一半。

(3) 政府征收的税额为 80 000 美元(40 000 单位 × 2 美元/单位)。

8. 解:(1) $Q_d = Q_s$ 得 $P = 15$,$Q = 70$

(2) $E_d = \dfrac{dQ_d}{dp} \cdot \dfrac{P}{Q} = (-2) \times \dfrac{15}{70} \approx 0.43$

$E_s = \dfrac{dQ_s}{dp} \cdot \dfrac{P}{Q} = 4 \times \dfrac{15}{70} \approx 0.86$

(3) $Q_d = Q_s$ 得 $P = 12$，$Q = 76$

$E_d = (-2) \times \dfrac{12}{76} \approx -0.32$

$E_s = 4 \times \dfrac{12}{76} \approx 0.63$

(4) 根据 $P^+ = A - BQ$，$P^- = C + DQ$，$P^+ = P^- + 2$，得

$P^+ = \dfrac{Q}{4} - 2.5$

$P^- = 50 - \dfrac{Q}{2}$

$P^+ = P^- + 2$

求解得 $Q = 72.6$，$P^- = 13.6$，$P^+ = 15.6$，故均衡价格为 13.6，消费者比原来要少支付 $15 - 13.6 = 1.4$ 元，从中获益。

9. 解：(1) 已知 $E_s = \dfrac{\Delta Q_s}{Q_s} \Big/ \dfrac{\Delta P}{P} = 0.5$

又知 $\dfrac{\Delta Q_s}{Q_s} = 2\%$，则 $\dfrac{\Delta P}{P} = 4\%$

(2) 由于 $|E_d| = \dfrac{\Delta Q_d}{Q_d} \Big/ \dfrac{\Delta P}{P} = 1$

又知 $\dfrac{\Delta P}{P} = 1$，则 $\dfrac{\Delta Q_d}{Q_d} = 4\%$

即房租增加 4%，房屋租赁需求将下降 4%。

(3) 因 $\Delta P = 1\% P$，设均衡数为 Q，则

$|E_d| = \dfrac{\Delta Q_d}{Q} \cdot \dfrac{P}{1\% P} = 1.0$，$\therefore \Delta Q_d = 1\% Q$

$E_s = \dfrac{\Delta Q_s}{Q} \cdot \dfrac{P}{1\% P} = 0.5$，$\therefore \Delta Q_s = 0.5\% Q$

故而差距为 $\Delta Q_d + \Delta Q_s = 1\% Q + 0.5\% Q = 1.5\% Q$

第三章

3．解：（1）由：$\dfrac{MU_X}{P_X} = \dfrac{MU_Y}{P_Y}$ 及 $6X + 4Y = 72$

得：$X = 6$，$Y = 9$ 时，可获最大效用

（2）因 $P_X = P_Y = 4$ 美元，故只要 $MU_X = MU_Y$，且 $4X + 4Y = 72$ 时，得：

$X = 11$，$Y = 7$，消费者可获最大效用

（3）因 $P_X = P_Y = 4$ 美元，且 $4X + 4Y = 5b$，得 $X = 10$，$Y = 4$，消费者可获最大效用。

4．解：已知 $U = Q_A^{\frac{1}{3}} Q_B^{\frac{2}{3}}$，则对其求一阶导数得：

$MU_A = \dfrac{1}{3} Q_A^{-\frac{2}{3}} Q_B^{\frac{2}{3}} = \dfrac{U}{3 Q_A}$

$MU_B = \dfrac{2}{3} Q_A^{\frac{1}{3}} Q_B^{-\frac{1}{3}} = \dfrac{2U}{3 Q_B}$

根据均衡条件得：

$\dfrac{MU_A}{P_A} = \dfrac{MU_B}{P_B}$ 有 $\dfrac{U}{3 Q_A P_A} = \dfrac{2U}{3 Q_B P_B}$

$Q_B P_B = 2 Q_A P_A$

又因：$Q_A P_B + Q_B P_B = M$

$M = 3 Q_A P_A$

$Q_A = \dfrac{M}{3 P_A}$，$Q_B = \dfrac{2M}{3 P_B}$

5．解：因 $U = Q_A Q_B$，对其求一阶导数得：

$MU_A = Q_B$，$MU_B = Q_A$

根据均衡条件：$\dfrac{MU_A}{P_A} = \dfrac{MU_B}{P_B}$

$\dfrac{Q_B}{2} = \dfrac{Q_A}{1}$，$Q_B = 2 Q_A$

又：$Q_A P_A + Q_B P_B = M$
$Q_A \times 2 + 2Q_A \times 1 = 100$
$Q_A = 25$，$Q_B = 50$
故消费者满足效用最大化的组合为 $Q_A : Q_B$ 为 $1:2$。

第四章

4. 解：（1）$APP_L = \dfrac{Q}{L} = 10 - 0.5L - \dfrac{32}{L}$
$MPP_L = \dfrac{\partial Q}{\partial L} = 10 - L$

（2）当 $MPP_L = 0$ 时，总产量最大，$10 - L = 0$，故 $L = 10$
当 $MPP_L = APP_L$ 时，APP_L 最大，$10 - L = 10 - 0.5L - \dfrac{32}{L}$，故 $L = 8$
当 $MPP_L' = 0$ 时，MPP_L 最大，故 $L = 0$

（3）当 $MPP_L = APP_L$，即 $L = 8$ 时，APP_L 达最大值
$APP_L = 2$，$MPP_L = 2$
故 $APP_L = MPP_L = 2$，得证

第五章

6. 解：（1）$MC = MR$
$6Q^2 - 24Q + 60 = 120 - 42Q$
$Q = 2$
故均衡产量为 2。
当 $Q = 2$ 时，$AR = 78$，$AC = 44$
每单位产品获取超额利润为：$78 - 44 = 34$
总利润为 68（即 34×2）。

（2）从长期来看，在 $MR = MC$ 的产量水平上，$AR = AC$ 时厂商获正常利润。

8．解：(1) 由 $Q_d = Q_s$ 得 $P = 4$ 美元

由于市场均衡价格 4 美元，也是 LAC 曲线的最低点，故该行业在长期和短期均处于均衡。

(2) $Q_s = 40\,000 + 2\,500 \times 4 = 50\,000$

$N = \dfrac{Q_s}{Q} = \dfrac{50\,000}{500} = 100$（个）

该行业长期内有 100 个企业。

(3) 由 $Q_d' = Q_s$ 得 $P' = 8$ 美元，$Q' = 60\,000$

单个企业的平均产量为 $\dfrac{60\,000}{100} = 600$

而当单个企业产量为 600 单位时，$AC = 4.5$ 美元，$P > AC$ 故企业在新的均衡点盈利。利润为（8－4.5）×600＝2100（美元）。

10．解：根据 $TR = PQ$ 得

$MR_1 = 160 - 16Q_1$，$MR_2 = 80 - 4Q_2$

因：$MC = 5 + (Q_1 + Q_2)$

所以：$MR_1 = MC$，$160 - 16Q_1 = 5 + Q_1 + Q_2$

$MR_2 = MC$　　$80 - 4Q_2 = 5 + Q_2$

整理得：$155 - 17Q_1 = Q_2$

$75 - 5Q_2 = Q_1$

解出得：$Q_1 \approx 8.33$　$Q_2 \approx 13.33$

$P_1 \approx 93.33$　$P_2 \approx 53.33$

第六章

4．证明：工资等于产品的价格与劳动的边际产量的乘积，

即：$MPP_L = \dfrac{\partial Q}{\partial L} = 0.6 K^{0.4} L^{-0.4} = \dfrac{0.6 Q}{L}$

因：$W = MRP_L$，$MRP_L = MPP_L \cdot P$

$$W = \frac{0.6Q}{L} \cdot P$$

$WL = 0.6QP$ 或 $\frac{WL}{QP} = 0.6$

WL 为企业支付的总工资，QP 等于其总收益。证毕。

第九章

3. 解：GNP = 国内生产总值 + 来自国外的要素净支付
$$= 5677.5 + 17.4 = 5694.9$$

NNP = GNP – 资本消耗
$$= 5694.9 - 621.1 = 5068.8$$

NI = NNP – 间接税
$$= 5068.8 - 524.6 = 4544.2$$

PI = NI – 公司利润 – 社会保障税 + 转移支付
$$= 4544.2 - 346.3 - 528.8 + 1159.2 = 4823.3$$

PDI = PI – 个人税
$$= 4823.3 - 618.7 = 4209.6$$

第十章

3. 解：当 $Y_d = 100$ 时 $C = 120 + 0.75 \times 100 = 195$

得 $APC = \frac{C}{Y_d} = \frac{195}{100} = 1.95$

$APS = 1 - APC = 1 - 1.95 = -0.95$

$MPC = \frac{\partial C}{\partial Y_d} = 0.75$

4. 解：由 $C = Y_d$ 得

$Y_d = 100 + 0.8 Y_d$

$Y_d = 500$

7. 解：$APC_1 = \frac{C}{Y_d} = \frac{3000}{2500} = 1.20$

$APC_2 = \dfrac{C}{Y_d} = \dfrac{3000}{2800} = 1.07$

$MPC = \dfrac{\Delta C}{\Delta Y_d} = \dfrac{0}{300} = 0$

第十一章

1. 解：由 $Y = C + I + G$，及 $Y_d = Y - TA + TR$ 得

$Y = 40 + 0.8(Y - 5 - 0.25Y + 10) + 20 + 10$

$Y = 70 + 0.6Y + 4$

$0.4Y = 74$

$Y = 185$

2. 解：由 $Y = C + I + G + (X - M)$ 及 $Y_d = Y - TA + TR$ 得

$Y = 30 + 0.8(Y + 20 - 0.2Y + 50) + 50 + 0.1Y + 50 + 28 - 25 - 0.01Y$

整理得：

$0.27Y = 189$，$Y = 700$

$Y_d = Y - TA + TR = 630$

$C = 30 + 0.8Y_d = 534$

$I = 50 + 0.1Y = 120$

$TA = -20 + 0.2Y = 120$

$K_I = \dfrac{1}{1 - b(1 - t)} = \dfrac{1}{1 - 0.8 \times (1 - 0.2)} \approx 2.78$

3. 解：$\Delta Y = Y_F - Y = 1500 - 1200 = 300$（亿美元）

$K = \dfrac{1}{1 - 0.7 + 0.1} = 2.5$

通货紧缩缺口为 $\dfrac{\Delta Y}{K} = \dfrac{300}{2.5} = 120$（亿美元）

4. 解 $\Delta Y = K \cdot \Delta T = \dfrac{-b}{1-b} \cdot -\Delta T$

$$\Delta Y = \frac{0.75}{1-0.75} \times 100 = 300 \text{（万美元）}$$

5．解 $\Delta Y = K \cdot \Delta I = \dfrac{1}{1-0.8+0.2} \times 100$

$\Delta Y = 250$（万美元）

6．解 $\Delta Y = K_G \cdot \Delta G = \Delta G = 40$（万美元）

第十二章

1．解：$M_1 =$ 流通中的纸币和铸币 + 商业银行的活期存货

$= 150 + 200 = 350$

$B =$ 流通中的纸币和铸币 + 商业银行在中央银行的存款

$= 150 + 80 = 230$

中央银行资产 = 中央银行持有的政府债券 + 中央银行外汇资产

$= 230 + 10 = 240$

政府的负债 = 中央银行持有的政府债券 $= 230$

2．解：$K_r = \dfrac{1}{0.2+0.05} = 4$

$\Delta D_d = K_r \cdot \Delta R = 4 \times 100 = 400$（万元）

3．解：由 $M_s = M_d$ 得

$350 = 400 - 1000i$

$i = 5\%$

当 $i = 5\%$ 时，$I = 250 - 1000 \times 5\% = 200$

当 $I = 200$，根据 $I = 5$ 得

$Y = 3000$（亿美元）

5．解：（1）由 $M_s = M_d$ 得：

$500 = 350 + 400 - 1000i$，$i = 25\%$

（2）$450 = 350 + 400 - 1000i$

$i = 30\%$

（3） $500 = 350 + 400 - 800i$

$i = 31.25\%$

第十四章

1．解：当 $I = S$ 时，得 IS 曲线方程为：

$Y = 550 - 5000i$

2．解：当 $M_s = M_d$ 时，得 LM 曲线方程

$Y = -100 + 5000i$

3．解：（图解）

$Y = 225$，$i = 6.5\%$

4．解：当 $M_s = 400$ 时，LM 曲线方程为

$Y = 5000i$

新的 LM 曲线与原来的 IS 曲线均衡时

$Y = 275$，$i = 5.5\%$

当 $I_0 = 80$ 时，新的 IS 曲线为

$Y = 700 - 5000i$

新的 IS 曲线与原来的 LM 曲线相交时，均衡收入及利率为

$Y = 300$，$i = 8\%$

5．解：由 IS 曲线和 LM 曲线相交得均衡收入及利率为

$100 - 120i = 80 + 80i$

$i = 10\%$，$Y = 88$

当 $i = 10\%$，外部均衡的国民收入为

$Y_E = 60 + 10 = 70$

故此时，内部失业，外部逆差。此时可采取的措施是：扩张性财政政策和紧缩性货币政策。（图略）

主要参考文献

1. 厉以宁,秦宛顺. 现代西方经济学概论. 北京:北京大学出版社,1992
2. 刘文忻. 现代西方经济学原理. 北京:中国经济出版社,1992
3. 宋承先. 现代西方经济学. 上海:复旦大学出版社,1994
4. 李翀. 现代西方经济学原理. 广州:中山大学出版社,1998
5. 柴咏,杨伯华. 西方经济学. 成都:西南财经大学出版社,1993
6. 黎诣远. 宏观经济分析. 北京:清华大学出版社,1994
7. 张岳恒,岳书铭. 现代西方经济学概论. 成都:电子科技大学出版社,1994
8. [美]罗伯特·霍尔,约翰·泰勒. 宏观经济学. 北京:中国展望出版社,1989
9. [美]保罗.A.萨缪尔森,威廉.D.诺德豪斯. 经济学(第12版). 北京:中国发展出版社,1992
10. [美]埃德温·曼斯菲尔德. 微观经济学. 上海:上海交通大学出版社,1988
11. [美]平狄克,鲁宾费尔德. 微观经济学. 北京:中国人民大学出版社,1997
12. [美]多恩布什,费希尔,斯塔兹. 宏观经济学. 北京:中国财政经济大学出版社,2003
13. [美]斯蒂格利茨. 经济学. 北京:中国人民大学出版

社,2000

14. 梁小民. 宏观经济学. 北京: 中国社会科学出版社, 1996

15. 高鸿业. 现代西方经济理论与学派. 北京: 中国经济出版社, 1987

16. 欧阳明, 袁志刚. 宏观经济学. 上海: 上海人民出版社, 1997

17. 周惠中. 微观经济学. 上海: 上海人民出版社, 1997

18. 黄亚钧, 姜纬. 微观经济学教程. 上海: 复旦大学出版社, 1995

19. 张维迎. 博弈论与信息经济学. 上海: 上海三联书店, 1996

20. [美] 保罗萨缪尔森, 威廉·诺德豪斯. 经济学. 北京: 华厦出版社, 1999

21. Lipser, Steiner, Purvis, Courant. Macroeconomics, Ninth edition, Kewal K.Sharma, 1990

22. SEMOON CHANG. Modern Economics, A Division of Simon & Schuster, Inc. 1990

23. Michael Parkin. Economics. Addiso Weley Publishing Company, Inc. 1990

24. Bruno Amorise and Jesper Jespersen. Macroeconomics: Theories & Policies for The 1990s. Macmillan Academic and Professional Ltd. 1992

25. Jonas Prager. Applied Microeconomics. Richard. D. Irwin, Inc. 1993

26. Steven L. Green. Macroeconomics: Analysis And Applications. The Dryden Press, 1993

27. Pashigian B. petter. Price Theory and Applications. Ir-

win McGraw – Hill. 1998

28. Mankiw N. Gregory. Principles of Economics. The Dryden Press Harcourt Brace College Publishers. 1998

29. Robert E. Hall, Marc Liberman. Economics: Principles and Applications. South – western Publishing. 1998